VOYAGE
EN BRETAGNE

TYPOGRAPHIE

MONNOYER, AU MANS

LE GRAND BAY, TOMBEAU DE CHATEAUBRIAND.

VOYAGE
EN BRETAGNE

ILLUSTRÉ DE VUES PRISES SUR LES LIEUX

AVEC UN

RÉSUMÉ DES FASTES DE CETTE PROVINCE

UNE

HISTOIRE GÉNÉRALE DES BAGNES

ET L'ICONOGRAPHIE DES

PRINCIPAUX TYPES DE FORÇATS

Étudiés à la Chiourme de Brest

PAR

Alm. LEPELLETIER DE LA SARTHE

Membre de l'Académie Impériale de Médecine, Chevalier de la Légion d'honneur, Ex-Médecin, par concours, des Hôpitaux de Paris, Lauréat de l'École et de plusieurs Sociétés savantes

AU MANS	A PARIS
MONNOYER, IMPRIMEUR-LIBRAIRE, ÉDITEUR	PLON FRÈRES, LIBRAIRES, 36, VAUGIRARD

1853

PROLÉGOMÈNES

Le philosophe qui veut étudier l'état social avec fruit, pour en bien apprécier les conditions fondamentales, pour en sonder les altérations dans la pensée de les prévenir ou de les combattre; de concourir, par des préceptes sages et réellement pratiques, au maintien de l'ordre, de l'harmonie de cet imposant ensemble, doit se dépouiller de toute prévention, de tout esprit de système; s'arrêter aux faits principes, n'admettre pour axiomes et pour lois que les inductions immédiatement et logiquement inférées de ces faits.

Il serait actuellement aussi contraire à la saine raison d'imiter ce bon vieillard d'Horace : « *Laudator temporis acti*, » qui « toujours plaint le présent et vante le passé, » que de regarder, avec certains utopistes modernes, l'état actuel de notre société comme la réalisation du perfectionnement humain. L'erreur se trouve en effet également dans ces deux extrêmes : l'observation elle-même viendra le constater.

Vers la fin du XVIIᵉ siècle, nous pourrions remonter beaucoup plus haut, le profond chancelier d'Aguesseau caractérisait ainsi l'esprit public de son temps :

« Il règne une inquiétude généralement répandue dans toutes les professions, une agitation que rien ne peut fixer; ennemie du repos, incapable de travail, portant le poids d'une inquiète et ambitieuse oisiveté; un soulèvement universel de tous les hommes contre leur condition; une espèce de conspiration générale dans laquelle ils semblent être tous convenus de sortir de leur caractère; toutes les professions confondues, les dignités avilies, les bienséances violées; la plupart des hommes hors de leurs places, méprisant leur état et le rendant méprisable; toujours occupés de ce qu'ils seront, pleins de vastes projets; le seul qui leur échappe, est celui de vivre contents. »

Un peu avant le milieu du XIXᵉ siècle, M. Maurice-Monjean s'exprimait ainsi sur le même sujet :

« On ne peut se dissimuler que dans les rangs les plus élevés, comme dans les plus infimes, il n'y a ni assez de force ni assez de clairvoyance pour combattre les mauvais penchants. Les consciences manquent de principes fixes et invariables. Le mal exerce de plus en plus ses ravages sur un terrain si peu affermi, et perd de l'horreur salutaire qu'il inspire : la statistique nous montre la vérité de ces tristes résultats : le nombre des délits a augmenté d'une manière effrayante depuis quelques années. »

Ainsi, voilà deux tableaux de la société qui, certes, ne sont pas plus rassurants l'un que l'autre ; et pourtant ils ont été fidèlement esquissés par deux bons observateurs, à deux siècles de distance.

Nous devons le dire, cependant, il existe entre ces deux tableaux une différence bien essentielle à noter, et dont les esprits justes comprendront toute la portée : dans le premier, on voit une inquiétude vague, une agitation sans but rigoureusement déterminé; c'est un mauvais projet, sans doute, mais qui n'est point encore parvenu au pressant besoin de sa réalisation complète ; dans le second, on trouve les mêmes éléments, plus incisifs, plus entreprenants, avec un commencement d'exécution.

Si l'on veut un dernier trait pour caractériser les deux époques, nous rappellerons :

Que dans l'avant-dernier siècle, Louis XIV, en 1655, âgé de dix-sept ans, « en habit de chasse, botté, éperonné et le fouet à la main, entrait dans la grand'chambre du parlement, et, prenant séance, » interpellait le premier corps de l'État avec toute l'arrogance d'un maître irrité qui s'adresse à des esclaves :

« Messieurs, chacun sait les malheurs qu'ont produits les assemblées du parlement; je veux les prévenir désormais. J'ordonne qu'on cesse celles qui sont commencées sur les édits que j'ai fait enregistrer en lit de justice. Monsieur le premier président, je vous défends de souffrir ces assemblées, et à pas un de vous de les demander !... »

Que dans le siècle présent, en 1848, le peuple de Paris brisait les portes de la chambre législative ; se ruait, sans aucun respect, sur les bancs des députés, jusque sur le fauteuil du président; et que plusieurs jours après M. Senard, alors ministre de l'intérieur, et dont les paroles ne seront pas suspectes, dans une chaleureuse improvisation que nous avons entendue, voulant faire comprendre à ses amis de l'extrême gauche les dangers de tolérer une semblable licence, poussa très-éloquemment ce cri d'alarme : « Vous les avez vus, Messieurs, ces flots populaires sans guides et sans frein, ils ont envahi l'intérieur de notre enceinte !... se sont-ils respectueusement arrêtés au pied de cette tribune ?... »

Sans doute, surtout pendant la minorité du grand roi, des émeutes s'étaient plusieurs fois manifestées, mais du moins elles n'avaient pas été jusqu'à renverser le trône et l'autel; jusqu'à menacer très-sérieusement les principes sacrés de la propriété, de la famille et de la société !...

Nous croyons donc pouvoir l'établir d'après les faits les plus positifs de l'histoire : depuis que la France jouit des bienfaits de la civilisation, chaque siècle, sans doute, a présenté ses inquiétudes, ses tourmentes, ses aberrations, mais aucun peut-être n'a touché d'aussi près que le nôtre le redoutable écueil où l'ordre social pouvait à jamais se briser !...

Aujourd'hui, dans notre belle patrie, les mauvaises passions se trouvent énergiquement comprimées; sont-elles détruites? Nous voudrions pouvoir le penser.

Notre intention n'est point assurément d'alarmer les populations et de jeter dans les esprits des craintes exagérées que nous ne partagerions pas; mais si d'un côté la pusillanimité fut toujours une mauvaise conseillère, l'imprévoyance ne serait pas un guide beaucoup plus sûr. Dans tout état de choses, il faut accepter une position avec résolution et courage. Sans jamais s'abuser sur les dangers qu'elle peut offrir, on doit en bien préciser la cause, afin d'en mieux trouver le véritable remède.

La répression, voilà le premier moyen : où serions-nous actuellement si elle n'avait pas été ferme, intelligente et prompte?...

Mais cette répression enchaîne les mauvaises passions sans les anéantir; elle empêche momentanément le développement du mal, sans en détruire le principe.

Qu'elle vienne à perdre de sa puissante énergie, bientôt ces mauvaises passions, comme autant de serpents furieux, redressent leurs têtes menaçantes, font entendre d'horribles sifflements et promènent partout leurs sinistres profanations!...

Depuis 89, qu'avons-nous en effet observé, si ce n'est cette effrayante et continuelle alternative de l'émeute, qui se forme sourdement, grandit, se manifeste, éclate et dépasse la résistance du pouvoir? De celui-ci, qui reprend ses imprescriptibles droits, remonte son indispensable et salutaire vigueur, domine, terrasse l'émeute et la tient en respect sous une continuelle pression? De cette émeute, qui, semblable au ressort courbé sous l'action d'une puissance, reprend ses avantages dès que cette puissance, par lassitude ou par une sécurité dangereuse, que le temps et le calme apparent amènent toujours, s'est relâchée de cette indispensable et continuelle action répressive? Et, ce qui nous paraît plus fâcheux encore, suivant le progrès des mauvaises passions qui la soulèvent incessamment, l'émeute, à chacun de ces nouveaux développements, gagne du terrain et devient de plus en plus dangereuse pour les véritables intérêts de la société. Cette fois, en effet, elle ne se borne plus à jeter l'effroi dans les populations, à dévaster les propriétés, à rougir le sol du pays par le sang des plus nobles victimes ; elle frappe l'édifice social dans ses fondements, le voit crouler en poussant un cri sauvage et sacrilége ; et, pour combler toute mesure, elle vient en souiller les débris par les orgies et les profanations de ses dégoûtantes saturnales !...

N'est-ce pas l'effrayant tableau que nous venons d'avoir sous les yeux?... Voilà des faits qui semblent appartenir au chaos de la fable : et cependant c'est de l'histoire contemporaine !...

Ce dernier effort est heureusement dompté par un effort plus puissant encore ; et, cette fois du moins, on comprend la nécessité de rechercher la cause, d'appliquer le remède pour combattre cette fièvre incessante et destructive ; on ne se borne plus à maintenir par le gilet de force un maniaque en délire, on veut en même temps le guérir de sa folie : cette fois, l'action moralisatrice vient en aide à la répression.

Telle doit être en effet la seule voie qui peut actuellement conduire à des résultats conservateurs et fructueux, pour le système social comme pour le système pénitentiaire.

Dans la recherche des moyens capables de rendre à la société cette probité fondamentale, cette raison positive et sage, cette vertu simple et vraie qui seules peuvent en constituer la base invariable, ne perdons jamais de vue les grands exemples donnés à l'avenir des peuples actuels, par le passé de la Grèce et de Rome : n'oublions pas que dans les excès de la civilisation, dans l'existence factice et rêveuse qu'ils substituent à l'existence naturelle et positive, se trouvera toujours la cause fatale et nécessaire de la décadence des empires les plus florissants.

Chacun reconnaît aujourd'hui ce principe ; chacun fait et commente ces utiles et sérieuses réflexions ; chacun signale ce pressant danger ; mais, à l'exemple de cet insouciant Napolitain que l'indifférence et l'habitude rassurent, chacun suit la voie des illusions, et chaque soir vient imprudemment s'endormir au pied du volcan !...

Pendant qu'il en est temps encore, abandonnons le sentier des prestiges et des utopies, rentrons dans celui des faits et de l'expérience raisonnée : si Rome eût accepté ce conseil, Rome serait encore la première des nations !...

Est-il nécessaire de prouver que chez nous, aujourd'hui, presque tous les principes de l'éducation, de la famille, de la société, etc., sont faussés dans leur nature et dans leurs applications ; que nos habitudes, nos usages, nos mœurs, notre existence de chaque jour, s'éloignent progressivement, et par une fâcheuse divergence, de cette direction simple, naturelle, sage et raisonnable qui seule conduit au calme, à la sécurité, au bonheur ; que tout est mis en question avec la précipitation et le vertige de l'impatience, la plus irréfléchie ; au lieu de chercher le véritable progrès dans les lumières d'une discussion prudente et mesurée ; que tout principe d'autorité, d'élévation, de supériorité, paraît méconnu, se trouve même souvent déconsidéré, foulé aux pieds, parce qu'il est devenu gênant pour ce turbulent esprit de licence que l'on voudrait *introniser* en le dissimulant sous les nobles traits du génie calme et puissant d'une véritable et sage liberté ; est-il nécessaire, enfin, d'établir par la démonstration, que le grand ressort des lois lui-même vient d'être courbé si violemment, avec tant d'imprudence, qu'il aurait pu se briser ?...

Toutes ces choses, nous le pensons, ne seront plus regardées comme les simples et vaines appréhensions d'une philosophie méticuleuse et craintive ; elles sont aujourd'hui des vérités incontestables ; pour la plupart, même, elles sont des faits accomplis.

Dans ces graves conjonctures, le pouvoir a bien compris qu'il fallait non-seulement *réprimer* et *punir*, mais encore *moraliser*.

Le second moyen peut seul en effet diminuer les pénibles exigences du premier, dont l'action salutaire s'affaiblit d'ailleurs avec le temps et l'habitude, alors que le germe des mauvaises passions, s'il n'est étouffé dès sa naissance, ne fait que grandir et se multiplier.

Deux importants et précieux résultats doivent donc s'obtenir en même temps, si l'on veut donner à notre corps social des conditions de solide existence pour le présent, de véritable durée pour l'avenir : 1° prévenir le développement de ces funestes altérations

dans ceux de ses membres qui ne les présentent point encore ;
2° guérir ces altérations dans ceux qui s'en trouvent plus ou moins profondément affectés.

Le premier de ces résultats est l'objet *du système social;* le second, celui du *sytème pénitentiaire*, qui dès lors ne doivent pas être plus séparés que l'hygiène et la médecine, puisqu'ils sont les deux divisions logiques d'un même ensemble.

Un pareil sujet semble d'abord effrayant par son immensité. Celui qui prétend en aborder suffisamment toutes les difficultés, paraît un nautonnier téméraire qui lance imprudemment son faible esquif dans les eaux périlleuses d'un océan sans rivages !...

Assurément il en serait ainsi pour celui qui s'abandonnerait aux illusions des théories au lieu de s'attacher à la réalité des faits ; qui s'oublierait assez pour attaquer les brûlantes questions de la politique dans un sujet qui ne doit pas les comporter; qui voudrait suivre et réfuter, dans toutes leurs aberrations, les rêveries et les excentricités dont un assez grand nombre d'esprits hallucinés ont si mal à propos encombré le domaine de la science sociale ; et qui ne le rendrait pas à ses conditions de simplicité sage et naturelle, en le débarrassant entièrement de ce fatras d'importations extravagantes, sans perdre un temps précieux et sans prendre une peine bien inutile à dresser leur déplorable et minutieux inventaire.

Mais pour celui qui se place au point de vue réel et positif des lieux, des hommes et des choses, qui n'admet comme principes et comme lois que les inductions rigoureuses des faits et de l'expérience raisonnée, qui ne s'arrête qu'aux applications essentiellement utiles et pratiques, les systèmes *social* et *pénitentiaire* se dessinent avec les proportions d'un vaste sujet, sans doute, mais dont il est possible de rapprocher les limites par l'analyse, et d'éclairer tous les détails par le flambeau de l'observation.

S'il nous était permis, pour nous mieux faire comprendre, d'établir une comparaison vraie dans toutes ses parties, nous dirions :

Le corps social, de même que celui de l'homme, a son organisation, son économie, son état sanitaire, ses altérations et ses maladies; par une conséquence nécessaire, il offre son hygiène et sa thérapeutique : *le système social* nous présente la première ; *le système pénitentiaire*, la seconde.

Pour *le système social*, nous prenons l'homme à son entrée dans la vie, depuis son dépôt dans le tour de l'hospice ou dans le berceau de l'opulence ; nous le suivons dans toutes les phases de sa carrière, à la chaumière du pauvre comme au palais des rois ; nous étudions son éducation privée, publique, depuis les crèches et les salles d'asile jusqu'aux écoles du plus haut enseignement ; ses professions, depuis l'atelier du plus humble artisan jusqu'au somptueux cabinet des premiers emplois ; nous établissons les principaux types de l'homme social, leurs caractères essentiels et fondamentaux ; enfin, nous complétons cette étude par celle des lois organiques, des mœurs, des usages de la famille et de la société ; dans toutes ces conditions, nous constatons ce qui est ;

nous disons franchement et consciencieusement ce qui devrait être.

Précisant ensuite les conséquences nécessaires qui se déduisent naturellement de cette comparaison, nous arrivons non-seulement à faire apprécier, d'après les faits et l'expérience, les causes premières des vices, des perturbations et des crimes qui, chaque jour, viennent compromettre l'ordre, menacer ou même attaquer sérieusement les intérêts de la société, mais surtout à signaler positivement les moyens simples et faciles de prévenir ces crimes, ces perturbations et ces vices.

Lorsque nous effectuerons la publication de cette première partie de notre œuvre, nous en ferons du reste connaître plus complétement encore les caractères essentiels et le plan d'exécution.

Pour le *système pénitentiaire*, nous prenons l'homme victime de ses instincts, de ses passions, de ses erreurs; des mauvais enseignements qu'il a reçus; des funestes exemples qu'il a recherchés ou qu'il a trouvés sous ses yeux; des pernicieux conseils dont il n'a pas eu l'intelligence, la raison ou le courage de se défendre; faisant le premier pas dans la fatale carrière des vices, des crimes, des plus épouvantables forfaits; nous le suivons dans toutes les phases des punitions qui répondent légalement à ces vices, à ces crimes, à ces forfaits : l'arrestation, la prison préventive, la maison de correction, la prison ordinaire, la maison de réclusion, le bagne, la prison cellulaire, la déportation simple, aux travaux forcés, etc.

Nous cherchons à bien établir, dans toutes ces conditions de la pénalité, les dispositions les plus favorables pour obtenir et concilier : *1° l'action pénale ; 2° l'influence moralisatrice ; 3° la garantie sociale et la protection du libéré ; 4° la facilité d'exécution et l'économie pour le budget de l'État.*

Nous abandonnons le coupable au pied de l'échafaud, sans vouloir formuler actuellement aucune opinion sur cette peine dont l'opportunité, la valeur et la moralité ont été si diversement controversées. Nous examinerons peut-être ultérieurement cette grave et difficile question, étrangère à notre sujet, puisqu'ici tout se termine avec l'action pénale; puisque le criminel est enlevé à tous les moyens d'amendement et de moralisation pour le temps ; et qu'il ne lui reste, pour l'éternité, que les derniers enseignements d'une religion dont la mission angélique est de consoler, d'absoudre ; et le refuge suprême d'un Dieu qui compatit et qui pardonne au repentir!...

En suivant cette marche naturelle, nous avons pour nous l'opinion des hommes les plus compétents et les plus expérimentés. Ainsi, dans son remarquable ouvrage sur la réforme des prisons, et par les travaux de toute sa vie, le respectable et savant M. Ch. Lucas a démontré que, pour être complet et logique, le système pénitentiaire devait en effet embrasser toutes les applications légales, depuis l'arrestation jusqu'à la peine de mort.

Pour le moment, nous étudions ce grand problème au point de vue de ses trois parties principales et plus spécialement à l'ordre du jour : *le bagne, la prison cellulaire, la déportation.*

A l'instant où le bagne est menacé d'une suppression bien regrettable, et même bien dangereuse, nous avons pensé qu'en publiant, de ce travail, tout ce qui appartient aux trois grandes applications de la pénalité entre lesquelles il faudra choisir, la question serait plus précise, mieux saisie, qu'elle offrirait le mérite incontestable d'une véritable actualité. C'est d'après cette impérieuse considération que nous faisons paraître d'abord la seconde partie du système pénitentiaire ; la première ne tardera pas à le compléter.

Au point d'insuffisance, disons toute notre pensée, d'immoralité, de dégradation où l'on a fait tomber l'institution du bagne, nous comprenons qu'il devait s'élever contre cette épouvantable école des forfaits un cri général de réprobation et d'anathème.

Ce cri s'est fait entendre, il a trouvé d'assez nombreux échos ; et, comme toutes les choses qui se disent et se répètent longtemps sans une contestation sérieuse, il a pris assez naturellement la valeur d'une réclamation nationale juste et surtout parfaitement fondée.

Le pouvoir a dû nécessairement s'en préoccuper, et, surtout dans les périlleuses conjonctures qui sont venues si tristement coïncider avec cette réclamation, chercher immédiatement un puissant moyen d'y faire droit.

En conséquence, la suppression des bagnes ne s'est pas fait attendre ; et c'est à la déportation aux travaux forcés, immédiatement conduite en voie d'expérimentation, que l'on a confié le soin de les remplacer.

Jusqu'ici tout semble rationnel et parfaitement logique.

Si l'on n'avait que des opinions personnelles ou de vaines allégations à mettre en opposition avec ces idées, ces déterminations et ces actes, assurément, il faut en convenir, ces opinions et ces allégations sembleraient aux hommes de sens bien futiles et bien inconsidérées.

Mais si, par les travaux et par les opinions des praticiens les plus sérieux, les plus expérimentés dans la spécialité; des jurisconsultes, des législateurs, des magistrats, des économistes les plus graves et les plus habiles; si, par une masse de faits incontestables, par un nombre suffisant d'observations, d'expériences raisonnées et toutes relatives au sujet, nous parvenons à démontrer :

Que l'institution du bagne, essentiellement bonne par le fond, est devenue mauvaise parce que l'on a faussé sa forme, ses applications, avec ou sans intention de la ruiner entièrement; qu'elle peut aisément, et sans frais, être constituée de manière à répondre complétement à toutes les indications d'un bon système pénitentiaire au point de vue de l'action pénale, de la moralisation, de la garantie sociale, de la protection du libéré contre les dangers de la récidive, etc. ;

Que la prison cellulaire ne peut entrer dans le problème de la pénalité qu'à titre de moyen de répression ;

Que la déportation aux travaux forcés, en laissant de côté ses difficultés, pour ne pas dire son impossibilité d'établissement à titre de colonie pénale, est incapable de remplir avantageusement aucune de ces conditions du système pénitentiaire, et qu'elle ne peut être utilisée dans ce dernier qu'à titre de refuge pour les libérés, qui seuls, après une véritable réhabilitation, seront en mesure de la fonder, en lui donnant des chances de succès et d'avenir :

Alors ces considérations offriront des vérités qu'il ne sera plus possible de méconnaître, et qu'il deviendrait même fâcheux de repousser : les axiomes basés sur les faits et l'expérience raisonnée, devant nécessairement, dans un temps donné, vaincre tous les obstacles et s'établir utilement à l'état de lois d'application.

Les propositions fondamentales du système pénitentiaire que nous allons développer, ont été si consciencieusement établies sur ces incontestables bases, que nous avons l'espérance de les voir bien comprises, mais surtout franchement acceptées.

I

DISPOSITIONS.

Le seul moyen de retirer quelques fruits d'un voyage, d'en racheter les fatigues, et surtout d'en charmer les inévitables ennuis, consiste à noter avec soin les sujets d'observation que l'on rencontre sur son passage, pour les retracer à ses amis, sans toutefois abuser de leur intérêt et de leur indulgence par le fond ou par la forme du récit.

Il faut donc naturellement éviter ici deux écueils dangereux, qui se trouvent toujours sur la route à parcourir : l'enthousiasme de la nouveauté, la prévention pour les hommes et pour les choses qui ne rentrent pas dans la sphère habituelle de nos relations ordinaires et de nos goûts.

En procédant avec cette prudente et consciencieuse réserve, le voyageur découvre un grand nombre de faits curieux, pouvant conduire à des réflexions utiles, et se voit bientôt en mesure de concourir à la connaissance plus complète et plus positive des pays qu'il a sérieusement étudiés.

Nous n'avons pas assurément la vaine prétention de publier une histoire entière de la Bretagne, mais l'espérance d'intéresser nos lecteurs à plusieurs particularités remarquables de ce pays exceptionnel, qui nous paraît si loin, même aujourd'hui, d'avoir été suffisamment exploré.

Nous parlerons avec détails du littoral, partie essentielle de cette province, et que nous avons visité dans toute sa circonférence.

Pour mieux initier nos lecteurs aux impressions de ce voyage, nous indiquerons notre itinéraire en marquant les points principaux de son parcours : Angers, Nantes, la Roche-Bernard, Vannes, Auray, Plouharnel, Carnac, Quiberon, Sainte-Anne, la Chartreuse, le Champ des Martyrs, Lorient, Quimper, Brest, Saint-Brieuc, Dinan, Saint-Malo, Rennes, Laval, etc.

Nous terminerons, sous forme de corollaires, par des considérations générales embrassant un précis historique de la Bretagne, son état actuel, le caractère et les mœurs de ses habitants.

Au nombre des études que nous avons faites pendant ce voyage, celle du bagne de Brest a plus particulièrement fixé notre attention.

Depuis longtemps nous avions compris la nécessité d'une réforme sérieuse dans le régime des applications pénales ; mais en présence de ces nombreux condamnés, de leur genre de vie, de leurs travaux, de leurs habitudes et de leurs instincts, le désir d'approfondir un sujet aussi palpitant d'intérêt et d'actualité s'est emparé de notre esprit.

En mesure de puiser à la source même toutes les notions pratiques dont nous avions besoin pour compléter nos connaissances et fixer nos opinions, nous avons entrepris cette étude positive des chiourmes, aujourd'hui menacées d'un abandon complet, et nous avons été conduit par degrés à l'établissement d'un système pénitentiaire envisagé surtout au point de vue des trois grandes applications de la pénalité : le bagne, la prison cellulaire, la déportation.

Il nous semble urgent de prévenir la regrettable suppression dont on frappe les bagnes, avant d'avoir suffisamment apprécié les avantages que pourrait offrir cette institution mieux comprise, surtout lorsque la prison cellulaire et la déportation, comme nous espérons le démontrer, ne pourront jamais la remplacer avec succès.

Pour conserver à notre œuvre son principal mérite, celui de l'opportunité, nous publions actuellement la réforme pénitentiaire et l'histoire des trois grandes applications pénales que nous venons de signaler ; nous compléterons immédiatement cette œuvre, qui formera deux parties sous le titre de *Système social et pénitentiaire* : Première partie, *Système social* ; deuxième partie, *Système pénitentiaire*, dans lequel nous embrasserons alors toute la réforme des prisons.

Les considérations de notre voyage se trouvant ainsi dominées par celles d'un sujet de cette importance, nous donnons à ce travail le titre de *Système pénitentiaire : le bagne, la prison cellulaire, la déportation, compris dans le récit d'un voyage en Bretagne*, pour faire bien comprendre en même temps son objet essentiel et les circonstances principales sous l'inspiration desquelles nous l'avons entrepris.

II

DÉPART DU MANS, SABLÉ, ANGERS, NANTES

Notre départ n'ayant présenté qu'un petit incident, et ces trois villes n'offrant pas des considérations assez nombreuses pour les étudier isolément, nous les comprenons dans le même chapitre.

DÉPART DU MANS.

Pour éviter les fatigues d'une nuit en diligence, et surtout pour voir le pays à parcourir, nous partîmes du Mans le mardi 3 août 1852, à neuf heures du matin, par une voiture des messageries nationales.

Un premier désappointement nous attendait à ce départ.

En nous faisant apprécier les avantages de voyager en jour, par cette locomotive, on s'était bien discrètement abstenu de nous en indiquer l'itinéraire.

Nous ne fûmes donc pas médiocrement surpris en nous voyant entraîné sur la route de Laval, après avoir pris notre place pour Angers.

Nous voulûmes faire arrêter le postillon; mais comprenant trop bien, sans doute, le motif de notre juste réclamation, et mieux encore l'impossibilité d'y faire droit, il resta complétement sourd, cherchant à nous faire oublier, par la rapidité de sa marche, l'augmentation si notable de trajet qu'on nous imposait.

Rappelant alors ce vieil adage à notre pensée : « Tout chemin conduit à Rome, » nous eûmes l'espérance qu'il en serait de même pour Angers; et, dans cette persuasion, nous prîmes notre parti d'assez bonne grâce.

Après un parcours de trente kilomètres au moins, dans cette direction, qui coupait sous un angle de quatre-vingt-dix degrés celle que nous eussions dû suivre, nous arrivâmes à l'hôtellerie nommée *la Lune*, avec toute l'apparence d'un voyageur marchant plutôt vers cette planète, que vers Angers.

Un autre véhicule, venant d'Alençon, nous attendait sur la route.

Enfin, comblé par les agréments inséparables d'un changement de voiture, nous tournâmes à gauche sous un angle parfaitement droit, et suivîmes dès lors une ligne plus favorable au but que nous désirions atteindre.

Si du moins nous eussions été quelque peu dédommagé des ennuis d'une marche aussi bizarre, des retards occasionnés par les buttes à pic, des dangers auxquels nous exposaient les descentes les plus rapides, en rencontrant dans le trajet des objets très-curieux à visiter ?..... Mais nous ne trouvâmes, pour toute compensation, que la fatigue de traverser successivement Brûlon, Poillé, villages sans importance.

SABLÉ.

Petite ville de la Sarthe, de quatre à cinq mille habitants, remarquable par son beau château, son pont en marbre, son voisinage de cette magnifique abbaye de Solesme où l'on admire ces groupes si merveilleusement sculptés, attribués, par les uns, à Germain Pilon; par les autres, à des artistes italiens; ses riches carrières de marbre; enfin, pour avoir été la patrie de ce malheureux Urbain Grandier, né près cette ville, à Rovère, et brûlé vif comme sorcier, le 16 août 1634, à Loudun, dont il avait été curé!....

Au delà de Sablé, nous rencontrâmes un immense concours des carrioles, pataches, coucous, palanquins, chars à bancs et cabriolets de tout le pays : il y avait fête au village, distribution des prix dans le vaste et beau collége de Précigné, bourg de la Sarthe que nous traversâmes, ainsi que plusieurs autres de Maine-et-Loire, sans y rien trouver de remarquable.

ANGERS.

Cette grande cité, chef-lieu du département de Maine-et-Loire, prend chaque jour un si fâcheux accroissement, que sa population de quarante mille habitants ne suffit déjà plus à la circonscription de son enceinte, et que ce défaut de proportion nuira bientôt sensiblement aux avantages d'une agglomération mieux comprise et plus convenablement harmonisée dans son ensemble.

Rajeunie par ses riches et nombreuses constructions modernes, cette ville n'offre plus aujourd'hui, du moins extérieurement, cet aspect triste et sombre qu'elle présentait autrefois.

Mais en pénétrant dans sa partie centrale, en en parcourant les rues étroites et tortueuses, l'archéologue rencontre encore un grand nombre d'églises et de maisons antiques bien dignes de son attention.

Cette ancienne capitale de l'Anjou renferme beaucoup d'objets curieux, parmi lesquels nous citerons spécialement la cathédrale de Saint-Maurice, du XIIe et du XIIIe siècle, le vieux château, la préfecture, l'hôtel-dieu, les musées; celui de sculpture surtout, qui, par les soins et les ouvrages de David, présentera bientôt une importance, une valeur qui suffiraient seules pour donner à la ville d'Angers une véritable célébrité.

Nous avons été frappé de la beauté des boulevards et de l'étendue considérable d'une construction qui s'élève à l'une des extrémités de la cité pour y former un vaste hôpital.

Angers compte parmi ses grands hommes : René, duc d'Anjou, Ménage, Bernier, Félix Bodin, David le sculpteur, Béclard, Ollivier, etc.

Les Angevins ont, à notre sens, un vrai mérite, celui de soutenir, de patroner leurs concitoyens, d'être fiers de leur élévation et de jouir des succès qu'ils obtiennent, comme d'une propriété nationale de leur pays.

Ce noble caractère leur fait honneur, surtout dans un siècle où l'égoïsme et les petites rivalités prennent trop souvent la place des louables et généreux sentiments !

Nous partîmes d'Angers, pour Nantes, par le chemin de fer. Il est impossible d'être plus commodément établi que dans les diligences de cette ligne nouvelle.

C'est un véritable boudoir, décoré très-richement, où l'on trouve de confortables canapés au lieu des banquettes impitoyables de nos voitures publiques; où l'espace est assez largement accordé pour que l'on n'ait jamais le grave inconvénient de sentir, avec impatience, les coudes plus ou moins agressifs d'un malencontreux voisin.

En supprimant le chapitre des bagages, il n'est assurément aucune manière de voyager aussi douce, aussi peu fatigante.

Mais au milieu du tohu-bohu des sacs de nuit, des valises, des cartons à chapeau, des malles, des caisses, des paquets, etc., rien n'est plus facile que de perdre la tête, ou, pour le moins, d'égarer quelques-unes de ses propriétés mobilières.

Après une marche de deux heures et demie, nous entrions en Bretagne par l'une de ses plus grandes villes et surtout des plus importantes, en raison de son négoce avec le monde entier.

NANTES.

Cette ville, chef-lieu du département de la Loire-Inférieure, dont la population s'élève à quatre-vingt-neuf mille habitants; est très-remarquable par sa position géographique, la beauté de ses nouveaux quartiers, ses constructions modernes, et spécialement par l'étendue considérable de ses relations commerciales.

Parmi les divers objets qu'elle présente à la curiosité des voyageurs, nous indiquerons particulièrement :

La bourse, offrant sur l'une de ses façades une riche colonnade avec de nombreux emblèmes; de l'autre, les statues de Jean Bart, de Duguay-Trouin, de Duquesne et de Jacques Cassard.

L'hôpital général de Saint-Jean, l'un des plus vastes et des plus beaux de France.

La salle de spectacle, avec ses mâles colonnes et son vestibule si largement compris.

Le vieux château des ducs de Bretagne, où fut donné par Henri IV, en 1598, le fameux édit de Nantes, dont la révocation par Louis XIV, en 1685, excita de si vives et si pénibles réclamations.

Le port, d'une longueur de deux kilomètres, où viennent mouiller un grand nombre de petits bateaux marchands, et qui présente souvent le curieux aspect d'une forêt de mâtures.

Le magnifique passage Pommeraye, véritable Palais-Royal de Nantes, qu'il est impossible de voir sans admiration, surtout le soir, lorsque la lumière du gaz semble l'inonder de toutes parts.

Les places Royale, Graslin, les cours Saint-Pierre, Saint-André, etc.

On nous montra, dans la rue Haute-du-Château, la chambre où Mme la duchesse de Berry fut arrêtée le 7 novembre 1832.

La ville de Nantes est entourée de sites charmants et de plusieurs lieux remarquables par leurs antiques souvenirs.

Au nombre des hommes célèbres auxquels elle a donné naissance, nous devons citer Jacques Cassard, marin, le général Cambronne, Bertrand, architecte, etc.

III

LA ROCHE-BERNARD, VANNES, AURAY.

Ayant pris la voiture de Brest jusqu'à Auray, nous traversâmes successivement le Temple, la Moire, villages sans importance.

LA ROCHE-BERNARD.

C'est une petite ville du Morbihan, située sur la Vilaine, de treize à quatorze cents habitants, avec un petit port marchand, n'offrant, par elle-même, aucun objet essentiel à noter, mais devenue maintenant célèbre par son magnifique pont suspendu, qui mérite une description particulière.

Il nous arriva dans cette bourgade une de ces aventures assez fréquentes sur nos routes de France, et que nous raconterons à nos lecteurs, afin qu'ils sachent, en voyage, se prémunir contre les exigences de MM. les conducteurs, et surtout ne pas être

aussi souvent les dupes des arrangements pris entre eux et les cabaretiers, dans les maisons desquels ils vous font ordinairement descendre comme dans les meilleurs hôtels.

Notre automédon, brave homme du reste, nous annonça, non sans une certaine emphase, que nous allions faire un excellent déjeuner à la Roche-Bernard, et dès lors nous y arrêter le temps nécessaire pour procéder à cette importante opération.

Ayant été plus d'une fois pris dans ce piége perfide, mais ayant, plus d'une fois aussi, déjoué l'astuce de ceux qui nous l'avaient tendu, nous obligeâmes notre conducteur à nous indiquer positivement le loisir qui nous serait accordé pour ce confortable festin.

— Une demi-heure, nous répondit-il.

— Nous en prenons acte; et, montre sur table, nous resterons ici tout le temps promis. Napoléon, si expéditif, accordait une heure à ses convives; nous ne sommes donc pas exigeant!

On nous sert le fameux déjeuner qui, nous pouvons le dire en sûreté de conscience, était loin de mériter le titre de passable ; mais aucun de nous n'ayant rien pris depuis la veille, chacun se mit à fonctionner avec assez d'activité, l'appétit se trouvant alors, comme toujours, le meilleur des cuisiniers.

A peine un quart d'heure s'était-il écoulé, que l'impitoyable conducteur apparaît à la porte de la salle, en apparence plus inflexible que le Destin, et nous crie de sa voix de Stentor : En voiture! Messieurs et Mesdames, en voiture!...

Déjà tous les voyageurs, à cette impérieuse injonction, se lèvent précipitamment, et, tout en maugréant, se disposent à partir.

Interrompant alors nos relations avec une aile de poulet très-peu docile, nous abordons résolument le contempteur de nos traités, et lui déclarons avec fermeté qu'il nous appartient encore quinze minutes, et que nous allons bien les employer ; nous engageons nos trop bénévoles compagnons d'infortune à se tranquilliser, et nous prenons sur nous la responsabilité de tout ce qui peut en advenir.

Chacun, dès lors, se remet à l'œuvre avec une activité nouvelle, cherchant à se dédommager sur la quantité de tout ce qui manquait évidemment ici dans la qualité.

Jamais temps si court ne fut mieux utilisé !... Cette fois, du moins, le quart d'heure de Rabelais ne fut pas pour les convives.

Notre demi-heure étant expirée, nous donnâmes le signal du départ. Le conducteur, du reste, nous attendait avec patience, comprenant trop bien la réalité de nos droits et la gravité de ses torts, qu'il chercha, depuis, à nous faire oublier. Quelques minutes après, nous étions sur le pont de la Roche-Bernard.

Il est impossible, sans avoir vu cet imposant ensemble, d'apprécier tout ce qu'il offre de hardi, de saisissant et de majestueux !

Imaginez des piles de cent soixante-deux pieds au-dessus du roc naturel, qui leur sert de base ; sur chacun des côtés, trois arcades en maçonnerie, de neuf mètres cinquante centimètres d'ouverture ; un tablier remplissant une seule travée de cinq cent quatre-vingt-quatorze pieds de longueur ; décrivant une courbe gracieuse à peine sensible, à convexité supérieure ; suspendu à cent pieds, même pendant les plus hautes marées, au-dessus des eaux jaunâtres et bourbeuses de la Vilaine, rivière à laquelle cet aspect habituel a peut-être mérité son nom.

Les navires de cinq cents tonneaux peuvent passer sous ce pont, à pleines voiles, avec la simple précaution d'incliner un peu leurs mâts de perroquet. Le poids d'épreuve de ce pont fut de deux cent dix-neuf mille quatre cents kilogrammes.

Les piles sont en granit, d'une architecture élégante et simple; l'appareil de suspension est puissant, bien entendu; la voie charretière offre quatre mètres quatre-vingts centimètres, et chaque trottoir, soixante centimètres.

Cet admirable pont fut construit de 1836 à 1839, d'après les plans et par les soins de M. Leblanc, ingénieur en chef du Morbihan. Il a coûté un million cent vingt-sept mille francs.

Le plus hardi de tous les ponts suspendus qui existent maintenant, est celui de Fribourg. Son tablier, d'une seule travée, est de sept cent quatre-vingt-quinze pieds.

M. Leblanc, par des calculs dont il garantit la précision, est arrivé à cette merveilleuse conséquence : que sur des collines élevées, avec des piles d'une hauteur peu considérable, on parviendrait à suspendre un tablier, d'une seule travée, de trois mille neuf cents pieds de longueur.

On comprend alors tout ce qui reste encore à faire dans ce genre de construction; mais ce n'est pas sans un juste effroi que l'on envisagerait d'aussi prodigieux résultats, surtout lorsque l'on considère les accidents arrivés sur des ponts d'une dimension bien inférieure, et la regrettable avarie qu'un ouragan vient de faire subir tout récemment à celui de la Roche-Bernard, par la destruction presque totale de son magnifique tablier.

Même avec un véritable courage, il est difficile de ne pas éprouver une certaine émotion en se trouvant, dans une diligence pesamment chargée, suspendu, à cette élévation, sur un aussi vacillant édifice, dont les mouvements de tangage et de roulis semblent, à chaque instant, présager une chute affreuse.

Bien que, d'après les instructions officielles, les conducteurs soient obligés de marcher au pas dans tout le parcours du tablier, il nous paraîtrait pour le moins aussi rationnel de les forcer à laisser descendre les voyageurs qui ne voudraient point s'exposer gratuitement aux accidents si terribles que l'altération, souvent inappréciable, des suspensions, peut ultérieurement occasionner.

Le pont de la Roche-Bernard offre un intérêt majeur pour tout ce littoral de la Bretagne, en reliant, avec tant d'avantages, Nantes, Lorient, Brest, etc. En effet, autrefois le passage de la Vilaine, au moyen du bac, était très-dangereux et demandait au moins douze heures et souvent plusieurs jours.

Dans un grand nombre de points de ce trajet, nous avons remarqué, sur les bords de la route, même à distance des habitations, plusieurs croix en granit, la plupart d'une élégante simplicité. L'une d'elles, assez récemment construite, présente un calvaire avec des gradins, surmonté d'une croix en fer d'un joli travail et soigneusement dorée.

Ces emblèmes du christianisme paraissent érigés soit comme l'expression d'une foi vive et sincère, soit comme les *ex-voto* d'une conscience qui cherche à s'acquitter envers le ciel, soit enfin comme l'établissement d'un moyen de protection divine pour un champ, pour un domaine, ou même pour toute la contrée.

Nous avons encore observé, sur les côtés du chemin, plusieurs fours publics, en usage dans ce pays.

Ils offrent l'aspect d'une rotonde couverte d'un champignon en maçonnerie, avec une ouverture dans le contour, pour communiquer au foyer. On les chauffe soit avec du bois vert, assez rare sur le littoral, soit avec des ajoncs, très-communs dans toute la Bretagne, et répandant au loin leur épaisse et noire fumée.

C'est dans cette espèce d'antre charbonneux que les habitants du voisinage viennent apporter leur pâte compacte et grossière, pour en tirer, quelques heures après, un pain gris, lourd, peu substantiel, et qui cependant fait la principale nourriture de ces misérables paysans.

Sur la droite, en arrivant à Vannes, une cascade assez large, et d'une chute élevée, fixa notre attention par le bruit que ses eaux font en tombant. Elle nous a paru dépendre d'une propriété particulière.

Le conducteur des ponts et chaussées du Morbihan, homme très-aimable, dont nous fîmes la connaissance à Plouharnel, nous dit que cette chute d'eau, bien utilisée, pourrait mettre en mouvement dix appareils de meules pour les grains.

Nous comprendrions alors difficilement comment un pareil moteur resterait sans emploi dans ce pays, où l'on construit à grands frais des moulins beaucoup moins puissants.

Il semble résulter, d'autres renseignements, que cette cascade n'est que le déversoir d'un étang situé en amont, et dont les eaux font déjà tourner plusieurs roues.

En présence de ces deux opinions, que nous ne sommes pas en position de vérifier, nous nous bornerons à citer un fait qui peut avoir son utilité, sans lui donner plus d'importance qu'il n'en mérite.

VANNES.

Cette ville, ancienne capitale des Vénètes, aujourd'hui chef-lieu du Morbihan, de onze à douze mille habitants, offrant un port marchand assez fréquenté, nous a paru triste, sans animation, sans mouvement et très-mal bâtie.

La cathédrale est surmontée d'une lanterne de construction

gracieuse; on y remarque, en outre, la tour du Connétable, seul vestige de l'ancien château de l'Hermine; l'hôtel de la préfecture, jadis nommé le château de la Motte ; les promenades, le môle, etc.

Il est difficile d'imaginer un pays à la fois plus uniforme, plus triste et plus pauvre que celui dont nous avions, en atteignant Auray, considéré, pendant un parcours de trente lieues, la misérable et fastidieuse aridité.

Dans quelques points seulement, à des intervalles souvent très-grands, on voit des cultures de céréales, des prés, des bois de chêne, des sapinières, même dans certaines parties où le sol est, en apparence, moins propre à ces améliorations que dans plusieurs autres abandonnées à l'état de landes.

Nous croyons positivement que la plupart de ces terrains improductifs deviendraient, à peu de frais, entre des mains habiles, les uns des champs, des prés assez féconds; les autres de belles sapinières qui changeraient bientôt les conditions nécessiteuses de ces contrées, en les remplaçant par une honnête aisance, et peut-être mieux encore par une véritable richesse.

Mais plusieurs causes graves, difficiles à détruire, s'opposeront longtemps à ces utiles et si désirables progrès ; nous les signalerons à l'attention des hommes qui s'occupent de ces importantes questions, lorsque nous arriverons aux considérations générales sur les dispositions actuelles de la Bretagne, sur les usages et les mœurs de ses habitants.

Nous fûmes bien dédommagé des ennuis de ce monotone et long trajet, par la rencontre, à Nantes, de deux aimables voyageuses, Mmes L***, qui se rendaient à Lorient.

La mère, femme de sens et d'une grande bonté; la fille, jeune personne de dix-huit à vingt ans, d'une figure angélique, rappelant par la pureté du trait les gracieuses vierges de Raphaël; d'un esprit aimable, sans prétention, d'un caractère charmant, et dont l'enjouement naturel avait conservé toute la naïveté de l'enfance.

Nous avions pris nos dispositions pour nous retrouver à Lorient. Lors de notre passage par cette ville, nous allâmes à l'hôtel de Mmes L***, sans les rencontrer. Nous ne les reverrons peut-être jamais!...

C'est ainsi qu'il advient trop souvent pour les projets que nous formons ici-bas!...

AURAY.

Arrivé le soir dans la petite ville d'Auray, que nous devions examiner un peu plus tard, en parcourant ses curieux environs, nous louâmes de suite une voiture particulière très-commode, qui nous conduisit à Plouharnel, où nous avions résolu d'établir notre point central d'observations, ce village étant placé précisément au milieu des localités les plus intéressantes à visiter.

IV

PLOUHARNEL.

Plouharnel est, en lui-même, un village très-ordinaire, mais remarquable par sa situation sur la route et près la baie de Quiberon.

Nous descendîmes à l'*Hôtel des Voyageurs*, que tient M. Lebail.

Nous devons remercier ici M. Q***, digne Breton de notre connaissance, de l'indication d'un aussi excellent gîte, et surtout d'avoir écrit du Mans pour annoncer notre arrivée.

Nous trouvâmes en conséquence le plus obligeant accueil au milieu de la bonne famille Lebail, que nous éprouvons le besoin de faire apprécier, en souvenir de ses aimables attentions, et pour signaler à ceux qui courent le monde, cette parfaite hôtellerie qu'aurait si bien goutée celui qui chantait avec tant de gaîté :
« Qu'on est heureux de trouver en voyage un bon souper, mais
« surtout un bon lit ! »

M. Lebail est un de ces hommes loyaux et francs, qui, dès le premier aspect, vous inspirent la confiance et même l'affection; intelligent, actif, obligeant. Il est en même temps maire de sa commune depuis dix-huit ou vingt ans, associé d'une maison de Bordeaux pour le commerce des vins, à la tête d'un grand magasin, véritable bazar, d'un hôtel important, d'un faisant valoir assez considérable, banquier de la contrée, etc.; il suffit à tout, mérite, obtient l'assentiment des différentes classes, depuis le simple paysan jusqu'à l'homme opulent, qui fréquentent son établissement toujours avec le regret de le quitter.

C'est dans cet hôtel si confortable sous tous les rapports, c'est au milieu des attentions et des soins empressés de ces estimables et si bonnes gens, que nous avons passé dix jours les plus agréables et les mieux employés.

Rien n'est plus imposant, par son aspect et ses souvenirs, que le magnifique littoral des environs de Plouharnel.

A gauche, Carnac, si riche d'antiquités celtiques, cette baie si tristement célèbre par le débarquement des émigrés; en face, Belle-Ile, Quiberon, le fort Penthièvre, cette presqu'île et cette falaise humides encore du sang de ces généreux martyrs de leur foi, de leurs croyances politiques!... cet Océan, qui n'a d'autres bornes que le septentrion du Nouveau-Monde, et qui, nulle part, n'est en même temps plus sauvage et plus majestueux.

A droite, Ételle, Port-Louis, etc., renommés pour la pêche de la sardine; Courcouno, si souvent visité pour son remarquable dolmen.

En arrière, et pour compléter cet éloquent panorama, Auray, Sainte-Anne, la Chartreuse, le Champ des Martyrs, etc., avec leurs pieux monuments et leurs déchirantes particularités historiques!...

Il nous était donc impossible de faire une halte en même temps plus instructive et mieux choisie ; aussi toutes nos journées furent-elles utilisées par des excursions pleines de charme et d'intérêt.

Nous chercherons à retracer les souvenirs si riches et si variés qu'elles nous ont laissés, en reproduisant tout simplement nos impressions dans les dispositions et dans l'ordre où nous les avons éprouvées.

V

CARNAC, LE PETIT MONT-SAINT-MICHEL.

Nous avons compris ces deux objets sous un seul titre, leur proximité nous les ayant fait étudier dans la même excursion.

CARNAC.

Le lendemain au matin nous allâmes visiter Carnac, village situé à quatre kilomètres de Plouharnel, et célèbre par ses antiquités druidiques.

L'église, construite en 1639, est assez remarquable, surtout à sa porte principale, où s'élève en forme de vestibule un grand baldaquin de granit, mâle sans paraître massif, et dont les proportions et les formes sont très-appréciées par les architectes. Les plans et la surveillance d'exécution de ce petit monument, peut-être unique dans son genre, sont attribués au recteur qui desservait la paroisse.

Dans presque toute la Bretagne, on désigne encore aujourd'hui sous le nom de recteur, l'ecclésiastique principal. Le premier vicaire porte le nom de curé.

Le clocher de cette église, tout en pierre, flanqué, vers sa base, de quatre petits clochetons semblables, est d'une exécution à la fois hardie, élégante, et d'une forme gracieuse.

Nous ferons observer, à cette occasion, que dans ce pays, si peu riche en constructions, on est surpris de la recherche avec laquelle on a soigné cette partie des églises, même pour les plus simples et les moins apparentes.

Nous avons également été frappé d'une règle générale dans ces dispositions.

Pour tout le littoral sud, les clochers sont en pierre, d'un type analogue, élancés et travaillés avec plus ou moins d'art; nous en avons remarqué plusieurs qui paraissaient couverts de broderies du fini le plus merveilleux.

Pour le littoral nord, au contraire, leur base est en pierre, mais le sommet est couvert en ardoise; leur flèche, presque partout, est moins svelte et moins hardie.

Dans l'église de Carnac se voit un vaisseau de deux mètres de longueur, avec tous ses agrès; il est établi sur un brancard qui sert à le porter en procession. C'est, nous a-t-on dit, l'*ex-voto* d'une commune voisine.

Ces monuments religieux sont du reste communs sur les rivages des mers que la piété n'a pas abandonnés.

M. le vicaire nous montra, comme objet d'art très-curieux, un ostensoir en argent dont le socle, admirablement ciselé, représente la Passion; dont la gloire est couverte de pierreries que l'on nous a signalées comme précieuses, et dans lesquelles nous avons remarqué surtout une grande variété. La valeur de ce petit chef-d'œuvre est portée à plus de six mille francs.

A près d'un kilomètre nord-ouest du village, dans une lande inculte d'environ trois hectares, on trouve cette réunion considérable de pelvans nommée *pierres de Carnac*.

Nous en avons compté plus de quatre cents. Presque tous offrent une disposition assez régulière, par allées de trois à quatre mètres de largeur; plusieurs de ces pelvans ont jusqu'à cinq mètres d'élévation hors terre.

Nous avons rencontré dans ce lieu seulement quelques dolmens dont les tables, horizontalement placées, présentaient à peu près cette dimension en longueur.

Nous n'avons pu trouver, même en prenant des renseignements sur les lieux, *ces pierres branlantes* que l'on place dans la lande de Carnac; on nous a positivement affirmé qu'il en existait une de ce genre au-dessous de Brech.

Ces monuments druidiques, *dolmens* et *pelvans*, sont très-communs dans toute cette partie de la Bretagne.

Si l'on cherche à savoir quels en furent les usages, on frémit à la pensée que, sur un grand nombre de ces tables, autels des sacrifices, le sang humain a peut-être coulé bien des fois, dans les temps de stupide ignorance et de grossière barbarie, pour apaiser la colère d'un Dieu que l'on faisait vindicatif et terrible, et que nous croyons, nous, un Dieu de paix, de miséricorde et de bonté!

On ressent de la pitié pour le peu d'industrie des peuples anciens qui s'abritaient dans ces espèces de tanières, à la façon des animaux sauvages. Plusieurs de ces dolmens forment, en effet, des salles assez spacieuses pour y loger, debout, quinze à vingt personnes.

Les pelvans ont pu servir de bornes, de signaux, de monuments votifs, de pierres tumulaires, etc.

Si l'on rapproche, en effet, la disposition par allées de ceux qui se trouvent réunis en grand nombre, la découverte d'ossements humains sous la base de plusieurs d'entre eux, il sera permis de les prendre pour des tombeaux grossiers, n'ayant exigé d'autre soin que celui de leur placement, et de considérer la lande de Carnac, par exemple, comme un assez vaste cimetière. Ne voulant pas donner à ces présomptions plus de valeur qu'elles n'en méritent, nous les présentons à titre de simples conjectures.

A côté de ces interprétations de la science archéologique, pourquoi ne placerions-nous pas la chronique du pays, relativement aux pierres de Carnac? N'a-t-elle pas aussi, à certain point de vue, son genre de mérite?

« L'armée de César, vous disent très-sérieusement quelques paysans bretons, en faisant probablement un remarquable anachronisme, poursuivait saint Corneille, aujourd'hui patron de Carnac; à l'instant où ce grand saint, arrêté par les eaux de la mer, allait tomber entre les mains des infidèles, il se retourne, adresse au ciel une fervente prière, et tous ces misérables païens sont miraculeusement et subitement changés en pierre. La preuve évidente que le fait n'est pas contestable, c'est que l'on reconnaît encore, dans les plus élevées de ces pierres, les principaux chefs de cette armée coupable et maudite. »

LE PETIT MONT SAINT-MICHEL.

A moins d'un kilomètre au nord de Carnac, on trouve un monticule de trente à quarante mètres d'élévation, nommé le petit mont Saint-Michel, dont le sommet, couronné d'une chapelle dédiée à ce même saint, paraît avoir été fait de main d'homme.

On arrive sur la plate-forme, d'un côté, par une rampe assez rapide et qui tourne en spirale ; de l'autre, par un escalier presque perpendiculaire, composé d'un grand nombre de marches en pierre, posées entre deux murailles à hauteur d'appui.

Parvenu à la partie supérieure de ce monticule, point de mire de toute la contrée, on y jouit d'une admirable vue, d'un panorama complet, dont Auray, Quiberon, le fort Penthièvre, la pleine mer, etc., constituent les principaux objets.

En revenant de Carnac, nous avons visité les belles salines appartenant à M. de Kérenflet, qui sont actuellement en vente, à la mise à prix de quatre cent mille francs, sans trouver un acquéreur.

Sous les hangars, on voyait des monceaux considérables de sel déjà très-blanc, très-épuré, par la seule précaution de le remuer quelquefois en l'exposant au lavage des pluies, à l'action du soleil.

VI

GROTTES DE PLOUHARNEL, DOLMEN DE COURCOUNO.

Pour compléter notre examen des monuments druidiques, nous visitâmes le lendemain les grottes de Plouharnel et le dolmen de Courcouno.

GROTTES DE PLOUHARNEL.

Elles se trouvent à trois cents pas du village, sur la propriété de M. Lebail. L'une représente une salle de huit ou dix pieds carrés, dans laquelle on peut se tenir debout; l'autre une sorte de galerie plus longue et terminée par un petit cabinet.

Ces grottes, presque souterraines, sont peu saillantes au-dessus du sol. Mais, comme pour tous les autres dolmens, leurs parois sont formées par des pierres verticales, leur voûte par des pierres horizontales et d'une dimension plus considérable.

Lith. de Monnoyer, au Mans.

Poussé par la curieuse activité de son esprit naturel, M. Lebail eut l'heureuse pensée de faire pratiquer, il y a quelque temps, plusieurs fouilles dans ces grottes presque entièrement comblées : voici les précieux résultats de ses recherches, tels que nous avons pu les examiner.

Dans la première, on a trouvé divers fragments d'anciennes poteries.

Dans la seconde, sous le sol et dans les parois de la galerie, de nombreux et remarquables objets : ainsi, un vase renfermant deux bracelets en or, chacun de la valeur de trois cents francs, au poids ; de six centimètres de largeur, d'un travail très-grossier ; présentant, pour tout ornement, quelques sections dans le sens de la longueur, et, pour toute fermeture, une mortaise recevant un crochet pris dans le bracelet, tout simplement recourbé vers cette extrémité ; un casse-tête, une hache en pierre très-bien polie, un fragment de cuivre, un autre d'or, ayant à peu près la forme d'un fer de lance.

Dans le petit cabinet qui termine cette allée, deux os humains bien conservés, un plus grand nombre presque entièrement charbonnés, un fragment de fer, un anneau en cuivre, des débris de vases antiques environnés d'un amas de cendres.

Nous laissons aux savants en archéologie le soin de disserter sur ces divers objets, et de les utiliser à la reconstruction si difficile du précieux édifice des temps passés.

DOLMEN DE COURCOUNO.

Ce monument druidique, objet de l'attention des voyageurs, existe dans la cour d'une ferme, près du hameau de ce nom, à trois kilomètres ouest de Plouharnel, sur la route d'Erdeven. On le regarde généralement comme le plus beau de la contrée.

Il est composé de onze supports larges, épais, et de cinq pieds six pouces de hauteur chacun; d'une table horizontale de cinq mètres de largeur, sur cinq mètres cinquante centimètres de longueur, un mètre vingt-cinq centimètres d'épaisseur, formant ensemble une grotte de quatre mètres cinquante centimètres de longueur, sur trois mètres soixante centimètres de largeur, avec un étage d'un mètre quatre-vingt-dix centimètres.

La table est brisée à un mètre de son extrémité, du côté de l'entrée. Le principal fragment présente l'énorme poids de cent soixante-dix mille livres.

Nous avons examiné la nature et le grain des pierres de ce dolmen, nous les avons trouvés identiques à ceux des roches voisines, qui s'élèvent assez nombreuses, et d'un grand volume, au-dessus de la surface du sol.

On peut réellement affirmer que la Bretagne est le vaste musée des dolmens et des pelvans druidiques; on en voit en effet presque partout dans cette province.

Nous citerons comme les plus remarquables, indépendamment de ceux que nous avons visités: dans le Finistère, le pelvan du champ Dolent, près de Dol, dont l'élévation est de sept mètres trente centimètres.

Dans le Morbihan, les grottes et les allées couvertes de l'île de Gavrinnis, le dolmen de Crach, près le Loch-Maria-Ker, le géant des menhirs, que la foudre, en le brisant, a renversé complétement sur le sol, et dont les fragments réunis offrent une longueur totale de vingt mètres.

Les dolmens et les pelvans ont été, depuis quelques années

surtout, l'objet des recherches les plus actives et des plus savantes dissertations.

Des autorités également respectables sont venues combattre dans ce vaste champ clos des théories et des conjectures ; et, sans arriver à des conclusions bien satisfaisantes, les unes et les autres ont trop souvent eu la dangereuse prétention de faire prévaloir les opinions les plus opposées et les plus contradictoires.

Loin de nous la présomptueuse pensée d'aspirer à l'honneur insigne d'accorder les princes guerroyants de la science archéologique, mais nous leur ferons simplement observer que si chacun d'eux était moins exclusif dans ses idées absolues, peut-être leurs décisions seraient-elles plus concordantes, au grand avantage de la doctrine monumentale des temps passés.

En effet, si l'on considère les dolmens et les pelvans avec la lumière du simple bon sens, n'est-il pas évident qu'ils ne peuvent tous présenter une seule et même destination, et que, dans les temps reculés de leur établissement, ils ont dû servir à des usages divers, suivant leur situation et leurs dispositions ?

Les dolmens — tels que ceux de Plouharnel, presque souterrains, offrant une simple allée terminée par une grotte peu spacieuse et d'un très-bas étage, ne semblent-ils pas appropriés au dépôt des restes mortels ou des objets précieux à conserver ?

Les ossements calcinés, les cendres, les urnes funéraires, les haches en pierre, les anneaux, les bracelets en or, etc., découverts par M. Lebail dans ces grottes, ne viennent-ils pas à l'appui d'une pareille conjecture ?

Ceux qui se trouvent au-dessus du sol, dont l'étage est élevé, l'étendue plus considérable, tel que celui de Courcouno, par exemple, ne peuvent-ils pas avoir servi d'habitation aux druides, aux chefs de peuplades, ou présenté des salles de conseil où se discutaient les grands intérêts politiques et religieux?

Enfin les dolmens qui s'offrent sous la forme d'une simple table soutenue par des appuis, à deux ou trois pieds d'élévation, disposée en plan très-légèrement incliné, dont la surface est droite ou peu concave, tels que ceux de Carnac et tant d'autres, ne semblent-ils pas indiquer ces autels sacriléges où l'on vit trop souvent bouillonner le sang humain sous l'épouvantable couteau du fanatisme et de la superstition?...

Les pelvans — solitaires établis sur des lieux élevés, très-proéminents au-dessus du sol, tels qu'on les rencontre sur les coteaux du littoral, entre Vannes et Plouharnel, comme dans beaucoup de lieux analogues, ne paraissent-ils pas destinés à former des signaux, soit pour guider les voyageurs dans les contrées solitaires, soit pour diriger les vaisseaux vers les parages qu'ils doivent aborder, ou pour leur montrer les écueils qu'ils ne pourraient toucher sans péril?

Ceux du même genre qui sont moins apparents, placés dans les plaines, entre deux villages, tels que les pelvans qui se trouvent entre Carnac et Plouharnel, entre cette commune et celle de Ploémel, etc., n'ont-ils point été destinés à servir de bornage public ou même particulier?

Lorsqu'ils se montrent sur les rivages de la mer, ou sur le théâtre d'anciens faits d'armes, de victoires éclatantes, etc., ne peuvent-ils pas être des *ex-voto*, des gages de piété, de gratitude envers la Providence, élevés par les naufragés miraculeusement soustraits à la mort? ou les monuments commémoratifs d'une importante action, consacrés aux souvenirs de l'histoire par un peuple tout entier?

Enfin, les pelvans qui réunis en grand nombre offrent surtout la disposition régulière en allées plus ou moins larges, tels que ceux de Carnac, ne peuvent-ils pas être envisagés comme des pierres tumulaires? Et lorsque l'on rencontre sous leur base des ossements humains, cette manière de voir n'acquiert-elle pas tous les caractères d'une forte présomption?

Notre savant M. P. Mérimée rapporte dans le *Moniteur universel* (14 avril 1853) un article du célèbre archéologue danois J. J. A. Worsaae, dont, pour le dire de suite, il ne partage pas toutes les opinions.

Nous avons soutenu que dans les études monumentales il était dangereux d'établir des principes trop exclusifs, un seul fait positif pouvant détruire l'apparente vérité de mille faits négatifs.

Nous fournirons ce fait à M. Worsaae, qui nous en saura gré, notre intention n'étant pas de critiquer le savant, mais d'éclairer la science:

A l'occasion *de toutes les fouilles anciennes* et de celles *faites récemment en Bretagne*, M. Worsaae dit: dans les dolmens « on a trouvé des couteaux en silex, des haches de pierre, des pointes de flèche ou de harpon en os, en silex; tout cela d'une fabrication grossière qui ressemble à celle des peuplades les plus sauvages. *Jamais on n'a rencontré d'objets en bronze ni en aucun autre métal.* »

Les fouilles faites par M. Lebail, à Plouharnel (voyez page 27), ont précisément prouvé le contraire, en offrant, *réunis, une hache en pierre, un casse-tête, des objets en or, en cuivre, en fer*, etc.

Lorsque nous voyons ensuite M. Worsaae établir sur une pareille base : que la division des temps passés peut se ramener à la séduisante simplicité « des siècles de *pierre*, *de fer*, *de bronze et d'or*, » ne sommes-nous pas en droit de nous demander si les faits sont bien ici les fondements du système, ou si le système ne deviendrait pas plutôt, *a priori*, l'inflexible niveau sous lequel on aurait cru pouvoir courber les faits?

Nous livrons, du reste, à nos lecteurs, à titre de conjectures, les réflexions que nous avons formulées en présence de ces antiques monuments.

VII

LA BAIE, LA FALAISE DE QUIBERON.

C'est avec un sentiment de tristesse et de profonde curiosité que nous avons exploré cette admirable partie du champ de nos observations.

LA BAIE DE QUIBERON.

Cette baie, l'une des plus considérables d'Europe, au nord et tout près de laquelle se trouve Plouharnel, reçoit des habitants la dénomination de petite mer, par opposition au vaste Océan, qu'ils désignent sous celle de grande mer.

La baie de Quiberon, d'un accès difficile et dont les vagues sont toujours plus calmes et moins dangereuses que celles de la pleine mer, n'offre par elle-même rien autre chose de bien remarquable; mais à son nom se rattache le pénible souvenir du malheureux débarquement des émigrés, effectué le 27 juin 1795, sous la funeste protection des chaloupes canonnières anglaises.

Nous avons visité ses rives et remarqué, à l'est de Plouharnel, un très-petit port appelé le Pô, ne pouvant donner entrée qu'à des embarcations peu considérables. Plusieurs de cette nature s'y trouvaient alors en construction.

C'est un des rivages de la mer où l'on rencontre ces larges coquilles nommées ricardeau par les habitants, et qui appartiennent au genre des peignes.

En prenant, à l'ouest de Plouharnel, un chemin qui mène à Quiberon, nous passâmes par le hameau voisin, dans lequel Hoche avait établi son quartier général pour la déplorable affaire de 1795, contre l'armée royaliste; on nous montra la chambre qu'il occupait.

LA FALAISE DE QUIBERON.

Assez près de là, nous trouvâmes la falaise qui précède la presqu'île proprement dite, bordant à l'est la pleine mer et conduisant au fort Penthièvre, après un parcours de quatre à cinq kilomètres.

Cette falaise, large de deux kilomètres, est formée d'un sable si mouvant, que la violence habituelle des vents, sur cette côte, le soulève par tourbillons et le transporte souvent à d'assez grandes distances. Il est quelquefois projeté avec une telle force, que le visage en est douloureusement frappé, comme s'il recevait, à portée considérable, du plomb de petit calibre, lancé par l'explosion d'une arme à feu.

Dans les parties plus fixes, le sol est couvert d'œillets

microscopiques, d'éternelles, de charmants rosiers nains répandant un parfum très-agréable et d'une suavité particulière.

Nous arrachâmes avec soin plusieurs de ces délicieuses plantes, nous recueillîmes de leurs graines avec le désir bien plus qu'avec l'espoir de les acclimater dans nos contrées.

Descendu sur les rivages de l'Océan, nous restâmes quelques instants absorbé dans son imposante et merveilleuse contemplation.

Du ciel et de l'eau seulement!... de l'eau qui semble tourmentée d'une violente et continuelle inquiétude : tantôt plane, simplement onduleuse, tantôt soulevée, montueuse comme une succession de rochers escarpés, offrant à l'œil émerveillé le plus étonnant des tableaux, par la diversité de ses formes et les innombrables changements de ses couleurs!

Il est impossible de regarder l'Océan sans éprouver un indicible et profond sentiment qui vous attache et vous captive sur ses admirables rivages.

A l'aspect de cette sublime immensité, l'âme s'isole du monde entier, se concentre dans une seule pensée!... L'avenir paraît suspendre sa marche dans un lointain immobile et sans intérêt; les ambitions se taisent; l'espérance elle-même ne laisse plus entendre sa voix; le passé reste sans aucun souvenir : amis, famille, affections du cœur, illusions de la vie, tout semble se confondre et s'effacer comme dans les insaisissables réminiscences d'un songe... Cet impérieux présent occupe avec égoïsme tous les sens, absorbe toutes les facultés et retient tout l'être suspendu par l'attraction magnétique de son irrésistible pouvoir!...

Ces vagues toujours agitées, d'abord ambitieuses dans leurs impétueux élans, ensuite expirantes et découragées; incessamment remplacées par des vagues nouvelles, étalant à nos yeux fascinés les chatoyantes illusions d'un prisme décevant et magique, ne semblent-elles pas dérouler sous nos pieds les onduleux replis d'une étoffe argentée par la lumière des cieux!...

Cette mer, à laquelle nous prêtons involontairement le sentiment et la pensée, nous attaque et nous fuit tour à tour.

Ainsi que le serpent insidieux, elle s'avance en rampant, s'élance d'un bond rapide au moment où nous la croyons le moins à craindre, nous repousse de ses sables dorés ou nous enveloppe de ses vastes anneaux; puis elle se retire et s'éloigne comme pour nous engager perfidement à la suivre sur ses noirs et dangereux écueils!...

N'est-ce pas en quelque sorte un être vivant qui ne peut supporter ni repos ni trève; qui nous occupe sans cesse et nous oblige à des relations dans lesquelles nous ne trouvons pas un instant de monotonie, d'uniformité, d'ennui!...

Nous sommes quelquefois resté dans cette attachante observation pendant des heures entières, qui toujours nous ont paru bien rapides, attentif à ces mouvements si majestueux, si variés, et bercé vaguement par ce bruit plaintif et mystérieux, si différent des autres bruits!...

Tantôt, en effet, c'est une brise légère qui semble en passant l'effleurer de son aile rapide, en ridant faiblement sa surface comme par les plis imperceptibles d'un sourire, en la faisant vibrer de ces doux et mélodieux sons qui rappellent un soupir, une plainte, un langoureux gémissement.

Tantôt c'est le fougueux aquilon qui soulève, émeut, violente avec fureur ses énormes vagues, en lui donnant l'aspect d'un maniaque en délire, en épouvantant au loin les rivages par les affreux mugissements de sa formidable voix!...

Disons plus encore, la mer ne paraît-elle pas avoir ses instincts et ses passions? Ne le croirions-nous pas, du moins, lorsque nous la voyons successivement passer de ce morne abattement, du calme plat, de la tristesse accablante, aux élans inconsidérés de la joie, aux bondissements désordonnés de la fureur?

Semblable à cet infortuné Sisyphe qui roule incessamment son écrasant rocher sans pouvoir jamais le pousser au delà du but marqué par l'inflexible destin; la mer fait des tentatives continuelles pour franchir les obstacles opposés à ses envahissements, et retombe chaque fois sur elle-même avec toutes les apparences d'un découragement profond, pour entreprendre des luttes nouvelles et toujours impuissantes!

Arrivé à l'extrémité de la falaise, dans le point où commence la presqu'île de Quiberon, nous y vîmes la pleine mer et la baie séparées seulement par la route, et leur flux impétueux s'arrêter sur les versants de cette voie, dont la chaussée ne présente pourtant qu'une très-légère élévation : on imaginerait que ces deux énormes masses d'eau n'auraient besoin que d'une faible impulsion pour se réunir, intercepter le passage, inonder la plage entière....

Par la suprême volonté de l'Éternel Moteur, ce débordement semble menacer toujours, et ne s'effectue jamais!...

Quel spectacle!... quelle immensité!... combien elle fait sentir la distance qui sépare l'infériorité des grandeurs humaines, de la majesté des splendeurs divines!...

Combien l'homme, avec tout son orgueil, devient petit et faible à côté de la puissance et de l'immensité de l'Océan!... Et cependant cet Océan puissant, immense, voit chaque jour expirer les efforts désespérés de ses mugissantes et redoutables vagues, au contact d'un simple grain de sable que vint poser, comme une digue infranchissable, le doigt du Tout-Puissant, avec ces mots solennels et magiques : « Tu n'iras pas plus loin! »

Quels rapprochements n'est-il pas naturel de faire entre les infructueuses prétentions de l'Océan et les illusions habituelles de la vie; entre ces formidables élans des mers et les prodigieux efforts de l'homme, qui, pendant toute la durée de sa plus mâle énergie, s'épuise et se consume pour céder enfin sous le poids de la fatigue et du temps, qui pour lui, comme pour l'Océan, marquent également l'instant du reflux!

Hâtons-nous d'ajouter une consolante pensée : la comparaison ne doit embrasser ici que le physique de l'homme; son essence morale et divine, tant qu'elle n'a pas dévié de ses nobles prérogatives, échappant à ces lois matérielles, grandit et s'élève en effet pour l'immortalité!...

A celui qui resterait étranger aux saisissantes émotions d'un aussi magnifique tableau, ne pourrait-on pas dire, sans exagération : Renfermez-vous désormais dans votre égoïsme personnel; pour votre âme insensible ne sont point faites les généreuses pensées et les sublimes impressions!...

ROUTE DE QUIBERON. FORT PENTHIEVRE.

VIII

LE FORT PENTHIÈVRE, LA MER SAUVAGE.

Ces deux objets curieux à visiter se trouvant très-voisins l'un de l'autre, nous les avons compris sous le même titre, bien que leurs caractères fussent essentiellement différents.

LE FORT PENTHIÈVRE.

A l'endroit où se termine la falaise, où commence la presqu'île de Quiberon, se rencontre le fort Penthièvre, qui paraît avoir été construit vers le milieu du XVIIIe siècle, après une tentative que firent les Anglais, en 1746, pour opérer un débarquement dans la baie de Quiberon.

Nous désirions beaucoup examiner l'intérieur de ce fort; la sentinelle, sans nous décourager, nous fit entrevoir toutes les difficultés que l'on éprouvait ordinairement pour obtenir une permission du commandant, qui logeait dans le petit village situé de l'autre côté de la route.

Nous allâmes résolument lui présenter nos hommages et notre demande. Il sembla d'abord hésiter dans sa détermination ; mais, par un de ces hasards aussi favorables qu'inattendus, ce brave commandant, qui du reste nous parut un excellent homme, était souffrant, hypocondriaque ; nous étions en possession du titre de docteur, la connaissance fut bientôt faite.

Dès cet instant, les rôles changèrent : lui-même nous proposa de le suivre dans le fort, qu'il voulait, dit-il, nous montrer dans toutes ses parties.

Les plus tristes souvenirs se retracèrent à notre pensée, dans ce lieu que les royalistes avaient choisi pour dernier refuge lors de la désastreuse affaire de Quiberon, et dans lequel une affreuse trahison les livra désarmés aux troupes républicaines, commandées par le général Hoche.

Des fenêtres de cette forteresse la vue se perd dans l'immensité de l'Océan, et l'on contemple avec effroi cette innombrable quantité de roches nues et d'écueils contre lesquels viennent incessamment se briser les vagues, en les couvrant de leur blanche écume ; sur lesquels furent précipités, sans pitié, les nobles et trop malheureux soutiens de l'antique monarchie !

Notre officieux commandant nous retint pendant plus d'une heure dans cette espèce de prison, qu'il nous fit explorer avec les plus minutieux détails ; revenant toutefois, à chaque propos, sur le chapitre de ses souffrances et sur celui des moyens à mettre en usage pour les soulager ; de telle sorte qu'il était bien difficile de ne pas voir, dans son obligeant empressement, sans doute le désir de nous être agréable, mais en même temps le besoin de prolonger un entretien médical à son usage personnel ; de telle sorte que nous nous séparâmes avec l'air d'anciennes connaissances, réciproquement satisfaits, mais sans qu'il fût aisé de décider lequel des deux avait réellement le plus d'obligation à l'autre.

Le fort Penthièvre, à peu près entièrement reconstruit depuis les sanglantes journées de Quiberon, a totalement changé de forme et présente aujourd'hui des avantages bien supérieurs comme position militaire.

On voit encore à sa base, du côté de la mer, cet intervalle entre deux rochers par lequel se glissa le commandant Ménage avec son détachement d'élite, ayant de l'eau jusqu'à la ceinture, conduit par deux transfuges de l'armée royaliste, pour tourner le fort et le prendre par surprise, au milieu des ombres de la nuit et des mugissements de la tempête.

En revenant de cette excursion, nous parcourûmes le rivage dans toute la longueur de la falaise et sur une plage dont le sable est si fin et si ferme, que non-seulement les pas des promeneurs, mais encore les roues des voitures y laissent à peine leur empreinte.

Nous recueillîmes, dans ce magnifique parcours, un grand nombre de coquillages assez curieux et surtout très-diversifiés.

LA MER SAUVAGE.

Le lendemain, il faisait, *dedans*, pour nous servir du terme des marins, un temps affreux. La mer était grosse, agitée, le vent soufflait avec furie ; pas une barque de pêcheur, pas une voile, pas un navire en vue sur l'Océan.

Voici le moment, nous dit l'obligeant M. Lebail avec sa détermination et sa vivacité naturelles, il faut partir à l'instant pour aller visiter la *mer Sauvage*. C'est ainsi que, dans le pays, on désigne une partie de l'Océan que l'on voit à trois kilomètres au delà du fort Penthièvre.

Un quart d'heure après, l'équipage nous attendait pour le départ.

Il se composait d'un petit char à bancs léger et commode, entraîné par un fidèle et vieux serviteur, petit coursier gris à la tête bretonne, marchant à peu près à sa guise et connu dans la contrée sous le nom familier, mais peu poétique, de *Cadet*.

Lorsqu'il convint à cet intéressant animal de se mettre en marche, son maître, avec lequel il vivait en bonne intelligence, ne le contrariant jamais, nous traversâmes le chenal par la marée basse, et nous nous trouvâmes aussitôt sur la route du fort.

A peine l'avions-nous en vue, qu'un grain formidable apparût à l'horizon, venant droit à nous.

M. Lebail, très-expérimenté dans l'art de prévoir les conséquences de ces phénomènes météorologiques, sans nous dire un seul mot, abandonne la voie frayée, pousse droit, à travers les sables de la falaise, vers une masure abandonnée qui semblait placée là tout exprès pour nous servir d'abri.

L'excellent Cadet, qui sentait les roues de notre véhicule peu disposées à tourner sur un sol aussi mouvant, se prêtait d'assez mauvaise grâce à l'empressement de son maître qui, pour la première fois peut-être, lui fit sentir et comprendre les exigences du fouet.

L'ouragan soulevait notre frêle voiture, emportait au loin des montagnes de sable. Nous arrivions à peine au toit protecteur, lorsque le grain nous atteignit.

La pluie tomba par torrents, avec tout l'entraînement d'une avalanche. Nous eûmes un instant d'assez grande inquiétude, nos dames étant du voyage, et nous trouvant dans un char à bancs découvert, au milieu d'une plaine, sans aucun autre moyen de protection que celui vers lequel nous avait heureusement dirigés, sans hésitation, notre habile et prévoyant conducteur.

Il faut avoir éprouvé soi-même l'effet instantané de ces grains si rapides aux bords de la mer, pour se former une idée précise de leur violence et de leur courte durée.

Cinq minutes après, le calme étant rétabli, nous reprîmes notre première direction.

Nous traversâmes plusieurs petits hameaux très-rapprochés entre eux, et tous aussi mal bâtis, aussi tristes, aussi misérables, aussi malpropres les uns que les autres.

On dirait que chacun des constructeurs a pris soin d'élever sa maison, ou plutôt sa tanière, sur un plan différent de celle qui l'avoisine; sans toutefois que ces diversités d'exécution aient amené, pour conséquence, une seule habitation passable.

Dans celle-ci, l'on descend comme dans une cave; dans cette autre, l'on monte comme dans un grenier, par un perron massif et mal établi.

Les rues, même dans les bourgs plus considérables, sont des ruelles étroites et tortueuses, au sol inégal, rocailleux ou souillé de fange, bornées par des murailles à pierre sèche.

Au lieu de haies vives et riches d'herbe et de feuillage, les champs eux-mêmes sont entourés de ces clôtures; disposition qui, jointe à l'absence totale d'arbres, donne à tout ce littoral un aspect assez ennuyeux et l'apparence d'un pays couvert de ruines.

Arrivé à l'endroit de l'Océan où nous devions trouver la *mer Sauvage*, nous vîmes un de ces spectacles dont la plus féconde imagination ne se formerait pas une idée suffisante.

Il faut en effet se représenter une côte aride, éloignée de toute habitation, fréquentée seulement par les douaniers et les oiseaux marins; partout coupée à pic dans une élévation de soixante à quatre-vingts pieds au-dessus du niveau de la mer; offrant, entre ses roches granitiques et nues, des crevasses perpendiculaires qui descendent, comme des déchirures effectuées par la mine, sur les flancs noircis et jusqu'à la base de ces blocs imposants par leur formidable aspect.

En se précipitant avec fureur dans ces gouffres profonds, les énormes vagues de l'Océan font entendre d'horribles mugissements et des détonations semblables à celles de la foudre; dans certains moments on se croirait au milieu d'un parc d'artillerie faisant un feu continuel; du reste, le bruit est constamment si fort, qu'il est impossible de soutenir une conversation, même en élevant la voix jusqu'à son timbre le plus éclatant.

D'autres rochers apparaissent, dans cette mer, à toutes les distances, droits et menaçants au milieu de cet épouvantable fracas. Après les avoir battus en vain sur leurs contours anguleux, des lames bondissantes en franchissent les cimes, qu'elles couronnent d'une écume blanche comme la neige, et retombent de cinquante à soixante pieds avec un sinistre retentissement.

Sur les rives, on peut s'élancer d'une roche à l'autre avec assez de facilité, descendre vers les plans inférieurs, tantôt par des pentes plus ou moins rapides, et tantôt avec le secours d'escaliers pratiqués par le temps.

Ces promenades, sans offrir de difficultés bien positives,

exigent de l'aplomb, du sang-froid, et ne sont pas toujours sans danger.

Nous suivîmes assez résolument M. Lebail dans ces excursions hasardeuses; mais, plus familiarisé que nous avec leurs obstacles et les moyens d'en triompher, il disparut tout à coup à nos regards, s'arrêta dans une grotte presque au niveau des flots, et nous donna d'autant plus d'inquiétude que nous l'appelions sans qu'il pût nous entendre.

Il reparut enfin, accompagné d'un garde-côte qui l'avait précédé. Celui-ci nous assura que la mer était rarement aussi mauvaise qu'on la voyait en ce moment, que nous l'observions dans toute sa fureur, et qu'il était impossible de choisir un meilleur jour pour en bien étudier les effets.

Nous devions en croire un pareil témoin, dont la vie se passait dans cette solitaire contemplation, sur le sommet de ces pics, au milieu du bruit incessant et monotone de l'Océan plus ou moins agité.

Un phénomène très-curieux vint encore frapper notre attention.

En se brisant entre les crevasses des rochers, la mer y formait des masses d'écume de trente à quarante pieds d'élévation, et lorsque arrivait une violente rafale, elle soulevait ces masses jusque sur le rivage : nous étions inondés par les unes; les autres, poussées par la force des vents, se divisaient et fuyaient dans la plaine avec l'apparence et la vitesse d'un troupeau de moutons qui s'éloigne en employant toute la rapidité de sa course.

En nous séparant de ces tableaux, nous éprouvions en même temps le regret de mettre un terme à des impressions aussi profondément saisissantes, le bien-être et la tranquillité que l'on ressent naturellement en passant d'un lieu bruyant, animé, dans un endroit calme et silencieux.

Nous rentrâmes de cette belle excursion avec la contrariété de ne pas trouver dans notre langue une expression qui rendît mieux encore, que celle de *mer Sauvage*, l'âpreté, l'horreur, l'effrayant aspect de cette merveilleuse partie de l'Océan.

Le lendemain, nous fîmes, conduit par notre excellent Cadet, et sous la direction de M. Lebail, l'un des pèlerinages les plus douloureux et les plus instructifs que l'on puisse effectuer dans cette contrée de la Bretagne : nous visitâmes successivement Auray, Sainte-Anne, le Champ des Martyrs et la Chartreuse.

IX

VILLE D'AURAY, SAINTE-ANNE D'AURAY.

Nous réunissons dans un chapitre commun les deux premiers objets de cette excursion, en conséquence de leur voisinage et des souvenirs historiques par lesquels ils se trouvent si naturellement liés.

VILLE D'AURAY.

Cette petite ville n'offre par elle-même rien de bien remarquable, si l'on excepte l'église du Saint-Esprit, qui semble remonter au XVe siècle; son agréable situation, les ruines de son antique château; le loch où le Morbihan perd son nom, où les marées se marquent ordinairement par une moyenne de trois à quatre mètres.

Nous y vîmes plusieurs bateaux en construction, de cinquante à cent vingt tonneaux; deux bricks-goëlettes de trois cents tonneaux s'y trouvaient à flot.

Le gardien du port nous assura qu'avec ces embarcations on pouvait naviguer sur toutes les mers.

La promenade, qui s'élève à pic sur les bords du loch, est très-belle; on y trouve une tour en pierre nommée le Belvédère, au sommet de laquelle on arrive par un escalier extérieur en pierre, garni d'une rampe de fer, avec une galerie semblable sur la plate-forme.

De ce point, nous avons eu sous les yeux le panorama le plus agréable et le plus riche en nombreux souvenirs.

Entre mille objets divers, nous aperçûmes, en tournant du nord à l'est, la Chartreuse, Brech, Plunerek, Sainte-Anne, Vannes, les rochers du Morbihan, les environs du Loch-Maria-Ker, le petit mont Saint-Michel, Carnac, Quiberon, Belle-Ile-en-Mer, le fort Penthièvre, l'immensité de l'Océan, etc.

Du reste, la ville est mal bâtie; le sol en est tellement accidenté, que la plupart des rues s'y trouvent en pentes rapides et d'un très-difficile accès. Mais elle sera toujours célèbre par la fameuse bataille qui, le 24 septembre 1364, décida en faveur de Jean de Montfort contre Charles de Blois, pour la succession du duché de Bretagne.

Combat sanglant et mémorable, où ce prince, aussi magnanime que pieux, est fait prisonnier et lâchement assassiné par un soldat anglais; où Duguesclin, jusqu'alors invincible, après avoir brisé toutes ses armes en combattant, et ne conservant plus que ses gantelets pour moyen de défense, aurait eu le même sort, s'il n'avait été sauvé par l'intervention et la loyauté de Chandos, qui le prit sous sa garde.

Cette ville rappellera constamment à la pensée les affreuses conséquences de la déplorable affaire de Quiberon !...

Enfin elle a l'incontestable avantage de présenter un point central d'où l'on peut effectuer les excursions les plus instructives et les plus curieuses dans ces contrées si remarquables par la richesse et le nombre de leurs monuments historiques.

SAINTE-ANNE D'AURAY.

Cet intéressant village, célèbre dans toute la Bretagne, et nous pourrions ajouter dans toute la France chrétienne, se trouve à quatre kilomètres d'Auray, fait partie de la commune de Plunerck, et paraît avoir été bâti sur les ruines d'un hameau fort ancien, nommé *Ker-Anna*, village d'Anne. C'est particulièrement à ses établissements religieux qu'il doit sa principale renommée.

Sa chapelle actuelle, grande, riche et très-fréquentée, fut construite, en 1625, sur les fondements d'une autre beaucoup plus petite, qui se trouvait au bord d'une voie romaine et près d'une station assez importante. On assure que cette première chapelle fut détruite en 699. Il est, du reste, certain qu'en 1622 on n'y voyait qu'un monceau de décombres en majeure partie caché sous la terre, ne laissant pour tradition que d'assez vagues et pieux souvenirs.

Voici les documents fournis par la chronique locale sur cette belle et mystérieuse fondation.

« Dans le champ où l'on avait bâti l'ancienne chapelle, et qui porte le nom de *Bocenno*, les attelages refusèrent toujours de faire passer la charrue sur l'emplacement de cet antique édifice.

« Il existait alors un paysan nommé Yves Nicolazic, homme

vertueux, chrétien, sincèrement religieux, jouissant d'une estime si générale, qu'il était pris pour arbitre dans tous les différends de la contrée ; il se trouva de plus, dès son enfance, dévoué au culte de sainte Anne. A partir de 1623, la mère de Marie le favorisa, pendant quinze mois, de visions et de révélations fréquentes.

« Le 25 juillet 1624, il en eut une plus pressante et plus décisive ; il en fit part au recteur de Plunerek, dom Sylvestre Rodüez, au curé dom Jean Thominec.

« L'un et l'autre le repoussèrent durement comme visionnaire.

« Après beaucoup d'autres épreuves, le vendredi 7 mars 1625, au milieu de la nuit, il est réveillé par un bruit particulier, conduit dans le *Bocenno* par une vive lumière qui s'arrête et disparaît dans le sol, précisément sur les ruines de l'ancienne chapelle. Aidé par son beau-frère Leroux, par Julien Lézulit Alanigo, Jean Tangui, Jacques Lucas, François Le Bloënec, ses voisins, il creuse la terre dans cet endroit et découvre la statue de sainte Anne, en bois, d'un travail grossier, *et tellement rongée de vétusté qu'il était difficile de lui reconnaître une forme.* »

Telles sont les expressions textuelles de l'historien qui rapporte ces faits, dont nous venons de faire connaître la date précise et les témoins.

Cette ancienne statue fut en grande partie brûlée à Vannes pendant la révolution de 1793 ; il n'en existe actuellement qu'une portion de la tête, arrachée aux flammes par un habitant de cette ville. La précieuse relique est maintenant sous verre, dans le piédestal de la statue nouvelle.

On construit sur le lieu même un oratoire d'abord en feuillage ; le bruit de cette miraculeuse exhumation se répand au loin ; des pèlerinages très-nombreux sont entrepris de tous les pays catholiques.

On jette les fondements de la chapelle considérable que l'on voit aujourd'hui ; sa tour présente cent cinquante-deux pieds d'élévation et se termine par une campanille gracieuse.

Mgr de Rosmadec, évêque de Vannes, en favorise la construction.

Lorsqu'elle est terminée, le recteur de Plunerek y vient faire amende honorable, en grande cérémonie, pour expier l'outrage dont il s'était rendu coupable envers sainte Anne, dans l'individualité d'Yves Nicolazic, son très-zélé serviteur.

Le pape Urbain XIII institue la confrérie royale de Sainte-Anne ; Louis XIII, Louis XIV, Anne d'Autriche, un nombre infini d'éminents personnages se trouvent honorés d'être admis parmi ses membres.

Des processions, réunissant quelquefois de quatre-vingts à cent mille personnes, viennent à cette sainte chapelle révérer et prier la mère de Marie ; les *ex-voto*, les offrandes, les dons affluent de toutes parts.

Avec ces immenses ressources on bâtit un vaste couvent que l'on donne aux Carmes ; ils le possédèrent pendant plus de cent soixante ans, exerçant dans cet asile une bienveillante hospitalité, faisant servir les présents qui leur étaient laissés au desséchement des marais, aux défrichements des landes, aux améliorations agricoles, au soulagement des malheureux.

Ces bons religieux furent dispersés en 1793, et leur couvent complétement abandonné.

Les bâtiments sont très-grands ; le parc, de cinquante arpents, clos de murs, offre de vastes jardins ; des prairies, des vergers magnifiques, de belles pièces d'eau qu'ombragent des tilleuls et des marronniers remarquables.

M. Deshayes, curé d'Auray, avec le secours de plusieurs notables habitants, acheta en 1815 ce couvent, qui devint sous la Restauration, et présente encore actuellement, avec le nom de petit séminaire, un beau collége où se réunissent les jeunes gens de presque toutes les parties de la Bretagne.

Yves Nicolazic, au comble de ses vœux, mourut le 13 mai 1645, à l'âge de 63 ans. Il fut inhumé devant le pilier qui, dans la chapelle, est entre l'autel de la Vierge et celui de sainte Anne. Cette sépulture a toujours été respectée.

Sainte-Anne d'Auray n'a pas cessé d'être en grande vénération dans le pays : nombre de pèlerins viennent incessamment des contrées les plus lointaines y déposer leurs offrandes, que l'on estime à plus de cent mille francs par année.

Les murs de la chapelle sont littéralement couverts d'*ex-voto* de tous les genres; aux différentes heures du jour on y voit brûler des cierges votifs et l'on y trouve des chrétiens en prières.

Il règne dans cette enceinte révérée je ne sais quelle odeur de sainteté, quel charme religieux qui portent l'âme au recueillement, le cœur à la charité, l'esprit à la méditation!

On conserve dans cette chapelle, pour les offrir à la curiosité des visiteurs, le crâne fracassé d'un pieux personnage autrefois guéri de sa blessure par un miracle de sainte Anne.

Le masque en cire, une portion du chapeau de Pierre Legouvello de Kériolet.

Cet homme étrange naquit à Auray, d'une famille honorable. Sa jeunesse fut des plus dissolues et des plus orageuses : il était duelliste, violent, cruel, inplacable, vindicatif, etc.

Un soir, il porta la démence et l'impiété jusqu'à décharger ses pistolets vers un nuage qui lançait la foudre, et dans l'intention formelle de braver le ciel et d'insulter à la majesté divine.

Il se convertit enfin, devint conseiller au parlement de Bretagne, fit la plus austère pénitence et mourut saintement, dans le couvent des Carmes, le 8 octobre 1660.

A l'entrée de la cour principale qui précède la chapelle, se voit un beau porche avec deux portes latérales, surmonté d'un autel que recouvre une élégante coupole; on monte sur cette galerie par un double escalier nommé *Scala sancta*.

C'est à cet autel que l'on célèbre la messe aux jours des grandes processions, et de cette tribune que l'on prêche les innombrables fidèles rassemblés dans ces imposantes solennités.

L'extérieur du saint lieu ne présente plus la même dignité, la même candeur!...

C'est une sorte de bazar en plein vent où l'on vous offre, avec obsession, des chapelets, des médailles et des cierges.

Où la mendicité, sous les haillons les plus dégoûtants, vous poursuit et vous fatigue de sa monotone et persévérante importunité.

De l'autre côté du chemin se trouve un terrain peu convenablement clos et respecté, d'après les objets que l'on y montre à la vénération des fidèles.

Une épine fut plantée dans ce lieu, lors de la découverte de la statue de sainte Anne, par Yves Nicolazic, et pour consacrer la mémoire de ce fait, qui devint le principal fondement du culte rendu, par un si prodigieux nombre de chrétiens, à la chapelle où cette sainte est encore aujourd'hui si généralement vénérée.

Le tronc de la *sainte épine*, comme on la nomme dans le pays, est droit; il présente actuellement le volume de la cuisse et trois mètres de hauteur; la tête, assez volumineuse, est disposée en oranger.

D'autres épines, de plantation moins ancienne, forment un encadrement autour de l'épine principale, qui les dépasse de beaucoup en volume et par son élévation.

Sur la petite place, et tout près de la chapelle, se trouve un bassin de forme élégante et gracieuse, entouré d'une bordure en pierre bien taillée.

La source qui l'alimente jouit dans cette contrée d'une grande réputation pour la guérison des maladies.

La malpropreté dont ce bassin est environné, les immondices qui donnent à ses eaux un aspect verdâtre et fangeux, n'empêchent pas les pèlerins de plonger leurs bras dans cette piscine plus ou moins salutaire, et de les élever ensuite pour inonder le corps entier par ces dégoûtantes ablutions.

Nous eûmes le remarquable avantage de nous trouver à Sainte-Anne précisément le jour de la distribution des prix du collége, et de voir ainsi réunis, dans un même lieu, tous les costumes bretons; les parents des élèves de ce bel établissement se rendant à cette brillante solennité des diverses régions de cette partie de la France.

Nous employâmes dès lors tout le temps dont nous pouvions disposer à prendre des notes sur ces costumes curieux et variés.

Nous les exposerons, avec celles que nous avons recueillies depuis, dans les considérations générales qui termineront ce voyage.

MONUMENT EXPIATOIRE DU CHAMP DES MARTYRS.

X

LE CHAMP DES MARTYRS.

L'enceinte funeste désignée par ce douloureux titre, également située dans la commune de Plunerek, au nord-ouest de Sainte-Anne, est ce triste lieu qui rappelle des temps si malheureux et des souvenirs si déchirants.

A l'embranchement des routes de Sainte-Anne, d'Auray, de Pluvigner, se voit un assez grand espace au milieu duquel apparaît majestueusement une belle colonne surmontée d'une très-haute croix en granit; comme pour annoncer dignement, par cet éloquent symbole, que là vont se trouver encore une fois réunis le sacrifice et le pardon!...

En suivant une allée de pins qui descend en courbe gracieuse, on arrive au *Champ des Martyrs*, que l'on pourrait aussi bien nommer le *lieu du massacre et du sang!*...

Pour celui qui n'a pas fait une entière abnégation des premiers sentiments humains, il est impossible d'approcher de cette enceinte, en même temps si vénérable et si fatale, sans un recueillement profond et religieux, sans une véritable et douloureuse anxiété !...

Le Champ des Martyrs, tel qu'on le voit aujourd'hui, présente un parallélogramme de quatre-vingt-dix à cent pas de longueur, sur quarante-cinq à cinquante de largeur, avec la disposition légèrement concave des boulingrins anglais ; bordé, sur chacun de ses grands côtés, d'une belle rangée d'arbres funéraires, à forme pyramidale ; clos à son entrée d'une modeste barrière en bois.

Au fond, apparaît, en perspective, la chapelle expiatoire, monument gracieux, ayant plutôt l'aspect d'un temple du paganisme, que celui d'une église chrétienne.

Des degrés assez nombreux conduisent au péristyle, soutenu par quatre magnifiques colonnes d'un seul bloc, en granit de Saint-Malo, surmontées d'un portique élégant, avec cette mémorable et si triste inscription sous le péristyle : « *Hic ceciderunt !...* » C'est ici qu'ils furent massacrés !...

Et sur le fronton de la chapelle, cette autre inscription si consolante et qui fait si bien connaître le caractère de ces martyrs de leurs saintes et nobles croyances : « *In memoria æterna erunt Justi !* » Les Justes vivront dans le souvenir éternel !

La porte d'entrée, la fenêtre du fond sont en verres de couleur qui laissent voir, au transparent, une simple croix offrant dans son effet quelque chose de suave et de mystérieux.

Nous croyons, par cette esquisse rapide, avoir donné l'idée de ce lieu de souffrance et d'expiation ; mais il sera difficile de peindre à la pensée, avec des couleurs assez lugubres, les scènes de carnage dont cet horrible champ si palpitant de souvenirs fut l'épouvantable théâtre !...

« Vous voyez cet enclos de si pieuse et si triste mémoire, nous dit un vieillard, chronique vivante et consciencieuse du pays, autrefois il offrait une espèce de châtaigneraie sombre, isolée, sauvage ; un sol agreste et profond, entouré par deux terrasses naturelles, élevées et bordées d'arbrisseaux sans culture ; c'est là que pendant quinze jours au moins s'accomplirent en 1795 les plus cruels et les plus sanglants massacres.

« Après la déplorable affaire du fort Penthièvre, de la presqu'île et de la falaise, tous les malheureux émigrés, condamnés, plutôt que jugés, par les commissions militaires de Vannes, d'Auray, de Quiberon, furent successivement amenés dans cette fatale enceinte, au nombre de plus de mille, et parqués dans la partie basse du terrain, tandis que les troupes républicaines, établies sur les deux terrasses, fusillaient impitoyablement ces masses compactes et sans défense !...

« Lorsque tout paraissait abattu dans l'immobilité de la mort, les directeurs de ces terribles exécutions s'écriaient avec une clémence apparente : Que ceux qui vivent encore se relèvent, et grâce leur sera faite !...

« Si quelques victimes dont le cœur palpitait encore, incomplétement atteint du plomb meurtrier, soulevaient leurs membres et leur corps en lambeaux, une dernière décharge les achevait sans miséricorde et sans pitié !... »

Cette affreuse châtaigneraie ne semble-t-elle pas marquée d'abord par le sceau du crime et de la réprobation ? Ne se trouve-t-elle pas aujourd'hui comme purifiée, sanctifiée même par le sang généreux de tant de nobles martyrs ?

C'est, en effet, dans ce funeste lieu que, durant la bataille d'Auray, le malheureux Charles de Blois, prince en même temps si loyal et si pieux, après avoir été fait prisonnier, fut tué perfidement par le fer d'un insulaire; et que, pendant plus de quinze jours, s'accomplirent ces cruels massacres des héros de Quiberon, loin de l'irritation excusable des champs de carnage, lorsque tout danger avait cessé, que toute crainte se trouvait dissipée, que tout ressentiment devait être éteint; lorsque la Bretagne entière était pacifiée, lorsqu'il paraît certain qu'une amnistie avait été promise!.....

Aussi nous assure-t-on, pour l'honneur de la France, que cette fois, du moins, ses enfants ne souillèrent pas leurs mains dans le sang de leurs frères, et que ces assassinats furent commis, le premier par un soldat anglais, les autres par des troupes mercenaires belges, alors engagées au service de la République.

A peine ces bourreaux avaient-ils accompli leur tâche criminelle, qu'ils fuyaient avec les fossoyeurs, ainsi que des bandits, sans prendre le temps d'inhumer complétement les cadavres de leurs nobles victimes!...

Sous le second arbre funéraire, à gauche en entrant dans le Champ des Martyrs, furent déposés les restes de Mgr de Hercé, évêque de Dol, qui faisait partie de cette affreuse exécution; aussi les visiteurs prennent-ils souvent des rameaux de cet arbre pour les conserver, comme des objets de vénération, en mémoire de ce généreux et saint personnage.

Il nous paraît impossible de pénétrer dans le Champ des Martyrs sans un saisissement de douleur profonde, et surtout d'en sortir sans un soupir d'admiration et de regrets!

Nous fûmes, pendant tout le reste de la journée, sous le coup très-pénible d'une anxieuse préoccupation ; le spectacle qui nous attendait à la Chartreuse n'était assurément pas de nature à changer ces tristes dispositions de notre esprit.

XI

LA CHARTREUSE.

C'est ainsi que l'on nomme l'ancien couvent des Cordeliers, offrant actuellement un magnifique établissement religieux, situé dans la commune de Brech, à six kilomètres d'Auray. M. Deshays, alors curé de cette ville, fit l'acquisition de ce beau domaine, en confia la direction aux sœurs de la Sagesse, congrégation respectable et très-utile, dont la maison centrale existe en Poitou.

L'habitation est remarquable et bien entretenue ; le parc se compose de vastes jardins et de bois pour la promenade.

Dans cette maison se trouvent : une institution de pauvres sourdes et muettes que nous y vîmes en assez grand nombre ; un pensionnat de jeunes demoiselles que l'on y conduit de presque toutes les parties de la Bretagne ; comme nous avons vu le collége de Sainte-Anne devenir le rendez-vous de la plupart des jeunes gens de cette province.

M. Deshays, après avoir acheté la Chartreuse, y fit transporter, dans le caveau de l'église, les ossements épars et mal enterrés du Champ des Martyrs.

En 1814, Mgr le duc d'Angoulême vint prier sur ce tombeau commun des plus infortunés et des plus nobles soutiens de sa famille !

Cette visite du prince fut l'occasion d'une souscription ouverte dans toute la France pour consacrer deux monuments à la mémoire de ces illustres et malheureux défenseurs du principe monarchique héréditaire.

Tous les cœurs généreux s'empressèrent de répondre à ce digne appel. Une partie du produit de cette souscription fut employée à la construction de la chapelle expiatoire, à l'arrangement du Champ des Martyrs, tels qu'on les voit aujourd'hui.

L'autre à l'édification de la chapelle sépulcrale, dans l'intérieur de la Chartreuse.

Mme la Dauphine voulut, en 1823, poser elle-même la première pierre de ces deux constructions, qui se trouvèrent terminées en 1829, avec translation des ossements dans le caveau de la chapelle sépulcrale.

Sur le portique de cette chapelle, en communication avec l'église, d'une élégante et riche simplicité, nous lisons cette inscription touchante, à la fois honorable pour le pays et pour les dignes enfants dont il regrette la perte si cruelle : « *Gallia mœrens posuit.* » La France en deuil érigea ce monument de sa douleur.

Au milieu de la chapelle apparaît un magnifique sarcophage en marbre blanc, de douze pieds de long sur dix de large, avec une élévation de dix à onze pieds.

On trouve sur le fronton cette noble et déchirante inscription : « *Pro Deo, pro Rege nefarie trucidati!* » C'est pour Dieu, c'est pour le Roi qu'ils ont été perfidement assassinés!

Au pourtour du mausolée sont gravées ces consolantes et pieuses paroles : « *Pretiosa in conspectu Domini mors sanctorum.* » Aux yeux de Dieu, la mort des saints est un sacrifice du plus grand prix. « *Pro animabus et legibus nostris accipietis gloriam magnam et nomen æternum.* » En défendant les lois et la patrie, vous avez acquis une gloire immense et profondément gravé vos noms sur les tables de l'immortalité.

Sur le tympan du sarcophage on voit les médaillons de René de Hercé, évêque de Dol ; des comtes de Sombreuil, de Soulanges, de Talhouet et d'Hervilly ; et pour date commémorative : « *Quiberon*, XXI *julii* M DCC XCV. »

Sur les grands côtés, à droite, un bas-relief qui représente le débarquement, avec cette autre date : « XXVII *juin* M DCC XCV, » et cette citation si pleine de larmes : « *Perierunt fratres mei omnes propter Israel.* » Tous mes frères sont morts pour le salut d'Israël.

A gauche, le trait sublime de Géril du Papeu, qui vient d'atteindre à la nage la frégate anglaise pour faire cesser le feu en vertu de la capitulation, et qui se prépare à s'élancer de nouveau dans les flots pour aller partager le sort de ses frères, avec ces paroles si nobles et d'une foi si touchante : « *In Deo speravi non timebo.* » Que pourrai-je craindre, lorsque j'ai mis toute mon espérance en Dieu ?

Les noms des martyrs de Quiberon, au nombre de neuf cent cinquante-deux, sont gravés sur les parois du monument, dans trente-quatre colonnes de vingt-huit noms chacune.

Leurs ossements se trouvent déposés dans le caveau souterrain. On les voit aisément en ouvrant la porte en bronze, en soulevant une petite trappe dans laquelle on descend une lumière.

Nous observâmes très-distinctement ces tristes débris de la noblesse française entassés dans ce dernier asile!

Ces ossements sont bien conservés. Nous avons remarqué, dans leur nombre, plusieurs têtes volumineuses, quelques os des membres d'une grande longueur.

Plusieurs bas-reliefs placés autour de la chapelle retracent la première visite de Mgr le duc d'Angoulême à la Chartreuse et la pose de la première pierre du monument par Mme la Dauphine.

M. Lebail, avec sa prévoyance ordinaire, avait chargé notre voiture de bonnes provisions. On nous les servit dans le parloir de la communauté, où nous fîmes un excellent dîner. La gaîté seule y manquait : nous avions l'âme profondément attristée par tant de souvenirs douloureux!

Après avoir terminé toutes nos observations, nous reprîmes, vers le soir, le chemin de Plouharnel, que nous devions quitter le lendemain pour continuer notre voyage autour de la Bretagne.

XII

LORIENT.

Le 12 août, au matin, nous partîmes de Plouharnel pour Lorient, avec le regret sincère de quitter cette bonne famille Lebail qui, pendant ce trop court séjour au milieu d'elle, nous avait donné tant de preuves de son affectueuse obligeance et de sa constante amabilité. M. Lebail voulut nous conduire lui-même jusqu'à Auray. Là, nous nous serrâmes cordialement la main avec le désir mutuel de nous revoir.

Nous traversâmes successivement les villages de Landevan, d'Hennebon, sans y rien trouver de remarquable.

Nous vîmes presque partout des landes, le plus souvent incultes et semblables à celles que nous avions rencontrées de Nantes à Auray.

LORIENT — est l'une des plus jolies villes de la Bretagne.

Bâtie en 1709 par la compagnie des Indes, qui depuis 1666 y possédait un établissement, elle en fut pendant longtemps le seul entrepôt et le principal magasin ; sa population actuelle est de vingt mille habitants ; elle offre une préfecture maritime, une sous-préfecture civile, etc.

En arrivant dans cette ville, on traverse un très-beau pont suspendu, l'un des plus remarquables de France, dont le tablier, d'une seule travée, présente quatre cents pieds, les terre-pleins deux cent quarante ; pour la longueur totale du pont, six cent quarante pieds.

Nous descendîmes à l'*Hôtel de France*, qui soutient dignement sa bonne réputation ; nous y fûmes très-bien sous tous les rapports. Dès le soir même nous commençâmes nos excursions.

Nous remarquâmes dans toute la ville beaucoup de mouvement, un air de fête ; les maisons étaient couvertes de drapeaux, tous les vaisseaux pavoisés ; le prince Jérôme Bonaparte venait d'y passer.

Les rues de Lorient sont larges, droites ; les maisons assez bien construites, surtout bien alignées, mais un peu bariolées dans leurs décorations extérieures.

Désirant visiter le port, nous allâmes au commissariat de la marine demander un permis. Nous y trouvâmes un jeune officier de l'abord le plus gracieux et d'une distinction parfaite, qui non-seulement s'empressa de nous délivrer une carte, mais encore nous indiqua, de la manière la plus prévenante et la plus aimable, les objets que nous devions surtout examiner ; nous regrettons sincèrement de ne pas connaître son nom pour le remercier ici plus positivement encore.

Nous devons, du reste, ajouter comme une vérité qu'il nous est agréable d'exprimer, que dans les diverses réclamations de ce genre que nous avons adressées à MM. les officiers de la marine, c'est toujours avec autant d'obligeance que de politesse qu'ils nous ont reçu.

Nous avons remarqué, dans le port, les cales de construction, au nombre de seize, dont quelques-unes sont très-belles et bien couvertes; entre plusieurs autres navires plus ou moins avancés, nous y vîmes une frégate magnifique à peu près achevée, que dans vingt-cinq ou trente jours on devait lancer à la mer.

La machine à mâter, plus haute et plus forte que celle de Brest, si longtemps citée pour la première de France, mais surtout supérieure à celle-ci par la nouveauté, la simplicité de son mécanisme.

L'importante fonderie, les magasins, les immenses ateliers où l'on fabrique les machines à vapeur; et, comme l'un des objets les plus curieux, la salle d'armes, contenant plus de dix mille fusils, un nombre infini de sabres, pistolets, haches d'abordage, etc.; le tout disposé avec une recherche, un art admirables; de telle sorte qu'après avoir vu celle de Brest, si l'on ne doit plus dire que celle de Lorient est remarquablement belle, on peut du moins soutenir qu'elle est très-jolie.

Le port marchand, couvert de petits bâtiments de commerce, offre un agréable aspect.

Avec tous ces avantages, Lorient présente une ville assez triste, où les étrangers ne se fixeront jamais, arrêtés seulement par le charme de son habitation.

Nous eussions toutefois éprouvé plus de regrets en quittant cette localité, pour suivre notre itinéraire, si nous avions eu la prescience tant désirée par les imprudents mortels, et qui leur causerait souvent bien des chagrins anticipés, si la Providence, moins sage dans ses concessions, leur avait accordé ce funeste présent.

Une catastrophe, restée plaisante lorsqu'elle aurait pu devenir tragique, allait nous faire éprouver d'assez vives émotions et nous soumettre à quelques-unes de ces petites misères de la vie, qui presque toujours nous fatiguent davantage que les véritables calamités.

Ce modeste drame en plein vent est chargé d'événements si nombreux et si variés, qu'il nous est impossible de résister au désir de faire assister nos lecteurs à toutes ses graves et facétieuses péripéties.

XIII

ACCIDENT PRÈS DE ROSPORDEN.

Parti de Lorient le 14 août au matin, dans une grande voiture des messageries nationales et par une pluie battante, nous traversâmes Quimperlé, petite ville du Finistère sans importance et sans autres curiosités que son église de Sainte-Croix, du xe siècle, son petit port, un beau quai bordé de plusieurs maisons élégantes.

Arrivé à deux kilomètres du bourg nommé Rosporden, la pluie continuant à tomber par torrents, nous éprouvâmes l'accident assez remarquable dont nous avons promis les détails.

La voiture était au complet; nous occupions le coupé du côté gauche, ayant à droite une bonne vieille dame qui ne pesait pas moins de cent cinquante kilos. Mme Lepelletier se trouvait à la portière de ce côté.

Un remblai venait d'être fait sur le milieu de la route; sans lui donner le temps de s'affermir, MM. les conducteurs des travaux voyers du Finistère le font couvrir de pierre broyée comme pour en masquer le danger; et, ce qui mérite surtout l'attention des hommes de l'art, afin que rien ne manquât à cette œuvre d'intelligence et d'habileté, leur premier soin fut de barrer les deux bermes, de manière à prendre plus sûrement, dans ce véritable piége, la première voiture qui viendrait à passer.

Tel était exactement l'état des choses lorsque la diligence, pesamment chargée de voyageurs et de bagages, s'avance lentement sur cet inévitable casse-cou.

A peine a-t-elle fait dix pas, que les roues du côté gauche s'enfoncent doucement et progressivement dans cette boue sans résistance; je sens aussitôt que nous allons verser; je pousse le cri d'alarme, qui ne reste pas sans écho!

Par une réflexion aussi rapide que l'éclair, je combine toutes mes dispositions pour sortir le moins mal possible de cette catastrophe qui ne laissait plus aucun doute.

Mon premier soin, les glaces étant fermées, fut de m'établir solidement sur la partie résistante afin de ne pas être déchiré par les fragments du verre, qui devait se briser; de prendre l'attitude la plus convenable pour former voûte et mettre sur la défensive tous les arcs-boutants dont m'avait favorisé la nature, n'ayant pas oublié l'énorme poids que j'allais avoir à supporter.

A peine avais-je complété ces salutaires arrangements, que la voiture, continuant toujours son mouvement d'inclinaison latérale, versa complètement, sans trop de secousse, en se plaçant, du côté gauche, sur la pointe même des essieux.

Alors se fit entendre un horrible craquement de bois fracturés, de vitres broyées, dominé par les cris d'épouvante et les bruyantes lamentations du plus grand nombre des acteurs de ce petit drame, jusqu'alors très-peu divertissant.

Revenu de sa première frayeur, chacun se tâte, se palpe, s'interroge pour savoir s'il n'a pas essuyé quelques graves avaries dans son personnel !

Un moment de profond silence et de recueillement remplace donc le tumulte et le bruit pendant cet inquiet et sérieux examen ; puis on s'occupe de ses voisins avec un intérêt secondaire ; enfin on s'aperçoit de la gêne et du grotesque des situations respectivement imposées ; chacun exprime énergiquement le désir d'en sortir.

Porteur de mes trois cents livres sur les épaules, je me rappelai, non sans une anxieuse compassion, le supplice d'Encelade, à peu près écrasé sous les rochers, et je compris tout ce qu'aurait de décourageant et d'affreux une situation pareille, en supposant qu'elle vînt à se prolonger !...

Les voyageurs de la banquette se trouvant libres, s'empressèrent de retirer par les portières, comme par les soupiraux d'un souterrain, leurs malheureux compagnons entassés dans les autres compartiments de la voiture.

Lorsque l'on en vint à la grosse dame, qui dans cet instant me semblait énorme, je crus qu'il faudrait un cabestan : des bras vigoureux se mettent courageusement à l'œuvre ; enfin on la soulève ; je commence à respirer ; mais, en la considérant au plus haut de son ascension, j'éprouvai, je l'avoue, la frayeur de la voir échapper des mains de nos libérateurs, et m'écraser de son poids multiplié par sa vitesse.

Quelques instants après, nous étions tous déposés sur la chaussée, qu'une pluie diluvienne battait toujours avec la plus grande violence.

En ma qualité de médecin, je visitai soigneusement toutes les individualités de notre petite caravane ainsi versée, remplie d'épouvante et presque submergée.

N'ayant pas rencontré la plus faible contusion, et voyant les esprits revenir au calme, à la confiance, nous prîmes résolument, ma compagne de voyage et moi, le parti d'aller pédestrement à Rosporden, pour y chercher des secours.

Nous fîmes cette marche de deux mille quatre cents mètres littéralement entre deux eaux, l'ingénieuse mais insuffisante invention du parapluie nous garantissant à peine la tête et les épaules contre ce nouveau débordement des cataractes du ciel : nous arrivâmes baignés jusqu'à la ceinture.

Notre premier soin fut d'envoyer sur la route chevaux, câbles, machines, mécaniciens, tels qu'on peut les trouver dans un village.

Par leurs bons secours, la voiture fut remise dans sa position naturelle, sans qu'il devînt même nécessaire de la débarrasser des bagages. Cette manœuvre s'opéra très-habilement au moyen de cordages convenablement placés, et sur lesquels on fit tirer les chevaux.

Il nous est impossible de ne pas signaler ici le dévouement et l'excellent cœur d'une hôtesse de Rosporden, nommée Mme Collet.

Au premier bruit de notre accident, cette bienveillante femme, sans faire aucune attention à la pluie qui tombait avec violence, et dont elle était déjà pénétrée lorsque nous la rencontrâmes, se précipite sur la route, nous demande quelques renseignements et continue sa course vers le lieu de la catastrophe, avec un empressement, une émotion qui nous firent supposer qu'il se trouvait quelques-uns de ses proches ou de ses intimes amis dans la malencontreuse voiture : une conduite aussi généreuse n'avait pas d'autre mobile qu'un bon cœur, une véritable philanthropie.

Lorsqu'elle rentra de cette courageuse excursion, elle nous parut dans un état absolument semblable à celui qu'elle eût offert en sortant d'une rivière.

Nous trouvâmes dans son hôtel toutes les prévenances, tous les soins et toutes les ressources que l'on apprécie doublement dans ces malheureuses conjonctures; comme si le cordial accueil de cette excellente femme devait former le plus affligeant contraste avec la déplorable réception qui nous attendait à Quimper.

Nos compagnons d'infortune étant réunis au foyer de Mme Collet, chacun fit évaporer, le mieux qu'il put, ses humidités superflues par la bienfaisante action d'un grand feu.

Quelques bols de vin chaud ramenèrent l'animation et la bonne humeur. Plusieurs joyeux commis-voyageurs, véritables héros de notre expédition burlesque, se donnèrent alors, chacun en particulier, des couronnes civiques pour les signalés services qu'ils avaient rendus, pour les prodiges de courage et de force manifestés par eux dans cette mémorable occasion.

Le conducteur nous pria de rédiger un procès-verbal de l'accident et de préciser les causes qui l'avaient déterminé. C'était une bonne occasion de mettre en relief la prévoyance, le talent et l'intelligence des agents voyers de cette localité; nous la saisîmes avec empressement et la double satisfaction d'exprimer des vérités utiles et de garantir ceux qui devaient nous suivre de *ce piége à voyageurs* si perfidement tendu.

Notre locomotive ayant réparé ses avaries, nous partîmes, après ce long retard, pour le chef-lieu du Finistère, où nous arrivâmes à dix heures du soir.

Que l'incrédulité philosophique, avec un ton suffisant et sentencieux, ne vienne donc plus nous dire : « Les pressentiments ne sont autre chose que les illusions vaporeuses d'une imagination qui se reporte sur le souvenir d'objets autrefois soumis à l'intuition positive. »

D'abord, nous ne comprenons pas bien ce langage de l'école; et, d'un autre côté, les faits, toujours plus positifs, à notre sens, que la théorie, nous ont tant de fois prouvé la valeur prophétique de ces pressentiments, qu'il nous est impossible de ne pas leur accorder une grande puissance de vérité dans les idées qu'ils nous suggèrent.

Nous n'avions jamais vu la ville dans laquelle nous venions d'entrer, et cependant à peine étions-nous dans ses faubourgs, qu'un malaise indicible nous saisit.

On le prendrait assurément pour un effet de la superstition, si nous n'avions pas encore une fois, ici même, les preuves à l'appui du principe que nous prétendons établir.

XIV

QUIMPER.

Étant au collége, nous avions lu dans la *Géographie de Crozat*, ouvrage essentiellement élémentaire, à l'occasion de ce triste chef-lieu : « Quimper-Corentin, ville sale et mal bâtie. »

Cette fâcheuse impression nous était restée ; nous conservions, depuis notre enfance, un préjugé défavorable contre cette ville : y trouvions-nous, dans ce moment, une justification de cette manière de voir, ou bien une punition de cette prévention sans motif? Nous l'ignorons, mais voici littéralement ce qui nous y arriva :

Espérant, d'après l'assurance du conducteur, que nous allions rencontrer à Quimper un excellent souper, nous avions pris très-peu de chose à Rosporden.

Nous entrons dans cet hôtel prétendu si confortable : on nous reçoit dans une salle basse d'assez triste aspect et mal éclairée.

Nous apercevons, sous ce jour douteux et de mauvais augure, deux dames vêtues de noir; nous saluons très-poliment, et nous adressant à la principale, qui paraissait avoir franchi l'âge de retour, le dialogue suivant s'établit entre nous :

— Madame, nous venons vous demander un souper qui nous est d'autant plus nécessaire, que nous avons eu le malheur de verser en route et par une pluie torrentielle.

— Nous savons très-bien, Monsieur, que votre voiture a versé à Rosporden, et c'est précisément d'après cette nouvelle que je n'ai rien préparé pour vous recevoir.

— Vraiment, Madame, je ne comprends pas bien votre manière de raisonner : il me semble qu'avec un peu d'humanité, c'est précisément en raison de notre fâcheux accident que vous eussiez dû tenir au moins un potage à notre disposition.

— Encore une fois, Monsieur, il ne fallait pas verser. En arrivant ici à six heures, vous eussiez trouvé un excellent dîner; il en est dix, et nous n'avons pas même un bouillon à vous offrir.

A ce langage presque aussi révoltant par sa dureté qu'exorbitant par sa logique, les confortables hôtels de Nantes, de Lorient, les aimables attentions de la bonne famille Lebail, l'excellent cœur, les soins empressés de Mme Collet, se présentèrent à notre pensée; nous restâmes un moment absorbé dans la comparaison de ces réceptions bienveillantes et de celle que nous faisait actuellement Mme C****, c'est en effet ainsi que nous désignerons cette malencontreuse hôtesse.

Revenu de ce profond et pénible étonnement, nous terminâmes l'entretien par ces paroles :

— Madame, dans l'intérêt des malheureux voyageurs qui

peuvent, ainsi que nous, avoir besoin de secours pressants, je dirai hautement que votre maison doit être fermée comme absolument inhospitalière et comme dirigée par une femme dont l'âme se trouve entièrement inaccessible aux premiers sentiments d'humanité.

Mme C**** parut confondue, mais nullement effrayée par cet anathème si juste porté contre son établissement.

Nous eûmes bientôt l'explication de ce fait en retournant près du conducteur. Il nous dit, avec une expression qui lui fit honneur dans notre esprit :

— Je comprends! ces dames quittent leur hôtel à la fin du mois!

Ce que je compris alors aussi très-parfaitement, c'est que Mme C**** non-seulement n'avait aucune bienveillance dans le cœur, mais qu'elle ne conservait même aucune gratitude envers la gente voyageuse, à laquelle, sans doute, elle devait au moins une partie de sa fortune.

Réduit à souper, dans la diligence, d'un peu de viande froide et d'un morceau d'assez mauvais pain, nous quittâmes la malencontreuse localité de Quimper-Corentin sans modifier nos impressions de jeunesse, mais avec la résolution bien arrêtée de n'y revenir jamais autrement que par force majeure.

Nous traversâmes successivement : Châteaulin, petite ville de trois mille habitants, qui n'offre de remarquable, pour le voyageur, que sa position dans un vallon charmant et les ruines de son antique château. Il existe à quatre kilomètres une fontaine dont le niveau des eaux s'élève et s'abaisse alternativement, en suivant exactement le flux et le reflux de la mer.

Le Faou, village moins considérable encore, ne comptant que

mille habitants. On y voit beaucoup de vieilles constructions en colombage avec des sculptures grotesques, pour ne rien dire de plus. Elle possède un petit port sur la rade de Brest.

Dans tout ce parcours, le pays est affreusement accidenté. La route, même avec ses nouveaux contournements très-habilement effectués, y présente à chaque instant des pentes excessivement rapides. Nonobstant, les aventureux postillons y lancent leurs chevaux à fond de train, aux risques de rouler voiture et voyageurs dans les précipices de soixante à quatre-vingts pieds qui bordent la voie, souvent étroite et sans garantie : ce qui arriverait, si quelque rupture s'opérait dans les parties essentielles du véhicule, ou si le pied venait à manquer à ces vigoureux quadrupèdes, sur l'intelligence desquels il faut plutôt compter, dans ces instants périlleux, que sur la prudence et l'habileté de leurs conducteurs.

Nous atteignîmes enfin, sans autre accident, ce Landerneau célèbre dans les sentences proverbiales. Cette petite ville, impasse obligée de toutes les voitures qui vont à Brest ou qui en reviennent, dont la population est de cinq mille habitants, offre une physionomie très-agréable ; on y remarque surtout l'hôpital de la marine, qui, dans le principe, fut une succursale de celui de Brest ; la fontaine de Plaudiry, d'un travail habile et présentant la forme d'un obélisque. Deux heures après, nous arrivions à Brest par le plus beau temps.

Parvenu au sommet de la côte qui domine toute cette contrée, nous restâmes frappé d'un profond étonnement.

L'aspect de cette ville située à l'une des extrémités de la terre, la vue de cette rade la plus belle du monde, de ce goulet constituant son unique entrée, du fort qui la défend, de ce paysage admirable et saisissant, captivent les sens, exaltent l'esprit et font immédiatement naître le pressentiment que là vont se trouver de grands et précieux sujets d'observation.

Pour mettre l'ordre nécessaire dans nos investigations, nous examinerons les nombreux objets de cette importante localité sous trois principaux titres : Brest, le port militaire, le bagne.

XV

BREST.

Sous ce titre, nous comprendrons : la ville, la rade, le port marchand, la Cayenne, l'hôpital de la marine.

La ville. — Elle est entourée de remparts en forme de terrasses ou lignes de fortification qu'il faut passer pour y pénétrer.

A cette principale entrée se trouve un poste. L'officier vous demande votre passe-port, qu'il ne se borne pas simplement à examiner, comme on le fait dans toutes les autres villes du littoral de la Bretagne, mais qu'il retient, au grand étonnement des voyageurs qui ne connaissent pas cette mesure de police toute particulière. Il suffit, du reste, de le réclamer le lendemain de l'arrivée pour qu'il soit immédiatement rendu.

Nous voici dans la première ville maritime de France,

descendus à l'*Hôtel de Provence*, que l'on nous a recommandé comme l'un des meilleurs, et que nous trouvons, après l'avoir habité pendant plusieurs jours, parfaitement à la hauteur de sa bonne réputation.

La ville de Brest, sans offrir une grande étendue, présente par sa position, ses accessoires et son mouvement, la physionomie d'une ville importante. Elle est traversée dans son entier par la rue Royale, large, spacieuse et bordée de somptueux magasins.

La plupart des autres voies sont assez belles, et l'ensemble de cette cité ne rappelle nullement l'apparence de tristesse et de malpropreté que l'on signale dans plusieurs ouvrages de géographie, dont les auteurs ont évidemment copié d'anciennes relations, sans se donner la peine d'observer les améliorations apportées par le temps et par la civilisation.

Nous avons examiné l'église Saint-Louis, la principale de cette ville, et qui n'a rien de remarquable.

L'hôtel de la marine, bâtiment assez moderne, d'un riche et sévère aspect; les quais, très-bien construits.

La salle de spectacle, dont les dispositions sont mal prises; les dégagements insuffisants et la fraîcheur plus que douteuse.

Le fort, élevé sur un rocher de difficile accès.

La place d'Armes; le cours d'Ajot, magnifique promenade longeant la rade, formant une seule et large allée plantée de grands arbres, offrant une longueur de cinq cents mètres.

Arrivés à Brest le 15 août, jour de la fête, à dix heures du matin, nous eûmes l'avantage de voir toute la garnison sous les armes, les maisons ornées de drapeaux et les vaisseaux de la rade richement pavoisés. Les autorités civiles et militaires, en costume de cérémonie, vinrent assister au *Te Deum* chanté dans l'église Saint-Louis.

Il est assurément peu de villes en France qui, pour un jour de solennité, pussent offrir, à la même réunion, autant de grosses épaulettes et d'habits brodés.

Après la messe, grande revue sur le cours d'Ajot, occupé dans toute son étendue par les bataillons des élèves de la marine, des matelots, des troupes de ligne, ayant chacun sa musique, pour la plupart excellentes, et qui tour à tour exécutèrent des morceaux choisis.

L'ensemble de ces militaires, d'armes et de costumes si différents, le nombre immense des promeneurs, qui pouvaient circuler sans difficulté, cette magnifique rade sillonnée d'embarcations, animée par des vaisseaux aux brillantes couleurs, formaient un admirable spectacle!...

Nous allâmes le soir au théâtre et nous eûmes la bonne fortune d'y voir Mélingue dans *Benvenuto Cellini*.

Chef-lieu de préfecture du deuxième arrondissement maritime, sous-préfecture civile du Finistère, etc., Brest possède une population de trente mille habitants.

LA RADE. — Celle-ci, l'une des plus belles et surtout des mieux protégées du monde entier, présente un imposant aspect.

Sa seule entrée, que l'on nomme le Goulet, a trois à quatre kilomètres d'ouverture et se trouve bien défendue par le fort.

Cette rade est mesurée par une circonférence de neuf lieues, et pourrait contenir plus de cinq cents vaisseaux de guerre.

Quelques jolis îlots, un entre autres assez remarquable et nommé l'île Ronde, en détruisent la monotonie ; elle est d'ailleurs animée par les petites embarcations dont ses eaux paisibles sont habituellement sillonnées.

Le port marchand. — Il se trouve sur l'un des quais. Sans rien offrir de très-curieux, il est cependant commode, assez grand et presque toujours garni d'un nombre considérable de bateaux.

Sur l'autre quai se voit la machine à mâter, que l'on regarda pendant longtemps comme l'une des plus belles d'Europe et comme le chef-d'œuvre du genre ; mais elle vient d'être dépassée par celle de Lorient, plus élevée, plus forte, surtout plus simple dans son mécanisme, plus commode et plus facile dans son emploi. Nous serions moins positif en portant ce jugement, si sa justesse ne nous avait pas été confirmée par les hommes de l'art.

La Cayenne. — On nomme ainsi la caserne des matelots ; c'est un immense bâtiment qui peut en loger quatre mille. Sa façade principale donne sur le port militaire, qu'il domine ; elle offre quatre étages avec cent vingt-huit fenêtres.

Si les plans n'eussent été changés par ordres supérieurs, on avait le projet de construire cette caserne, déjà si vaste, sur une échelle encore beaucoup plus considérable.

Ayant le plus grand désir de voir l'hôpital Clermont-Tonnerre dans tous ses détails, nous allâmes faire visite à M. Reynaut, médecin en chef de la marine de Brest.

Il nous reçut avec une amabilité charmante et nous rappela très-gracieusement qu'il nous avait bien connu pendant notre séjour à Paris.

Son premier mouvement fut de nous donner une lettre pour le

médecin de service à l'hôpital, et de nous exprimer ses regrets visibles de ne pouvoir nous accompagner, étant alors impérieusement retenu par une inspection au bagne. M. Pinel, jeune chirurgien de troisième classe, d'une parfaite obligeance, de beaucoup de sens et d'avenir, s'empressa d'être notre cicérone et de répondre avec la plus grande précision à toutes les questions qu'il nous devint utile de lui adresser.

L'HÔPITAL DE LA MARINE. — Ce magnifique établissement est peut-être dans ce genre le plus beau, le mieux tenu de l'Europe.

Il se compose d'un immense bâtiment principal, de quatre à cinq cents pieds de façade, avec plusieurs balcons du côté du port, au-dessus duquel il s'élève majestueusement.

Contenant vingt-six grandes salles, offrant au premier étage un promenoir d'hiver; présentant quelques petits jardins bornés par des constructions latérales qui leur donnent un peu de tristesse et d'humidité.

Les services médical et chirurgical sont distincts et séparés.

On trouve dans toute la longueur des salles destinées aux simples matelots, une large bande en toile cirée qui marque la voie; les parquets sont frottés et brillants comme ceux des appartements les mieux tenus.

Les bonnes sœurs de la Sagesse, dont nous avons déjà rencontré les compagnes à la Chartreuse, ont l'aimable attention de cultiver des corbeilles de fleurs placées au centre et vers les extrémités de chaque salle, dans le but si louable de charmer les ennuis et d'alléger les souffrances des pauvres malades, par l'aspect riant et varié d'une gracieuse végétation.

Il existe en outre, dans chaque service, trois salles pour les marins gradés : une pour les sous-officiers, une pour les enseignes, une pour les officiers.

On admire partout cette recherche simple et confortable dans l'ameublement, cette exquise propreté d'intérieur qui, simultanément, plaisent à l'œil, soulagent le corps et préviennent le découragement de l'âme.

Indépendamment de ces remarquables salles, on trouve douze chambres séparées pour les officiers supérieurs et pour ceux que désigne le médecin, avec un magnifique réfectoire.

Nous déclarons, du reste, à la louange de ceux qui administrent et dirigent ce prodigieux établissement, que dans les nombreux et vastes hôpitaux que nous avons habités ou visités, il n'en est pas un que nous puissions lui comparer.

La chapelle de cette immense et magnifique infirmerie se montre en tout digne de sa destination : c'est la même recherche, le même soin, la même simplicité. Le fronton d'entrée se pose gracieusement sur quatre belles colonnes en granit de Saint-Malo, d'une seule pièce, comme celles que nous avons déjà signalées à la chapelle expiatoire du Champ des Martyrs.

Les excellentes sœurs nous firent ensuite visiter la lingerie, qui nous donna la dernière preuve du bon goût, du soin qu'elles mettent, du bonheur qu'elles trouvent à parer cet asile embelli par leur zèle et par leur charité si chrétienne.

A l'ouverture des armoires, nous restâmes en admiration. Au lieu des piles de linge bien régulièrement alignées que nous pensions rencontrer, nous avions sous les yeux les dessins les plus délicats, les plus rares et les plus variés. Notre étonnement fut à son comble en acquérant la preuve que les éléments de ce prestigieux tableau n'étaient autre chose que des serviettes, des draps, des chemises, des mouchoirs et des bonnets de coton. Il y avait plus que du goût dans ce délicieux arrangement, on y voyait de l'art et du génie.

Pour tout ce vaste et si remarquable établissement, le service des infirmeries, des cuisines, de l'école de médecine navale, de l'amphithéâtre de dissection, du jardin botanique, etc., est fait par les forçats dont la bonne conduite a mérité cette faveur : ils sont en effet déferrés, bien nourris, environnés d'une certaine considération qui les relève à leurs propres yeux.

Nous ferons observer ici, pour éviter une fausse interprétation, que, dans tout déferrement au bagne, le galérien conserve toujours à la jambe l'anneau de fer désigné sous le nom de *manille*.

Quelques forçats employés aux gros travaux continuent seuls à suivre le régime du bagne.

Au corps de ces infirmiers, d'espèce toute particulière, on n'admet pas les condamnés à perpétuité ; on les choisit de préférence parmi les forçats dont le temps est court, ou parmi ceux qui doivent prochainement obtenir la sortie.

Leur nombre est ordinairement de cent vingt à cent quarante, et se trouve porté, suivant les besoins, jusqu'à cent quatre-vingt-dix.

Dans aucun autre hôpital ces utiles fonctions ne sont remplies avec plus de zèle, de soins et de propreté.

Un seul service, à l'hôpital de la marine de Brest, celui de la pharmacie, n'est pas confié aux galériens ; on en comprend la raison. Nous avons appris par des renseignements positifs que ce même service était le seul qui laissât quelque chose à désirer.

En exceptant un événement tragique dont nous parlerons, il est certain que l'on n'a point à se plaindre des forçats infirmiers.

Il est presque sans exemple de ne les pas voir obéir avec

le plus grand empressement et la plus entière soumission aux ordres qui leur sont donnés.

Aussi les saintes religieuses paraissent-elles au milieu de ces expiateurs quelquefois des plus grands crimes, avec une confiance, une sécurité qui prouvent en même temps la bonne conduite habituelle des uns, mais surtout la pieuse résignation des autres et leur courageuse indifférence pour les dangers de cette vie !...

Le dispositif d'un décret du 19 mars 1853, relatif à cette institution, est ainsi conçu :

« Art. 1er. Il est créé pour le service des hôpitaux de la marine et pour celui des bâtiments de la flotte, un corps d'infirmiers permanents qui fera partie de l'armée de mer. »

Parmi les considérants du rapport qui réclament cette mesure, ceux qui motivent la suppression des forçats infirmiers sur l'évacuation actuelle des bagnes, sont parfaitement logiques.

Mais au point de vue de la gratitude acquise par des services pénibles et bien rendus; au point de vue surtout de la moralisation des condamnés, du préjugé, si fâcheux dans ses conséquences, de la société contre les libérés; de l'espèce de haine et d'antipathie qu'il faudrait détruire entre l'une et les autres, au lieu de les fomenter et de les envenimer encore, nous regrettons profondément d'y trouver cet autre exposé des motifs :

« Depuis l'existence des bagnes, un nombre assez considérable de condamnés aux travaux forcés remplissaient dans les hôpitaux de la marine les fonctions d'infirmiers servants;

« La présence des forçats au chevet des malades, dans les cuisines, dans les laboratoires de pharmacie, soulevait *justement* des objections d'une grave nature.

« A plusieurs reprises, depuis vingt ans, on a longuement étudié la question de savoir sur quelles bases on pourrait substituer le service *plus régulier, plus sûr, plus moral*, des hommes libres à celui des condamnés que la société *a repoussés de son sein.* »

Que l'on trouve donc actuellement, après l'effrayant retentissement de ces paroles, un moyen de rendre les libérés à l'ordre social avec des ressources d'existence en mesure de les soustraire aux causes fatales d'une indispensable récidive !...

Lorsque nous sortîmes de ce merveilleux établissement, nous adressâmes d'affectueux remercîments à notre obligeant et gracieux confrère ; nous donnâmes, du fond du cœur, au nom de l'humanité souffrante, des éloges si bien mérités aux excellentes sœurs, anges de dévouement et d'abnégation, qui répandent sur l'asile de la douleur et des larmes une atmosphère de céleste espérance qui guérit quelquefois et qui console toujours !...

Il nous restait à visiter le port militaire et le bagne.

Nous allâmes au majorat général de la place pour en obtenir l'autorisation. On nous y reçut avec la plus grande politesse ; on nous fit délivrer un double permis, et l'on porta la prévenance jusqu'à nous signaler aux gardiens, afin que nous pussions entrer et sortir sans difficulté pendant tout le temps que nous devions passer dans cette ville.

XVI

LE PORT MILITAIRE.

Ce vaste port est assurément le premier de France, quelques voyageurs disent le plus beau d'Europe, d'autres ajoutent même le plus étonnant du monde entier.

Sans vouloir nous faire juge entre ces différentes opinions, nous déclarons qu'il nous a frappé d'étonnement et d'admiration, en nous offrant l'occasion la plus favorable d'apprécier, par les faits, la puissance, l'étendue, l'invincible et productive persévérance du génie de l'homme.

Tout, dans cet immense foyer de fabrication et d'industrie, porte, en effet, le cachet du gigantesque et du merveilleux!...

Fortement défendu par le Château, citadelle bâtie sur un rocher presque inaccessible, et par les batteries Royale et Couverte, ce port exceptionnel, qui se présente comme une seconde ville, n'offre pas moins de quatre kilomètres dans sa longueur.

Sa largeur, qui s'accroît chaque jour, est encaissée profondément entre deux roches à pic, de soixante-dix à quatre-vingts pieds d'élévation.

Les travaux d'agrandissement, qui se font en coupant verticalement ces roches au moyen de la pioche et de la mine, ont, depuis vingt ans, presque doublé l'étendue transversale du port.

Sur ces emplacements, si péniblement enlevés à cette âpre nature de sol, ont été construits la magnifique fonderie, les vastes magasins, l'incomparable corderie et la plupart des superbes établissements que l'on trouve de ce côté.

Ces difficiles opérations se continuent tous les jours; et l'on voit, aux heures du travail, les galériens, suspendus à des cordages, faisant rouler d'énormes blocs détachés de la masse commune avec des efforts, de la patience et du temps.

LA CORDERIE — du port de Brest est l'une des plus belles de l'Europe. Elle occupe en entier un bâtiment, avec un étage, de quatre cents mètres de longueur.

A l'étage, se trouve la machine à vapeur qui prépare le fil pour la fabrication des cordages.

Au moyen de ce mécanisme, en même temps simple, précis, intelligent, deux hommes font un travail auquel vingt-cinq ou trente pourraient à peine suffire, par les procédés ordinaires.

Le chanvre, seulement préparé en larges bandes, est déposé dans un cylindre creux, représentant un vase placé verticalement avec son ouverture supérieure.

Ce chanvre est pris par la machine, divisé en lanières plus étroites, déposées chacune dans un cylindre particulier; reprises dans ceux-ci, divisées de nouveau, tordues en fils.

dévidés sur d'énormes bobines; repris, passés dans un bain de goudron, et finalement conduits sur d'autres bobines que l'on remplace lorsqu'elles sont assez chargées. Là se borne tout le travail des hommes employés à cette opération compliquée; la machine fait seule tout le reste.

Au rez-de-chaussée, la même machine à vapeur sert également à confectionner, au moyen de ces fils, tous les cordages, depuis les plus minces jusqu'aux plus volumineux.

Nous en avons mesuré dans les magasins qui présentaient jusqu'à neuf pouces de diamètre ou vingt-sept pouces de circonférence.

Nous avons trouvé dans le port des tas énormes de fontes nommées *gueuses*, ayant chacune la forme d'un pain de savon, et dont l'unique usage est de servir au lest des vaisseaux; un nombre considérable de boulets, d'obus, etc.

Les fonderies — sont des établissements gigantesques et cyclopéens.

La chaudronnerie se trouve dans les mêmes proportions. On y voit des chaudières pour les vaisseaux à vapeur, de quinze pieds de longueur sur dix de largeur.

On y terminait alors une très-grande chaloupe en fer battu, que l'on devait prochainement essayer à la mer.

Nous avons vu dans les magasins une prodigieuse quantité de caisses carrées, en cuivre étamé, nommées jarres, pour les provisions d'eau douce, de la contenance de trois mille litres chacune.

Un nombre considérable d'ancres sont rangées avec ordre sur une file très-longue, au bord des bassins, et varient, pour le poids, depuis deux jusqu'à dix mille livres.

Toujours à l'avant du vaisseau, dans l'appareillement, ces ancres sont soutenues, l'une par un câble, l'autre par une chaîne de cent vingt brasses ou deux cents mètres. Pour les plus fortes ancres, on prend les câbles de vingt-sept pouces de circonférence, et des chaînes proportionnées par leur diamètre.

Le cabinet des boussoles — présente un riche ensemble de ces instruments et de tous ceux qui se trouvent employés dans la navigation.

La salle des modèles — offre des constructions navales de toutes les formes, de toutes les époques; des machines à mâter, à remorquer, avec leurs perfectionnements progressifs.

Nous avons surtout admiré l'ingénieux et simple procédé que l'on met actuellement en usage pour faire jouer et fixer les ancres.

L'atelier de sculpture en bois — renferme aujourd'hui des chefs-d'œuvre dans ce genre. Une statue colossale de Duguay-Trouin a particulièrement fixé notre attention : on y retrouve en même temps la résolution, l'audace, l'impétueuse activité de cet intrépide marin.

La mature des navires — est devenue l'un des objets principaux de nos recherches; et dans cette partie, ainsi que dans toutes les autres, c'est spécialement aux chefs d'atelier que nous nous sommes adressé pour obtenir des renseignements précis.

On emploie le plus ordinairement, pour cette construction, les pins du Nord, de la Floride et du Canada.

Le premier est préféré, par les charpentiers, comme plus

léger, plus liant, moins cassant, plus résineux, par conséquent résistant mieux et plus longtemps à l'influence destructive de l'eau de mer.

Le second est moins estimé, comme plus fragile et plus pesant.

Le troisième, comme beaucoup moins résineux, et dès lors ne durant presque jamais au delà de dix ou douze ans.

La mâture d'un vaisseau complet, formée, d'avant en arrière, du beaupré, du mât de misaine, du grand-mât, du mât d'artimon, sans même y comprendre tous les accessoires, est bien plus coûteuse qu'on ne le pense généralement.

Ainsi, nous avons vu un magnifique pin de la Floride, donnant vingt-six mètres de longueur sur soixante centimètres d'épaisseur, destiné à devenir l'âme ou partie centrale du bas-mât principal d'une frégate, et dont le prix était de quatre mille francs. Celui de ce bas-mât entier et terminé s'élevait à vingt mille francs.

Pour *l'Hermine*, vaisseau de cent canons actuellement en construction, nous avons mesuré un pin du Canada de quatre-vingt-deux pieds de longueur, de soixante-cinq centimètres d'épaisseur, également employé pour l'âme du grand bas-mât, du prix de six mille francs; ce grand bas-mât, de trente-neuf mètres de longueur sur un mètre sept centimètres d'épaisseur, était, tout fini, du prix de trente mille francs.

Pour un vaisseau de cent à cent vingt, la hauteur du principal mât rentre ordinairement dans les proportions suivantes : bas-mât ou mât de basse vergue, trente-huit mètres; mât de hune, croisé avec le précédent à peu près de trois mètres pour chacun, dix-sept mètres; mât de perroquet, quinze mètres. Hauteur totale du grand-mât : soixante-dix mètres ou deux cent dix pieds.

Un bâtiment de guerre coûte, l'un dans l'autre, un million. Le prix d'un vaisseau de cent dix à cent vingt s'élève jusqu'à deux ou trois millions.

La construction se trouvait alors en pleine activité dans le port : excepté une seule, toutes les cales étaient occupées.

Quatorze bâtiments se voyaient dans tous les degrés de la fabrication : quatre vaisseaux de premier rang, de cent à cent vingt ; dix frégates ou bricks. Nous avons surtout remarqué un magnifique vaisseau à hélice, de cent vingt, à trois ponts ; le troisième portant une batterie Barbet ou découverte. Ce vaisseau, nommé *la Bretagne*, offre deux cents pieds de longueur, soixante-quinze d'élévation, et portera des ancres de cinq mille kilos.

Pour le radoubage, on fait entrer les vaisseaux, par la marée haute, dans les bassins destinés à ce travail ; on les appuie sur des étais ; lorsque la marée est très-basse, on ferme les bassins. Les réparations étant faites, on suit une marche opposée pour mettre ces vaisseaux à la mer.

Nous avons visité, dans le port, le plus grand de tous les bâtiments français, *l'Océan :* sa longueur est de deux cent cinquante pieds. Construit il y a soixante ans, ce bâtiment a fait les campagnes navales de l'Empire. Son ensemble offre l'aspect d'une petite ville, dans laquelle on peut aisément s'égarer. Actuellement démâté, ce vaisseau magnifique est réduit à servir de magasin.

Nous sommes monté à bord de *la Jemmapes*, toute armée, de quatre-vingt-dix canons, qui arrivait d'expédition.

Rien n'est plus curieux que l'intérieur d'un vaisseau dans cet état. On peut dire que pour un espace donné tout est prévu le mieux possible relativement aux besoins de la vie.

Les appartements du capitaine, placés à l'arrière, et qui

n'occupent guère moins d'un sixième de la longueur du bâtiment, offrent surtout les agréments et le confortable qu'il est ici permis de souhaiter : chambre à coucher, salle à manger, salon, cabinet de travail, etc., le tout admirablement décoré ; plus une très-belle galerie extérieure où l'on vient respirer l'air.

Les cuisines, les étables pour le bétail, les cages pour la volaille, les magasins des vivres, les caves pour les spiritueux et les provisions d'eau douce, la poudrière, les bûchers, les cabines des sous-officiers, les hamacs des matelots, les pièces d'artillerie si bien rangées sur les ponts, etc., offrent un admirable ensemble qu'il faut examiner avec attention pour s'en former une juste idée.

Nous avons, de plus, remarqué dans le port, au milieu d'un nombre considérable d'autres navires, *le Cafarelli*, brick à vapeur de deux cents pieds, *le Darien*, vaisseau non-seulement à vapeur, mais à mâture complète, de deux cent cinquante pieds de longueur.

Nous avons encore admiré, dans les magasins, deux jolies chaloupes longues, étroites, sveltes et légères, avec leurs avirons ; peintes aux couleurs nationales, sculptées avec art et richement dorées ; l'une, d'après les assurances qu'on nous a données, servit à Louis XVI lors de son voyage à Brest ; l'autre au duc d'Angoulême, aux princes d'Orléans.

Elles sont actuellement reléguées dans le fond d'un hangar, comme des choses vaines et depuis longtemps sans utilité !...

L'ARSENAL. — Au nombre des merveilles du port de Brest, nous devons citer l'arsenal ou salle d'armes. Il est impossible de se figurer un arrangement plus ingénieux, d'un effet plus étonnant et plus complet.

Dans une longue et très-belle galerie, d'un étage élevé, se voient réunis vingt-cinq mille fusils, cent trente-cinq mille pistolets, des canons en cuivre, des tromblons, des piques, des sabres, des épées, des poignards, des haches d'abordage et bien d'autres armes plus ou moins meurtrières, en nombre indéfini, rangées dans un ordre admirable, de manière à former les dessins les plus gracieux et les plus variés.

Au milieu de cette galerie apparaît une prodigieuse chapelle dont les grilles et les portes sont figurées d'une manière étonnante avec des lances et des piques de combat, dont les murailles sont entièrement édifiées avec les armes que nous venons d'énumérer. Des gloires, des soleils y sont représentés par des lames de sabre, d'épée et de poignard, au point de réfléchir si puissamment les rayons de la lumière, que dans les jours très-brillants on est obligé, nous a-t-on dit, de prendre des précautions pour éviter les accidents que pourraient occasionner ces réflexions extraordinaires. La propreté la plus recherchée donne encore un nouveau charme à cette riche galerie, peut-être, dans ce genre, la plus belle du monde.

Après plusieurs jours d'études continuelles, nous arrivâmes à cette conclusion presque décourageante : les innombrables et merveilleux objets renfermés dans le port militaire de Brest, sont comme les faits de la science universelle : plus on en découvre, plus on sent qu'il s'en présente à connaître !

Il nous restait à parcourir un champ d'observation plus sérieux, plus triste ; nous avions à crayonner des tableaux plus sévères et d'une portée plus grande encore.

Nous sortions à peine de l'hôpital, où sans doute on ne guérit pas toujours, mais où l'on soulage du moins les souffrances du corps; nous allions entrer dans cet autre asile de la douleur et des larmes, où l'on punit, où l'on empire trop souvent les infirmités de l'âme, nous allions visiter le bagne.

———

Après avoir fait au bagne de Brest une étude physiologique et morale approfondie, sur l'ensemble de l'institution et des condamnés qui se trouvent soumis à son régime, nous avons compris la nécessité, pour utiliser les faits importants et nombreux que nous avons recueillis, les conséquences graves qui nous semblent en découler naturellement, d'embrasser dans nos considérations toute la grande question des répressions et des punitions légales, et d'envisager le système pénitentiaire au véritable aspect sous lequel il faut aujourd'hui l'étudier, si l'on veut donner à ses applications des chances de succès pour le présent et de garantie pour l'avenir.

XVII

SYSTÈME PÉNITENTIAIRE.

Ce titre imposant n'a plus besoin d'une définition, il fait assez comprendre qu'il s'agit ici des applications pénales, au double point de vue du châtiment légal et de la moralisation des condamnés.

Cette grande question de la pénalité doit occuper dans la législation du pays une place importante; elle est grave, sérieuse, puisque sur la solution qu'elle aura présentée reposent les intérêts, les droits de ces malheureux condamnés et ceux de la société, qu'ils ont plus ou moins menacés ou compromis.

Agitée depuis longtemps par des hommes d'un talent incontestable, cette même question, au sens des esprits les plus compétents, est bien loin d'avoir obtenu son interprétation définitive et si généralement désirée.

Nous croyons pouvoir préciser les principales causes de ce fâcheux insuccès, et faciliter ainsi la solution du problème.

« Il est des moyens, sans doute, de rendre encore utiles à l'État ceux qui auront subi la peine à laquelle la loi les aura condamnés, dit M. Alex. de Laborde, *Encyclopédie moderne*, article bagne, et l'on doit attendre cette nouvelle amélioration dans le corps social, de la sagesse et des lumières des gouvernements, qui, nous aimons à le penser, après s'être occupés *des choses*, porteront enfin toute leur attention sur *les hommes.* »

Là se trouve en effet aujourd'hui toute la grande question pénitentiaire.

Nous compléterons la judicieuse pensée de M. de Laborde, où plutôt nous émettrons une pensée distincte, éprouvant le besoin de dire toute la vérité.

Dans les institutions pénitentiaires passées, présentes, et surtout dans celles qui sont actuellement à l'étude, on a fait entrer le condamné dans les éléments du problème comme *une chose*, au lieu de l'envisager comme *un homme.* Tantôt on a complétement négligé sa moralisation; tantôt on a prétendu l'obtenir par des moyens qui ne réussiraient pas même chez les brutes; et, toujours en conséquence du fatal principe, on a semblé voir exclusivement les intérêts et les droits de la société, sans chercher à s'occuper encore des droits et des intérêts de ceux qu'elle doit punir, sans doute, mais qu'il n'est pas dans sa pensée, qu'il n'est pas de sa dignité, ni même de son avantage, de démoraliser et de flétrir, lors surtout qu'ils sont appelés à rentrer dans son sein.

Nous le dirons donc avec l'accent d'une entière et profonde conviction : tant que le système pénitentiaire sera considéré sous cet aspect étroit, incomplet, faux, sans philosophie, sans religion, aucune de ses institutions ne remplira les vues d'une saine philanthropie, ni celles du pouvoir essentiellement moralisateur qui nous régit aujourd'hui.

Fort de cette grande pensée, nous élevons la voix au nom de la physiologie, de la morale, de la philosophie, qui rentrent particulièrement dans notre spécialité; au nom même de la religion, car si nous ne possédons pas le caractère sacré ni la science nécessaire à son enseignement, nous avons du moins le sentiment qui, dans l'espèce, convient à son indispensable et puissante application.

Telle est, dans cette tâche immense, la tâche particulière que nous consentons à nous imposer.

Nous venons placer humblement notre faible tribut à côté du tribut considérable qu'ont offert, pour la même fin, les économistes, les jurisconsultes, les publicistes et les législateurs.

A chacun son œuvre, le temps et l'expérience prouveront si la nôtre peut avoir sa portée.

Si le talent suffisant nous manque, nous chercherons du moins à le remplacer par la sincérité de nos convictions, par un zèle que rien n'arrêtera dans ses efforts, enfin par le courage que nous mettrons à prendre les intérêts, à défendre les droits des malheureux condamnés, que la société semble de plus en plus repousser et flétrir, sans même se préoccuper, dans ce qui la concerne, des funestes conséquences de ce délaissement et de cette réprobation!...

« Il y a plus de trente ans, dit M. Armand Lefrançois, journal *le Siècle*, 31 mars 1853, que la réforme de notre système pénal et pénitentiaire est à l'étude. Tout le monde s'en est occupé : jurisconsultes, publicistes, hommes d'état, assemblées délibérantes; au milieu de toutes les idées qui se sont produites par la parole ou par la presse, une opinion générale s'est dégagée, et se trouve admise sans contestation sérieuse : la nécessité de supprimer les bagnes.

« Aujourd'hui, la question est vidée de fait par le décret du 20 février 1852. Peut-être eût-il mieux valu différer et consulter plutôt le corps législatif. Mais un projet de loi sanctionnant ces dispositions et résumant les mesures adoptées par le gouvernement, a été soumis à cette assemblée : la résolution légale ne tardera pas à être prise. »

Dans ces pressantes conjonctures, chacun doit apporter son tribut à la solution du problème : la physiologie, la morale et la religion, qui peut-être ici n'ont pas toujours été suffisamment consultées, ne peuvent cependant pas rester étrangères à l'examen sérieux et définitif d'une question aussi grave, et qui, par le plus grand nombre de ses principales considérations, rentre si positivement dans leur domaine.

Avant d'avoir visité, mais surtout avant d'avoir consciencieusement étudié l'institution du bagne, nous l'avions, avec beaucoup d'autres moralistes, jugée sans la bien connaître; nous avions apprécié les misères des condamnés ainsi qu'on apprécie de loin toutes les infortunes, sans les comprendre et sans éprouver l'obligation de les plaindre et de les secourir.

Nous pensions alors que rien ne pouvait être plus moral et plus sage que de fermer les chiourmes et d'ouvrir un Botany-Bay plus ou moins semblable à celui de nos voisins d'outre-mer.

Aujourd'hui, nos opinions et nos sentiments sont bien changés. Nous croyons deviner assez le cœur et l'esprit des plus éminents publicistes qui sont, comme nous, tombés dans cette grave erreur, pour avoir l'assurance qu'ils en rappelleraient, comme nous, en subissant la même épreuve.

Avant d'étudier comparativement les principaux moyens de punition et de répression légales, arrivons à nous former une idée précise du but essentiel que la législation doit se proposer dans l'application de ces moyens.

Les crimes de la première catégorie sont punis de mort.

Nous ne chercherons pas à savoir, au point de vue religieux et même moral, si la société qui tient dans ses fers un criminel désarmé, sans défense, et sans danger pour elle, accomplit un acte de raison et de sagesse en disposant de sa vie.

Cette grande et belle question, sur laquelle nous reviendrons peut-être un jour, nous ferait sortir de celle que nous étudions, et qui déjà nous paraît beaucoup trop vaste par elle-même.

Pour les crimes des autres catégories, la loi frappe le coupable dans sa liberté pour un temps variable, avec des châtiments plus ou moins rigoureux, en lui infligeant, suivant la nature et la gravité de sa faute : le bagne, la cellule, la déportation, la réclusion, l'emprisonnement, la surveillance, etc.

Afin d'éviter ici toute confusion, et pour entrer franchement et d'une manière positive dans la question à résoudre, nous devons nous occuper seulement des trois premiers et principaux moyens de correction et de répression légales : le bagne, le système cellulaire, la déportation.

Quels sont, en appliquant ces rigoureux moyens, les objets que la législation doit se proposer de bien remplir ?

Elle doit avec la justice, la raison, la générosité de l'être fort qui sévit contre l'être faible et soumis, réprimer, punir, prévenir les récidives, moraliser le coupable dans son intérêt personnel et dans celui de la société, lors surtout qu'après un certain nombre d'années, des rapports nouveaux doivent s'établir entre eux.

Toute application du système pénitentiaire qui, pour le fond ou pour la forme, ne rentre pas dans ces conditions si simples et si naturelles, doit être immédiatement proscrite ou modifiée.

Avec un prototype de cette vérité, nous ne craindrons plus de nous égarer dans une route si périlleuse, et nous pourrons apprécier à leur valeur absolue, mais surtout comparative, les trois institutions principales de la pénalité : le bagne, la prison cellulaire, la déportation.

Là se trouve toute la solution de cet important et difficile problème.

Peu d'institutions doivent être aussi sérieuses dans leur étude, aussi graves dans leur appréciation, que les institutions pénales.

Ici, tout principe faux, toute application vicieuse porte coup aux intérêts, aux droits, soit des condamnés, soit de la société, soit même quelquefois des uns et de l'autre en même temps, ces droits et ces intérêts n'étant pas toujours aussi complétement opposés qu'on semble trop généralement le penser.

Nous ne comprendrions donc pas que l'on pût juger légèrement ces institutions, les adopter ou les supprimer sans un long et profond examen.

En jugeant le bagne tel qu'il est aujourd'hui, au lieu de l'apprécier tel qu'il devrait être, on commettrait une faute essentiellement grave par sa nature et surtout par les fâcheuses conséquences qu'elle entraînerait presque nécessairement.

N'est-on pas sur le point de commettre, actuellement, cette regrettable faute?... Nous le craignons.

Nous le dirons donc tout d'abord, nous réservant de faire immédiatement la preuve de la vérité de nos assertions, et cela par des faits positifs.

Le bagne, tel qu'il est aujourd'hui, présente une application pénale tellement vicieuse, par sa forme surtout, qu'il faut, sans hésitation, ou le supprimer, ou le soumettre à d'importantes modifications.

Le bagne, tel qu'il devrait être, offrirait une institution bien supérieure à la prison cellulaire et peut-être même à la déportation, de telle sorte qu'on devrait, pour le moins, le mettre, en même temps que cette dernière, en voie complète et régulière d'expérimentation.

Toutefois, ne préjugeons rien ; suivons notre marche ordinaire ; posons d'abord les faits principes, nous déduirons ensuite les conséquences.

Pour arriver sûrement au résultat le plus vrai, le plus utile dans l'espèce, étudions soigneusement le bagne au double point de vue que nous venons de préciser.

XVIII

LE BAGNE TEL QU'IL EST AUJOURD'HUI.

Vu de loin, le bagne est un lieu sinistre et repoussant, dont l'idée seule vient saisir l'âme d'un sentiment d'horreur et d'indignation !...

De près, c'est un lieu d'expiation et de souffrance dont l'aspect serre le cœur en inspirant, si nous n'osons pas dire de la pitié, nous ajouterons du moins de la tristesse et des regrets !

Qui voudrait le croire, sans l'avoir éprouvé, l'âme s'élève et s'inspire dans ces redoutables lieux !...

En présence de ces malheureuses victimes de l'erreur et des mauvaises passions, le cœur, comprenant mieux tout le bonheur de sa pureté, rend grâce à la protection divine, aux enseignements de la vertu qui l'ont sauvé du crime et de ses terribles châtiments.

Oui, sans doute, il faut assister au déroulement de ces épouvantables tableaux pour connaître toutes les émotions qu'ils produisent, toutes les pensées qu'ils font naître, toutes les réflexions dont ils deviennent l'occasion.

Les économistes les plus savants, les plus habiles publicistes, les jurisconsultes les plus profonds ont souvent et longuement discuté l'importante et difficile question de savoir si l'institution des bagnes est avantageuse ou nuisible au double point de vue du châtiment et de la moralisation des condamnés.

Les deux opinions opposées ont été soutenues avec talent, sans que pour nous il en soit résulté jusqu'ici aucune solution définitive.

Il y aurait en effet, même aujourd'hui, plus que de la suffisance à croire que l'on a pu dire le dernier mot dans une semblable question.

Dès lors, sans avoir la prétention de résoudre un aussi difficile problème, nous ferons seulement observer que le plus sûr moyen d'arriver à cette solution, au lieu de s'égarer dans les brillantes illusions de la théorie, serait de recueillir, à la source même, des faits assez positifs, assez nombreux pour en inférer des conséquences pratiques.

Cette marche logique et positive, suivie par des hommes capables et sérieux, a déjà porté ses fruits.

Au nombre de ces habiles observateurs, nous citerons particulièrement MM. les commissaires de la marine Raynaud, Théodore Bonjour, à Toulon, et Glaize, à Brest; M. le docteur Lauvergne, auteur d'un savant ouvrage portant pour titre : *Les Forçats, considérés sous le rapport physiologique et moral*; enfin,

M. Maurice Alhoy, auquel nous devons le livre *des Bagnes*, aussi curieux qu'instructif.

En même temps que nous mettrons ces travaux à contribution, nous adopterons donc cette marche sévère, qui seule peut conduire sûrement à la vérité.

HISTOIRE DU BAGNE.

Le premier rudiment de l'institution pénale des bagnes apparaît dans celle *des galères*, où les condamnés remplissaient les fonctions de rameurs sur les vaisseaux de l'État; ce qui leur fit alors donner le nom de *galériens*; plus tard, on les désigna par celui de *forsaires*, et définitivement de *forçats*, hommes condamnés à des travaux obligés, forcés; ou bien encore qui exigent de la vigueur, de la force.

Cette peine légale, qui semble inconnue chez les Grecs et chez les Romains, ne peut remonter pour nous au delà du règne de Charles IV, premier roi de France qui ait eu des galères sur mer.

Il faut arriver à Charles VII pour trouver positivement les applications de cette même peine, d'abord effectuées dans le port de Marseille.

Déjà cette institution, encore dans l'enfance, était un premier bienfait de l'imposition du travail aux détenus, un premier progrès bien avantageux dans l'ordre de la pénalité.

La condamnation aux galères, même à temps, emportait alors l'infamie : à perpétuité, elle entraînait de plus la mort civile et la confiscation des biens.

Sous Charles VIII, on imprimait sur l'épaule des condamnés une *marque* indélébile au moyen du fer brûlant.

Cette marque se composa d'abord des trois lettres G. A. L., *galères*; ensuite de deux seulement, T. F., *travaux forcés*; ou T. P, *travaux à perpétuité*, suivant que la condamnation était à temps ou à vie.

A cette époque, on soumettait encore les condamnés à d'autres mutilations barbares, telles que la section du nez, de la langue, des oreilles, etc.

Sous le même règne, le roi perfectionna l'institution et lui donna surtout plus d'unité par la nomination d'un officier général de toutes les galères.

Le régime alimentaire de ces tristes réceptacles du crime était, à quelques modifications près, celui des bagnes actuels, dont nous parlerons bientôt.

Quant à l'organisation intérieure des galères, on peut dire qu'elle ne remplissait aucune des conditions désirables. M. Alhoy la peint en deux mots : « Là vivaient pêle-mêle le sorcier, le blasphémateur, le faussaire, le banqueroutier, l'assassin, le braconnier, le contrebandier, etc. »

Tant que la marine militaire fut particulièrement représentée par les galères à rames, les bras des galériens, auxquels venaient se mêler ceux de quelques mercenaires libres, constituaient la force motrice principale de notre navigation; aussi le gouvernement spécula-t-il bientôt sur le travail des forçats, comme on le trouve positivement démontré par les édits de Charles IX, de 1564, enjoignant aux cours judiciaires de France de ne pas condamner aux galères pour moins de dix ans!...

Cette injonction, que nous nous abstiendrons de qualifier, tomba bientôt en désuétude, et l'on abaissa le minimum de la peine jusqu'au terme de trois ans.

Sous Louis XIII, la pitié, la philanthropie, le zèle religieux étendirent leur admirable sollicitude sur cette malheureuse classe de coupables, trop longtemps et trop généralement surtout regardée comme à jamais flétrie du signe fatal de la réprobation!...

Le roi créa la charge d'aumônier général des galères. Elle fut donnée tout naturellement à saint Vincent de Paul, dont l'âme angélique épancha tant de consolations et de bienfaits sur la souffrance, dans cette pénible et difficile mission.

Le progrès des sciences et des arts ayant amené des perfectionnements essentiels dans la navigation, les galères à rames furent supprimées, sous Louis XV, pour le service de mer, par une ordonnance de 1748.

Cette importante révolution dans l'art nautique devait nécessairement en amener une dans le mode pénal que nous examinons.

Ce fut alors que les *bagnes* se trouvèrent institués comme établissements permanents et définitifs, d'abord flottants, ensuite sur terre ferme.

« Les bagnes, dit M. Alhoy, qui ne furent d'abord que de vieilles carènes et des pontons, n'ont reçu une organisation définitive que sous Louis XV, le matériel de Marseille ayant été transporté à Toulon... On y entassait le noble et le criminel de bas étage, les victimes de la superstition, etc.... Aux premières phases de l'histoire des bagnes, la grande image de Louis XIV devra se voiler... des arènes aux galères, le fanatisme religieux traça une ligne de sang ! »

Bagne viendrait, d'après M. Lauvergne, du mot provençal *bagna*, mouillé, vaisseau échoué, *prison mouillée*. M. de Laborde le fait, au contraire, dériver de *bagno*, terme qu'emploient les

Italiens pour indiquer le vaste édifice de Constantinople destiné à servir de prison aux esclaves.

Ainsi, considéré d'une manière générale, bagne désigne le lieu où l'on tient à la chaîne des esclaves ou des forçats.

Le plus considérable paraît être celui de Constantinople. Tournefort l'a dépeint comme l'une des plus affreuses prisons du monde.

Mais rien ne peut égaler l'horreur que présentaient encore assez récemment, au dire des voyageurs, ceux des États barbaresques et particulièrement celui d'Alger.

L'auteur du précis historique sur ces nations s'exprimait ainsi en 1816 :

« Qui ne connaît pas l'état de servitude, qui n'a jamais vu ce qui se passe à Alger, ne soupçonne point à quel degré d'avilissement peut arriver l'âme humaine sous le poids de la misère et de l'abattement. J'ai vu à Alger plus de seize cents esclaves ; plus de cent succombent chaque année au désespoir ou à l'excès des fatigues. Renfermés tous les soirs dans un bagne, ils couchent nus sur la terre, exposés au vent et à la pluie. Dès le point du jour, leurs gardiens les réveillent à coups de rotin et les conduisent comme des troupeaux à leur pénible tâche. Les uns sont employés à l'arsenal, où la moindre faute leur attire cent coups de bâton sous la plante des pieds ; d'autres, comme des bêtes de somme, sont condamnés à détacher et à transporter d'énormes rochers qui les écrasent souvent de leur poids. J'ai vu plusieurs de ces infortunés retourner à la ville mutilés et sanglants ; j'en ai vu tomber sur les chemins, refuser, par faiblesse ou par désespoir, de se relever sous le fouet de leurs bourreaux, et attendre, dans l'immobilité, la mort qu'ils imploraient. »

Et lorsque l'on voit, au nombre de ces malheureux, des hommes de cœur et de génie dont tout le crime est d'être tombés entre les mains de ces barbares; dont la piété, la vertu forment les seuls soutiens au milieu de ces tortures et des railleries inconsidérées de leurs stupides oppresseurs, n'est-on pas naturellement jeté dans les plus tristes réflexions sur les inexplicables calamités des destinées humaines?

En France, la marine conserva la garde des forçats, de rameurs devenus ouvriers; on les lui donnait en nombre dont elle rendait compte. « Ce fut un instrument, dit M. Alhoy, qu'elle put utiliser comme bon lui semblerait; et s'il arrivait qu'il se brisât par les tortures ou par la mort, c'était une unité de moins dont elle recevait quittance. »

En 1789, la législation se modifiant avec les conditions et les besoins de la nouvelle organisation, l'ancien terme *galère* fut remplacé par celui de *travaux forcés à temps, à perpétuité*.

Autrefois, les supplices du bagne étaient nombreux, cruels, et, par une monstrueuse énormité, chacun d'eux avait son tarif autorisé, fixé même par les règlements relatifs aux *honoraires* du bourreau. Ainsi, les prix variaient pour rompre, pendre, brûler vif, couper les oreilles, le nez, la langue, etc.

Les exécuteurs de ces coupables traitements étaient choisis parmi les forçats; plus d'une fois des infâmes ajoutèrent encore à la barbarie de ces exécutions, en les prolongeant comme des jouissances pour eux.

On cite, à cette occasion, le trop fameux Jean Le Bourreau, qui, véritable Tristan de son époque, s'acquit à Rochefort une si épouvantable célébrité par la sensualité qu'il apportait dans les tortures, même des membres de sa famille, et dans l'application desquelles il fallut souvent arrêter l'assouvissement de ses terribles et sanguinaires instincts.

« Louis XVI, abolissant la question, dit M. Alhoy, les bagnes ne furent plus une infirmerie de martyrs, ils devinrent un chantier de travailleurs valides. »

Que l'on ne vienne donc pas nous parler des vengeances de la société ; nous ne les admettons pas plus, comme légitimes, que celles de Dieu : l'être essentiellement intelligent, bon, raisonnable et fort, punit, mais ne se venge pas !... La vengeance est une passion basse dont il rougirait : elle ne peut être le mobile que de la faiblesse poussée par la cruauté. Châtiez le coupable désarmé dans une juste et sage mesure, mais ne le mutilez pas sans pitié, ainsi que le ferait un animal sauvage et sanguinaire ; surtout ne lui fermez pas la voie du repentir et de la réhabilitation !...

Les législateurs ont enfin compris tout ce que présentait cette dernière mesure, d'humain, de raisonnable et même d'important, au point de vue de l'intérêt social, en faisant disparaître la flétrissure indélébile de *la marque* du code actuel de nos lois pénales.

Si l'intelligence et la philanthropie sont aujourd'hui péniblement affectées, c'est de voir qu'il a fallu parvenir jusqu'à 1830 pour obtenir ce généreux perfectionnement des institutions pénitentiaires, et que le besoin d'une mesure aussi consciencieusement réclamée n'ait pas plus tôt frappé l'esprit, en passant par le cœur !...

Si nous voulions un instant remuer la fange des infirmités morales et rechercher les causes qui poussent le plus souvent les malheureux condamnés dans les horreurs du bagne, sans doute nous y verrions bien des objets de dégoût et de mépris chez les criminels !... Mais n'y trouverions-nous pas quelquefois des sujets de pitié ; pourquoi ne dirions-nous pas aussi des vices de nos institutions sociales ? Et, cependant, si nous voulons détruire le mal, si nous désirons surtout, ce qui vaut mieux encore, prévenir son développement, n'est-il pas logique et rationnel d'attaquer avant tout les causes qui peuvent en devenir le motif et l'occasion ?

Sans doute les mauvaises passions, les instincts vicieux, une sorte de fatale perversité du cœur et de l'esprit, des habitudes grossières et désordonnées, des anomalies du sens moral, une sorte d'hérédité criminelle, comme on l'observe chez le fameux Jean Gaspard et plusieurs autres, la fréquentation des hommes dépravés, etc., ont conduit un grand nombre de condamnés au bagne ; mais certaines maladies organiques, avec leurs influences positives sur le moral, l'idiotisme, la monomanie, la démence, etc., dont l'existence réelle n'avait pas été suffisamment appréciée ; la puissance de la parole dans les organes de l'accusation mal combattue par la faiblesse de la défense ; les illusions de la science médico-légale, sans parler même, des emportements de l'honneur outragé, des hallucinations dans les principes religieux et politiques, etc., n'ont-ils jamais conduit à la flétrissure des malheureux plus dignes de commisération que de châtiment ?

Que l'on se rappelle ces tristes jours de l'Empire, où l'on envoyait aux chiourmes jusqu'à cinq cents prisonniers de guerre en même temps ; et ces jours non moins sinistres de la Restauration, où, comme le dit M. Alhoy : « *Les brigands de la Vendée* y furent remplacés par *les brigands de la Loire !* »

Nous ajouterons, dès lors, avec le même auteur : « Le bagne a ses fous, ses malades, ses martyrs !... peut-être ses héros !... Pitié donc pour ses misères !... »

Trois bagnes furent définitivement établis en France, dans les ports militaires de Brest, Rochefort et Toulon. Leur population commune a varié de sept à huit mille forçats.

Les bases fondamentales de l'institution y sont les mêmes; s'il existe quelques modifications dans les règlements, elles n'offrent qu'une importance bien secondaire et subordonnée à la différence du climat, et surtout à la manière de voir des commissaires chargés de la direction de ces établissements.

Le chef supérieur de chaque bagne est un commissaire de la marine de première classe, avec rang de capitaine de vaisseau. Il a sous ses ordres des adjudants, des sous-adjudants, enfin les indispensables gardes chiourmes, véritables *gardes du corps* des forçats, à la solde de quarante-cinq centimes par jour, avec une petite gratification relative au temps de leur service.

Les vœux de la philanthropie devaient amener la fondation des hôpitaux destinés aux condamnés; le premier fut élevé à Marseille, sous le ministère de Richelieu. Là se retrouvent encore les sollicitations et le bienveillant patronage du vertueux saint Vincent de Paul.

Pour faire mieux comprendre la vie des condamnés pendant leur séjour au bagne, nous suivrons le forçat depuis son départ des prisons jusqu'à son dépôt à la chiourme; et, dans celle-ci, les différentes phases de sa monotone et triste existence journalière, avec les divers incidents qu'elle est susceptible d'offrir.

TRANSPORT AU BAGNE.

Il s'effectua d'abord à pied, par étapes, en réunion de forçats dont le nombre dépassait quelquefois celui de deux cents. L'ensemble de ces condamnés portait le nom de *chaîne*.

Leur ferrement s'effectuait à Bicêtre et se composait d'un collier, espèce de carcan dont le boulon était solidement rivé; de ce collier partait une chaîne qui descendait à la ceinture pour monter de ce point au collier du forçat voisin, et ainsi de suite, jusqu'à l'extrémité de la colonne, rattachée, dans son ensemble, par une chaîne commune.

Ces transports étaient dirigés par des entrepreneurs dont le mandataire conduisait les hommes en recevant le titre de capitaine de *la chaîne*. Il avait sous ses ordres une compagnie de volontaires salariés; un médecin complétait le personnel de cette expédition, à laquelle se joignait encore souvent la gendarmerie des diverses localités.

Sur le trajet venaient s'ajouter, à la chaîne principale, les chaînes *volantes*, avec la désignation de *cordon* portant le nom de la ville dont les prisons le fournissaient.

Les étapes étaient assez rapprochées et les haltes se faisaient dans les granges et dans les écuries, sur de la paille fraîche.

Que l'on pense maintenant à la longueur, à la fatigue du trajet, au temps du transport, qui durait parfois plus d'un mois; à la déplorable curiosité publique, rassemblant sur le passage de *la chaîne* la masse inconsidérée des populations; aux réflexions insultantes des hommes et même des femmes sans éducation; aux démonstrations cyniques des forçats, à la licence, à la grossièreté de leurs imprécations et de leurs chants, etc., on comprendra bientôt ce qu'avait d'inhumain et d'immoral cette immense exhibition du crime, et combien notre civilisation actuelle dut se préoccuper du soin de la faire disparaître.

Aujourd'hui, les voitures cellulaires, offrant une petite case pour chaque forçat, conduites en poste du départ à la destination, ont donné pleine satisfaction à la morale publique, et résoudront également avec avantage la question d'humanité lorsqu'elles se trouveront disposées d'une manière moins gênante pour les malheureux à transporter. Mais, telles qu'on les voit encore maintenant, ces voitures sont loin de répondre à toutes les exigences de la philanthropie. M. Alhoy dit à leur occasion : « Je suis encore à interroger les faits pour savoir si ce progrès n'est pas un retour vers cette époque de torture que la raison et l'humanité condamnaient..... La voiture cellulaire est rarement une arche inviolable, elle est toujours un lieu de supplice, quelquefois elle est un tombeau. »

RÉGIME INTÉRIEUR DU BAGNE.

ARRIVÉE AU BAGNE. — Une fois jeté dans cet immense réceptacle du crime, le condamné perd sa qualité d'homme ; il ne devient pas même une chose ; il ne reste ici, de sa dignité déchue, qu'un simple numéro sur la matricule du bagne. On lui rase la tête, on le dépouille de ses vêtements ; on le couvre de la livrée de l'infamie ; on le charge des chaînes de la plus flétrissante captivité.

VÊTEMENTS DU FORÇAT. — On lui donne une chemise de grosse toile écrue ; un *mouy* ou veste rouge en étoffe de laine très-commune, sans collet ni boutons, offrant assez bien la forme de nos longues vestes rondes à la propriétaire ; un large pantalon soit en étoffe semblable à celle de la veste, soit en toile écrue, suivant la saison ; un bonnet en laine portant le numéro sur une petite plaque en fer-blanc : ce bonnet est rouge pour les condamnés à temps, et vert pour les condamnés à perpétuité ; enfin une paire de gros souliers ferrés complète la garde-robe du galérien, laquelle doit durer deux ans, car jamais il ne change de vêtements, lors même qu'après les travaux il rentre au bagne couvert de sueur ou mouillé profondément par la pluie.

FERREMENT DU FORÇAT. — L'ouvrier qui ferre les condamnés à leur entrée, qui les déferre à leur sortie, lorsqu'ils sont libérés, porte le nom de *chaloupier*. Voici les différentes pièces de ce ferrement.

La manille — est une espèce de fort bracelet que l'on place à l'une des jambes, tantôt à la droite, tantôt à la gauche, au-dessus de la malléole, et qui se trouve rivé de la manière la plus solide.

La chaîne particulière — est celle qui part de l'anneau de la manille et se relève soutenue par le crochet de la ceinture en cuir de chaque forçat. Les maillons de cette chaîne offrent un médiocre volume et la forme ovalaire. Autrefois, on ajoutait à la chaîne un petit boulet qui rendait la marche du condamné bien difficile et bien pénible. Ce complément de torture n'existe plus. N'est-ce pas, en effet, assez, comme le dit M. Alhoy dans son énergique expression : « de ce rosaire infernal qui pend à la ceinture de cette légion de réprouvés ? »

La chaîne d'accouplement — est celle qui rend deux forçats dépendants l'un de l'autre. Elle se compose de dix-huit maillons présentant chacun trente-trois centimètres de longueur, ayant la forme d'une tige en fer assez forte et bouclée à ses deux extrémités. Cette chaîne, dont le poids est de quatorze livres, se fixe très-solidement à la manille des deux galériens accouplés.

Enfin il existe à chacun des lits du bagne, pour le ferrement de nuit, un anneau très-fort nommé *ramas*, dans lequel viennent se réunir les chaînes de tous les forçats du même rang.

Il est impossible de considérer, sans une profonde anxiété, l'homme, alors même qu'il est criminel, aussi douloureusement enlacé dans cette espèce de réseau de fer!

La vue de l'accouplement, surtout, fait mal par l'immoralité qui s'y rattache, par les souffrances physiques et surtout morales dont il devient incessamment l'occasion; c'est une torture nouvelle, une torture de tous les instants!

Sans parler, en effet, de la gêne, des contrariétés qu'amènent inévitablement les différences d'âge, de force, de caractère, etc., dans ces mariages du bagne, « combien, dit M. Alhoy, de petites tyrannies subies par le martyr! que de luttes sourdes et inaperçues dans l'association! » Là, presque toujours, en effet, se trouvent un despote et un esclave!... Là sont quelquefois unis par la fatalité un malheureux soldat réfractaire et le plus coupable des assassins!...

PHYSIONOMIE DU FORÇAT. — L'aspect ordinaire des galériens se traduit, d'après M. Alhoy : « Par une physionomie empreinte du jeûne et de l'anémie. »

Cette observation est vraie, si l'on admet un assez grand nombre d'exceptions; mais ce qui nous a paru surtout important et curieux, c'est de ramener les traits physiologiques et moraux de ce tableau si vaste, si spécial et si repoussant, à plusieurs types fondamentaux auxquels viennent se rattacher toutes ses nombreuses variétés. Nous présenterons ces portraits d'après nature, en faisant l'histoire particulière du bagne de Brest.

Quant à la physionomie commune du forçat, nous y trouvons, en général, cette vieillesse anticipée, ces stygmates du dépérissement, de l'usure, de la dégradation physique et morale profondément imprimés par le vice, le crime, les remords, l'ennui, l'insomnie, le travail excessif, l'influence nuisible des intempéries de l'air et d'une alimentation peu réparatrice.

Étudions actuellement avec soin la vie quotidienne et commune des galériens, depuis le coup de canon de la diane jusqu'au *ramas* du garde chiourme.

JOURNÉE DU FORÇAT. — Un coup de canon donne le signal du travail dans le port, à cinq heures, l'été, à six heures, l'hiver : la cloche du bagne sonne, et le sifflet du surveillant met tous les galériens debout.

A la sortie de la chiourme, qui se fait avec ordre et par couples, un rondier explore, au moyen du marteau, les manilles et les maillons du ferrement, pour s'assurer que la lime ou le ciseau ne les ont pas attaqués. Chacun des gardes chiourmes reçoit ensuite sous sa direction un nombre de forçats qui varie de seize à trente et les conduit aux ouvrages du port.

Ces ouvrages du galérien sont distingués en deux principales catégories, sous les noms de *grande* et *petite fatigue*.

LA GRANDE FATIGUE — comprend la traction des charrettes, la conduite des barques à la rame, tous les gros travaux et le nettoyage du port, à l'air et sous toutes les intempéries des saisons. Ces travaux, les plus rudes et les plus pénibles, sont effectués par les forçats à temps les moins dociles, et par les condamnés à perpétuité, qui restaient jadis cloués sur leurs *tollards*. Depuis qu'on les emploie, les révoltes, si fréquentes autrefois, sont aujourd'hui très-rares, et l'expérience a démontré que les galériens qui travaillent le plus sont précisément ceux qui se livrent le moins à l'insurrection.

La petite fatigue — embrasse les travaux qui se font dans les parties couvertes du port, dans les magasins, à bord des bâtiments, dans la voilerie, la corderie, etc. Les forçats qui les exécutent reçoivent un salaire qui varie depuis cinq jusqu'à vingt-cinq centimes par jour.

L'administration en conserve le tiers, qui se trouve capitalisé pour former *le pécule*, dont une moitié sera donnée au libéré lors de sa sortie et l'autre déposée à la mairie de sa commune. Cette retenue n'a point lieu pour les condamnés à perpétuité.

Ce fut M. de Lareinty qui, en 1848, conçut le projet de cette philanthropique organisation du travail dans les bagnes, pour moraliser le forçat, améliorer son régime pendant toute la durée du temps qu'il passe à la chiourme; lui créer une ressource dont le besoin se fait si vivement sentir à sa sortie; l'entretenir dans les habitudes de travail qui lui faciliteront des moyens d'existence lors de son retour à la vie d'homme libre; enfin, produire à l'État des économies et même des moyens d'acquitter en partie ses frais d'établissement et d'entretien.

Le bienveillant et judicieux intendant, secondé par M. le commissaire de la marine Raynaud, et par M. l'ingénieur Raucourt, vit ses excellentes mesures adoptées en 1820, avec des résultats avantageux au double point de vue de la moralisation, de l'intérêt pécuniaire des condamnés, et même du gouvernement.

Plusieurs voix puissantes s'élevèrent contre cette noble et belle institution ; M. le baron Tupinier, surtout, vint déclarer à la face du pays : « Que les forçats ne sont pas des auxiliaires nécessaires pour les travaux du port ; qu'ils y sont, au contraire, des collaborateurs fâcheux pour les ouvriers, des hôtes fort dangereux pour la sûreté des arsenaux et du matériel qu'ils renferment. »

Les illusions de la théorie l'emportant alors sur les réalités de la pratique, on vit, après neuf ans d'un règne prospère, la belle institution de M. Lareinty sur l'organisation du travail au bagne, complétement abandonnée.

A midi se trouve le principal repas du forçat, et le moment de son repos entre les deux reprises de l'activité.

Le régime alimentaire du condamné se compose, pour la journée, de neuf cent dix-sept grammes de pain ou de sept cents grammes de biscuit ; de cent vingt grammes de fèves ou de haricots cuits à l'eau, assaisonnés avec quatre grammes de beurre ou trente-trois centigrammes d'huile ; de dix grammes de sel ; de quarante-huit centilitres de vin ou de quatre-vingt-seize centilitres de cidre. Les aliments qu'il est permis d'acheter sont le bouillon à cinq centimes le litre et des mets qui ne peuvent jamais s'élever au delà de vingt centimes la portion. Chacun des forçats est obligé d'abandonner soixante grammes de son pain pour la soupe commune.

Les galériens qui avaient reçu leur vin en sortant du bagne pour aller au travail, commencent leur maigre et dégoûtant festin.

« Chaque escouade, dit M. Alhoy, mange ou plutôt se repaît à une gamelle ou mieux à un baquet commun. Chaque bouche s'approche du même bidon ; pas de privilége : le vase fait le tour et se pose sur la bouche encore fraîche et sur les lèvres flétries par la souillure ou corrompues par le venin. »

Combien ont dû souffrir des hommes habitués au confortable, au luxe même des repas, tels que le chanoine La Colonge, le poëte Journet, le notaire Armand Favre, le banquier Perron, et tant d'autres !...

Après ce déjeuner, les forçats ont une heure de repos et peuvent alors se livrer aux petits ouvrages qu'ils ont entrepris pour leur compte particulier.

Puis vient la reprise des travaux du port, qui se continuent pendant quatre ou cinq heures, suivant la saison.

Enfin, le soir s'effectue la rentrée au bagne ; tous les galériens sont fouillés par les surveillants, et lors même qu'ils ont été mouillés par les pluies, jamais ils ne changent de vêtements. Cette rentrée porte aussi le nom de *ramas*.

Après le dernier repas, ils peuvent encore travailler aux divers objets qu'ils confectionnent, lire, écrire, dessiner, suivant leurs aptitudes et leurs goûts.

Le coucher se fait à huit heures : un coup de sifflet donne le signal du silence et du sommeil. Chacun des galériens, sans se déshabiller, s'enroule dans sa couverture.

Mais quel silence et quel sommeil !... Lorsque tous les forçats ont pris la place qui leur appartient sur le *tollard*, on passe une chaîne commune à chaque rang dans la boucle de leur ferrement particulier et dans celle du *ramas*, qui ne leur laisse de liberté que juste dans l'étendue très-limitée du parcours nécessaire pour atteindre le baquet de nuit destiné à chaque banc ; de telle sorte que pas un de ces malheureux ne peut faire le moindre mouvement sans qu'il ne soit plus ou moins ressenti par tous ceux du même rang. Ajoutons à ces pénibles conditions le bruit des pas du rondier, celui du marteau qui sonde les barreaux des grilles pour s'assurer qu'ils n'ont pas été sciés; celui des chaînes; les plaintes, souvent même les sourdes imprécations des condamnés, et l'on comprendra que rien peut-être n'est plus affreux qu'une seule nuit au bagne : c'est assurément, sur la terre, une saisissante image de l'enfer !...

Ainsi se passe chaque révolution diurne dans la triste vie du galérien !... Telle cette révolution fut hier, telle demain elle se reproduira dans toutes ses misères; à moins qu'une sage administration ne vienne, comme nous le verrons, apporter des encouragements et des modifications favorables dans l'existence des condamnés qui s'en rendront dignes par leur bonne conduite.

HABITUDES ET MŒURS DES CONDAMNÉS.

Idiome du forçat. — Les galériens, entre eux, comme du reste la plupart des associations *bohémiennes*, parlent un grossier langage ayant, sous le nom d'*argot*, son vocabulaire et ses termes particuliers.

Sans en exposer ici toutes *les richesses*, nous en rapporterons seulement quelques expressions pour donner une idée de l'ensemble : Dieu, *Havre*; famille de voleurs, peuple du bagne, *pègre*; aristocratie des malfaiteurs, *grande pègre*; commissaire du bagne, *quart-d'œil*; prêtre, *raze*; écrivain de la chiourme, *payole*; cuisinier, *fricotier*; perruquier et barbier du bagne, *barbero*; galériens qui se font mouchards, espions des autres, *renards, moutons*; petite scie faite avec un ressort de pendule ou de montre, au moyen de laquelle ils coupent leurs chaînes, les barreaux des grilles, etc., *bastringue;* or, *orient;* cuivre, *rouget;* pain, *larton;* manger, *morfiler;* comptoir de la solde, *radeau;* cantine, *cambuse;* rançonner, *faire chanter;* fouille des forçats, *rapiot;* récidivistes, *chevaux de retour*, etc.

Emplois du forçat. — Il peut remplir, au milieu de ses compagnons de captivité, quelques fonctions qui lui donnent de l'aisance et même une certaine considération ; telles que celles de barbier, *barbero;* de cuisinier, *fricotier;* d'écrivain, *payole;* ce dernier, surtout, exerce ordinairement une grande influence au milieu des autres condamnés. On leur permet aussi quelquefois, lorsqu'ils ont acquis la confiance de l'administration, d'élever un petit débit d'épicerie pour les besoins de la chiourme.

Correspondance du forçat. — Il est défendu sévèrement aux galériens d'entretenir aucune relation extérieure sans la surveillance immédiate et continuelle de l'administration ; mais, à cette condition, les rapports des condamnés avec leurs familles sont permis et même favorisés comme un moyen puissant de moraliser le forçat, de soutenir ses espérances et de seconder ses efforts vers la réhabilitation.

M. Glaize, commissaire du bagne de Brest, a, par ce moyen et par ses généreux soins, amené la réclamation de sept cents libérés, par la famille, la commune ou les chefs d'atelier.

Bazar du bagne. — Les marchands, qui tous sont des forçats éprouvés, y vendent soit les nombreux objets de leur fabrication, soit ceux de leurs compagnons, à des prix indiqués, au moyen d'une petite commission qu'ils perçoivent ; mais ils rendent leurs comptes avec une exactitude bien scrupuleuse ; il semble que les condamnés aient entre eux une conscience à part et qui ne leur permet presque jamais de se tromper mutuellement.

MOYENS DE RÉCOMPENSE AU BAGNE. — Lorsque les condamnés annoncent du repentir et qu'ils se conduisent bien, leur vie s'améliore et devient beaucoup moins pénible.

Alors s'établit au bagne une distinction essentielle des forçats en deux grandes catégories, celle des *réfractaires* et celle des *éprouvés*.

Les premiers sont livrés à toutes les rigueurs de l'institution, à l'exercice des travaux les plus rudes. « La grande fatigue, dit M. Alhoy, présente la première étape de la vie du forçat; tous se trouvent, se coudoient, s'entr'aident, se heurtent sur ce champ de travail où disparaissent toutes les distinctions du monde, tous les orgueils de naissance et d'éducation. »

Les seconds passent à des emplois moins exténuants, admis comme infirmiers dans l'hôpital, comme aides aux cuisines, aux jardins, etc., toutefois après avoir établi confirmation de leur bonne conduite, après une sorte de noviciat suffisant dans les dortoirs particuliers, auxquels on donne le nom de *salles d'épreuve*.

Là surtout ils obtiennent ce petit matelas qui, sous la dénomination de *strapontin* ou *serpentin*, fait la principale ambition de ces malheureux.

Leur régime alimentaire est sensiblement amélioré, leur ferrement successivement réduit : on les découple, ils sont mis en demi-chaîne ou chaîne brisée, on leur ôte même celle-ci, mais ils conservent toujours la *manille*.

On décerne encore quelquefois aux plus méritants des récompenses publiques, du meilleur effet sur la masse des condamnés.

Richesse du forçat. — Les galériens, surtout ceux qui se trouvent salariés et qui sont très-habiles dans leurs divers travaux d'art, peuvent, lorsqu'ils ont de l'économie, se créer une petite fortune, mais dont ils ne doivent pas conserver au delà de dix francs chacun ; le surplus est confié aux soins de l'administration, qui leur en fait compte en mesure de leurs besoins, ou bien en totalité lorsqu'ils sortent libérés.

Surveillance au-bagne. — Indépendamment de la police intérieure exercée par les gardes chiourmes, les surveillants, les rondins, etc., il s'établit parmi les condamnés eux-mêmes des mouchards et des espions ; leurs compagnons les nomment *renards, moutons*, et les prennent tellement en aversion qu'ils trouvent bientôt le moyen de s'en défaire. Dans ce cas, un forçat disparaît à la mer ou périt écrasé sous un amas de pierres ou de bois qui semble s'être écroulé par accident, ou succombe étranglé, poignardé par celui des conjurés que le sort a désigné pour cette lâche exécution, et sans qu'il soit le plus souvent possible de reconnaître le meurtrier. Alors celui-ci dit aux autres avec une horrible expression d'orgueil satisfait, ainsi que le forçat Mourrieu qui venait d'assassiner un galérien, en parlant de la victime : « Il est mort... il ne méritait plus notre estime ! »

On frémit d'horreur en entendant ces paroles si profondément empreintes d'une infernale dérision, surtout lorsque l'on sait qu'en langage de bagne, comme le dit M. Alhoy, mépris est synonyme de mort.

RÉVOLTES DES GALÉRIENS. — Elles étaient autrefois assez fréquentes et produisaient presque toujours d'affreux et sanglants conflits ; elles sont aujourd'hui très-rares depuis que l'on donne des habitudes régulières de travail aux condamnés ; depuis surtout que la fermeté, la justice et la douceur ont pris la place des tortures, de l'arbitraire et de la brutalité.

Dans les émeutes sérieuses, lorsque les galériens méconnaissent la voix de l'autorité, se livrent à des voies de fait contre la force armée, la mitraille et la mousqueterie font aussitôt justice de leur violente opiniâtreté.

ÉVASIONS DES FORÇATS. — Il serait bien difficile de comprendre la fréquence des évasions du bagne, au milieu des fortes entraves qui captivent le condamné, si l'on ne savait combien l'amour de la liberté peut développer de puissance, et combien d'obstacles peuvent être brisés par l'irrésistible action d'une idée fixe toujours tendue sur le même point : l'invention et l'exécution des procédés capables de reconquérir cette liberté, dont l'impérieux besoin ne peut être comparé, chez l'homme, qu'à celui de l'air qu'il respire.

Le Piémontais Anselme, condamné seulement à cinq ans, en gagnant trois à chaque évasion, en fit un nombre si considérable, que le taux de sa condamnation atteignit cinquante-trois ans.

Rien ne peut, assurément, donner une idée plus positive des innombrables ressources de l'esprit humain, que la connaissance des merveilleux procédés mis en usage par les grandes célébrités du bagne, dans leurs différentes évasions.

Tels, par exemple, ce fameux André Fanfant dont parle M. Alhoy, qui parvint, au moyen de plusieurs clous et de ses ongles, après un travail de six mois, pendant la nuit seulement, à creuser, sous son banc, un souterrain de six mètres, ouvrant sur le port;

Fichon, si remarquablement habile dans l'art de couper ses fers; Arigonde, célèbre dans les fastes des travestissements et des évasions; mais surtout cet incomparable Jean Ferrey, connu sous le nom de Salvador, qui parvint à s'échapper trente-deux fois de prison et neuf fois du bagne.

Négociant dans une ville du nord de la France, on lui enlève en même temps sa femme et sa fortune; obéissant au plus indomptable orgueil, il devient voleur, faussaire, etc., est conduit au bagne, s'échappe, est condamné à mort; et, véritable caméléon, joue dans son cachot, et chargé de fers, avec un juge auquel il promet des révélations, la scène du capitaine Buridan avec Marguerite de Bourgogne, comme le dit M. Alhoy; parvient à s'échapper encore, est repris, enfermé à Rochefort, où, dominé par un dégoût insurmontable de la vie, ce misérable, pour s'en délivrer, provoque la peine capitale, en frappant légèrement du poignard un surveillant, et sans intention homicide : il marche au supplice avec la plus affreuse indifférence et le sourire sur les lèvres.

Fabriquer des papiers faux ou modifier à leur signalement ceux dont ils se sont emparés par la ruse ou par la violence, grimer leur visage ou se travestir avec l'art du plus habile comédien, changer de tournure, de nom, pour ainsi dire de forme, ne sont que des jeux d'enfant pour les héros de la chiourme.

Le fameux Collet revêtit successivement tous les costumes, depuis le spencer du jeune dandy jusqu'au paletot du bon et simple bourgeois; depuis la soutane violette et la mitre du prélat jusqu'au frac brodé, au chapeau à plumes, à l'épée de l'officier supérieur des armées.

Le trop célèbre faussaire Capdeville prit, en diverses localités, jusqu'à quinze noms différents.

Pour favoriser ces transformations et couper leurs fers, ce qu'ils font souvent avec une grande facilité, les condamnés fameux ont presque tous, pour leur usage particulier, un ensemble d'objets essentiels renfermés dans une petite boîte ou dans un étui en fer le moins apparent possible et qui porte le nom de *nécessaire du forçat*.

On y trouve ordinairement : un *bastringue*, petite scie préparée avec un ressort de montre ou de pendule, un ciseau à froid, un rasoir, un couteau, un canif, des moustaches, des favoris faits avec les poils arrachés sur la poitrine et collés sur un taffetas, un tour de cheveux, un petit miroir, etc. Ils cachent quelquefois ce nécessaire dans les parties de leur individu les plus difficiles à explorer.

Un de ces habiles forçats coupait ses fers sans qu'il fût possible de trouver en sa possession aucun instrument à cet usage. On l'eût sans doute cherché longtemps, si lui-même n'avait fait voir la plaque de son bonnet, ordinairement en fer-blanc, et portant son numéro, qu'il avait remplacée par une plaque en acier fondu présentant une dentelure imperceptible.

Aussitôt qu'une évasion est signalée dans le bagne, trois coups de canon l'annoncent publiquement, et bientôt les habitants de la ville et des campagnes se mettent en mouvement pour arrêter le galérien fugitif, et probablement plus encore pour obtenir la prime accordée à l'auteur de cette arrestation.

On fait alors ce que les gens du pays nomment *la chasse aux forçats*; il se trouve même, dans le voisinage de quelques bagnes, des familles nomades, espèces de Bohémiens, dont cette chasse est la principale occupation et presque la seule ressource pour vivre.

Indépendamment des avertissements du canon, le pavillon d'alarme est arboré ; des affiches portant le signalement du fugitif sont placardées partout, envoyées aux brigadiers de gendarmerie.

La prise du galérien est tarifiée vingt-cinq francs dans le port, cinquante francs dans la ville, cent francs dans la campagne.

Indépendamment de la manille, dont les forçats ne se débarrassent que très-difficilement, ils ont pour les trahir leurs vêtements, la coupe de leurs cheveux, etc., de telle sorte que les évasions sont rarement suivies d'un long succès. Ainsi, comme le fait observer M. Alhoy, sur quarante-cinq galériens échappés, en 1844, du bagne de Toulon, quarante-trois furent presque immédiatement repris.

TRANSFERT DU VIEUX FORÇAT. — La philanthropie s'est émue à la pensée de laisser un malheureux et débile vieillard écrasé sous le poids des chaînes et des travaux du bagne, et la législation a décidé qu'à soixante-dix ans le condamné serait transféré dans une prison centrale.

Mais la force de l'habitude est si grande, et l'horreur de la réclusion si puissante chez les criminels, que l'on a vu plusieurs d'entre eux opposer la résistance la plus opiniâtre et la plus désespérée à l'exécution de cette mesure.

Ce fait incontestable n'est assurément pas à l'appui des avantages du système cellulaire.

RELIGION DU FORÇAT.

C'est avec une douleur profonde que nous abordons ce point capital dans l'histoire du système pénitentiaire en général et des bagnes en particulier.

Pour arriver sans préambule au cœur de la question, voyons ce qu'est le galérien relativement à la religion, à la morale ; voyons ce que l'on a fait jusqu'ici pour lui, ce qu'il faudrait humainement et consciencieusement faire pour sa moralisation, dans le double intérêt de l'homme déchu, de la société plus ou moins gravement offensée dans ses droits, et qu'une saine législation doit sauvegarder efficacement dans ses nouveaux rapports avec les forçats libérés.

Les condamnés sont le plus ordinairement des hommes sans éducation, sans instruction régulière, ignorant bien souvent les premières notions de la morale et de la religion, sans parler des semences fatales que le mauvais exemple a trop fréquemment jetées dans l'âme de ces malheureux dès leurs premières années. Quelques-uns seulement ont de l'intelligence, du savoir, des principes arrêtés ; mais quels principes !... Ceux d'une philosophie mensongère et dépravée, qui toujours fausse l'esprit quand elle ne corrompt pas en même temps le cœur !...

Nous ne voulons pas assurément faire ici l'apologie des épouvantables forfaits qui peuplent surtout les bagnes ; mais, au nombre de ces condamnés, combien ne s'en trouve-t-il pas dont les instincts ne sont point encore essentiellement criminels, qui paraissent plutôt les victimes d'une occasion, d'un entraînement funeste, d'un seul moment de vertige et d'égarement ! Qui pourrait même assurer que dans ce nombre il ne s'en rencontre pas de complétement innocents!...

Que chacun de nous, avec cette effrayante pensée qui n'est point une illusion mais une réalité démontrée par tant de preuves navrantes, se recueille un instant et se place à son tour, fort de sa conscience irréprochable, sous le coup d'une accusation capitale ou pour le moins infamante; qu'il considère le terrible glaive de la loi suspendu sur sa tête et le sceau de l'ignominie marquant sa personne et sa famille de la plus injuste réprobation; qu'il connaisse et qu'il apprécie toutes les tortures, toutes les angoisses du bagne !... et qu'après cet examen et cette substitution d'un instant, il nous dise alors s'il ne comprend pas les déchirements que doivent éprouver au fond de l'âme ces malheureuses victimes d'un moment de vertige ou des erreurs humaines?...

Pour démontrer qu'il en existe, faut-il rappeler ces noms, si douloureux à prononcer, de Sirwen, de Calas, de Labarre et de tant de martyrs, dont la réhabilitation tardive n'a pas même entièrement effacé les stigmates imprimés si profondément à leurs familles infortunées !...

C'est donc au point de vue de la pitié, de la charité chrétienne, que nous voulons discuter, approfondir cette importante question; assez d'autres la jugeront au point de vue d'un égoïsme personnel et d'une philosophie toute matérielle !...

Ce condamné que l'on repousse, quelle que soit sa catégorie, comme une *chose* dangereuse, n'est-il plus un être humain avec un esprit pour connaître, un cœur pour sentir, une conscience pour lui reprocher ses méfaits et le ramener vers une meilleure voie?

« On oublie volontiers, en effet, dit M. Léon Aubineau dans

sa *Relation d'une mission aux bagnes*, que ces malheureux sont des hommes, qu'ils ont des âmes à sauver, accessibles à la vérité, capables de comprendre et même d'embrasser généreusement leurs devoirs !...

« L'esprit philosophique de nos jours semble se montrer d'autant plus exigeant à l'égard des hommes, que leur condition est plus misérable, que l'opprobre les couvre davantage; que leur cœur, leur jeunesse, toute leur vie, ont été la proie des passions les plus infâmes; il exigerait volontiers d'eux qu'ils fussent transformés d'une manière complète. Il ignore que la vie entière est une lutte, ou bien il paraît croire que, dans cette lutte, l'âme est d'autant plus facilement triomphante que les passions sont plus perverses et plus odieuses.

« Il se fabrique, d'ailleurs, de légitimes raisons de juger de la sorte; et comme la sagesse humaine, abandonnée à ses seules ressources, est impuissante à redresser et à améliorer les natures criminelles qui peuplent le bagne, il proclame que rien ne les saurait toucher, qu'elles sont méchantes dans leur essence, condamnées sans rémission, et que tout ce qui pourra se manifester en elles de bons sentiments ne peut être que feinte et hypocrisie.

« La religion chrétienne repousse de pareils préjugés; elle n'exclut personne de ses divines espérances; elle connaît le cœur de l'homme; elle veut en guérir les plaies; mais elle sait que la guérison pourra être longue et présenter bien des rechutes; elle ne se décourage donc point; elle a des miséricordes pour toutes les douleurs; et, tout en respectant les sévérités de la justice humaine, elle demande place pour les inépuisables et divines compassions !... »

Si nous plaçons à côté de ce langage si digne et si vrai du plus admirable christianisme, celui de la morale et de la plus saine physiologie, nous les trouvons dans une harmonie parfaite.

« Quand on se livre à l'étude spéciale des classes réprouvées, dit M. Alhoy, à chaque instant un trait saillant se révèle, qui se met en opposition avec tous les actes précédents d'une nature qu'on croit connaître, et le problème d'instinct qu'on se flattait d'avoir trouvé, devient tout à coup insoluble. Qui dira pourquoi parmi ces nombreuses fibres du cœur qui semblent détendues, et que rien ne peut faire vibrer, il s'en trouve une qui, touchée par hasard ou avec intelligence, se met à raisonner, et galvanise, pour ainsi dire, une âme qu'on croit morte aux nobles instincts ? »

Que l'on ne considère donc plus le bagne comme un lieu d'éternelle réprobation, et l'âme des condamnés comme entièrement inaccessible aux pieux enseignements de la religion et de la morale.

Sans doute, au milieu de ce triste refuge du crime, il se trouve des natures incorrigibles que rien n'émeut, que rien ne touche, que rien ne peut effrayer!... Mais, nous ne craignons pas de l'affirmer, c'est ici l'exception.

D'après ce qu'ont vu, sans préjugé, les hommes les plus sérieux, et, par leurs études, les plus en mesure de juger sainement dans cette grave question ; d'après ce que nous avons directement observé, il est permis d'émettre cette consolante pensée comme expression de la règle :

Au bagne, le plus grand nombre des forçats écoute avec intérêt, semble même rechercher avec empressement les témoignages de commisération, les conseils de la raison et de l'éternelle sagesse, lorsqu'ils sont présentés avec habileté, bienveillance ; lorsqu'ils s'adressent au cœur plutôt encore qu'à l'esprit ; et lorsque ces âmes flétries ont été convenablement touchées, on les voit se réveiller, grandir dans leur propre estime, s'élever quelquefois jusqu'aux plus sublimes degrés du dévouement et de la reconnaissance !

Il ne leur manque souvent, alors, que l'appui d'une main secourable pour les ramener au sentier de la vertu, pour les conduire au port si fortuné de la réhabilitation !...

Et lorsque la société comprendrait ces importantes vérités, elle méconnaîtrait assez ses propres intérêts et la pitié que l'on doit au malheur, pour ne pas tendre à ces infortunés cette main protectrice qu'ils saisiraient comme l'ancre du salut, et qu'ils couvriraient des larmes du plus touchant repentir !...

« Le forçat aime la prière, dit M. Alhoy, quand il aime celui qui lui apprend à prier..... Plus tard, le sentiment religieux peut se révéler ; mais, d'abord, c'est le sentiment sympathique pour l'homme qui agit. »

Voici, d'après M. Aubineau, les propres expressions d'un condamné, s'adressant aux ministres de Dieu : ces paroles ne semblent-elles pas résumer les principes que nous venons d'établir ?

« Depuis vingt-six ans, j'ai négligé tous mes devoirs de chrétien ; je connais à peine ma religion ; je n'ai pas fait ma première communion, ayant abandonné tout exercice de religion dès l'âge de douze ans. Éprouvé par le malheur et encouragé par vos douces paroles, je désire entrer dans le sein de l'Eglise et recouvrer le calme dont mes longues erreurs m'ont privé. Tendez-moi une main secourable, vous rendrez, je l'espère, à la société un bon citoyen et à l'Église un fidèle enfant. »

Un autre témoignait ainsi, dit le même auteur, la reconnaissance de tous ses compagnons de chaîne après la mission des bagnes en 1850 : « Comment vous exprimer jamais toute notre reconnaissance pour tous les bienfaits dont vous nous avez comblés; on peut s'acquitter des biens corporels, mais les biens spirituels ne se paient pas : nous sommes impuissants, et il faut renfermer toute notre gratitude dans le fond de nos cœurs! Mais que voulez-vous? je ne puis m'empêcher de parler; mon pauvre cœur déborde, j'ai besoin de l'épancher : quand il y a si longtemps qu'on souffre, ne doit-on pas se réjouir de sa guérison!... Hélas! je vais trop loin, nous ne sommes que convalescents, la cure n'est pas complète ! Ne sommes-nous pas ces pauvres êtres fragiles qu'un souffle impur peut renverser et briser?... »

A l'heure suprême, sur la couche de l'hôpital et même sur l'échafaud du bagne, nous trouvons presque toujours des sentiments élevés dans l'âme du condamné. Les dispositions contraires sont encore ici de monstrueuses exceptions.

« L'agonisant du bagne, dit M. Alhoy, placé vis-à-vis du petit autel où l'emblème du Christ semble grandir de l'humilité du lieu, un pauvre et bon prêtre, voilà la trinité semi-humaine, semi-divine : le moribond est calme, rayonnant et heureux ; il n'était point tel la veille ; la confession des misères de sa vie l'a déchargé d'un poids qui pesait sur son âme et sur ses traits ; le physionomiste ne reconnaîtrait plus l'homme de la veille dans celui du lendemain... Presque tous les forçats, au moment du supplice, embrassent le prêtre ave transport; il n'y a pas d'exemple, au bagne, qu'un supplicié ait repoussé l'homme qui l'accompagne de sa bénédiction jusqu'aux dernières limites de ce monde où il a vécu en réprouvé. »

Pitié donc pour ces malheureux !...... qu'ils ne soient pas au milieu de nous les seules créatures humaines auxquelles on refuse durement la dernière consolation de pouvoir adresser à Dieu cette expressive et touchante prière, : *Qui tollis peccata mundi*, *miserere nobis!*

Tel est l'homme du bagne au point de vue religieux ; telles sont en général ses dispositions au repentir, à la réhabilitation. Voyons maintenant, au même point d'observation, ce que la société fait pour lui-même, dans notre prétendu siècle de civilisation et de philanthropie.

Comme est actuellement le bagne, les forçats l'acceptent bien différemment, suivant leur caractère, leurs habitudes et leurs inclinations ; mais aucun ne peut y trouver ce qui conviendrait le mieux soit pour le punir, soit pour lui faciliter le retour aux bons sentiments.

Pour éviter un reproche d'exagération, nous laisserons parler M. Alhoy, d'après sa profonde expérience :

« Chaque forçat prend la casaque du bagne avec des pensées et des résolutions diverses ; le plus grand nombre est pendant quelques jours comme frappé d'atonie par l'imprévu de cette existence dont il est impossible de se créer l'image avant d'être sur les lieux mêmes ; puis les natures prennent le dessus et se manifestent ; les uns se résignent et espèrent une amélioration à leur sort dans un avenir plus ou moins prochain ; d'autres, et le chiffre en est assez élevé, entrent au bagne comme la bête de somme dans un maigre pâturage ; ils acceptent la chaîne comme l'animal le collier de peine ; d'autres, dans leur orgueil, sourient à la captivité : elle donnera occasion de montrer ce que peuvent l'intelligence et l'audace, pour rompre cette chaine qu'ils n'acceptent que sous bénéfice d'inventaire ; après examen des lieux et des hommes, si la somme de gêne et d'ennuis à solder est trop forte, ils lèveront le pied ; d'autres saisissent du premier regard le profit que le vice éhonté peut tirer de l'entassement des hommes, et leur pensée se porte sur des rêves d'une monstrueuse prostitution à laquelle ils se feront affilier!... Quelques-unes des variétés des voleurs de ville n'ont fait que changer de théâtre; ils feront main basse dans le port sur tout ce qu'ils pourront saisir...; d'autres hommes, espèce réfractaire, nature indomptable, dont l'élément vital est le crime, acceptent le joug du bagne comme l'aliéné furieux subit la douche. »

Que trouvons-nous aujourd'hui, dans le régime des bagnes, pour répondre convenablement et suffisamment aux exigences si graves, si nombreuses, d'une meilleure direction de tous ces funestes instincts réunis?

La confusion de tous les âges, de tous les crimes, de toutes les inclinations; des travaux grossiers, abrutissants, imposés sans discernement à toutes les constitutions, à toutes les inaptitudes, à toutes les expiations; des corrections dures, quelquefois même cruelles, qui meurtrissent la chair en exaspérant l'esprit sans jamais le purifier; un délaissement, un abandon systématique, aliénant le cœur, flétrissant, anéantissant l'âme, etc.; du reste, aucun enseignement utile et régulier pour former l'intelligence et la main à l'exercice d'une profession qui puisse assurer l'existence du libéré; pour faire naître dans l'âme ou pour y réveiller les sentiments de justice, de probité, de piété chrétienne.

Ainsi, dans les trois bagnes de France, pas une école d'arts et métiers à l'usage des condamnés; à Rochefort, à Toulon, pas une chapelle destinée au culte religieux des forçats; à Brest, on en trouve une dans les combles du bagne. Voyons ce qu'en pense M. Aubineau.

« La chapelle du bagne de Brest est des plus misérables, suffisante à peine pour contenir la moitié de la chiourme; reléguée sous les combles de l'édifice, elle n'a d'autre architecture que celle du plus pauvre grenier; la charpente qui soutient le toit s'y montre sans dissimulation, et les corps de cheminée ne songent pas à en pratiquer davantage ; le tout coupe cette singulière nef, on m'en croira facilement, sans beaucoup de régularité ni de grâce. A cette harmonie des grandes lignes concordent parfaitement diverses poutres horizontales qui, placées de distance en distance, ajoutent un dernier agrément à cet ensemble peu majestueux. En décrivant l'état d'une pareille chapelle, on ne peut retenir de tristes réflexions sur l'esprit de notre orgueilleuse société : elle oublie le culte à Rochefort, à Toulon; à Brest, elle le loge d'une façon ridicule ! »

N'est-ce pas, en effet, la rougeur au front que nous voyons, sous ce rapport, les nations incrédules nous donner l'exemple de ce que nous, chrétiens, nous devons à la majesté divine ; lorsque nous lisons dans l'*Encyclopédie moderne*, à l'article bagne : « Pour celui de Constantinople, le bâtiment situé entre Ayma-Sevaë et l'arsenal, renfermait trois chapelles : une consacrée au rite grec, une autre pour les catholiques de toutes les nations, et la troisième particulièrement réservée aux Français. Les missionnaires y portaient les consolations de la religion et y administraient même les sacrements !... »

Si l'on veut ensuite une preuve irrécusable de la manière dont, au bagne de Brest, s'harmonise le culte catholique avec les défectuosités du lieu saint, M. Glaize, commissaire de ce bagne, administrateur aussi consciencieux qu'éclairé, se chargera de nous la donner :

« Je suis persuadé, nous dit M. Glaize en parlant des forçats, que beaucoup, en allant à la messe, n'en profiteraient que contraints et forcés, et que parmi les autres il y en aurait un grand nombre qui n'approcheraient des autels que pour en obtenir quelques douceurs, en ajoutant l'hypocrisie à leurs crimes ; mais comme il est parmi eux des hommes sincères auxquels il est essentiel de procurer les secours de la religion, les aumôniers ont une chambre installée convenablement, où ils peuvent s'entretenir à part et en paix avec les condamnés qui demandent à leur parler. »

Il est aisé de comprendre à quoi se réduisent les pratiques et les enseignements religieux au bagne de Brest, et de sentir que l'honorable M. Glaize juge à ce point de vue les forçats d'après les vagues données de la théorie dominant un esprit très-juste, sans doute, mais peut-être, en raison même de ses fonctions, trop habitué à n'envisager dans les condamnés que des criminels incapables d'aucun retour sincère.

Des expériences effectuées en 1850 dans les trois bagnes de France, sur la masse des forçats, pendant la mission dont M. Léon Aubineau s'est constitué l'historien, répondent victorieusement par des faits à de simples assertions, en démontrant ce que l'on peut espérer et ce que l'on doit tenter chez les condamnés pour arriver à leur moralisation, bien comprise, dans l'emploi de ce moyen, si supérieur à tous les autres.

« A côté de la sévérité inflexible de la justice humaine, ajoute M. Aubineau, il faudrait qu'il y eût toujours place pour l'inépuisable miséricorde de Dieu ; toute la réforme pénitentiaire est là. »

Contrairement à l'assertion de cet auteur, et sous une date antérieure de plusieurs années, M. Alhoy dit : « A Toulon, il y a plusieurs chapelles, et un des derniers rapports généraux de M. le commissaire Bonjour porte le nombre des condamnés qui se sont approchés des sacrements, dans le courant d'une année, à un chiffre élevé. »

En donnant créance égale à deux opinions aussi respectables, il resterait pour triste conséquence que, de 1845 à 1850, les enseignements religieux habituels des bagnes et leurs fructueux résultats auraient fait des progrès essentiellement rétrogrades ; à moins que l'on ne s'arrêtât de préférence à cette autre opinion de M. Alhoy, qui ne s'accorde pas complétement avec l'observation précitée de M. Bonjour : « Au bagne, il y a des hommes qui courent au-devant du prêtre, qui cherchent la consolation dans sa parole ; ces hommes sont en minorité, et souvent ils sont l'objet des sarcasmes de la masse corrompue au milieu de laquelle ils vivent en victimes. »

Toutefois, en signalant ce délaissement si triste et si complet du forçat, au double point de vue de la morale et de la religion, nous devons rendre hommage au zèle si pieux et si dévoué des aumôniers du bagne.

Nous devons surtout rappeler le nom de ce vénérable abbé Marin, essayant à Toulon cette ingénieuse méthode que saint Vincent de Paul employait à Marseille, d'arriver, par le cœur, à l'esprit, à la confiance des condamnés.

Mais que pouvait faire un seul ministre du culte, même en lui supposant les plus éminentes qualités personnelles, au milieu d'une aussi grande masse de forçats et dans ce dénûment absolu des moyens et des secours indispensables à son action ? Autant demander à l'agronome le plus intelligent et le plus fort, de défricher et de cultiver seul un vaste domaine, au sol réfractaire, en le privant des instruments nécessaires à cette exploitation.

« Il existe à Toulon, dit M. Aubineau, un aumônier au mérite et aux lumières duquel chacun s'empresse de rendre justice : M. l'abbé Marin est un de ces prêtres que l'Eglise peut présenter avec égal avantage à ses ennemis et à ses amis. La tâche qui lui est imposée n'est ni au-dessus de son zèle ni au-dessus de sa charité, mais n'est-elle pas au-dessus de ses forces? Le bagne contient environ trois mille neuf cents condamnés; comment un seul prêtre pourrait-il subvenir à tous les besoins spirituels d'une pareille population? »

Ainsi, dans les bagnes, la morale, la religion restent sans action suffisante, nous pourrions presque dire qu'elles n'entrent pas même comme accessoires dans l'influence moralisatrice des forçats!... L'intimidation, les châtiments corporels, les supplices, la force brutale, voilà ce que la société met en usage pour obtenir cette fin si désirable; aussi manque-t-elle constamment son but : elle exaspère ou tue !...

« La souffrance du méchant, dit Georges Sand, c'est la rage; la souffrance du juste, c'est le martyre, auquel peu d'hommes survivent!... »

« Les rigueurs sont souvent vaines, ajoute M. Aubineau, elles ne font qu'exciter et animer davantage les colères qu'elles sont chargées de réduire.... Plus les punitions sont fortes, plus elles deviennent fréquentes; l'esprit des condamnés ne paraît pas s'en améliorer, il s'endurcit plutôt. »

Par la fermeté calme, par la douceur, par les encouragements et les récompenses, par la persuasion religieuse surtout, on arrive presque toujours à gagner l'affection de ces âpres natures, et bientôt ensuite à leur communiquer, même à leur insu, des impressions favorables vers le bien.

« Depuis qu'aux mauvais traitements, dit M. Alhoy, a succédé une discipline rigoureuse, sans être brutale, il peut y avoir encore des actes de vengeance individuelle, mais le temps des séditions collectives est passé. Depuis que le garde chiourme ne frappe plus du bâton, le condamné ne s'arme plus guère du poignard. »

Lorsque des faits positifs repoussent ainsi les vaines illusions; lorsque les résultats utiles, incontestables, prennent ainsi la place des utopies dangereuses; lorsque les enseignements de la religion, de la morale, planent de si haut sur les prédications d'une philosophie mensongère, comment expliquer l'entêtement de certains esprits, qui malheureusement ne sont pas sans portée, sans influence, à persévérer dans cette voie des tortures sans véritable correction, d'abrutissement du physique sans réhabilitation de l'âme; d'un emploi de moyens qui ne conviendraient pas même pour développer la domesticité de la brute, lorsqu'il s'agit d'obtenir l'amendement de la nature humaine; dans cette voie déplorable, enfin, où tout marche contrairement aux lois physiologiques, morales et religieuses?... Assurément il existe ici plus que du vertige et de l'erreur, nous y trouvons de la folie!...

Voyez, en effet, parmi les hommes les plus intraitables en apparence, l'un cède au sentiment de l'amour filial; un autre à l'influence de la conviction religieuse; presque tous vous donnent la preuve que chacun a sa fibre qu'il est possible de faire vibrer avec succès par la persuasion, la justice et la fermeté bienveillante; tandis que la rigueur brutale ne réussit chez aucun.

Le fameux dompteur d'ours, Marillac, dont parle M. Alhoy, et qui devint gardien à Bicêtre, comprenait mieux que nos utopistes modernes la manière de réduire et de moraliser les condamnés les plus insoumis.

Après avoir dressé des ours plutôt par l'ascendant de sa force morale, par la puissance magnétique de son regard et la patience de ses soins d'éducation, que par les violences de la bastonnade, il ne tomba point dans l'étrange contradiction de chercher à vaincre les mauvais instincts de l'homme par des moyens qu'il n'approuvait et n'employait pas pour la brute.

Avec cette rationnelle et sage méthode, il parvint à soumettre à l'empire de sa volonté ce terrible Jaq..., le plus réfractaire des prisonniers, en réveillant dans son âme, fermée à tout autre sentiment, la tendre affection que cet être si vicieux avait conservée pour sa vieille mère.

M. Aubineau, dans cette parole d'un forçat du bagne de Toulon, adressée à l'un des prédicateurs de la mission de 1850, nous donne la preuve de la puissance du sentiment religieux sur des natures que les cruautés de la question ne font jamais fléchir, et sur des résolutions de vengeance que l'appareil même des supplices n'a pas le pouvoir d'intimider : « Vous avez travaillé pour plusieurs ce matin ; on croit déjà à la vendetta d'un Corse, on poura croire désormais à son pardon. J'avais un homme à tuer, c'est fini, je lui pardonne !... »

Nous espérons avoir bien fait comprendre la moralité, la religion du forçat ; nous pensons avoir fait connaître, à ce double aspect, les vices capitaux de l'institution actuelle du bagne, et pressentir les améliorations dont elle est susceptible ; nous eussions poussé beaucoup plus loin ces importantes considérations, si nous ne devions pas les compléter dans l'examen général du système pénitentiaire.

Nous laisserons, pour le moment, à M. Aubineau le soin de résumer la discussion et d'indiquer la réforme nécessaire, surtout au point de vue religieux.

« Sans insister ici sur les preuves que nous pourrions ajouter, il est évident, d'après tout ce que nous avons raconté, que plusieurs de ces âmes apportent de la générosité dans leurs résolutions; elles savent ce qu'elles doivent à Dieu, et, par conséquent, ce qu'elles se doivent à elles-mêmes, à la société entière. Il serait donc alors du devoir de l'administration de leur faciliter l'accomplissement des pratiques de la religion; on voit aussi quel avantage la société y trouverait, tout le problème de la réforme pénitentiaire n'est-il pas là ? et quel système pourrait se flatter d'obtenir une pareille influence sur les âmes ! Ce n'est pas seulement une augmentation dans le personnel du clergé attaché au bagne, qu'il faut réclamer; nous avons déjà dit combien une église y serait nécessaire; elle n'exigerait ni luxe ni dispendieuses constructions; un édifice assez grand, digne, bien que modeste, remplirait cet objet important. »

Mort du forçat. — Lorsqu'elle arrive naturellement, ou lorsqu'elle termine une maladie, cette mort loin de la famille et des affections est bien triste sans doute; mais lorsque le condamné revient à des sentiments de repentir et d'expiation, il trouve encore de nombreuses compensations à ses derniers moments : l'aumônier, les sœurs, les médecins, l'administration, personnel alors tout charitable de l'établissement, versent dans son âme, si durement éprouvée, les douces consolations de la religion et de la véritable philanthropie; pour lui, la mort c'est la fin du martyre et le commencement de la réhabilitation : « Il passe, comme le dit M. Alhoy, de l'endroit où l'on souffre dans celui où l'on pardonne ! »

Mais si le forçat est réfractaire, si dans son âme endurcie n'ont pas même pénétré les solennels et derniers avertissements de l'heure suprême, alors cette mort devient une profanation, un blasphème!... Nous devons jeter un voile impénétrable sur cet horrible et repoussant tableau.

PUNITIONS DES CONDAMNÉS.

CODE PÉNAL DES CHIOURMES. — Si le bagne présente sa vie particulière, son régime spécial, ses encouragements et ses récompenses, il offre aussi ses moyens propres de répression, son code, ses lois pénales et ses châtiments.

Les peines correctionnelles, qui se composent de la double chaîne pendant trois ans, pour les galériens à perpétuité, d'une prolongation de séjour pour les galériens à temps, s'appliquent aux évasions, aux vols au-dessus de cinq francs, etc.; pour chaque évasion, le forçat condamné à temps subit trois ans de plus; et le condamné à perpétuité, trois ans de double chaîne.

La bastonnade, qui s'administre avec une corde goudronnée, nommée garcette, depuis dix jusqu'à cent coups; pour cette correction, le coupable est couché sur un madrier que l'on appelle *banc de justice;* le cachot, la privation des aliments de faveur, etc., sont infligés, avec des modifications relatives à la gravité de la faute, aux forçats qui ont limé leurs fers ou préparé des moyens d'évasion; aux vols au-dessous de cinq francs; à l'ivresse; aux jeux de hasard; à l'action de fumer dans le bagne ou dans le port; à la vente, à la dégradation volontaire de ses effets; à la liberté d'écrire sans permission, de conserver plus de dix francs dans sa bourse, de battre un camarade; au refus de travail, à l'insubordination, etc.

La peine de mort est appliquée au crime de frapper un des

agents de la surveillance et de l'administration ; de tuer un camarade, d'effectuer ou même d'occasionner une révolte, etc.

JUGEMENT DU FORÇAT. — Ici le garde chiourme fait à la fois les fonctions de gendarme, d'huissier et de rapporteur ; le forçat se défend lui-même.

Pour les châtiments disciplinaires, le commissaire du bagne décide seul et prononce la peine. Le jugement est inscrit au registre de discipline, et la peine aussitôt appliquée par les galériens correcteurs et leurs aides, qui vivent isolés et en butte à la haine de tous les autres.

Les affaires en matière capitale sont jugées par un tribunal maritime spécial, qui prononce la peine ou l'acquittement. Mais la sentence n'est exécutée qu'après la ratification de l'autorité de Paris, à la décision de laquelle on soumet cette sentence.

Pour l'exécution, le bourreau se trouve pris dans le bagne, s'il existe au nombre des forçats un ex-bourreau ou valet de bourreau suffisamment expérimenté ; dans le cas contraire, on fait venir celui du chef-lieu. Ce fut vers les derniers temps de l'empire que l'on remplaça la fusillade par la guillotine.

M. Alhoy, faisant allusion à cet affreux spectacle, à ce moyen d'intimidation si puissant en apparence, ajoute une simple réflexion, pleine de sens et d'une haute portée :

« L'exemple a été terrible !... est-il efficace ?... L'échafaud, qui bientôt réparaît, répond à cette question !... »

MORTALITÉ AU BAGNE. — D'après les statistiques relatives aux établissements pénitentiaires et les recherches de M. Alhoy, la mortalité semble moins grande au bagne que dans la plupart de ces établissements : « Jusqu'à présent, dit l'auteur que nous venons de nommer, on meurt beaucoup moins au bagne qu'en prison. Les statistiques semblent prouver que dans les prisons centrales une population de mille hommes s'éteint dans un espace de dix années; au bagne, sur dix forçats qui arrivent, il en reste au plus deux après dix ans. »

LIBÉRATION DU FORÇAT.

Quatre-vingts jours avant l'expiration de sa peine, le condamné fait connaître la résidence qu'il a choisie, après avoir justifié de ses moyens d'existence.

Mais combien il subit déjà de restrictions dans ce premier pas du retour à la liberté; combien cette liberté va supporter elle-même d'entraves!

Le libéré doit se fixer au moins à trois myriamètres des côtes ou de la frontière. Il lui est interdit d'habiter Paris, Versailles et toute ville où se trouve un château royal; tout port où se rencontre un bagne.

Il peut laisser croître ses cheveux et sa barbe; souvent on modifie son costume, on lui donne un bonnet brun ou violet.

A l'expiration de la peine, on lui délivre son *pécule*, s'il a su s'en ménager un; on change ses vêtements de forçat pour des vêtements d'homme libre. Peut-être faudrait-il apporter plus de soin qu'on ne le fait ordinairement dans cette substitution importante.

On lui signe au commissariat du bagne son congé, une feuille de route indiquant, sous la surveillance de la police qui le tiendra toujours dans son terrible réseau, l'itinéraire qu'il doit suivre sans aucune déviation.

Arrivé à la mairie de la commune sur laquelle on l'avait immédiatement dirigé, il reçoit une carte en échange de sa feuille de route.

Pourrait-on croire que cette admirable philanthropie dont les soins si pieux ont cherché les moyens d'assurer l'existence et la bonne conduite des libérés, a trouvé des contradicteurs qui combattent les faits les plus positifs et les résultats les plus satisfaisants, par des utopies et par des phrases aussi vaines que redondantes?

Nous repoussons comme anti-morales des hallucinations aussi regrettables, et nous disons avec M. Alhoy : « C'est une œuvre méritoire et sociale que de chercher à procurer au condamné, à sa sortie du bagne, des moyens d'existence et de lui préparer un avenir par ses propres œuvres. »

La fréquence des récidives chez les forçats, même libérés, et la nature des causes qui les déterminent, porteront, du reste, le dernier degré de conviction dans la seule manière de résoudre humainement pour les condamnés, utilement pour la société tout entière, une question aussi profondément importante.

RÉCIDIVE, RETOUR AU BAGNE : LEURS CAUSES.

Si l'on considère un instant les déceptions, les mécomptes, l'espèce de réprobation générale attendant le forçat libéré lors de sa rentrée dans la société qui l'avait proscrit ; les difficultés qu'il trouve pour se procurer un travail indispensable à son existence de chaque jour; les obstacles incessants et multipliés qui s'opposent à son retour vers les sentiments d'honnête homme, à sa réhabilitation dans l'opinion des autres et même aux yeux de sa propre conscience, on s'étonnera que les récidives, déjà très-fréquentes chez les condamnés à temps, ne le soient pas encore davantage ; et les législateurs comprendront enfin la nécessité de chercher sérieusement à prévenir, au moyen de sages dispositions, le retour de cette plaie profonde, si dangereuse par la contagion qu'elle porte dans les diverses parties du corps social.

Tous les hommes n'ont pas en effet cette force d'âme et ce sublime courage de la résignation chrétienne du libéré Postol. Ce martyr d'un moment criminel, qu'il sut racheter par tant de vertus, après avoir passé quinze ans au bagne, marcha résolument dans le sentier d'une vie tellement irréprochable, se distingua par des actes de bienfaisance et de philanthropie si grands et si nombreux, qu'il obtint un prix Monthyon, et quelque temps après une réhabilitation solennelle.

Des faits semblables sont très-consolants ; sans doute, mais ils font mieux sentir encore les vices radicaux de l'état de choses actuel, en témoignant, à titre de bien rare exception, d'une immense difficulté vaincue.

Cette espèce de prévention dont on environne le forçat libéré, comme d'une atmosphère méphitique ; en le maintenant, lors même qu'il se conduit bien, sous l'étroite et continuelle surveillance d'une police exigeante et dure, le signale incessamment à la société, dans laquelle il faudrait au contraire lui donner une considération en mesure de son repentir et de ses bonnes résolutions, ainsi qu'un être dangereux qu'elle repousse en ne lui laissant plus d'autre sentiment que le désespoir, d'autre avenir que le retour au bagne. Des statistiques faites avec soin pendant cinq ans, ont prouvé que les récidives étaient dans la proportion de dix-neuf à cent.

L'ex-chef de la police Vidocq, très-connu par son expérience et beaucoup de savoir dans la spécialité, dit, à propos de cette surveillance des condamnés libérés et qui se conduisent bien : « Lorsqu'une peine produit forcément des rechutes morales fréquentes, elle est jugée ; elle doit, ou disparaître de nos codes ou subir, dans son application, de notables changements. La société a bien le droit de punir, mais elle ne peut avoir celui de dépraver. »

Nous terminerons par cette opinion d'une haute portée, que cite M. Alhoy, sans nommer l'auteur : « Vouloir faire du libéré un homme utile à la société, en les armant l'un contre l'autre, en irritant celui-ci par la répulsion de celle-là, c'est prétendre arriver au ciel par la voie qui mène aux enfers. »

Autrefois, on donnait aux forçats en récidive une veste rouge avec une manche jaune, et dans quelques bagnes on bigarrait tellement leurs vêtements, que les autres galériens appelaient en style d'argot ces nouveaux venus *arlequins*, *chevaux de retour*, etc.; une sage administration a supprimé ce burlesque et dangereux usage.

Telle est donc, dans tous ses détails, cette vie du galérien au bagne, vie si exceptionnelle, si triste et si malheureuse, que nous pourrions actuellement la réduire à cette analyse :

A peine est-il jeté dans cette espèce de morgue, inhumé par anticipation dans cet affreux et vaste cimetière des vivants, que l'homme s'anéantit et devient une chose qui n'a pas même de nom ; c'est un chiffre de plus sur les matricules du bagne !... La mort peut ici frapper sans effroi : chacun de ses coups ne produira plus un douloureux accident, ne fera plus couler les larmes des amis et celles de la famille ; une simple unité seulement aura disparu des registres de la chiourme, en attendant qu'elle y soit bientôt remplacée par une autre, à laquelle est réservé le même sort quand aura sonné l'heure suprême !... Et cette heure suprême, dernier râle du condamné, sonnera toujours sans un glas de regrets !...

XIX

BAGNE DE BREST.

Pour faire bien connaître, tel qu'il se trouve aujourd'hui, ce remarquable établissement, qui bientôt peut-être sera le seul bagne en France, nous avons voulu peindre le tableau d'après nature, en nous aidant, pour les détails, des renseignements pris sur les lieux mêmes, et surtout de ceux que nous a donnés, avec la plus aimable obligeance, notre honorable et savant confrère M. le docteur Reynaut, médecin en chef de la marine de Brest.

Ce bagne présente un immense et bel édifice de deux cent quarante pieds de façade, composé de trois étages, offrant tous, comme pièces principales, deux vastes salles dont chacune peut contenir six cents forçats.

Dans chaque salle, on rencontre sur une même ligne vingt-cinq bancs dont la forme est celle de deux grands lits de camp adossés; sur chaque banc, nommé *tollard*, sont couchés vingt-quatre galériens, douze sur chacun des rangs, disposés en plan incliné. A chaque place, désignée par son numéro, se voit une couverture de laine grise très-grossière, devant envelopper l'homme assez complétement pour qu'il ne repose pas immédiatement sur le bois.

Chaque forçat trouve dans ce lit commun son espace rigoureusement déterminé, sa case marquée, dont il ne peut jamais s'écarter sans permission.

Lorsqu'ils sont tous couchés, on passe dans les chaînes particulières une chaîne générale pour le même rang, et qui ne leur ménage de liberté que juste dans l'étendue très-limitée du parcours indispensable pour arriver au baquet de nuit, placé à l'extrémité de chaque intervalle des bancs, dans une espèce de niche surmontée d'un robinet qui fournit abondamment l'eau nécessaire aux ablutions; de telle sorte que l'on entretient une assez grande propreté dans les salles, qui, pendant le jour, n'offrent pas de mauvaise odeur.

Aux deux extrémités de chaque salle, sur une estrade élevée de sept à huit pieds, fermée par une grille en fer, se trouve une pièce de canon chargée à mitraille.

Avec cet imposant appareil et ces différentes précautions, la tranquillité générale est bien rarement troublée d'une manière sérieuse.

Au moment où nous visitions le bagne de Brest, il contenait encore trois mille forçats, dont une partie devait être prochainement dirigée sur Cayenne.

M. Reynaut pense que le bagne de Brest ne sera pas complétement évacué avant trois ou quatre ans.

Nous avions lu dans quelques ouvrages sur les bagnes, que

l'administration se montre difficile et même tracassière pour les visiteurs, les gardes chiourmes durs et cruels pour les condamnés, etc.; s'il en fut ainsi jadis, les choses nous ont aujourd'hui paru bien sensiblement améliorées, car nous avons trouvé l'accueil le plus gracieux et les plus obligeantes facilités auprès de l'administration; nous avons observé la plus grande douceur chez les gardes chiourmes dans leurs constantes relations avec les forçats qu'ils sont appelés à surveiller.

Le costume des galériens est actuellement réduit à sa dernière simplicité : la chemise, le pantalon de toile écrue, la veste en grosse laine rouge; point de bas, des souliers ferrés, le bonnet de laine; rouge, pour les travaux à temps, vert, pour les travaux à perpétuité. La proportion des bonnets verts aux rouges nous a semblé, dans ce moment et d'une manière approximative, comme un est à huit. Ces seuls vêtements, qui composent toute la garde-robe du condamné, doivent durer au moins un an.

Le ferrement est conforme aux institutions communes et tel que nous l'avons indiqué précédemment.

Le régime alimentaire du bagne de Brest est sain mais peu substantiel, et surtout peu varié : chaque jour on y donne, par forçat, neuf cents grammes de pain de munition, fait avec des farines épurées seulement au dixième, des petites fèves ou des pois cuits à l'eau; pour le travailleur, quarante-sept centilitres de petit vin; ceux qui restent sur les bancs ne boivent que de l'eau; nous les avons trouvés en très-petit nombre.

Les invalides et les galériens admis dans les salles d'épreuve, espèce de noviciat aux emplois de faveur, font seuls, par semaine, un repas de viande fraîche.

Ceux qui remplissent les fonctions d'infirmiers, de garçons

d'amphithéâtre, d'aides de cuisine, etc., à l'hôpital de la Marine, reçoivent le pain et le vin comme au bagne ; mais, de plus, on leur donne, à l'infirmerie, des restes de bouillon, de légumes, de viande, etc.

Les forçats qui touchent de leurs familles, ou qui gagnent de l'argent par la vente des petits objets qu'ils confectionnent en assez grand nombre, dans leurs moments de loisir, ont la permission d'améliorer leur alimentation par l'achat de la viande, des légumes, des fruits, du fromage, etc., que leur livre un fournisseur, à des prix réglés par l'administration. Le débit du vin et de toutes les liqueurs alcooliques est absolument défendu, sous des peines sévères.

Les heures de travail, pour les forçats employés dans le port militaire, sont à peu près les mêmes que celles des autres ouvriers ; mais la durée de ce travail est moins considérable pour les premiers que pour les seconds. En effet, les galériens ne sortent du bagne qu'au dernier son de la cloche destinée à l'appel de tous les travailleurs, et leurs gardiens les y reconduisent constamment avant la fin de la journée des hommes libres.

Ces heures d'activité subissent d'ailleurs quelques variations, suivant les saisons et la longueur des jours ; quant à la durée, nous croyons pouvoir établir, en moyenne, que les forçats travaillent durant cinq heures le matin, avant le repas de midi ; et quatre à cinq heures au plus après ce repas.

Pendant les moments de repos, on voit les galériens réunis dans leurs salles, où chacun s'occupe à son gré : les uns lisent, écrivent ; les autres se livrent avec activité à des travaux d'horlogerie, de ciselure, de tour, de gravure ; à la fabrication de petits objets en paille, en papier, etc., qu'ils vendent à leur profit et pour se procurer un peu d'aisance ; quelques-uns seulement restent couchés et plongés dans une inertie stupide.

Plusieurs gardiens sont particulièrement commis à la surveillance de ces nombreux criminels ; aussi lorsque, seul et sans aucune défense, nous parcourions les salles, au milieu de ces natures si brutales et si vicieuses, nous avions besoin de nous confier à l'empire de la puissance morale sur les êtres dégradés, pour ne pas éprouver, sinon de la crainte, au moins une certaine émotion!... M. Alhoy l'a très-bien dit : « Au bagne, comme ailleurs, la léthargie morale de l'esclave fait la force de ceux qui le gardent. »

A l'exception de quelques forçats à l'air sombre, au regard de bête fauve, les autres sont d'une politesse recherchée ; tous vous saluent avec un empressement qui finit par devenir gênant : il serait en effet peu généreux de recevoir ces marques d'urbanité avec une indifférence qui, près de ces malheureux, aurait plus que la dureté du mépris.

Pour ceux qui n'ont pas suivi les galériens dans leurs occupations journalières, la terrible expression de *travaux forcés* donne probablement l'idée des plus exténuantes fatigues, aggravées par les traitements les plus rigoureux !...

Assurément, rien ne serait plus faux qu'une pareille interprétation. Nous avons, pendant plusieurs jours, étudié avec le plus grand soin cette partie essentielle de l'histoire des bagnes ; voici ce que nous pouvons garantir, l'ayant très-positivement observé :

Un seul garde chiourme, la carabine chargée sur l'épaule, conduit de leur salle dans le port, qui communique directement avec le bagne, douze, seize et jusqu'à vingt-quatre hommes. Ils marchent couplés, sur deux rangs, dans le calme le plus parfait. A l'arrivée au lieu du travail, comme au départ, ils répondent à l'appel de leur numéro, puis ils se mettent lentement à l'ouvrage, sans contrainte et sans mauvaise humeur.

Voici, dans le port de Brest, quels sont les travaux les plus habituels des forçats : terrassements, soit pour l'agrandissement du port, soit pour le nivellement des terrains déblayés; fabrication des ciments et mortiers au moyen d'une roue qu'ils font mouvoir, à bras, dans un auget circulaire; nettoyage du port; charroi des matériaux de construction ou des objets d'approvisionnement et d'armement pour les vaisseaux de guerre, soit avec des brouettes, soit avec les bateaux qu'ils conduisent à la rame; arrangement des dépôts de bois, de charbon de terre, etc. Plusieurs, lorsqu'ils se comportent d'une manière irréprochable et qu'ils ont de l'habileté dans cet art, sont employés à la taille des pierres. Presque tous les autres travaux d'atelier sont exécutés par des ouvriers libres, qui se trouvaient alors dans le port au nombre de quatre mille.

Les galériens travaillent sans tristesse apparente, souvent même avec une sorte de gaieté; là où l'on mettrait seulement cinq à six hommes dans les ouvrages d'entreprise exécutés par nos artisans, on place huit ou dix forçats, de telle sorte qu'ils sont habituellement à l'aise, et que, pour eux, on établit constamment la puissance à déployer bien au-dessus de la résistance à vaincre.

Ils n'ont ordinairement pour surveillant que le garde chiourme qui les a conduits et dont on a fait, si contrairement à ses habitudes actuelles, un matamore exigeant, armé de *la garcette* ou du bâton; alors que ceux dont nous avons pris la silhouette dans le port de Brest, nous ont bien plutôt rappelé ces paisibles et bons vétérans auxquels est confiée la garde si facile du Luxembourg. En effet, cet inoffensif et brave garde chiourme, tranquillement assis son fusil entre les jambes, semble beaucoup plus accablé sous le poids de l'ennui, que les forçats ne le sont sous celui du travail.

Tant qu'ils marchent convenablement, sans même se lasser, jamais une voix dure, impérieuse, jamais aucun mauvais traitement ne viennent, comme l'ont assuré quelques historiens mal renseignés, activer leurs mouvements, rendre leur tâche onéreuse et pénible.

Il résulte définitivement de nos observations, que les galériens du bagne de Brest sont moins malheureux que les détenus soumis au régime cellulaire, et qu'ils ont en général des fatigues moins accablantes à supporter que la plupart de nos ouvriers libres dans certains ateliers.

Toutefois, n'exagérons pas leur bien-être, et n'allons pas soutenir, avec quelques amis de l'hyperbole, qu'ils sont plus heureux que la majorité de nos paysans. Ceux-ci, pour le moins aussi bien nourris, n'ont-ils pas un lit particulier préférable à la planche commune du bagne, où ne se laisse pas sentir le poids, où ne se fait pas entendre le bruit des chaînes; et, sous le soleil qui les ranime également, ne respirent-ils pas l'air si pur de la liberté?

Soyons justes et vrais, au contraire, et notons, avec M. Alhoy, que parmi ces malheureux galériens obligés à des travaux pénibles, un assez grand nombre se trouvent privés de la force et de l'habitude nécessaires pour les effectuer, et que tous sont contraints de les soutenir chaque jour, tantôt sous un soleil brûlant, tantôt sous des pluies continuelles ou par le froid le plus rigoureux.

Les enseignements religieux ont présenté depuis quelques années plusieurs améliorations importantes au bagne de Brest. Il y existe actuellement une salle particulière où les condamnés peuvent s'entretenir sans témoins avec l'aumônier de l'établissement. Celui-ci dit la messe chaque dimanche dans l'une des salles, sur un autel improvisé, le bagne ne possédant point encore de chapelle convenable.

Les punitions deviennent peu fréquentes et peu multipliées à la chiourme de Brest : la privation du vin, la suppression d'un emploi de faveur, l'accouplement, la double chaîne, la réclusion sur le tollard, la prison, la bastonnade, paraissent les plus ordinaires.

Les cachots auxquels peuvent être condamnés les coupables pour un temps proportionné à la gravité de leur faute, se trouvent placés à droite en entrant dans la première cour du bagne. Ils s'ouvrent au niveau du sol, offrant six ou huit pieds carrés, un très-bas étage ; sont fermés par des portes d'une épaisseur énorme, arrêtées par des verrous et par des serrures gigantesques. Un lit de camp, une cruche en grès s'y voient pour tout ameublement.

Les cachots des condamnés à mort, situés sur la même ligne, font frémir par leur terrible et sinistre disposition. Que l'on se représente en effet un malheureux cloué sur le lit de camp par des chaînes assez courtes pour qu'il ait été nécessaire de pratiquer aux planches de ce lit de douleur un trou servant à l'accomplissement des besoins les plus habituels et les plus impérieux de la nature, et l'on n'aura qu'une idée bien imparfaite des angoisses et des tortures souffertes, dans ces affreux réduits, pendant tout le temps qui s'écoule depuis la condamnation du coupable jusqu'à son exécution, qui ne peut avoir lieu qu'après la confirmation du jugement par l'autorité de Paris; temps que nous savons, de source certaine, être au moins de dix jours, et qui se prolonge quelquefois jusqu'à quinze ou vingt, si nous en croyons des renseignements donnés par les surveillants du bagne.

En faisant une étude sérieuse des forçats au double point de vue de la morale et de la physiologie, nous avons reconnu qu'il est possible de les rattacher tous à quatre principaux types, en admettant pour chacun de ces types fondamentaux quelques modifications et quelques variétés particulières.

FORÇAT. – 1ᵉʳ TYPE.

Lith. Monnoyer, au Mans.

XX

TYPES GÉNÉRAUX DES FORÇATS.

Pour les transmettre dans toute leur vérité, nous les peindrons d'après les originaux.

PREMIER TYPE.

Il renferme ces natures fortes, puissantes et riches, auxquelles une bonne direction seule a manqué pour effectuer des actions utiles, grandes, admirables!... pour acquérir, dans la plus sublime vertu, la célébrité qu'ils ont obtenue par les plus épouvantables crimes!... Tel de ces forçats fût devenu peut-être un saint Vincent de Paul, s'il n'avait été un Salvador.

Ces hommes, à la physionomie martiale, au regard fier et dédaigneux, aux lèvres frémissantes, à la tête haute, à la contenance audacieuse et provocatrice, offrant au bagne l'image du lion resté fier et terrible dans la cage d'une ménagerie, ont pu commettre des meurtres, des assassinats, des forfaits horribles par leur atrocité, mais presque toujours, nous pourrions le garantir en nous appuyant sur des faits positifs et nombreux, avec une sorte de courage, et même avec témérité, sans trop chercher à diminuer les dangers des luttes qu'ils devaient avoir à soutenir.

C'est ici particulièrement que l'on éprouve des regrets profonds, en voyant la nature humaine abandonnée, sans frein, à toutes les impulsions des mauvais instincts ; et que l'on comprend, avec une vive douleur, tout ce qu'il eût été possible d'obtenir, dans l'ordre du bien, avec des instruments aussi vigoureusement trempés, s'ils eussent été guidés par une raison assez puissante, par des principes de morale et de religion assez complétement établis pour les dominer dans leurs écarts et les garantir de tout dangereux et criminel entraînement!...

On trouve les forçats de ce premier type dans une incessante activité, sous l'empire despotique d'un penchant qui les maîtrise, d'une impulsion qui les dévore ; ces hommes prodigieux font des instants de repos qu'on leur accorde, des moments avidement remplis par des travaux intellectuels ou mécaniques, le plus souvent très-difficiles, exigeant la plus grande persévérance et la plus constante opiniâtreté.

Pour eux, agir et vivre ne constitue qu'une seule et même chose : ce sont des ressorts énergiques, infatigables, auxquels il ne fallait qu'un emploi suffisant et bien approprié, pour opérer des merveilles et pour exciter l'admiration de l'univers !

Voyez, entre tant d'autres que nous pourrions citer, ce trop fameux Cognard, si tristement célèbre, dans ces derniers temps, sous le nom de comte de Pontis de Sainte-Hélène.

« Cet homme, dit M. le docteur Lauvergne, semblait être né pour le commandement : sa stature était haute et dans des proportions correctes ; les traits de sa figure, délicats, effilés, contrastaient avec la régularité admirable de sa belle tête ; son regard et sa bouche témoignaient de leur longue contrainte à jouer un rôle sur la grande scène du monde ; son œil de lynx était fixé et scrutateur. »

Echappé de la chiourme, il se réfugie en Espagne, y connaît la famille Pontis de Sainte-Hélène, dont il fait bientôt, par des moyens ignorés, disparaître tous les membres jusqu'au dernier rejeton ; usurpe la fortune, les titres et le nom de cette famille ; obtient une sous-lieutenance dans les armées espagnoles, parvient au grade de chef d'escadron ; se distingue au siège de Montévideo, s'élève au titre de lieutenant-colonel ; est enveloppé dans une affaire de concussion, incarcéré deux fois, et trouve toujours le moyen de s'évader. A la tête d'une bande courageuse de prisonniers français, il s'empare à main armée d'un brick espagnol, passe en France, et, sous la qualification de comte de Pontis, est nommé chef d'escadron dans l'état-major du duc de Dalmatie ; ensuite chef de bataillon au centième régiment de ligne ; il se signale au siège de Toulouse, à Waterloo ; plusieurs blessures et des actes de courage lui méritent les insignes de la Légion d'honneur.

Le duc de Berri, en 1815, le fait chevalier de Saint-Louis, chef de bataillon, enfin lieutenant-colonel de la légion de la Seine.

La fortune se lassa de prodiguer aussi mal ses faveurs : le comte de Pontis, assistant un jour sur la place Vendôme, en grand uniforme et comme chef de corps, à la triste cérémonie d'une dégradation militaire, est reconnu par un forçat libéré, l'un de ses anciens compagnons de chaîne ; celui-ci l'appelle par son véritable nom, veut *le faire chanter* ; en termes d'argot, exploiter cette reconnaissance imprévue ; Cognard, s'y prêtant de mauvaise grâce, est bientôt dénoncé. Le général Despinois donne ordre de l'arrêter ; quatre gendarmes s'en emparent. Il demande la permission de rentrer chez lui pour changer de vêtements, saisit résolument deux pistolets, et, fascinant de l'œil et du geste ses gardes stupéfaits, s'élance hors de l'hôtel et parvient à tromper toutes les recherches.

Il est repris six mois après pour faux, meurtre et rupture de ban.

Cognard, conduit à Brest sous le poids d'une condamnation à perpétuité, mourut dans ce bagne il y a quelques années.

M. Alhoy, qui rapporte cette histoire, la termine par une réflexion qui nous semble très-judicieuse :

« Si Cognard, au lieu de subir sa première condamnation au bagne, eût été soumis au système cellulaire, sans compagnons de captivité, aucun camarade n'eût pu trahir le grand aventurier après son évasion ; pas le moindre murmure ne se fût élevé, pas le moindre nuage n'eût terni l'éclat de l'astre gravissant : le forçat Cognard serait peut-être aujourd'hui maréchal de France ! »

DEUXIÈME TYPE.

Nous y voyons ces natures souples, chatoyantes, suivant presque toujours, sans résistance et sans opposition, les impulsions qui leur sont imprimées vers le mal comme vers le bien ; ces caractères insinuants, envieux, sans amour-propre et sans

FORÇAT.—2ᵉ TYPE.

dignité, peu délicats sur le choix des moyens d'arriver à l'accomplissement de leurs desseins.

Les galériens de ce deuxième type ont en général un visage efféminé, l'œil caressant et faux comme celui du serpent qui veut fasciner sa proie ; la voix mielleuse et suave ; la parole flatteuse, obligeante ; le geste captieux, indécis ; l'attitude flexible et mal assurée ; l'ensemble bas, obséquieux, servile et rampant.

Ces hommes, sans caractère et sans courage, rappelant tantôt l'aspect de la fouine, du renard, tantôt celui du chat domestique, poursuivent le faible, frappent le fort dans l'ombre ou par surprise, mais n'attaquent jamais leur victime au grand jour, lorsqu'ils ont une résistance puissante à redouter.

Là se trouvent presque tous les incendiaires, les escrocs, les faussaires et les empoisonneurs.

Au milieu des individualités les plus remarquables de ce deuxième type, nous trouvons ce misérable et trop célèbre Collet, que nous avons entendu aux assises de la Sarthe, en 1820, étaler avec complaisance et le cynisme le plus révoltant, la dégoûtante histoire de ses escroqueries et de ses criminelles profanations, comme une série de faits honorables dont il assaisonnait les détails d'assez fades plaisanteries, et qu'il nous parut même amplifier au fond, pour assurer sa déplorable renommée.

Né dans le département de l'Ain, de parents honorables, Anthelme Collet fit, dès son enfance, pressentir l'avenir d'iniquités qui l'attendait : lieutenant en 1796, il déserte, vit d'escroqueries, se rend à Rome, prend le nom de Tolosant, se grave des armoiries, surprend la bienveillance de l'intendant du cardinal Fesch, est logé dans le palais ; aidé par cette recommandation évidente, il parvient à soustraire au banquier de la ville une somme de soixante mille francs ; prend la fuite, se rend à Mondovi ; mène une vie de prince, fait des connaissances parmi la jeunesse dorée, lui suggère l'idée, bientôt accueillie, de jouer la comédie bourgeoise ; il se réserve la charge de costumier, et lorsque les habits sont finis et soldés par ses crédules associés, il remplit ses malles de ce précieux butin, qui devait servir aux nombreux travestissements indispensables à la vie si aventureuse qu'il se proposait.

Il se rend en poste à Sion, est bien reçu par le clergé ; dessert pendant cinq mois une petite paroisse nommée Saint-Pierre ; y remplit toutes les fonctions de curé ; s'empare d'une somme de trente mille francs destinée à la reconstruction de l'église, s'enfuit à Strasbourg, passe en Allemagne, revient en Italie, sous l'habit de général, escroque une somme considérable chez un banquier de Savone ; se voyant sur le point d'être découvert, il s'habille en prélat, sous le nom de Dominique Pasqualini, évêque de Manfredonia, se fabrique une bulle d'institution ; est cordialement reçu par l'évêque de Nice, ordonne trente-trois abbés ; se rend ensuite à Fréjus, couvert de décorations militaires et de l'habit d'inspecteur général ; à Draguignan, il s'improvise un état-major ; à Toulon, le fils du sous-préfet devient son secrétaire intime ; à Marseille, il paraît avec une suite de vingt personnes, il enlève cent trente mille francs des caisses du gouvernement ; à Nîmes, trois cent mille.

Enfin, à Montpellier, Collet, signalé par la police, est arrêté pendant qu'il déjeunait à la table du préfet ; il est mis au cachot et son état-major, composé de ses dupes, est provisoirement conduit en prison.

Collet n'avait pour toute perspective que d'être fusillé, lorsque le préfet, dans l'intention de satisfaire la curiosité de ses convives, à la fin d'un grand dîner, fait amener le prisonnier, que l'on dépose un instant à l'office, gardé par deux factionnaires ; il se revêt aussitôt d'une veste, d'un tablier et d'un bonnet de cuisinier qui se trouvent à sa portée, s'empare d'un plat monté pour le dessert, le pose effrontément dans la salle à manger, et disparaît; pendant que l'on s'épuisait en recherches, il habitait une chambre près de la préfecture et voyait tous les mouvements dirigés contre lui.

Après quinze jours, il se rend à Toulouse, est admis comme pensionnaire dans la maison des frères des écoles chrétiennes, fait des promesses magnifiques pour l'agrandissement de l'institution, achète une campagne voisine de la ville pour y fonder un noviciat; et pendant que les bons frères sont à visiter le nouvel établissement, dans lequel il avait installé de nombreux ouvriers pour les travaux d'appropriation, Collet charge une voiture des vases sacrés, des ornements de la chapelle, de l'argent, et de tout ce qu'il peut enlever dans la maison ; au retour, les malheureux frères ne trouvèrent que dévastation et toutes les preuves de leur bien regrettable crédulité ; l'escroc avait déjà pris la route de l'Anjou.

Conjecturant bien qu'on allait immédiatement le poursuivre, il vint à la Roche-Beaucourt se loger chez le commissaire lui-même, et par cette ruse adroite mit la police en défaut; toutefois, le dénoûment approchait.

Collet se rend au Mans, portant le nom de Galat, et sous les habits d'un honnête et modeste rentier; se loge dans la paroisse de la Couture; se fait remarquer, pendant six mois, par sa pieuse exactitude à l'église; distribue très-abondamment aux pauvres du pain donné sur mémoire chez le boulanger; mystifie quelques-uns des habitants en les envoyant à la recherche d'une campagne qu'il désirait vendre à bas prix, et qui n'existait pas; prend à compte des objets de bijouterie qui n'ont jamais été soldés; enfin, sous prétexte d'essayer un cabriolet qu'il voulait acheter d'un notable de la ville, il part en poste dans cette voiture, la laisse à dix lieues du Mans, écrit au propriétaire une lettre polie, en le priant de ramener son cabriolet, dont il n'avait plus besoin.

Arrêté quelque temps après, Anthelme Collet, alors âgé de trente-cinq ans, est conduit aux assises de la Sarthe, condamné à la marque T. F. et à vingt ans de travaux forcés, le 12 septembre 1820, pour faux en écriture privée et récidive.

Jouissant d'une haute considération parmi les forçats des différentes chiourmes qui l'ont reçu, Collet menait la vie la plus somptueuse qui soit permise au galérien, sans qu'il ait jamais été possible de savoir d'où lui venait tout l'argent qu'il dépensait.

Il est mort au bagne de Rochefort, dans une salle de l'hôpital, en 1840, quelques mois avant l'époque de sa libération. Plusieurs pièces d'or ont été trouvées entre l'étoffe et la doublure de ses vêtements.

Sous un autre jour, et dans le même type, se présente le fameux Petit, l'un des plus remarquables forçats par sa grande habileté pour l'évasion, par un mélange inconcevable de profonde scélératesse et de nobles sentiments. M. Reynaud, commissaire du bagne de Toulon, en trace ainsi le portrait : « La personne de Petit est la plus gracieuse enveloppe que la nature ait pu donner au crime incarné. Nul forçat des temps présents et passés n'a eu autant de ressources que Petit pour plaire, endormir les gardiens et s'évader. » Dans une de ces expéditions, il porta l'audace jusqu'à

FORÇAT.— 4ᵉ TYPE.

venir brocanter, au marché d'Abbeville, ses fers, qu'il avait brisés.

Serviable envers ses compagnons de captivité, bienfaisant pour les malheureux, Petit s'est fait connaître par un grand nombre de traits généreux ; nous citerons seulement le suivant :

Échappé du bagne, il entre dans une auberge où les agents du fisc procèdent à la vente mobilière de la pauvre famille, ainsi réduite à la mendicité. L'opération terminée, Petit suit à son domicile particulier le percepteur chargé du prix de cette vente, s'en empare au moment où il veut remettre l'argent dans sa caisse et court aussitôt le déposer aux pieds de l'hôtesse, aussi frappée d'étonnement que remplie d'admiration.

« Tout en lui respirait le gentilhomme, dit M. Alhoy; affectueux avec ses égaux, il était, pour ses supérieurs, si attentif, si exact dans ses devoirs, qu'il faisait presque oublier sa chaîne... Cependant, avec cette constitution de femme, cette voix flûtée, cette main de sultane, Petit était un monstre.... et l'on peut dire que, dans l'histoire des forçats, la sienne est un chef-d'œuvre en ce genre. »

Repris et conduit au bagne, le dégoût de la vie le porte, pour s'en délivrer, à frapper un adjudant avec une lame de ciseau ; condamné à mort, il subit son arrêt avec la plus affreuse indifférence.

TROISIÈME TYPE.

Il nous offre ces natures profondément perverses qui semblent engendrées par l'enfer lui-même.

Sans être précisément féroce, leur physionomie présente quelque chose d'instinctivement criminel et vicieux ; leur sourire grimacé, perfide, porte dans l'âme un froid glacial, une influence pénible et presque léthifère; leur voix est gutturale et discordante, leur coup d'œil pénétrant et diabolique : c'est le regard éblouissant et fatal de la panthère et du caïman.

Leurs gestes sont communs, licencieux, repoussants, leur attitude grossière, cynique et débauchée.

Les forçats de ce troisième type semblent dégradés jusque dans leur essence, et paraissent environnés de l'atmosphère empoisonnée d'une irrésistible damnation : il est impossible de les considérer sans un profond et pénible découragement, sans une indicible et véritable répulsion !...

Ces êtres dépravés et pervers sont capables de tous les forfaits, qu'ils commettent sans la moindre hésitation, plutôt par goût pour le crime que par nécessité de l'employer comme un moyen de satisfaire ou leur vengeance ou leur ambition; et, ce qui devient plus affreux encore, ils apportent dans son exécution, en tortures, en cruautés inouïes, tous les raffinements qu'un chacal, un tigre n'imagineraient jamais, et qu'un homme sensuel ne saurait pas aussi bien multiplier et diversifier dans les éléments et les modifications de ses plaisirs !...

Nous avons rencontré cet épouvantable type révélé dans toute son horreur chez les plus jeunes sujets du bagne : deux galériens de dix-sept à dix-huit ans nous l'ont particulièrement offert avec ses plus révoltants caractères.

Dans cette classe de forçats, nous trouvons pour chaque genre de crime des modèles effrayants par la réalité des traits que nous venons d'esquisser.

Ainsi, ce fameux Jean dit Gaspard, cité par M. Alhoy, dont le père, la mère, les frères et les sœurs étaient morts dans les prisons ou sur l'échafaud, qui n'avait jamais exercé d'autre profession que celle de voleur, qui, borgne, boiteux, était toujours le premier à l'escalade, et possédait surtout deux mains d'une habileté merveilleuse, ne put jamais être ramené à des sentiments de probité, ni même d'une vie régulière, et mourut au bagne.

Nous indiquerons encore, avec M. Alhoy, ce malheureux Deham. Chez lui, le besoin du vol est toujours impérieux, et lorsque le sang, comme il le dit, lui bouillonne dans la tête et au bout des doigts, « il se volerait lui-même, s'il pouvait. »

« Les plus grandes criminalités, dit M. le docteur Lauvergne, sont bien souvent l'œuvre de l'instinct plutôt que celle de l'intelligence. Nous citerons pour exemple le jeune forçat condamné aux galères à perpétuité pour cause de parricide ; c'est une face mignonne et douce, rappelant celle de la gazelle ou de la levrette... Un jour, il trouve son père endormi et l'écrase d'un coup de pierre sur la tête. Mis en prison, il ne s'est douté ni de l'énormité de son crime ni de sa fin sur l'échafaud : il passait son temps à dormir, à élever un moineau, et le jour de sa condamnation il pleura parce que son moineau était mort!... »

À l'occasion d'un forçat que l'on était obligé de garder en cellule, tant il était dangereux, M. Bonjour, commissaire du bagne de Toulon, s'exprime en ces termes : « C'est un homme jeune encore, fils d'une des plus belles gloires militaires de l'Empire ; aussi remarquable par la variété de ses talents que par la réunion de ses vices et de ses basses passions ; la pitié, les soins, l'indulgence, rien n'a prise sur ses instincts. Ce condamné semble prendre plaisir à s'asseoir sur chaque degré de l'échelle du vice ; partout il y semble à sa place et posé sur son véritable aspect naturel ; il n'y a pas une catégorie de malfaiteurs qui ne s'enorgueillisse de l'avoir dans son affiliation. »

QUATRIÈME TYPE.

Il appartient à ces natures grossières et stupides qui commettent le crime presque sans discernement et sans conscience, comme l'hyène et le chacal se livrent à leurs instincts meurtriers par l'amour du sang et du carnage.

Ces êtres dangereux, dont la brutalité semble constituer la déplorable essence, paraissent avoir juré haine et mort à l'espèce humaine tout entière : incapables d'une seule pensée généreuse, d'aucun sentiment de pitié, dévorés par la soif du sang, ils le répandent exempts d'émotion ; et, dans leur sombre indifférence, frappent indistinctement l'enfant et le vieillard, sans même se préoccuper du châtiment redoutable qui les attend.

Les forçats de ce quatrième type ont le regard sinistre, farouche, haineux, colère, menaçant ; les lèvres frémissantes, crispées ; les narines ouvertes et respirantes ; les mouvements brusques, saccadés ; la démarche convulsive et bondissante ; leur ensemble offre quelque chose de féroce, de honteux et d'antipathique.

Renfermés dans la sanguinaire brutalité de leur moi, ces êtres dégradés, qui n'ont d'humain que la forme extérieure, paraissent étrangers aux premiers sentiments que la nature a placés dans le cœur de l'homme pour en diriger les rapports, même à l'état sauvage ; des instincts cruels, implacables, voilà leurs mobiles ; une volonté stupide et criminelle, voilà leur code et leurs lois !..

Enchaînés au bagne, ils ressemblent à ces ours muselés que l'on promène dans nos cités pour les exposer à la curiosité publique.

Ils passent près de vous sans même lever les yeux, ou, s'ils vous

regardent, c'est d'un œil fauve et sinistre comme celui du léopard et du loup-cervier.

C'est tout au plus si le double ferrement, dont ils sont accablés, si les canons chargés à mitraille, suffisent pour garantir de leur férocité, non-seulement les compagnons de leur misère, mais encore les êtres les plus inoffensifs, qui, par un admirable dévouement, une charité si profondément chrétienne, font abnégation d'eux-mêmes pour consacrer leur existence au soulagement des douleurs, à la consolation des chagrins.

Ainsi, en 1835, l'infâme Baudelot, galérien employé dans les cuisines, à l'hôpital de la Marine de Brest, aiguise un mauvais couteau dont il poignarde, sans aucun motif, la bonne sœur de service, et contemple, avec toute l'indifférence de la plus effrayante insensibilité, la douloureuse agonie de cet ange de douceur et de vertu qui demandait, en expirant, la grâce de son horrible et brutal meurtrier!...

Nous trouvons encore dans cette catégorie le sanguinaire Garatti, forçat du bagne de Toulon, condamné pour homicide, et qui redoutait ses funestes instincts au point de réclamer lui-même son isolement dans une cellule : « Quand je vois quelqu'un, dit-il, j'ai soif de sang, et cependant je ne suis point un méchant homme; et si je ne vis pas seul, je commettrai malgré moi un crime. »

« Jusqu'ici, dit M. Alhoy, toutes les séductions tentées pour amener Garatti à quitter sa cellule ont été inutiles... Cherchant le ciel à travers un petit carreau grillé qui domine sa cellule, occupé sans cesse à faire, en cartonnage grossier, des chapelets et des rosaires, il aime non-seulement la solitude, mais encore le huis clos; si un gardien n'avait pas la précaution de fermer la serrure de force, Garatti réclamerait : il manquerait quelque chose à son bien-être. »

Nous pourrions encore faire un cinquième type de ces maniaques dont la raison se trouve plus ou moins complétement aliénée, qui vivent dans un monde imaginaire, en dehors des relations normales de l'homme intelligent et sain ; là viendrait se ranger, avec plusieurs autres, ce malheureux Abraham, juif converti dont parle M. Alhoy, protestant sans cesse contre sa condamnation à perpétuité, passant toutes ses journées à faire des suppliques et des lettres symboliques avec ce qu'il nomme son *encre d'airain*, invention admirable, dit-il, et qui doit rendre sa parole éternelle.

Enfin, il semblerait également possible d'établir dans un sixième type ces êtres complétement idiots dont nous avons trouvé plusieurs exemples dans la chiourme de Brest ; mais nous pensons que la place des uns et des autres est beaucoup moins au milieu des forçats du bagne que, pour les premiers, parmi les fous de Charenton, et, pour les seconds, avec les incurables de Bicêtre.

Après avoir terminé ces études physiologiques et morales, nous visitâmes le bazar, avec l'intention d'y faire quelques emplettes.

XXI

BAZAR DU BAGNE DE BREST.

Il est placé dans la petite cour d'entrée, à droite, à la suite même des cachots ; le local est d'assez pauvre apparence, mais les objets qu'il renferme sont en général très-curieux. On y trouve des ouvrages en papier, en paille, en aloès, très-soigneusement fabriqués ; d'autres en coco, en bois, en ivoire, sculptés plus ou moins artistement ; parmi ces derniers, surtout, nous en avons rencontré plusieurs qui sont fouillés avec beaucoup de délicatesse et d'habileté.

Les marchands de ces différents objets sont des forçats déferrés, distingués par leur bonne conduite, et qui se montrent engageants et gracieux dans leurs offres, lors même qu'on ne les accepte pas. Quelques-uns s'expriment avec élégance et pureté, vous conduisent à des excursions dans le domaine de l'histoire, de la mythologie, des lettres et des sciences ; vous préviennent par des manières distinguées, en prouvant qu'ils ont reçu la meilleure éducation, l'instruction la plus riche et la plus complète.

C'est là que nous avons rencontré ce que l'on pourrait nommer l'élite des forçats du bagne de Brest, et pris possession d'un écrit plein d'intérêt, d'une grande valeur, surtout dans l'importante question relative à ces établissements, sans qu'il nous soit possible de décider si nous devons ce précieux écrit à quelque circonstance fortuite, ou bien à l'intention formelle de son auteur. Voulant faire de l'histoire et non du roman, nous rapporterons le fait absolument tel qu'il s'est passé.

Pendant que nous examinions les différents étalages du bazar, un des galériens fixa particulièrement notre attention. C'était un jeune homme de vingt-quatre à vingt-cinq ans, d'une taille élevée, d'une contenance en même temps modeste et noble; d'une physionomie distinguée, spirituelle; dont le regard était à la fois pénétrant, timide, mélancolique et profondément douloureux; à travers un obligeant sourire apparaissait une tristesse amère; la présence forcée de cette belle nature au milieu d'un bagne semblait un contre-sens; et l'on voyait aisément sur cette chevelure noire, qui s'argentait déjà dans plusieurs points, sur ce pâle et maigre visage, que les insomnies et les remords déchirants avaient, bien plus que les instincts du crime, sillonné ces joues décharnées, ridé ce large front et fait disparaître la fraîcheur et le riche épanouissement de la jeunesse.

Attiré vers cet être indéfinissable par le prestige et l'intérêt qu'il semblait inspirer, même à ses compagnons d'infortune, déjà plusieurs fois nous étions revenu à son étalage, composé d'objets très-soignés, et notamment de plusieurs flacons en ivoire, ciselés avec une merveilleuse délicatesse. Comme nous n'étions pas d'accord sur le prix assez élevé de plusieurs de ces objets :

— Prenez, nous dit-il avec l'accent d'une prière, il faut que je réalise promptement ; dans quelques jours mon triste sort va changer enfin, j'ai le bonheur d'embarquer pour Cayenne.

Imaginant difficilement le charme de partir pour un pays aussi triste, aussi malsain, nous fîmes un mouvement de surprise et d'étonnement qui fut à l'instant compris.

— Sans doute ! reprit ce malheureux jeune homme avec une indicible expression d'amère tristesse et de résignation sublime ; pour vous, mes paroles n'ont pas de sens, mais pour moi !...

Une larme roula dans ses yeux... un profond soupir gonfla sa poitrine... puis il ajouta ces derniers mots d'une voix gémissante :

— Le bagne, voyez-vous, c'est le supplice du corps, c'est la torture de l'âme, c'est l'abrutissement de l'esprit, c'est la corruption du cœur, c'est l'enfer !... Pour celui qui connaît bien cet affreux séjour, le premier bonheur est d'en sortir, quelle que soit l'habitation qu'on lui destine !... Puis, à l'homme déchu qui n'a plus de patrie, dont le repentir est la seule excuse, il ne reste désormais qu'à reconquérir, par une conduite irréprochable, expiatoire, un refuge temporaire ici-bas, en attendant celui de l'éternité !...

Pendant qu'il parlait ainsi, nous le vîmes, d'une main tremblante, envelopper les objets que nous avions achetés dans une immense et double feuille de papier qu'il avait semblé chercher au milieu de plusieurs autres ; ensuite, il nous les remit en nous saluant avec une grâce, une dignité parfaites, avec un mélange de douleur et de satisfaction que nous ne comprîmes pas d'abord, et qu'il nous était alors en effet impossible d'interpréter et de concilier dans notre esprit.

A l'instant, l'heure de la retraite sonna ; chacun des galériens prit son petit éventaire, et tous rentrèrent silencieusement au bagne, sous la conduite du garde chiourme.

Devant partir le lendemain pour Saint-Malo, n'ayant dès lors plus aucune espérance de revoir cet intéressant et mystérieux personnage, nous prîmes quelques renseignements auprès du gardien qui nous conduisait ; voici les seuls qu'il put nous donner.

Ce jeune homme était au bagne de Brest depuis trois ans, sa condamnation était de dix. Depuis son entrée, jamais il n'avait excité le plus léger reproche ; il s'isolait toujours, travaillait constamment aux heures de loisir, surtout à des ouvrages en ivoire d'un admirable fini ; on le regardait comme le meilleur ciseleur du bagne ; les autres galériens, subjugués par l'ascendant de ses nobles manières, avaient beaucoup de considération et même d'égards pour lui ; presque tous le gratifiaient ordinairement du titre de baron. Il témoignait un grand dégoût pour les conversations plus ou moins cyniques de ses misérables compagnons de captivité...

Rentré à l'hôtel, notre premier soin fut d'examiner les charmants objets que nous avions achetés au bazar ; en les développant, nous lûmes, par hasard, le mot *Monseigneur* sur le papier qui les renfermait ; cette circonstance frappa notre attention, excita notre curiosité : bientôt nous eûmes la certitude qu'il s'agissait d'un long mémoire destiné, par un forçat du bagne, au vénérable prélat de Quimper, dans le but d'obtenir de sa protection puissante la remise de quelques années à faire dans ce lieu d'expiation.

Une foule de conjectures vinrent s'offrir à notre esprit ; ce mémoire avait-il été composé par notre étonnant personnage du bazar ? Ce galérien devait-il bientôt l'adresser au pieux évêque ?

ne lui en avait-il pas déjà fait parvenir une copie? ou bien avait-il été détourné de son projet par la décision qui, à sa grande satisfaction, l'envoyait à Cayenne? enfin, nous avait-il remis ce mémoire comme enveloppe de nos objets, pour nous amener à comprendre qu'il avait bien apprécié l'intérêt que nous prenions à son triste sort; ou bien enfin avec l'intention que ce mémoire offrît une utilité morale en acquérant une certaine publicité?...

Nous rappelant alors tout ce qui s'était passé dans le bazar du bagne, la recherche que notre mystérieux personnage avait semblé faire de ce papier, l'air à la fois triste et satisfait avec lequel il nous l'avait présenté, donnèrent plus de consistance à quelques-unes de ces suppositions, sans cependant les convertir pour nous en certitude.

Cet écrit ouvert, sans suscription, nous ayant été directement donné, portant seulement pour indication : « A Mgr l'évêque de Quimper, » nous pûmes, sans indiscrétion, en terminer la lecture et nous assurer qu'il présentait un document précieux sous bien des rapports. A ce titre, nous le communiquerons à nos lecteurs en modifiant seulement un peu la forme du récit.

XXII

VIE D'UN FORÇAT ÉCRITE PAR LUI-MÊME.

Bagne de Brest, 2 août 1852.

A Mgr l'évêque de Quimper.

Monseigneur,

Vous savez compatir avec tant de bienveillance au triste sort des malheureux ; mon cœur, plein d'amertume et de chagrin, éprouve un si grand besoin d'épanchement, un si vif désir de racheter par l'expiation, par une conduite irréprochable, les coupables désordres d'une jeunesse orageuse et mal dirigée; le séjour affreux dans lequel se consument tristement et sans fruit des résolutions que je crains à chaque instant de voir faillir au milieu de tous les vices réunis, est si peu capable d'en aider, disons plus, d'en permettre la réalisation, que je viens déposer dans votre sein l'aveu de mes fautes, vous confier mes regrets et mes espérances, implorer vos conseils et le généreux appui de votre charité si chrétienne.

L'idée seule de ces tristes aveux semble déjà soulager ma conscience d'un poids énorme.

Si mon fatal exemple mis sous les yeux de la jeunesse, et je vous laisse toute liberté de le faire, peut lui servir de fanal pour éviter les dangereux écueils sur lesquels mon frêle esquif a fait un si regrettable naufrage, cette première bonne action me paraîtra d'autant plus précieuse devant Dieu, qu'elle marquera la transition de ma vie passée à mon existence future; qu'elle deviendra l'instrument expiatoire de l'une et la pierre fondamentale de l'autre.

En lisant cette relation dictée par le repentir et la vérité, peut-être, Monseigneur, jugerez-vous, dans votre sagesse et dans votre ineffable bonté, que je dois inspirer plus de pitié que de mépris; peut-être penserez-vous que je n'ai pas perdu tous mes droits à l'intérêt, au pardon du ciel et même des hommes.

Né à S...., département du C...., de parents nobles et riches, appartenant à l'une des plus honorables familles du B..., surtout bien connue pour sa piété, son empressement à soulager les malheureux, je reçus une éducation soignée, toute chrétienne.

Ma mère elle-même se chargea de me donner les premières notions de la science et de la religion, avec une douceur, une patience, une bonté qui ne m'ont jamais permis d'oublier ses précieux enseignements dont le souvenir, même dans mes plus mauvais jours, m'a constamment arrêté sur la pente si rapide, si glissante, du crime et du déshonneur, en m'empêchant de rouler entièrement, et sans aucun espoir de retour, jusqu'au fond de l'infernal abîme!...

Pour mon malheur, je parvins à l'âge où l'on devait m'enlever à ce guide si capable et si sûr; pour mon malheur encore, la délicatesse de ma santé devint un prétexte pour me priver de l'enseignement public, ordinairement plus complet, plus propre à former des hommes; on me réduisit donc à l'insuffisance d'une éducation particulière, sous la direction d'un précepteur, assurément très-respectable et très-savant, mais d'un caractère faible, méticuleux, et n'ayant aucune connaissance du cœur humain et du monde, contre les dangers desquels il ne sût en aucune façon me prémunir.

J'acquis une certaine science, mais sans but, sans aucune idée d'avenir.

L'héritage assez considérable de mes parents était ma seule perspective, et je n'eus point la pensée de me créer une position qui pût, en attendant, m'occuper sérieusement et me rendre indépendant, au moins en partie, des secours pécuniaires de ma famille.

Quelques flatteurs dont j'étais entouré m'entretenaient d'ailleurs dans cette fâcheuse indifférence, en me laissant voir combien je serais déraisonnable de fatiguer ma santé pour amasser péniblement une fortune dont je n'éprouverais aucun besoin.

Mon père lui-même, qui n'avait jamais fait autre chose que d'administrer ses biens, eut la faiblesse de ne pas m'obliger à choisir une profession, ne fût-ce que pour me fixer, employer le temps, me soustraire à la paresse, à l'ennui, à tous les vices qu'ils engendrent presque nécessairement.

Je comptais à peine dix-huit ans, que déjà la chasse, les bals, les spectacles et la triste ville de B..., où l'on m'envoya pendant quelque temps chez un de mes oncles, uniquement pour me distraire, m'avaient amené à la plus complète satiété de tous ces plaisirs.

On me conduisit alors à Paris pour y faire mon droit, étude qui me séduisait d'autant moins, que l'on ne me fit entrevoir aucun des avantages qu'elle pourrait m'offrir en dédommagement des peines, des travaux et des privations qu'elle m'imposerait.

Là va commencer la triste série de mes égarements et de mes malheurs.

Mon père me choisit, rue de la Harpe, un petit appartement assez joli, qu'il fit meubler confortablement; puis ayant passé quinze jours près de moi, me voyant calme, régulier dans ma nouvelle existence; prenant mon indifférence et ma satiété prématurée des choses de la vie pour une raison solide, il retourna dans son manoir, plein de sécurité sur ma conduite et d'espérance pour mon avenir!...

Pendant deux mois à peu près mon genre de vie fut assez simple, assez uniforme : je partageais mon temps entre un peu de droit, beaucoup de promenade et quelques spectacles.

Les seuls travaux qui me fussent réellement agréables étaient ceux du tour et de la ciselure, pour lesquels, dès mon enfance, on me reconnut d'abord de l'aptitude, ensuite une véritable habileté, aussi avais-je apporté mon petit atelier.

J'éprouvais pour tous les jolis objets d'art un goût porté jusqu'à la passion; ce goût, qui plus d'une fois, sans doute, en me fixant dans ma chambre, me garantit de grands et coupables écarts, fut également le principe de mon déshonneur!...

Au-dessus de mon appartement logeait un Corse, nommé Lorenzo, jeune homme de vingt-cinq ans, d'une taille avantageuse, d'une mise prétentieuse et soignée, d'une physionomie assez distinguée, prévenante, d'un esprit superficiel, mais qui ne manquait pas d'une certaine culture; d'un caractère entreprenant, opiniâtre, satanique, et dont je reconnus trop tard la noirceur et la perfidie.

Il exerçait la profession de ciseleur et travaillait chez M. John B....., l'un des plus habiles artistes de la capitale.

Le bruit que je faisais en tournant attira son attention, et, sous un prétexte, il s'introduisit chez moi, me captiva par ses assiduités, ses manières prévenantes, les conseils que sa véritable supériorité dans la ciselure le mettait à portée de me donner; en peu de jours, pour mon malheur, nous fûmes liés avec trop d'intimité.

Je ne tardai point à m'apercevoir que Lorenzo n'était pas d'une grande délicatesse dans ses procédés, et qu'il capitulait souvent avec sa conscience; mais il apportait une si merveilleuse finesse dans ses insinuations, une telle réserve dans ses confidences, que je n'attachai point assez d'importance à ma découverte pour me garantir d'une funeste influence et d'une véritable fascination.

Au nombre des connaissances qu'il me procura dans la capitale, je citerai seulement les deux qui sont devenues l'occasion de ma perte : celle de M. John B....., son patron, et celle d'une prétendue baronne de N....., près de laquelle il me parut en complète faveur.

M. John B..... était un ciseleur du premier mérite, un excellent homme que Lorenzo cultivait beaucoup et qu'il pouvait bien exploiter un peu.

La baronne de N..... paraissait une de ces femmes très-habiles, pour ne pas employer l'expression d'un certain vocabulaire; aussi je crois qu'elle et Lorenzo s'exploitaient mutuellement.

Dans un de ses jours d'expansion, il me demanda, sans paraître attacher aucune importance à sa question, si je savais mouler en cire.

S'apercevant que je cherchais, avant de répondre, à me rendre compte du motif de cette interpellation, il se hâta d'ajouter :

— Assurément, rien n'est plus facile; on peut, avec ce moyen, prendre la plupart des modèles et même fabriquer des clefs tellement parfaites, qu'il reste un bien petit nombre de serrures à l'abri de cette imitation.

Puis il jeta, comme une réflexion insignifiante, cette considération si profondément diabolique :

— Aujourd'hui, l'art de mouler est porté si loin, surtout dans cette dernière application, que si la délicatesse n'arrêtait pas ceux qui le possèdent, il se trouverait peu de maisons, peu de caisses particulières et même publiques, suffisamment garanties d'une invasion complète.

Passant aussitôt de l'enseignement à la pratique, il se procura l'empreinte de la serrure de mon secrétaire et fabriqua, dans quelques instants, une fausse clef qui l'ouvrait aussi facilement que la mienne.

Émerveillé de cette redoutable science, je me laissai malheureusement initier à ses procédés, et devins bientôt aussi habile que mon infernal maître!...

Pour abréger le détail de toutes les phases par lesquelles je fus si fatalement entraîné dans la carrière du crime, je dirai seulement que, devenu très-familier près de la baronne de N..... et de M. B....., j'avais entre les mains, sans qu'ils s'en doutassent, le moyen de pénétrer chez eux, lors même que toutes les portes étaient fermées; avantage que je partageais, du reste, avec mon digne ami, comme je le découvris dans la suite, sans que nous nous fussions, à cet égard, fait la moindre confidence.

Depuis quelque temps, M. B..... sculptait en ivoire un petit groupe de fantaisie du plus merveilleux effet, commandé par un très-riche capitaliste de la province.

En voyant ce chef-d'œuvre, peut-être unique dans son genre, je devins fou!... Je ne puis du moins expliquer autrement la monomanie de le posséder qui s'empara si malheureusement de mon esprit.

Un dimanche, pendant que M. B..... était au café de la Régence, à faire sa partie d'échecs, usage qu'il observait régulièrement, à la même heure, tous les jours fériés, et que Marie, son unique servante, assistait aux vêpres, qu'elle ne manquait jamais, je pénétrai, par le secours de mes fausses clefs, dans l'appartement et jusque dans l'atelier particulier de M. B....., situés au second étage.

Quel est mon désappointement en ne voyant plus sur l'établi ce merveilleux groupe irrésistiblement convoité? Sans doute il se trouvait dans le tiroir où M. B..... mettait sous clef les objets entièrement terminés.

Ne prévoyant pas cet obstacle, je n'avais rien préparé pour le vaincre; mais trop avancé pour avoir la salutaire pensée de reculer, poussé d'ailleurs par mon idée fixe, par une puissance véritablement infernale, je ne balance pas à recourir au moyen criminel et désespéré de l'effraction.

Je portais habituellement un de ces couteaux qui présentent, parmi leurs nombreuses pièces, une tige en acier destinée à débarrasser le pied des chevaux des pierres qui peuvent s'engager entre la corne et le fer; j'introduis fortement son extrémité recourbée au-dessus de la serrure du tiroir, et faisant agir mon instrument à la manière d'un levier, je force le pêne et brise légèrement le bois; je vois mon fatal objet au milieu d'une somme assez forte en or; je le saisis d'une main convulsivement agitée, mais je n'eus aucunement la pensée de m'approprier une partie de cet or également à ma disposition.

Je n'étais donc pas un voleur ordinaire?... j'avais été séduit, subjugué par un produit de l'art sans aucune valeur intrinsèque!... et par un orgueilleux, mais bien faux mouvement de mon imagination, cette réserve et cette distinction me semblèrent un instant pouvoir servir d'excuse à mon crime!...

Vaine subtilité, distinction mensongère! ce crime n'était-il point commis avec toutes les circonstances qui le rendaient impardonnable?

A peine avais-je saisi ma funeste capture, que j'entendis un bruit de pas dans l'escalier; on semblait monter avec lenteur et discrétion.

Repousser le tiroir, fermer les portes de l'atelier et de l'appartement, descendre l'escalier, furent des actes instantanément effectués; j'arrivais au bas du second étage, lorsque Lorenzo m'apparut comme un spectre à la partie supérieure du premier.

Ma présence inattendue sembla d'abord le déconcerter; mais voyant, dans ma contenance, un trouble impossible à dissimuler, il se raffermit et reprit tout son avantage : je venais de consommer un vol, il se disposait très-probablement à l'exécution d'un acte semblable, mais bien autrement fructueux dans ses résultats; il existait par conséquent, entre nous, pour le moment du moins, toute la distance qui sépare la pensée de l'accomplissement d'un crime!

— Ah! c'est vous, cher ami, me dit-il, je ne m'attendais pas à vous rencontrer aujourd'hui dans cet endroit, à cette heure surtout!...

J'étais si troublé, que cette observation, par elle-même très-simple, mais formulée avec une intention assez apparente, me parut un sanglant reproche, et que, pour toute réponse, je fis un geste menaçant.

En homme beaucoup plus habile que moi dans la coupable carrière où je venais de m'engager, Lorenzo profita cruellement de ce nouvel avantage.

— Qu'avez-vous, mon cher M. Marcel, me dit-il avec une douceur, un calme étudiés; pourquoi cette colère?... assurément, si l'on ne vous connaissait d'ailleurs pour un homme d'honneur, votre agitation et votre attitude pourraient, actuellement, faire naître bien des suppositions !...

C'était enfoncer le poignard avec autant d'adresse que de perfidie; il me sembla que sa pointe acérée me traversait le cœur, en y faisant passer un froid mortel; je restai désarmé, frappé de stupeur et sans aucune défense.

Lorenzo, avec sa pénétration diabolique, avait compris en même temps la situation et tout le parti qu'il en pouvait tirer, aussi s'empressa-t-il d'ajouter, avec l'air le plus indifférent :

— Avez-vous rencontré quelqu'un chez le patron?

Je balbutiai un non trop significatif pour ne point confirmer ses soupçons.

— Dans ce cas, il est inutile de monter....

Il descendit aussitôt l'escalier, en fredonnant un air, avec tous les dehors de la plus parfaite insouciance.

Je le suivis irrésistiblement, comme le criminel s'attachant aux pas de celui qui possède son fatal secret!...

Lorsque nous eûmes franchi la porte cochère, Lorenzo me salua très-poliment et prit la direction des Champs-Elysées.

Comprenant qu'il ne voulait pas continuer l'entretien, très-satisfait moi-même de pouvoir ainsi l'interrompre, je rentrai chez moi, brisé par la douleur, la honte et les remords!... Je passai le reste de la journée, la nuit entière, dans un état de stupeur léthargique.... Sans cette fatale épreuve, je n'aurais jamais apprécié ce que le poids d'un crime a d'écrasant pour une âme dans laquelle tout sentiment d'honneur et de vertu n'est pas complétement éteint!...

Le lendemain, au matin, Lorenzo vint dans ma chambre, ainsi qu'il le faisait tous les jours ; et, comme si rien ne se fût passé la veille entre nous, il me dit du ton le plus naturel, en apparence :

— Eh bien, Marcel, venez-vous travailler chez M. B.....?

Refuser, c'était me perdre sans retour : je l'accompagnai avec la soumission d'une victime que l'on mène au sacrifice!...

M. B....., contrairement à ses habitudes, nous reçut d'un air sérieux et triste, nous fit passer dans son atelier particulier, et nous dit sans préambule, du ton le plus significatif :

— Messieurs, on s'est introduit hier chez moi pendant mon absence et celle de Marie ; le groupe que je venais d'achever pour M. le duc de C....., une somme de huit cents francs m'ont été pris. Déjà plusieurs fois j'avais cru m'apercevoir de quelques soustractions moins importantes, sans pouvoir m'en rendre compte, ces vols ne laissant aucune trace ; mais, cette fois, il est impossible de s'y tromper, l'effraction est évidente !...

A cette révélation terrible, je sentis comme un vertige ; mon cœur cessa de battre, ma vue se troubla ; je compris ce qu'avait fait Lorenzo après notre séparation ; je le soupçonnai même des larcins précédemment commis, et, dans mon imprudente indignation, je m'écriai, la voix entrecoupée par de pénibles sanglots :

— Un vol d'argent!... mais c'est odieux, et le coupable aura sans doute encore assez de générosité pour avouer son crime et ne pas laisser planer sur un innocent d'aussi épouvantables soupçons?...

En prononçant ces paroles, je fixai mon regard sur Lorenzo, qui reprit aussitôt avec un infernal sang-froid :

— Je n'attendais pas moins de la loyauté de M. Marcel; d'ailleurs, à défaut de son aveu si spontané, si noble, nous eussions eu, pour l'obtenir, la déposition d'un témoin irrécusable, la présence même de l'instrument d'effraction, dit-il en appuyant sur ces mots, en montrant mon couteau que j'avais oublié dans le trouble extrême dont je fus saisi ; ce couteau, qui sur l'écusson porte un chiffre bien connu, ne sera sans doute pas renié par son légitime propriétaire?...

Je compris alors toute la perversité de Lorenzo : en volant cet argent à M. B....., il avait habilement préparé ses moyens, abusé de la crédulité de cette âme honnête pour faire peser sur moi seul toute la responsabilité du crime ; et de ma triste situation, pour me précipiter dans ce piége si perfidement tendu !...

Confondu par cette preuve accablante, je me précipite aux pieds du respectable vieillard :

— Oui, M. B....., lui dis-je d'une voix râlante, c'est moi qui, dans mon irrésistible désir de posséder le chef-d'œuvre que vous venez d'achever, vous ai dérobé cet admirable et fatal objet ; mais, je vous le jure sur l'honneur de ma noble famille, que vous ne voudrez pas flétrir, je suis complétement étranger aux vols d'argent qui vous ont été faits soit hier, soit antérieurement!...

Du reste, comme tout se réunit ici pour me perdre, comme je sens qu'il m'est désormais inutile d'invoquer la loyauté de personne, excepté la vôtre, soyez assez généreux pour me pardonner, je prendrai sur moi toute la responsabilité; je vous remettrai votre chef-d'œuvre et vous rembourserai la somme que vous jugerez convenable de fixer pour les différentes soustractions pécuniaires dont vous venez de vous plaindre.

Flatté de mon amour passionné pour son œuvre, mais surtout ému par la franchise et la sincérité de mes aveux, et probablement aussi parce qu'il avait entrevu la vérité sous une trame aussi noire, cet homme compatissant, avec une bonté naturelle que je n'oublierai jamais, me tendit la main, et me dit une larme dans les yeux :

— Relevez-vous, malheureux jeune homme, je ne crois pas votre nature vicieuse, mais vous avez suivi de bien funestes impulsions; vous avez commis une faute grave, et dont vous devez prévoir les conséquences dans le cas où la justice en serait informée.

Vous me remettrez seulement mon œuvre; la voix de ma conscience me prescrit de ne point vous réclamer autre chose. Pour ce qui me regarde, je vous accorde le pardon que vous me demandez, et je vous promets le plus inviolable secret sur ce qui vient de se passer, tant que je ne serai pas contraint, par la foi du serment, à révéler toute la vérité.

Puis se tournant vers Lorenzo, avec un visage noble et sévère :
— Quant à vous, Monsieur, lui dit-il d'un ton profondément significatif, je vous crois maintenant trop habile pour que vous ayez besoin de mes leçons, et comme je n'ai point actuellement de commandes pour vous occuper, j'entends que nous restions désormais complètement étrangers l'un à l'autre.

Lorenzo comprit tout; il parut d'abord atterré d'une injonction aussi sévère et qu'il n'avait pas prévue ; mais reprenant aussitôt son imperturbable sang-froid, il salua fièrement M. B..... et lança sur moi, en se retirant, un regard sinistre, dans lequel se traduisaient, avec une effrayante expression, toutes les menaces de la plus implacable *vendetta !*...

Dès le jour même j'étais dénoncé; le lendemain, la justice informait; et, deux mois plus tard, mon procès se terminait par une condamnation à dix années de travaux forcés.

Il y a déjà trois ans que cette affreuse condamnation fut prononcée; il me semble l'entendre encore sous l'étreinte d'une souffrance morale qui ressemblait à la plus déchirante agonie, au milieu de mes sourds gémissements, plus douloureux que le râle de la mort !...

Condamné aux travaux forcés !... flétri, rebuté du monde entier, n'ayant désormais d'autre refuge que la miséricorde divine, seule capable de lire au fond des cœurs, d'en apprécier tout le repentir; devenu pour ma famille même un objet de mépris, de honte et de réprobation ; pour ma bonne mère, une croix d'ignominie en échange de ses caresses, de ses tendres soins et de ses pieux enseignements !...

A ceux qui me diraient : le chagrin tue! je répondrais par une formelle dénégation : les cruelles angoisses que j'ai ressenties depuis ce fatal instant, les implacables remords dont mon âme fut constamment déchirée, n'auraient-ils pas mille fois brisé le fil de ma triste vie ?

Avant cette horrible catastrophe, je n'avais pas entièrement compris le charme de la vertu, le prix de l'honneur, la paix de l'innocence; il est des objets si parfaits, qu'il faut les perdre pour en bien apprécier toute la valeur !...

Mais ce qu'aucun homme ne comprendra jamais, s'il n'a pas été criminel, c'est la déchirante et continuelle torture de la conscience et du remords sous l'énorme poids d'un forfait et de la flétrissure qui devient son châtiment!

Conduit au bagne de Toulon, je fus, après un mois de séjour, transféré, sans en connaître le motif, dans celui de Brest, où je languis depuis trois ans.

Qui donc a, dans sa colère, dans son implacable ressentiment contre les condamnés, inventé ces affreux repaires décorés si mal à propos du titre fallacieux de maisons de correction, d'établissements pénitentiaires, où l'on entasse indistinctement tous les malfaiteurs d'un certain ordre; où l'on confond tous les méfaits d'une certaine catégorie; où l'art du crime se professe à toute heure; où l'immoralité répand ses pernicieux enseignements; où les grands coupables sont loin d'expier leurs crimes; où les âmes vicieusement trempées vont achever leur corruption; où celles que tendraient à moraliser les regrets et le plus véritable repentir, viennent trop souvent échouer contre les obstacles multipliés qui s'opposent à leur conversion.

Il faut être galérien, il faut habiter le bagne à cet épouvantable titre, pour apprécier ces vérités.

Ceux qui les ont combattues dans le silence du cabinet, au milieu des jouissances de la vie libre, ont substitué les décevantes illusions de la théorie aux positives et terribles réalités de la pratique.

Le jour même où je fus si cruellement frappé d'un verdict flétrissant, je jurai sur l'âme de ma mère, sur le symbole sacré de nos plus respectables croyances, d'expier mon crime par une conduite irréprochable, et par l'accomplissement rigoureux des pénibles obligations qui devaient m'être imposées!...

J'ai la consolation de n'avoir pas un seul jour fait défaut à mes solennelles promesses !...

Depuis que je suis au bagne de Brest, j'ai constamment joui des faveurs qu'il présente : la salle d'épreuve m'a conduit à l'hôpital de la marine en qualité d'infirmier ; là, j'ai trouvé dans les chefs du service médical, et même dans leurs subordonnés, appui, protection, générosité, grandeur d'âme et ce qu'il est permis d'attendre d'hommes aussi honorables, aussi dévoués, non-seulement au soulagement des douleurs physiques, mais encore à la consolation des souffrances morales ; dans les bonnes sœurs, des anges de vertu, de douceur, répandant autour d'elles tout ce que l'on doit espérer de soins et de bienfaits du cœur si compatissant et si pur d'une femme profondément chrétienne ; enfin, dans les ministres de la religion, ces conseils paternels et ces sublimes enseignements de la foi, qui seuls peuvent retremper une âme flétrie, la relever à ses propres yeux, l'encourager, la soutenir dans les voies salutaires du repentir et de l'expiation ; la conduire, sinon devant les hommes, au moins devant Dieu, à cette réhabilitation morale si précieuse à la conscience de l'homme déchu ; dernier espoir, fin suprême du condamné qui n'a pas oublié, sacrifié sans retour la dignité de son essence naturelle et primitive !...

Je suis actuellement au bazar du bagne, où j'améliore beaucoup mon régime alimentaire en vendant les objets d'un certain prix qu'un peu d'habileté dans la ciselure me donne la facilité de fabriquer. Ma position dans cet établissement est donc la plus favorable que l'on puisse imaginer.

Cependant, Monseigneur, jugez vous-même si ces avantages sont de nature, je ne dirai pas à détruire, mais seulement à compenser les vices capitaux, essentiels et trop négligés de l'institution actuelle du bagne?

Pour décider la question par les faits eux-mêmes, il me suffira d'achever le tableau, de mettre actuellement en opposition avec la lumière, qui semble jusqu'ici l'éclairer d'un jour douteux, les ombres qui viennent l'assombrir et le frapper d'une teinte lugubre et sinistre!

Je suis déferré : sans doute ; mais cette manille, qui reste comme inhérente à l'un de mes membres! ce costume de honte et de réprobation!... Toute livrée déconsidère, abaisse la dignité de l'homme à ses propres yeux; mais la livrée du crime?... Il faut la porter pour comprendre la douloureuse pression qu'elle produit sur le cœur, le profond découragement qu'elle jette incessamment dans l'âme!...

Nos salles d'épreuve, nos services de faveur, au premier aspect séduisent par leur calme, leur bonne tenue; mais si l'on pouvait savoir tout ce qu'ils renferment encore d'hypocrisies, de passions coupables, de mauvais enseignements et de pernicieux conseils, qui, se répandant sourdement et sous le voile du mystère, sèment les germes du crime avec d'autant plus de succès, qu'ils sont inaperçus et tombent dans un sol trop souvent bien disposé pour les féconder!...

Si maintenant de ces régions élevées, de ce purgatoire, on descend dans les régions inférieures, dans l'enfer du bagne, là se trouvent réunis tous les moyens que le démon lui-même n'aurait pas autrement imaginés pour abrutir la nature humaine, développer ses mauvais instincts par la science et l'art du crime, lui fermer entièrement toute voie de repentir et de retour à la vertu.

Il est en effet impossible, sans avoir assisté à ces épouvantables conciliabules, à ces démonstrations hideuses qui trouvent un nom seulement dans le dégoûtant argot des forçats, et dont la pudeur ne permet aucune description, de comprendre toute la turpitude et le cynisme de ces réunions d'hommes si complétement et si profondément corrompus, qu'ils ne peuvent entrer en parallèle avec les animaux les plus venimeux, les plus sauvages et les plus sanguinaires.

Ici le crime a ses degrés, ses prérogatives, comme la vertu chez les hommes d'honneur et de conscience !...

Celui qui peut se vanter d'avoir commis les plus grands forfaits, avec les circonstances les plus tragiques et les plus atroces, règne sur les autres par l'ascendant irrésistible de l'audace et de la fascination !...

Les escroqueries, les vols, les empoisonnements, les incendies, les assassinats, et tant d'autres méfaits qu'il serait impossible de nommer, sans rougeur au front, sont racontés avec un infernal orgueil, avec suffisance et forfanterie dans leurs moindres détails; écoutés avec une avidité diabolique et l'intention bien positive de mettre en pratique, à la première occasion, les enseignements sataniques de ces affreux récits !...

Je m'arrête, Monseigneur; il est des tableaux tellement sinistres, qu'ils ne doivent être peints que sous un demi-jour, et qu'il faudrait même les condamner à la plus profonde obscurité, si leur manifestation n'était pas aussi nécessaire pour amener la destruction radicale des établissements les plus contraires au véritable châtiment et surtout à la moralisation des condamnés !...

Je viens d'épancher, avec un soulagement indicible, mon âme tout entière dans le sein de votre inépuisable bonté ; vous voyez mes craintes, mes espérances, les obstacles qui m'environnent, les dangers qui menacent mon avenir, l'affreuse position où se trouve l'un de vos enfants!... je ne préciserai donc pas l'objet de mon recours près de vous ; je dirai seulement, comme dans toutes les prières que j'adresse à la Providence, qui connaît mieux que moi mes besoins : « Mon père, faites selon qu'il vous paraîtra le plus utile!... Mon père, ayez pitié de moi!... »

De tous vos enfants, Monseigneur, le plus repentant et le plus respectueux.

MARCEL DE SAINT-M.....

Ce document nous a paru d'une telle portée, sous les divers rapports des inconvénients de l'éducation particulière pour les jeunes gens, du danger des liaisons inconsidérées et des vices radicaux de notre principale institution pénitentiaire, que nous eussions craint d'en affaiblir la valeur, en supprimant quelques-uns de ses détails.

Nous possédons actuellement tous les faits nécessaires pour arriver à l'appréciation complète et positive du bagne tel qu'il est aujourd'hui.

Nous croyons, dans cette large exposition, les avoir à peu près tous signalés et mis en lumière, sans chercher, par aucune exagération, à faire prévaloir notre pensée.

Il nous reste actuellement, pour compléter cette importante partie de la question, à faire connaître les opinions formulées sur les caractères du bagne, et celle que nous adopterons.

XXIII

APPRÉCIATION DU BAGNE TEL QU'IL EST.

Ce n'est pas sans un véritable étonnement que nous voyons le jugement si différent et souvent si peu pratique porté sur cette institution par des hommes d'un esprit distingué.

« Tous les romanciers, poëtes et philanthropes qui ont écrit sur les bagnes, dit M. Moreau-Christophe, inspecteur général des prisons, dans son ouvrage offrant pour titre : *De l'état actuel des prisons en France,* nous ont fait de l'intérieur de ces établissements une peinture plus ou moins rembrunie, plus ou moins pittoresque, selon les besoins du sujet qu'ils avaient à traiter, ou l'émotion qu'avait ressentie leur cœur. »

Que penser de ces jugements étranges sur le bagne, rapportés par M. Alhoy, et dont il blâme, avec raison, l'inconcevable légèreté ?

« De toutes les prisons, celles qui méritent le moins ce nom, ce sont les bagnes : tel homme réputé libre, est plus esclave qu'un forçat. »

« Moyennant un bout de chaîne, le forçat communique avec ses semblables ; il respire l'air du ciel, il va et vient dans les vastes espaces, et il ne fatigue guère, en dépit des mots travaux forcés. Il peut travailler pour un pécule ; trouve, en rentrant au bagne, une nourriture frugale, mais préférable aux mets grossiers dont se contentent la plupart des paysans de la France, et la classe malaisée des grandes villes. »

« On voit des forçats désespérés de quitter le bagne ; des assassins s'y trouvent heureux ; ils ont là ce qu'ils voulaient : le vivre, le couvert et peu de fatigue ; ils vivent tranquilles ; ce sont de bonnes gens qui vieillissent et meurent doucement. »

Si nous rapportons ces opinions formées en dehors de l'expérience, exprimées en style de roman, c'est pour faire comprendre combien d'écrivains ont parlé du bagne sans le connaître, et combien il serait dangereux de s'arrêter à d'aussi futiles assertions.

M. Alhoy nous semble répondre, par un fait bien sérieux dans ses interprétations, à la réalité de cet amour prétendu des galériens pour le bagne, lorsqu'il dit : « Faut-il s'en étonner, quand le Code a fait de la liberté, pour le libéré, le prix de toutes les misères ! »

D'après M. le docteur Lauvergne, médecin du bagne de Toulon, par conséquent à portée d'apprécier cette institution pénitentiaire : « Les bagnes sont une œuvre aussi contraire à l'amélioration morale des condamnés, que funeste aux intérêts de la société ; il est donc urgent que les légistes et les philosophes s'occupent de les remplacer par des établissements réellement utiles, plus en rapport avec l'état de nos mœurs et de nos institutions. »

« Ceux qui ont visité les bagnes, dit M. Alhoy, ont vu dans ces établissements, les uns, le tableau du crime heureux sur la terre ; les autres, un établissement de charité en faveur des voleurs et des assassins. »

Le même auteur s'exprime ainsi relativement au premier bagne de France : « Brest est une vaste école pratique, où la question pénale peut être saisie d'un premier coup d'œil sous tous ses aspects ; c'est une grande arène, où se débat en vain l'homme déchu pour revenir à la vie morale ; où l'athlète réfractaire que la loi a terrassé, médite encore une lutte plus acharnée, plus sanglante ; grand réservoir où la fange sociale qui remonte à sa source se corrompt encore davantage, pour s'échapper de nouveau plus chargée d'exhalaisons morbides et de miasmes mortels. Voilà Brest-bagne, au dire d'un grand nombre d'écrivains, qui presque tous professaient, il y a quelques années, des opinions opposées : ont-ils raison aujourd'hui, avaient-ils raison jadis ? »

Nous pourrions facilement ici multiplier les citations sur l'appréciation du bagne ; comme dans celles qui précèdent, nous en verrions quelques-unes dictées par l'expérience, et la plupart enfantées par l'esprit de système ou l'imagination ; de telle sorte qu'on pourrait leur appliquer cette réflexion très-vraie de M. Alhoy: « L'institution des bagnes, dans les jugements que l'on porte sur elle, peut en appeler des hommes qui l'ignorent à ceux qui l'ont étudiée. »

Avant de juger définitivement cette grande application pénale, il nous semble essentiellement logique de voir, d'après les faits, si la législation n'y trouve pas les quatre indispensables conditions que doit présenter, dans un degré suffisant, toute bonne institution pénitentiaire : 1° *Châtiment juste, proportionné, digne de* la société qui l'impose. 2° *Moralisation positive et vraie du condamné.* 3° *Garantie pour le libéré contre l'action dominante des causes qui pourraient l'entraîner presque nécessairement dans une récidive.* 4° *Facilité d'exécution et dépenses incapables de grever le budget de l'État.*

Enfin, si le bagne actuel ne remplit pas ces quatre indications principales, il faudra voir encore si les vices qu'on lui reproche dépendent essentiellement de l'institution, ou d'une mauvaise direction qu'elle aurait prise.

Dans le premier cas, en effet, on devrait la supprimer entièrement; dans le second, il conviendrait seulement de la corriger et de la perfectionner.

En posant aussi nettement les termes de la question, nous arriverons nécessairement à sa fin positive, et les résolutions adoptées auront alors un caractère de certitude et de maturité qui préviendra pour toujours les réclamations et les regrets.

1° *Le bagne offre-t-il un châtiment juste, proportionné, digne de la société qui l'impose ?*

Lorsque nous trouvons actuellement dans le bagne de Brest, confondus sans distinction, l'homme condamné à cinq ans de fers et celui qui doit y rester enchaîné pendant toute sa vie; le forçat qu'un instant de colère ou d'ivresse rendit meurtrier, et le forçat profondément vicieux qui s'est roulé dans la fange de tous les crimes, et souvent, pour ainsi dire, abreuvé de sang humain; l'homme distingué par les habitudes, l'esprit, l'éducation, l'exercice d'une profession élevée; conduit à la chiourme par l'ambition, le fanatisme, l'orgueil et tant d'autres passions dont quelques-unes, en plus juste mesure, deviendraient des vertus; et l'homme de la *pègre*, aux instincts grossiers, sans culture, dont la brutalité criminelle forme l'essence ; qui n'a connu de la vie que les rudes épreuves ou les coupables débordements ; le jeune homme et le vieillard ; l'homme robuste et le sujet d'une frêle organisation ; le stupide et l'homme de génie ;

Lorsque nous voyons l'organisation du travail, si essentiellement bonne et moralisatrice, naguère encore dans un remarquable progrès, aujourd'hui si complétement négligée, pourquoi ne dirions-nous pas si malheureusement rejetée? les travaux du bagne réduits, comme dans l'enfance de l'institution, *à la grande fatigue*; où tel homme habitué aux ouvrages pénibles se trouve dans les conditions de son existence ordinaire; tandis que l'homme du monde, le littérateur, l'artiste, etc., sans force, sans habitude et sans habileté suffisantes, souffrent cruellement jusqu'à ce qu'ils périssent écrasés sous le poids d'un fardeau qu'on aurait dû mieux proportionner à leurs moyens; nous répondons par la négative.

Enfin, sans parler d'un grand nombre d'autres vices positifs à ce premier chef, il nous est impossible de reconnaître dans ces monstrueux accouplements du bagne, effectués surtout entre deux forçats aussi disparates que ceux dont nous venons de montrer les oppositions, autre chose qu'une pratique irréfléchie, un châtiment sans proportion; disons-le franchement, une immoralité peu digne de nos institutions sociales.

« Au bagne de Toulon, d'après M. Alhoy, on compte un grand nombre de condamnés envoyés aux fers par les conseils de guerre; la plupart de ces forçats inspirent l'intérêt, et l'on se demande, puisque la peine des fers n'est pas réputée infamante quand elle est prononcée par la loi militaire, pourquoi les hommes qu'elle frappe ne jouiraient-ils pas du privilége d'une localité séparée? Ces hommes, qu'une grâce peut rappeler sous les drapeaux, ne mériteraient-ils pas une distinction pendant la durée de leur peine ; et n'est-ce pas ajouter à la sévérité de la loi militaire, que d'accoupler un soldat qu'un accès d'ivresse, de colère ou de nostalgie, a rendu insoumis, révolté ou déserteur, à un condamné que les vices et les plus indomptables passions ont fait assassin, voleur ou faussaire ? »

A ce premier point de vue, qui semblait être la principale, pour ne pas dire la seule pensée de cette institution pénale à sa naissance, le bagne actuel ne remplit aucune des conditions que la législation pénitentiaire devait y rencontrer.

Cette importante vérité se trouve même aujourd'hui tellement prouvée, si généralement admise, que nous eussions glissé plus légèrement sur sa démonstration, si les imperfections signalées ne devenaient pas autant d'indications essentielles des améliorations à proposer.

2° *Le bagne est-il en mesure d'amener la moralisation positive et vraie des condamnés?*

C'est une bien triste notion que celle qui nous conduit à proclamer, d'après les faits les plus incontestables et les plus nombreux, que la chiourme est une vaste école de corruption et d'immoralité, où la nature humaine s'abrutit, où s'acquiert et se développe, dans toute son habileté, l'art de commettre les plus grands crimes avec les moyens de succès les plus assurés, avec les précautions les plus infaillibles pour arriver à l'impunité complète.

Si nous avions besoin d'une preuve puisée à la source même, nous invoquerions la confiance que professent les gardiens du bagne pour la valeur des principes que l'on y trouve et de l'éducation que l'on y reçoit :

Celui qui nous conduisait nous dit, en nous faisant entrer

dans les salles : « Veillez avec soin sur vos poches et même sur les objets précieux qu'on ne pourrait vous dérober qu'avec une très-grande habileté. »

« Autrefois, dit M. Alexandre de Laborde, la distribution philosophique des condamnés établissait un système de moralité dans le séjour même de l'immoralité ; isolant certain crime d'un autre et interposant ainsi entre les criminels mêmes des préjugés de délicatesse et d'honneur. Aujourd'hui, les bagnes ne sont plus que des écoles de forfaits où chaque condamné peut s'instruire dans l'art de les commettre. Le faussaire apprend du voleur à faire une fausse clef, à crocheter une porte ; le voleur à son tour apprend du faussaire à calquer une signature, à faire des compositions chimiques qui enlèvent l'écriture et qui collent le papier de manière à lui laisser sa couleur. Le faux monnayeur reçoit les leçons de l'assassin ; le bigame devient empoisonneur. La maison qui était destinée à punir le coupable et à le corriger pour le rendre ensuite à la société, devient l'atelier où se préparent les grands crimes, où se propagent tous les genres de perversité ; et l'on en voit sortir, après y être devenus des monstres, des malheureux qu'un instant d'oubli y avait précipités. »

Il serait difficile de faire une description plus saisissante et plus vraie de la chiourme comme école de mauvaises mœurs et de crimes à tous les degrés.

L'auteur signale en même temps un fait d'une haute importance dans la question, et ressortant de l'histoire positive du bagne : c'est qu'il s'agit de l'état actuel de l'institution, dont les conditions sont beaucoup plus vicieuses que celles de l'état passé. Nous prenons acte de ce fait et nous verrons, dans l'examen du bagne tel qu'il devrait être, la grande portée que ce même fait peut offrir.

« Le bonnet rouge, pour quelques forçats, dit M. Alhoy, n'est qu'un signe de transition ; du bonnet rouge ils passent rapidement au bonnet vert, dont souvent ils ne se débarrassent qu'au pied de l'échafaud ! »

« Il existe à la chiourme, ajoute M. Aubineau, ce que les condamnés appellent *les grands bonnets*, et que l'autorité nomme les *récalcitrants*. Ce sont les véritables chefs du bagne. Ils y donnent le ton pour ainsi dire, et sont les soutiens de cette lutte, plus envenimée à Brest qu'à Toulon, que les forçats fomentent toujours contre l'administration et la société tout entière, que cette administration représente à leurs yeux. »

« Le crime, suivant les énergiques expressions de M. Maurice Monjean, y présente son école, son trône et ses courtisans ; l'immoralité y marche la tête haute ; on y voit le cynisme éhonté mort à tout sentiment honnête, qui traite le remords de faiblesse, enhardit la timidité du crime et ôte à la conscience sa pudeur même. »

Le savant et si judicieux M. Hello, avocat général à la cour de cassation, prononce au même titre la suppression du bagne et ne paraît pas avoir plus de confiance dans l'influence moralisatrice des prisons, lorsqu'il dit :

« N'est-ce pas un effroyable désordre, qu'un malade soit placé de vive force dans un foyer d'infection, où il lui est difficile de ne pas empirer, et impossible de guérir ! qu'on le punisse ensuite des nouvelles plaies qu'on lui a faites, et qu'il y ait dans un État civilisé une partie de la population que les prisons et la société se rejettent tour à tour et indéfiniment ! Prenons-y garde : autre chose est de donner des vertus à qui n'a que des vices ; cet effort de la philanthropie et de la charité peut n'être pas un devoir rigoureux pour la loi civile ; autre chose de donner des vices à qui n'en avait pas, ou d'ajouter à ceux qu'il avait. Si corrompre est un crime, ne pas corrompre est une obligation étroite, tellement étroite qu'entre le tribunal qui sévit et la victime de l'éducation actuelle des prisons, je doute en vérité que l'équité naturelle ne se sépare pas de la loi écrite, l'Etat pouvant passer pour le vrai corrupteur. »

Ici, comme sous tous les autres rapports, le bagne a sensiblement perdu de sa valeur ; ce n'est donc pas l'institution passée que nous apprécions, mais bien l'institution actuelle.

« En France, avant la révolution, dit M. Alex. de Laborde, les forçats n'étaient point confondus, on en avait fait des classes particulières d'après la nature des crimes dont ils s'étaient rendus coupables ; ils étaient distingués par la différence de leurs vêtements, et ils ne communiquaient jamais ensemble.

« Depuis cette époque, ils ont le même costume, le même régime ; ils partagent la même habitation ; ils sont assujettis aux mêmes travaux et obéissent aux mêmes chefs. L'homme qui n'a été qu'égaré, la victime de l'erreur ou de l'opinion, traîne sa chaîne avec le voleur de profession, l'infâme assassin et le scélérat incorrigible.

« Cette fusion, cet assemblage, dans un centre commun, de tant de malfaiteurs dont les délits ont gradué les crimes, et dont la peine devait conséquemment être proportionnelle, est aussi injuste qu'impolitique. »

Ces faits positifs, incontestables, font assez la part des vices relatifs à l'institution, de ceux qui tiennent aux altérations profondes qu'on a laissées pénétrer dans son régime ; nous dirions presque des abus dont on l'a si fatalement dotée !...

3° *L'institution du bagne offre-t-elle une garantie, pour le libéré, contre l'action dominante des causes qui pourraient l'entraîner presque nécessairement dans la récidive?*

Ici, l'action législative s'abaisse jusqu'à la déplorable condition du flagrant délit.

Elle semble avoir pris à tâche, lors même que le jugement ne frappe le coupable que pour un temps assez court, de le condamner soit à la séquestration perpétuelle, soit à la fatale nécessité de rentrer dans la carrière du crime.

En effet, si la peine du bagne n'imprime plus actuellement sur les chairs du galérien le sceau brûlant de l'infâmie, ne lui inflige-t-elle pas d'une manière aussi indélébile et plus évidente encore, par la surveillance à vie, les stigmates léthifères de la flétrissure morale, et, par une conséquence nécessaire, de la honte et de la réprobation?

D'aussi révoltants abus ont soulevé depuis longtemps l'indignation des cœurs bien placés et les réclamations de la philanthropie.

Tous les hommes de sens comprennent aujourd'hui qu'à ce titre, surtout, le bagne, loin de remplir les conditions pénitentiaires que la justice avait droit d'en attendre, ne fait qu'amener à cette affreuse maturité les détestables fruits dont la semence avait germé dans le sol fangeux et pestilentiel de cette institution.

Avec tous ces vices de forme et de conduite, le système du bagne est encore supérieur à celui des maisons centrales, au point de vue des récidives après libération. Voici les expressions textuelles de M. le garde des sceaux, dans son rapport au roi, 1837 :

« Un fait qui par son importance doit frapper l'attention, c'est que parmi les forçats libérés chaque année depuis 1833, les récidives se sont reproduites annuellement dans une proportion assez uniforme. On ne remarque pas qu'elles soient plus fréquentes relativement parmi les libérés de 1836 et 1837, que parmi ceux de 1833 à 1834. *Il en est autrement* parmi les libérés qui sortent *des maisons centrales* : ceux qui ont été mis en liberté pendant les deux dernières années de la période quinquennale, présentent un chiffre proportionnel de récidives plus élevé que celui des deux premières années. *La proportion des récidives est toujours moins forte parmi les forçats libérés que parmi les libérés des maisons centrales.* »

Nous prenons acte d'une déclaration aussi formelle en faveur des conditions essentielles de l'institution du bagne et pour faire pressentir ce qu'elles pourraient offrir d'avantageux sous ce rapport, comme sous tous les autres, en mettant la forme en harmonie parfaite avec le fond.

4° *Enfin, la chiourme d'aujourd'hui peut-elle être facilement administrée; les dépenses qu'elle exige ne grèvent-elles pas le budget de l'Etat?*

Sous ce dernier rapport, comme sous tous les autres, l'institution du bagne était bien moins défectueuse autrefois qu'elle ne l'est actuellement.

Ce n'est assurément pas à l'administration qu'il faut en adresser le reproche; elle se montra presque toujours, en effet, sage, bienveillante, ferme, intelligente et dévouée; c'est par une succession de causes fatales que cette institution est tombée dans l'état déplorable et dans le discrédit où nous la voyons actuellement.

Si l'on voulait rechercher les plus évidentes et les plus graves de ces causes, non pour déverser un blâme sur leurs principes, mais pour obtenir des renseignements utiles à l'avenir, ces causes ne seraient pas difficiles à trouver.

M. Alex. de Laborde nous en a déjà signalé plusieurs ; MM. Ch. Lucas et Alhoy vont se charger d'achever la démonstration.

« Ce fut soixante-dix ans après l'ordonnance de 1748, dit M. Ch. Lucas, dont nous apprécions la profonde expérience, que, sous l'administration éclairée de M. de Lareinty, intendant de la marine à Toulon, le principe de l'admission générale, et à tour de rôle, des forçats aux travaux extérieurs, fut admis et pratiqué. Il en résulta une immense amélioration dans le régime sanitaire des bagnes, qui en provoqua une autre dans le régime disciplinaire. En reprenant leurs forces, les forçats révélèrent leur aptitude à différents services des ports autres que les travaux de fatigue.... Les bagnes prirent ainsi, au dedans et au dehors, une physionomie spéciale qu'il est utile de bien constater ici avant de passer à une époque où révolution qui en a effacé les traits.... Le Code de 1810 et la législation pénale même qui l'avait précédé, en attachant aux travaux forcés le but pénal d'une occupation pénible, dépouillée de tout attrait dans sa nature, de toute rétribution dans son exercice, opéra cette nouvelle révolution dans le régime des bagnes, où les détenus devaient être généralement et forcément occupés. »

M. Alhoy constate ainsi les heureux effets de l'organisation du travail dans le bagne de Toulon, proposée en 1818 par M. l'intendant de Lareinty, et mise en vigueur en 1820 par les soins réunis de MM. Samson, successeur de M. de Lareinty, et Raucourt, ingénieur :

« Il est facile d'apprécier le régime qui fut alors établi, en considérant ses effets sur le travail des forçats et sur leur moralité.

« Il fut constaté que ces travaux, commencés à une époque où il y avait par homme et par an une perte de 204 fr. 19 c., amenèrent un prompt résultat de 43 fr. 70 c. en bénéfice, ce qui donnait en faveur de l'Etat une bonification de 247 fr. 89 c. par homme et par an.,.. Alors eut lieu la création si philanthropique du pécule.... Une amélioration sensible se manifesta dès les premiers moments dans la conduite des forçats... ils étaient plus dociles, moins irritables; les dégâts, les voies de fait diminuèrent d'une manière sensible; les actes de désespoir, les suicides, devinrent rares, les évasions moins fréquentes.,.. Cette amélioration était proportionnée au travail, et les condamnés les plus travailleurs étaient aussi ceux qui se conduisaient le mieux.... Pendant le cours des travaux de l'année 1826, deux mille six cent quatorze forçats furent déferrés à titre de récompense et d'encouragement.... Il y eut une diminution notable dans la journée d'hôpital, et la proportion des malades, qui précédemment avait été de huit à dix pour cent, finit par n'être plus que de trois à quatre.... Cette expérience a duré neuf années ; elle a été faite sur une population habituelle de quatre mille cent trente-six individus qui étaient maintenus à niveau par des arrivées et des sorties périodiques. »

Il est difficile de trouver une preuve plus positive des immenses avantages que peut offrir, sous tous les rapports, l'organisation du travail dans la chiourme, et l'on se demande, avec un sentiment de peine profonde, quelle cause fatale est venue ruiner entièrement une mesure qui semblait promettre le plus désirable avenir à l'institution du bagne, et qui, secondée par d'autres améliorations, l'aurait assurément sauvée des reproches mérités qu'on lui adresse dans ce moment, et de la suppression dont on la frappe aujourd'hui. Voici de quelle manière M. Alhoy répond à cette importante et grave question :

« C'est une grande responsabilité, un lourd fardeau pour

l'administration de la marine, que la garde, la surveillance et l'emploi des forçats ; aussi à diverses époques, et à dater du préfet Caffarelli, il s'est formé dans l'administration et dans les ports un parti d'opposition, qui, lorsqu'il n'a pas été assez puissant pour tuer l'institution dont on lui confiait la conservation, a cherché à la ruiner ouvertement ou par une insouciance systématique qui a laissé toutes les voies ouvertes aux abus. Il y a un parti conservateur, mais il a moins de persévérance pour le maintien que ses adversaires pour la ruine.... Parmi ces derniers, on trouve des administrateurs dont la bonne foi, les pensées de droiture ne peuvent être suspectées, mais qui, entraînés par l'ardeur de leur vœu fixe, s'abandonnent à tous les écarts du paradoxe, s'inscrivent en faux contre le positif des chiffres, et s'inspirent une panique que rien ne justifie. Au nombre de ces administrateurs, il faut placer en première ligne M. le baron Tupinier, directeur général des ports et membre de la chambre des députés. »

Une accusation aussi sérieuse, aussi franchement, aussi nettement formulée, tendrait positivement à prouver que la ruine du bagne était méditée dès longtemps, et que l'on a favorisé la dégradation de cette institution pénitentiaire, pour en légitimer la suppression définitive ; qu'enfin, cette mesure serait beaucoup moins dans ses considérants l'expression d'une utilité sociale, que d'une convenance administrative!... On comprendrait alors toute l'importance et toute la nécessité de ne pas l'adopter sans un profond et consciencieux examen ; c'est précisément ce que nous désirons faire en continuant ce travail.

Nous ajouterons toutefois, à cette occasion : Le fait si grave, par sa portée, que vient de signaler M. Alhoy, doit-il être admis sans réserve ? Nous ne chercherons pas à le décider ; nous voulons seulement enregistrer ce même fait et l'accompagner d'une citation du même auteur, qui peut-être pourra guider ceux chez qui le désir de cette interprétation se ferait plus impérieusement sentir.

« Les forçats, dit M. le baron Tupinier, ne sont pas des auxiliaires nécessaires pour les travaux des ports; ils y sont au contraire des collaborateurs fâcheux pour les ouvriers; des hôtes fort dangereux pour la sûreté des arsenaux et du matériel qu'ils renferment... Rien ne serait plus facile que de remplacer le travail des forçats par celui d'un moindre nombre d'hommes libres; on rendrait un très-grand service à la partie de la population des ports qui souffre, faute de pouvoir gagner un salaire; *et on débarrasserait la marine d'un véritable fléau.* »

Nous pensons qu'une semblable déclaration est assez positive et qu'elle n'a pas besoin de commentaire; aussi laisserons-nous à chacun le soin de faire celui qui lui conviendra; mais nous prouverons bientôt que cette boutade, comme la qualifie M. Alhoy, contraire aux opinions si bien établies des hommes d'expérience, tels que MM. Ch. Lucas, Moreau-Christophe, etc., inspecteurs généraux des prisons; Raynaud, Th. Bonjour, Glaize, etc., commissaires des bagnes; de Lareinty, Raucourt, Alex. de Laborde, etc., porterait un coup mortel au meilleur système pénitentiaire, si cette même boutade pouvait être prise pour un document sérieux.

Dans les conditions déplorables où le bagne est tombé, soit de lui-même, soit sous l'effort d'une malveillante impulsion, il est évidemment d'une administration impossible, et très-probablement onéreux au budget de l'État, si nous en jugeons, du moins, par la nature des travaux que nous avons vus dans le port de Brest, à la grande fatigue, et par la manière dont ils sont exécutés.

Du reste, si nous ne possédions pas des faits aussi positifs pour nous renseigner dans la solution de ce dernier problème, les actes officiels viendraient le résoudre de la manière la moins équivoque, et nous apprendraient en même temps que le vice capital dont nous venons de parler figure au nombre des motifs sérieux de la suppression des bagnes.

Tel est en effet, dans le message du chef de l'État, du 12 novembre 1850, le passage relatif à la grande question de la suppression des chiourmes, et l'énoncé des principaux considérants qui légitiment cette suppression :

« Six mille condamnés renfermés dans nos bagnes de Toulon, de Brest et de Rochefort, *grèvent notre budget d'une somme énorme, se dépravent de plus en plus et menacent incessamment la société.* Il me semble possible de rendre la peine des travaux forcés *plus efficace, plus moralisatrice et moins dispendieuse,* et en même temps *plus humaine*, en l'utilisant aux progrès de la colonisation française. »

Au milieu de ces graves préoccupations, en face de notre dernier bagne, nous avons été conduit à des études physiologiques et morales d'autant plus utiles et plus sérieuses, qu'il est urgent d'esquisser aujourd'hui le véritable portrait des chiourmes dont les originaux, en disparaissant du sol de la France, ne laisseront bientôt dans la mémoire des hommes qu'un vague et douloureux souvenir.

Nous avons fait l'histoire exacte et consciencieuse du bagne ; mis en évidence et franchement attaqué les vices positifs et nombreux de cette grande application pénitentiaire ; nous associons actuellement notre pensée à la conviction générale qui semble prononcer l'arrêt de cette institution, telle que nous venons de la peindre d'après nature.

Mais, dans ce déplorable état de choses, convient-il de détruire l'édifice jusque dans ses fondements, au lieu d'en réformer les imperfections? Faut-il prononcer dans toute sa rigueur le terrible *delenda est Carthago?...*

Nous ne le pensons pas ; nous avons au contraire la conviction profonde qu'en agissant ainsi le gouvernement, dont nous venons de lire avec une vive satisfaction le philanthropique et si consolant programme, et précisément en conséquence des termes de ce programme, ne voudra pas, sans nécessité, se créer pour l'avenir, imposer au pays des regrets d'autant plus pénibles qu'ils seraient alors sans compensation.

Pour le démontrer par les faits, et pour sortir avantageusement des sérieuses difficultés de la question à l'ordre du jour, nous établirons d'abord les principes généraux d'une bonne réforme pénitentiaire; nous examinerons ensuite, au point de vue de la meilleure application à faire, les trois principaux moyens qui s'offrent en concurrence : le bagne tel qu'il doit être, la prison cellulaire, la déportation.

XXIV

RÉFORME PÉNITENTIAIRE.

Dans une question aussi complexe, aussi grave, sur la solution de laquelle reposent tant d'intérêts généraux et particuliers, il faut éviter les préoccupations étrangères à l'objet principal; ne pas voir seulement des criminels à punir, mais en même temps des malheureux condamnés à moraliser, à ramener au sentier du bien, de la raison et de la vertu, dans l'espoir de les rendre à la société avec avantage pour eux et sans danger pour elle.

Depuis trente ans au moins la réforme du système pénitentiaire est à l'étude comme essentielle, urgente, indispensable.

Si nous avions besoin du témoignage si positif des chiffres pour en démontrer la nécessité, les relevés statistiques fournis par M. Paillard de Villeneuve, sur les effrayants progrès de la criminalité, viendraient assurément nous l'offrir :

« Sur quatre-vingt quatorze mille neuf cents libérés des maisons centrales et des bagnes, on trouve dans une période de cinq ans vingt-huit mille cinq cents récidives, près de six mille par année.

« De 1827 à 1849, dans une période de vingt-deux ans, l'augmentation de la population ayant été de douze pour cent, celle de la criminalité s'est trouvée de cent neuf pour cent, et dans cette progression :

« En 1827, le nombre des accusés et prévenus est de cinquante-quatre mille trois cent soixante-douze.

« En 1844, d'après une augmentation graduée, de quatre-vingt six mille trois cent quarante et un.

« En 1847, de cent quatre mille six cent douze.

« En 1849, de cent vingt-sept mille huit cent quatre-vingt-huit. »

Au milieu de semblables conjonctures, le problème est-il aujourd'hui résolu?

A cette grave interpellation nous répondrons par un fait incontestable et décisif : l'état actuel de la question.

La France est maintenant en présence de trois grandes applications pénitentiaires : Le bagne, la prison cellulaire, la déportation.

De ces trois applications, la première est sur le point d'être supprimée ; la seconde, généralement jugée comme essentiellement inadmissible ; la troisième, seulement en voie d'expérimentation.

« Le système pénitentiaire, qui préoccupe si vivement les esprits depuis quelques années, disait M. Léon Faucher en 1837, avant d'arriver à l'état de science, aura sans doute bien des degrés à parcourir; car il est né avec le siècle où nous venons d'entrer et l'expérience est une autorité qu'il n'a pas encore le droit d'invoquer. Son origine en France remonte peut-être moins haut qu'ailleurs; son histoire se réduit à quelques essais qui n'ont pu porter déjà leurs fruits. Avant la Restauration, c'était une terre inconnue; le Code Impérial n'avait point pourvu à l'amendement des coupables; il punissait pour punir. Une brochure de M. de La Rochefoucault-Liancourt, sur les prisons de Philadelphie, et l'ordonnance de 1814 qui instituait à Paris un pénitencier de jeunes détenus, voilà quelles circonstances signalèrent alors chez nous l'apparition simultanée de la pratique et de la théorie. »

Depuis cette époque assez rapprochée, des associations philanthropiques se sont formées, des expériences bien souvent rebutantes, et des travaux difficiles ont été courageusement entrepris, conduits avec habileté, zèle et persévérance; des ouvrages sérieux en sont devenus les utiles et beaux compléments.

Ainsi la Société royale des prisons a pris naissance et grandi par les soins de M. Decaze.

Au nombre des hommes qui par leurs travaux ou par leurs écrits ont puissamment servi la réforme pénitentiaire, nous citerons honorablement saint Charles Borromée, saint Vincent de Paul, MM. l'abbé Marin, Howard, Bentham, Ch. Lucas, Moreau-Christophe, Hello, de La Rochefoucault, G. de Beaumont, A. de Tocqueville, Blondeau, A. de Laborde, H. Carnot, de Lareinty, Aylies, Crawford, de Watteville, Julius; Allier, Oscar, Mondlet, Néelson, Demetz, Blouet, Appert, Faustin, Hélie, Raynaud, Prus, T. Bonjour, Glaize, Lauvergne, Alhoy, Léon Faucher, F. de Lafarelle, Béranger, Ulysse Ladet, Bayle-Mouillard, Dupin, A. Lefrançois, Victor Foucher, Paillard de Villeneuve, Aubineau, T. Ducos, et beaucoup d'autres dont les noms viendraient figurer au même titre dans cette énumération, si nous ne devions pas mettre des bornes à son étendue déjà si considérable.

Indépendamment des savants ouvrages écrits par un assez grand nombre des philanthropes que nous venons de signaler, plusieurs publications périodiques remarquables, telles que les *Encyclopédies moderne*, *des gens du monde*, le *Journal des Economistes*, la *Revue de législation et de jurisprudence*, la *Gazette des tribunaux*, le *Moniteur*, etc., nous ont fourni des matériaux précieux.

Avec ces riches documents et les faits particuliers que nous avons nécessairement acquis dans notre profession par une longue expérience des hommes, nous espérons arriver à la solution du problème ou du moins prévenir la funeste précipitation que l'on mettrait à la chercher.

Toutefois, en opérant cette réforme urgente, il faudra s'occuper en même temps des autres améliorations sociales, sous peine de laisser l'œuvre très-incomplète.

« Dans toute société bien réglée, dit M. Léon Faucher, l'éducation des classes pauvres et celle des détenus sont deux intérêts qui doivent marcher ensemble comme les deux faces d'une même constitution ; la misère mène au crime, de même que le crime engendre la misère : en réprimant l'un, on satisfait à la morale ; en guérissant l'autre, à l'humanité. Il est également nécessaire de secourir ceux qui souffrent et de ramener ceux qui s'égarent. »

C'est également notre opinion : aussi, après avoir étudié le système pénitentiaire, nous occuperons-nous immédiatement du système social.

« La marche du mal, dit le même auteur, prend une rapidité effrayante ; chaque jour, le nombre des délits augmente ; en sept ans la proportion des récidives a presque doublé ; ces symptômes ont inquiété tous les bons esprits ; et tandis que les uns s'occupaient de raviver la morale et de réchauffer les convictions d'autres, en grand nombre, courant au plus pressé, sont allés étudier en France, et hors de France, les prisons, les bagnes, les maisons centrales, et chercher le moyen de rendre le châtiment plus redoutable pour le criminel, plus efficace pour le condamné, plus exemplaire pour tous. Alors a changé de face une question dès longtemps agitée. La réforme des prisons, qui avait commencé par être une inspiration de la pitié, un entraînement de la philanthropie, a revêtu un plus grand caractère : elle s'est rattachée au droit, a pénétré dans la législation, et, préoccupant tous les publicistes, est devenue une partie essentielle de la science sociale. »

Ces faits sont exacts, ces réflexions sont justes, et cependant, avec ces impulsions nobles et généreuses, la science pratique n'a pas sensiblement avancé.

Anciennement, dans les grandes institutions, on se préoccupait beaucoup plus de l'application que de la théorie.

Aujourd'hui, l'empire de la théorie domine et jette bien souvent l'inexpérience dans les décevantes illusions des utopies.

En France, particulièrement, on les accepte avec enthousiasme, on les abandonne par lassitude, indifférence ou dégoût, lorsqu'on n'est pas forcé d'y renoncer par impossibilité d'exécution.

Si nous avions besoin d'exemples positifs pour le démontrer dans l'espèce, ils ne nous feraient assurément pas défaut.

Autrefois, en effet, la législation meurtrissait, torturait le coupable ; tandis que la bienfaisance et la religion, dans la douce et consolante auréole desquelles nous voyons rayonner les deux belles et vénérables figures de saint Charles Borromée et de saint Vincent de Paul, s'efforçaient par leur ineffable bonté d'alléger les souffrances morales et de ramener par la persuasion, à la voie du bien, l'homme égaré dans les sentiers du mal.

Tout cela s'effectuait, d'une part, sans autre considération que d'appliquer littéralement la loi ; de l'autre, sans théorie préconçue, par le seul motif de sauver des âmes et de consoler des infortunes.

Aujourd'hui, d'un côté, de l'autre surtout, on improvise de belles théories, on imagine des systèmes brillants ; fait-on beaucoup d'applications utiles? Nous le demandons aux hommes d'expérience, aux auteurs les plus compétents ; ou plutôt nous lisons dans leurs savants ouvrages la réponse négative à cette grave question, et les justes plaintes qu'à cette occasion leur philanthropie ne cesse de formuler.

Comment se fait-il qu'avec les riches matériaux que nous possédons, la construction de l'édifice, au dire même des plus habiles architectes, en soit encore à la pose de ses fondements? la raison de ce fait n'est pas difficile à trouver.

En cherchant la meilleure application pénitentiaire, au lieu de fonder une *doctrine*, presque toujours on s'est fait assez d'illusion pour échafauder un *système*.

Or, si la *doctrine*, qui consiste dans un ensemble de notions fondamentales déduites plus ou moins directement de l'expérience et de l'observation, liées entre elles de manière à former un corps de principes d'où l'on fait dériver, à titre de conséquences, les préceptes de la science et les applications de l'art, présente un monument vrai, complet et durable, le *système*, qui n'est en réalité qu'une généralisation plus ou moins théorique, roulant sur l'étroit pivot d'une idée fixe ou d'un principe absolu, n'offre au contraire aucune condition de solidité ni d'avenir.

D'un autre côté, la philanthropie, gravement affectée des rigueurs et de l'inflexibilité de la loi, s'est profondément émue; des hommes généreux ont élevé la voix; mais, dépassant le but, ils ont en même temps inquiété les législateurs, en menaçant, dans leurs pieux envahissements, de faire entièrement succomber le principe inviolable de la pénalité sous les exigences progressives du principe de la moralisation.

Cette opposition réciproque est devenue si forte, que les législateurs et les philanthropes, au lieu de se réunir, se sont entièrement divisés, et que deux écoles rivales ont pris naissance dans l'œuvre même de cette réforme : l'école *pénale* et l'école *pénitentiaire*.

Des hommes du plus grand mérite, et des ouvrages de la plus remarquable profondeur, se voient également des deux côtés.

Dans les deux systèmes, nous trouvons d'importantes et d'immuables vérités.

Nous ne viendrons donc pas entraver la marche de la question, affaiblir la valeur des faits, en discutant longuement ces systèmes opposés; nous ne prendrons pas surtout le souci véritable de relever ici quelques erreurs, et de décider entre des hommes aussi éminemment recommandables; nous les réunirons au contraire sous une même pensée, en recourant aux vérités de chacun pour construire l'édifice imposant d'une bonne doctrine pénitentiaire : nous laisserons ensuite au lecteur le soin facile d'une consciencieuse appréciation.

M. Ch. Lucas pense : « que pour arriver à la meilleure application pénitentiaire, il faut l'envisager au triple point de vue : 1° *du législateur*, qui proportionne la pénalité à la perversité des actes; 2° *du juge*, qui approprie la pénalité de l'acte à la culpabilité de l'agent; 3° *du moraliste*, qui approprie la punition au châtiment du coupable, à sa moralisation, à son retour dans la société. »

Cette manière de voir, établie sur une sérieuse et longue

expérience, résume nettement ici les indications à remplir, et fournit des jalons précieux dans une route nouvelle et difficile à suivre.

Afin de ramener la question aux termes larges et complets qu'elle n'aurait jamais dû perdre, et, d'un autre côté, dans le but de préciser nettement ces termes, leur caractère, leur proportion, comme éléments du problème à résoudre, nous distinguerons au point de vue de la réforme pénitentiaire : 1° l'action pénale; 2° la garantie publique ; 3° l'influence moralisatrice ; 4° la protection du libéré.

I. ACTION PÉNALE.

A notre sens, et d'après l'opinion des légistes les plus habiles, elle offre la première et la principale condition de tout bon système pénitentiaire, celle qu'il est impossible de sacrifier sans désarmer la loi, sans menacer les plus sérieux intérêts de la société.

« L'idée de l'expiation elle-même implique celle d'une souffrance quelconque, dit M. Hello, mesurée de manière à produire l'effet moral d'une sanction et à balancer l'attrait du crime dans l'esprit de ceux que le sentiment du devoir ne retient pas ; c'est-à-dire à les intimider. Si l'on supprime la souffrance, ou seulement si elle descend au-dessous de l'intérêt ou de la passion du méchant, la peine n'a plus son caractère expiatoire ; l'intimidation manque son but, et l'ordre social est compromis. Assurément, ce n'est pas moi qui me porterai l'adversaire d'une réforme que j'appelle à grands cris et que la société devra bénir, je condamnerais jusqu'à la pensée de décourager la tentative que l'on propose. Seulement, ma crainte est qu'on ne lui donne une place autre que la sienne ; l'amendement du coupable, tel que je le conçois, s'essaie à l'occasion de la peine, non à son préjudice ; il est un accessoire admirable, non un but principal, et si l'on s'en préoccupait exclusivement, au point de lui sacrifier le caractère essentiel de la punition, la réforme ne serait qu'un changement dans la manière de dépraver les hommes. »

Il est impossible de mieux préciser les conditions respectives et proportionnelles de l'action pénale et de l'influence moralisatrice.

L'impartialité la plus sage tient ici la balance entre le magistrat sévère qui punit, et le bienveillant philanthrope qui console. Mais, comme le veut la raison législative, la nécessité du châtiment domine le besoin de la moralisation.

« M. Dupin aîné, dit le rédacteur du *Journal des Économistes*, en rendant compte d'une séance de l'Institut, section des sciences morales et politiques, insiste énergiquement sur les devoirs impérieux du législateur et de l'homme d'état, de résister aux élans d'une philanthropie exagérée, et de maintenir à la prison son caractère de peine. A ses yeux, ce qui manque à nos prisons, à leur véritable régime, c'est l'uniformité des mesures et des règlements ; c'est l'égalité dans la vie intérieure des condamnés, comme cela se pratique en Angleterre, où la nourriture, le costume, le travail de la prison sont les mêmes pour le baronnet qui a failli, que pour le dernier des manouvriers ; tandis qu'en France, le prisonnier qui a des protecteurs ou de l'argent est traité avec des douceurs inconnues aux autres : on fait des exceptions pour lui, et il est moins humilié, moins puni. »

Non-seulement notre profond légiste veut que l'application pénitentiaire conserve son action pénale, mais il exige que cette action soit la même pour tous.

En bornant la règle aux vêtements, au régime alimentaire, aux soins intérieurs, nous l'admettons sans réserve; mais en l'étendant aux travaux, nous verrons qu'elle exige, même au point de vue de l'équité, plusieurs modifications importantes; nous les indiquerons dans l'exposé du bagne tel qu'il doit être.

« La première base de tout système pénal, dit M. V. Foucher, avocat général à la cour de Rennes, est la répression de l'acte par le châtiment du coupable, châtiment qui ne produira jamais tous ses effets, s'il n'atteint pas par l'intimidation même ceux-là qui voudraient imiter l'auteur de l'action réprimée...

« Que par le mode d'exécution de la peine on puisse arriver à la réformation morale de l'agent; que la crainte de la loi se change en amour des vertus sociales par suite de l'action continue du régime intérieur du lieu de répression, c'est encore un des moyens d'arriver au but que se propose la société.

« Cet élément de la conservation de l'ordre serait même le plus certain; car le jour où il n'y aurait plus que des citoyens soumis aux lois et en faisant l'objet constant de leur culte social, le livre de la loi pénale se trouverait fermé, et la morale seule, dépouvue de toute sanction coercitive, suffirait au gouvernement des hommes; mais c'est là une utopie que repousse l'histoire de l'humanité tout entière, puisque chaque jour le crime, grondant sur nos têtes, met la société en danger; et, se glissant jusqu'au sein de la famille, ne lui révèle que trop sa barbare existence par les plaies profondes qu'il lui fait. »

Ainsi, même aux yeux d'une saine philanthropie, la justice légale doit avoir son cours libre, entier, sans contrariétés, sans entraves, sans distinctions de personnes, mais à la condition qu'elle ne sortira pas des bornes d'un châtiment proportionné, dans ses applications, à la gravité du délit; que ce châtiment sera toujours digne de la société civilisée qui le réclame, du législateur éclairé qui l'impose, du magistrat consciencieux qui le fait exécuter; à la condition que toujours, à côté de la nécessité de punir, se trouvera, comme une bienveillante compensation, le besoin de plaindre et de moraliser; toute faiblesse dans l'exercice de cette mission pénible sans doute, mais d'une utilité si directe aux garanties de l'ordre social, à la crainte, au respect des lois, sans lesquels il ne peut se maintenir, serait ici plus qu'une faute, elle deviendrait un crime!...

Toutefois, si l'action pénale doit être complète, elle ne doit plus être barbare.

Autrefois, ce que l'on nommait, par habitude et sans pudeur, la justice légale, n'était qu'une vengeance plus ou moins passionnée, s'exerçant avec irritation et colère, dans la seule intention de flétrir ou de mutiler un coupable.

« Dans le principe, dit M. H. Carnot, on ne s'est préoccupé que d'une pensée : venger l'injure faite à la société par quelqu'un de ses membres.... Quand les mœurs se sont adoucies, quand la société s'est sentie assez forte pour être généreuse, elle a moins pensé à sa vengeance, elle a plus songé à sa sûreté. »

Ayons le courage de remonter à ces temps de triste mémoire, où le supplice devenait souvent plus détestable que le forfait; où l'horreur excitée par la vue du criminel était presque toujours dominée par celle qu'inspirait le bourreau!...

Dans ces temps d'ignorance, de superstition, de fanatisme et de barbarie dont on a conservé l'affreux souvenir, dont nous ne voulons pas citer la date précise, pour ne point avoir à flageller une époque malheureusement encore assez rapprochée de la nôtre, on employait les tortures avec une sorte de luxe frénétique, avec toute la recherche des plus épouvantables raffinements.

Lorsqu'elle avait besoin d'un renseignement que le prévenu seul pouvait donner, cette justice de sacrilége inquisition ne reculait pas devant la monstrueuse énormité de soumettre un être humain aux terribles épreuves de la question par l'eau, par le fer, par le feu, par le brisement des os, etc.; d'obtenir par ces tortures l'aveu d'un crime qui bien souvent n'avait pas été commis; et d'employer cette preuve sans valeur à la condamnation d'un malheureux dont elle envoyait enfin les restes mutilés aux plus épouvantables supplices!... Comment, en effet, qualifier autrement la roue, le bûcher, les oubliettes, l'estrapade, *l'écartèlement*, etc., terrible et repoussante énumération à laquelle il manque la chaudière bouillante, les auges, le pal et quelques autres monstruosités que l'on rencontre encore chez certains peuples qui n'en manifestent pas moins l'exorbitante prétention de se croire civilisés !

Jetons un voile sur ces lugubres tableaux du passé, reposons nos yeux épouvantés sur les bienfaits du présent et sur les espérances de l'avenir!...

Hâtons-nous de le proclamer pour l'honneur de la législation et de la jurisprudence actuelles, l'une et l'autre ont toujours accueilli, souvent même n'ont pas attendu les réclamations de la philanthropie sage et mesurée, pour amener l'action pénale aux véritables caractères qu'elle doit offrir.

Nous remarquons dans ce retour si plein d'humanité quatre phases, disons mieux, quatre progrès qui nous semblent ne plus rien laisser à désirer au point de vue de la théorie : 1° châtiment réparateur, au lieu d'une vengeance; 2° protection de l'ordre social, au lieu d'une réaction passionnée; 3° punition à laquelle on permet, on conseille même d'associer des consolations et des encouragements à mieux faire; 4° enfin, et ce perfectionnement comble la mesure, action pénale qui, sans perdre son caractère sérieux, indispensable de châtiment, peut devenir un moyen moralisateur puissant, en amenant le coupable à supporter sa peine comme une pénitence, comme une expiation du crime qu'il a commis.

Arrivons actuellement à la flétrissure. Voyons ce que l'on faisait, ce que l'on fait, ce qu'il faudrait faire.

Dans l'ancienne législation, que nous trouvons à ce point de vue inconséquente et barbare, on ne se bornait pas à torturer le corps, on voulait en même temps avilir, dégrader l'âme ; on exposait le condamné, sous un costume sinistre ou dérisoire, aux inconvenances de l'exhibition publique, avec les variantes éhontées du carcan, de l'amende honorable et du pilori. Pour le stigmatiser d'une manière indélébile, on le contrôlait au coin de l'ignominie par l'application de la marque légale; enfin, comme une fauve qui s'attache à sa proie dont les chairs sont encore palpitantes, la loi, dans son aveugle rigueur, traînait le cadavre sur la claie, l'abandonnait à la pâture des animaux, ou le consumait pour en jeter les cendres aux vents!...

Cette législation sans pudeur ne trouvait donc pas le coupable assez flétri par le crime, puisqu'elle venait ici combler la mesure en associant les lois aux méfaits, pour accomplir cette œuvre d'immoralité!...

M. Barthe, garde des sceaux, dit avec beaucoup de raison, dans l'exposé des motifs de la loi du 28 avril 1832, qui supprime la marque : « Ce supplice flétrit l'âme du criminel en même temps que son corps; il lui inflige une sorte de mort morale, et ne le laisse vivre que pour l'infamie ; il le pousse à l'impénitence par le désespoir. Parce qu'un homme fut coupable peut-être un seul jour, on dirait que la législature a voulu lui interdire tout retour à la vertu. La marque frappe d'impuissance la réhabilitation, le droit de grâce, et jusqu'au repentir. »

À notre époque de progrès et de civilisation, l'esprit des législateurs s'est éclairé, leur cœur s'est ému. Sans faire perdre à l'action pénale son caractère imposant et redoutable, ils l'ont conservée sévère en la rendant judicieuse et digne ; la marque, l'amende honorable, le pilori, le carcan, tout cet appareil terrible qui déconsidérait la loi plus encore peut-être qu'elle ne dégradait le coupable, ont été progressivement abandonnés.

La philanthropie, la raison, l'équité, demandent le complément de cette judicieuse et noble réforme dans la suppression de la haute surveillance des libérés, dans la réhabilitation légale méritée par une conduite irréprochable.

Elles exposeront leurs motifs, la législation saura les comprendre et ne manquera pas d'achever l'œuvre d'intelligence et de moralité qu'elle a si spontanément et si généreusement commencée.

II. GARANTIE PUBLIQUE.

Après l'action pénale vient, comme base fondamentale de tout bon système pénitentiaire, la sécurité qu'une législation prévoyante et sage doit donner à l'ordre social contre les attaques nouvelles du condamné.

Les anciennes institutions offrent encore, sous ce nouveau rapport, un caractère de rigueur, disons mieux, de barbarie, que le moraliste, même sévère, ne peut envisager sans tristesse et sans regret.

La société se montrait alors d'une inquiétude puérile et d'un égoïsme révoltant. Elle demandait au législateur le supplice du coupable, parce que, d'après la terrible expression de Cromwel, « Les morts seuls ne reviennent pas ! »

La loi répondait presque toujours à ce sanglant appel ; aussi les condamnations capitales terminaient-elles bien souvent le procès des criminels !... Ou bien encore, les cachots souterrains, avec leurs épaisses murailles, froides, humides, nitrifiées, offrant pour décoration les stalactites et la moisissure, véritables sarcophages des vivants, ne laissaient-ils ordinairement tourner leurs énormes et stridents verrous, que pour ensevelir un mourant ou pour exhumer un cadavre !...

« Anciennement, dit M. H. Carnot, les fréquentes applications du supplice capital devaient rendre la prison peu nécessaire ; celle-ci même, avant de devenir une commutation de peine, a pu être considérée comme un moyen de prolonger les tourments de la victime. Certaines prisons plus modernes, comme les *plombs* de Venise, par exemple, pourraient faire croire qu'un tel raffinement de cruauté n'a pas exclusivement appartenu aux siècles reculés. »

Notre législation actuelle, dans sa judicieuse bienveillance, a parfaitement compris qu'il existait une autre puissance de répression que l'inertie matérielle d'une épaisse muraille ; elle a surtout senti, dans sa haute moralité, qu'il se trouvait un autre moyen d'assurer la tranquillité sociale, que l'exécution d'un coupable ; et surtout que cette mort lente et chronique obtenue par les horreurs du cachot, à la suite d'une condamnation que l'on n'avait pas eu le courage de formuler sous son véritable nom !...

« Pour prévenir les évasions, dit M. Charles Lucas, inspecteur général des prisons, et dont l'opinion, basée sur une longue et judicieuse expérience, est d'un si grand poids dans la question, ce n'est plus la force matérielle, mais la force morale qui doit dominer non-seulement dans l'action de la discipline, mais même dans le système des constructions.....' Le problème à résoudre pour l'architecte est l'organisation d'une surveillance facile, inattendue, simultanée ; ce n'est plus d'enfermer les détenus sous les verrous, mais sous les clartés de l'inspection ; il faut, pour ainsi dire, rendre partout intelligentes et transparentes ces pierres dont on n'opposait naguère que la masse et l'épaisseur aux tentatives de l'évasion. »

En supposant, comme l'ont prétendu quelques légistes habiles, que M. Ch. Lucas donne un peu trop à la puissance morale, à l'exclusion de la puissance physique, son opinion, basée sur les faits, n'en reste pas moins comme un grand et noble perfectionnement.

D'autres auteurs, également très-graves, ont admis la même idée, seulement avec quelques modifications.

« Les prisonniers ont cessé, dit M. H. Carnot, d'être torturés à plaisir ; mais, renfermés dans des espaces étroits, privés d'air et d'exercice, soumis aux plus dures privations, en proie à la brutalité de geôliers inhumains, leur position n'avait que peu gagné. Pour qu'ils ne fussent plus traités comme des animaux malfaisants, il fallut l'intervention du christianisme et de la philanthropie. Il était réservé à notre temps, et c'est un de ses titres d'honneur, de comprendre qu'il peut y avoir pour la société une garantie préférable à la détention : c'est la réforme morale du détenu. »

Pour compléter cette partie de l'application pénale, nous devons examiner l'imposition des fers aux malheureux condamnés.

La législation se proposa, dans l'emploi de ce terrible moyen, précisément les deux objets que nous venons d'étudier : 1° l'action pénale ; 2° la garantie publique.

Ici, comme partout, les anciennes lois se montrèrent absolues et barbares.

Comme châtiment, elles écrasaient le galérien sous le poids énorme du ferrement, et le forçaient à traîner le boulet en donnant à cette punition l'aspect et même le caractère d'un supplice non interrompu.

Comme répression, elles clouaient cette faible victime de leur brutalité sur le meurtrissant tollard, et lui laissaient à peine assez de liberté dans ses mouvements pour satisfaire aux plus pressants besoins de la nature.

Enfin, pour mettre le comble à cette immorale et permanente exécution, elles accouplèrent ces malheureux à la manière des animaux, en les exposant, disons mieux, en les conduisant aux monstrueuses conséquences de ces horribles et dégoûtants mariages !...

Dans ce point important, comme dans tous les autres, la législation criminelle est en voie de progrès et d'amélioration ; elle a déjà diminué le poids des chaînes, supprimé le boulet, rendu l'accouplement plus rare ; elle continuera ces actes d'intelligence et d'humanité sans nuire à la puissance pénale et répressive, que la prudence ne devra jamais lui conseiller de sacrifier.

Pour les esprits exclusifs et sans portée suffisante, ici finirait le rôle de la législation et commencerait celui de la philanthropie, avec cette conséquence, aussi fâcheuse qu'erronée, d'établir un antagonisme, une opposition entre la seconde, qui demanderait imprudemment le rapport des lois pénales, et la première, qui le refuserait avec raison.

Pour les esprits complets et justes, le rôle du législateur continue, devient plus touchant et plus respectable encore par son admirable fusion avec celui du philanthrope.

Nous donnerons immédiatement la consolante preuve de cette noble et digne alliance, en rapportant les propres expressions des jurisconsultes les plus éminents.

III. INFLUENCE MORALISATRICE.

« C'est une conception d'une bien touchante moralité, que le système pénitentiaire, dit le savant et généreux M. Hello. Entreprendre sinon de réconcilier le coupable à la société, au moins d'obtenir qu'il renonce à ses hostilités contre elle, changer ses habitudes à défaut de son cœur, remplir dans la prison la fonction de la famille, faire du châtiment un moyen d'éducation, c'est aller au delà de ce qu'on nous raconte des temps primitifs, où les orateurs et les poëtes ne policaient que des barbares, tandis que la civilisation moderne prend à tâche de convertir des hommes vicieux; c'est le plus sublime des apostolats, c'est la mission d'un ange ! »

Lorsque des paroles semblables descendent, comme une providence, des sommets de la magistrature dans le triste asile de la condamnation, nous ne savons réellement pas lequel nous devons le plus admirer ici de la perfection de l'esprit ou de la noblesse du cœur !

« L'accroissement graduel des récidives, en accusant l'insuffisance et les inconvénients de notre régime répressif, dit

M. Béranger, conseiller à la cour de cassation, démontre de plus en plus la nécessité de faire servir à la réforme des prisonniers d'autres ressorts que ceux d'un ordre purement matériel et d'une discipline toute extérieure ; de combattre le mal à sa source en agissant sur la conscience ; de ramener enfin l'expiation judiciaire à son véritable but, qui est de corriger pour prévenir. »

Il est essentiel d'entreprendre cette œuvre de réhabilitation avec foi, persévérance, et de ne pas se laisser décourager par les esprits moroses qui considèrent tous les condamnés comme des êtres pervers, sur l'âme desquels aucun moyen d'amendement ne peut avoir d'action : « Tantôt, en effet, comme le dit avec beaucoup d'à-propos M. Léon Faucher, c'est Madeleine la pécheresse qui embrasse avec effusion les genoux du Christ, et tantôt le persécuteur du christianisme naissant foudroyé par une voix divine, qui devient l'apôtre saint Paul. Plus on est descendu dans le crime et plus on peut s'élever dans la sainteté. »

Depuis longtemps la religion, la morale et la philosophie, profondément émues de l'affreuse condition des criminels, si durement courbés sous le joug des anciennes lois, avaient associé leurs vœux et leurs bonnes actions pour amender, autant qu'elles en auraient le pouvoir, ces malheureuses victimes, irritées, abruties par les tortures, abandonnées comme de vils animaux à toute la perversité de leurs dangereux instincts !...

« C'est aux chrétiens que l'on doit les premiers adoucissements de la détention, dit M. H. Carnot : l'initiative de la charité appartenait de droit à ceux qui avaient tant souffert. Lucien le satirique donne à ce sujet des renseignements qui ne sont pas suspects dans sa bouche : On voit, dès le IIe siècle, les chrétiens composer une association de secours mutuels. Des hommes et des femmes, qui prennent les noms de *diacons* et de *diaconesses*, achètent à prix d'or la permission de visiter les détenus ; ils les encouragent par des exhortations, par des conseils, par la lecture des livres sacrés. Tel est le germe de ces confréries formées en Italie vers le xiv⁰ siècle, qui se répandirent ensuite dans toute l'Europe, et parmi lesquelles on distingue celles des *frères de la Miséricorde*.... La législation se pénétra peu à peu de l'esprit de l'Evangile, dont l'influence se fit particulièrement sentir dans l'organisation des prisons.... Mais cette œuvre doit surtout son avancement à deux hommes célèbres par leur ardente charité : saint Charles Borromée, évêque de Milan vers la fin du xvi⁰ siècle, qui fit un code à l'usage des prisons ; et saint Vincent de Paul qui, esclave lui-même en Afrique, puisa dans son malheur la vocation de sa belle vie, en se consacrant au soulagement des chrétiens captifs et des esclaves des galères. »

Les philosophes et les moralistes ne restèrent point en arrière dans cette voie si noble et si digne d'éloges :

Des hommes à l'esprit observateur et sérieux, au cœur plein de bienveillance pour l'humanité, de compassion pour ses misères, portèrent le flambeau des investigations les plus suivies et les plus minutieuses dans ces tristes réduits où gémit le coupable ; mirent au grand jour de la publicité les abus de tous les genres qui se dissimulaient, protégés par l'ombre des cachots ; appelèrent toute l'attention du législateur sur ces iniquités peu connues, et la réforme d'une aussi vicieuse organisation fut aussitôt mise à l'ordre du jour.

Mais, comme il arrive trop souvent, même sous la puissance des meilleures impulsions, ce généreux élan prit mal à propos le caractère de l'enthousiasme ; le but, au lieu d'être atteint sagement, fut imprudemment dépassé : le système avait été jusqu'alors trop exclusivement pénal, on voulut le rendre beaucoup trop exclusivement pénitentiaire ; châtier durement avait été la monomanie des anciennes lois, moraliser affectueusement devint celle des nouveaux réformateurs.

La sagesse des jurisconsultes fut alarmée de ces dangereuses prétentions ; des réclamations fondées surgirent de toutes parts ; et, dans le flux et reflux des opinions contraires, la question suivit un mouvement rétrograde au lieu de marcher franchement vers une bonne solution.

« Jusque-là, l'œuvre des prisons était demeurée dans le domaine de la charité religieuse, dit M. H. Carnot. Vers le milieu du XVIII° siècle, nous la voyons entrer dans celui de la philosophie. Cette impulsion fut donnée par l'école française ; l'un de ses disciples, Beccaria, jeta le cri de l'humanité offensée par les barbaries de l'ancienne législation criminelle ; son *Traité des délits et des peines* le rendit presque chef d'école à son tour. Ces nouvelles théories venaient de pénétrer dans les esprits, lorsqu'un homme de bien vint les compléter par ses études pratiques. John Howard, comme saint Vincent de Paul, avait appris la philanthropie à l'école de la captivité ; il consacra une partie de sa fortune et de sa vie à parcourir l'Europe, visitant les prisons et recueillant les matériaux de son grand travail, dont la publication, en 1777, produisit d'immenses résultats. Partout l'attention publique fut éveillée et les gouvernements commencèrent à s'occuper sérieusement de l'amélioration du sort des détenus... Presque en même temps qu'Howard accomplissait sa mission charitable, ses coreligionnaires américains, les quakers, formaient à Philadelphie une société pour secourir les prisonniers. Une assemblée de philanthropes réunis dans la maison de Franklin provoquait de nombreuses réformes aux lois pénales.... et Bentham développait son plan *panoptique* pour la construction des édifices destinés à rassembler un grand nombre d'individus sous un mode de surveillance simple et peu dispendieux.

« Le mouvement que produisirent en France des sentiments analogues, fut moins éclairé. La pitié ne crut jamais assez faire pour corriger la loi ; elle adopta tous ceux que celle-ci frappait ; elle s'efforça de rendre la condition matérielle du prisonnier préférable même à celle de beaucoup d'hommes libres, comme pour le dédommager des peines que la société lui infligeait ; il fallut revenir sur ces exagérations, qui cependant avaient porté de bons fruits en attirant la sollicitude publique sur les plus intéressantes questions. »

Admirons la philanthropie, mais n'imitons pas la sollicitude exagérée de ce bon M. Appert, qui se fit complétement ferrer par le chaloupier du bagne de Toulon, pour mieux apprécier la souffrance du forçat. M. le commissaire T. Bonjour, présent à l'opération, critiqua bien finement cette manière d'agir, lorsqu'il dit à l'excellent expérimentateur : « Il ne reste plus à M. Appert qu'une épreuve à supporter, celle de la bastonnade ; si cela peut lui devenir agréable, mon correcteur est à sa disposition. » M. Appert aima mieux s'en abstenir et ne pas compléter son éducation pratique.

Au milieu de ces illusions fâcheuses dans le choix des vrais principes de la réforme pénitentiaire et de ses utiles applications, n'allons pas, en fatigant les législateurs par les importunités et les doléances d'une sensiblerie maladive ou sénile, vouloir arracher des concessions entachées de faiblesse et d'imprudence. Avant d'être moraliste et philanthrope, soyons physiologiste ; apprécions mieux le cœur de l'homme, ses instincts toujours nombreux, variés, trop souvent pervers et dangereux.

N'oublions jamais que le principal besoin, dans l'ordre social, après l'éducation qui moralise, est la fermeté qui réprime ; que tout relâchement sérieux dans la correction des mauvais penchants, est le premier succès du malfaiteur ; que les crimes qui s'en montrent la conséquence deviennent le juste châtiment de ceux qui n'ont pas su tenir d'une main ferme le sceptre de la justice, et qui le plus ordinairement sont les principales victimes de cette infraction coupable au plus impérieux comme au plus saint des devoirs.

« Un reproche général que je me permettrai de faire à ceux des écrivains qui, par leurs honorables travaux, ont acquis le plus de droits à la reconnaissance publique, dit M. V. Foucher, avocat général à Rennes, c'est d'avoir trop isolé l'action pénale de son but principal pour la circonscrire dans l'amendement du coupable ; c'est d'avoir même sacrifié au désir de cet amendement moral le châtiment lui-même encouru par la gravité du crime ; c'est encore d'avoir fait abstraction de la moralité de l'acte criminel, pour ne rechercher que la moralité de l'agent....

« En présence de cet ennemi toujours debout, la société ne saurait chercher à le désarmer par le seul empire de la vertu ; elle doit le combattre et le vaincre.....

« Le châtiment doit être effectif, proportionnel, efficace :

« Effectif, il ne peut perdre son caractère de châtiment.

« Proportionnel, il doit être d'autant plus sévère que le méfait est plus grave dans l'ordre social.

« Efficace, il doit inspirer la crainte de le subir.

« Ce n'est qu'autant que la peine réunira ces conditions, qu'elle atteindra son but ; ce n'est qu'en lui conservant ces divers caractères constitutifs de sa nature répressive, que le législateur remplira sa mission.

« Ainsi, toutes les fois que la philanthropie s'interposera entre la loi et le crime, comme médiatrice dans l'intérêt de l'humanité, ce sera en l'essayant à cette triple pierre de touche qu'on pourra juger si le système qu'elle propose peut supporter l'exigence de la nécessité sociale.

« En ce qui concerne spécialement le système pénitentiaire, il doit comme toute autre *pénalité*, passer par cette épreuve; et ce ne sera qu'autant qu'il la supportera, qu'il pourra être livré à la pratique. »

Telle sera la marche que nous suivrons invariablement dans l'exposition du moyen capital de cette réforme, dont les plus éminents jurisconsultes ont eux-mêmes provoqué l'urgent et nécessaire accomplissement.

« Le moment est venu d'appliquer à notre pays, dit M. Béranger, l'un de ces puissants moyens de régénération sans lesquels l'action pénale de la justice ne se distingue en rien, par ses effets, de l'emploi d'une force brutale, et qui restituent sa moralité à la peine; à l'homme déchu le sentiment de sa dignité; à la société son repos dans le présent et dans l'avenir. »

Aujourd'hui, le but véritable de la réforme pénitentiaire est-il atteint? Il suffit, pour donner l'expérience en réponse à cette importante question, de faire observer que les principes émis par Howard, accueillis par le monde entier, légalement formulés par Blackstone, sont venus échouer à l'emprisonnement cellulaire, même avec ses nombreuses modifications. Cette preuve aura du reste, nous l'espérons, toute la force d'une démonstration positive lorsque nous aurons examiné la grande application pénale que nous venons de signaler.

Pour mieux préciser l'action moralisatrice que nous étudions, il est indispensable d'en bien distinguer l'objet et les moyens.

L'objet est le coupable, qu'il faut ramener dans une bonne voie, tout en conservant à la pénalité son caractère imposant et correctionnel.

A ce premier point de vue des influences favorables que l'on peut exercer, nous établissons, appuyé sur l'opinion des jurisconsultes les plus profonds, et comme but vers lequel tous nos efforts doivent tendre, les degrés progressifs de la probité, que nous désignons par les termes de *légale* et de *vertueuse*.

La probité *légale* s'exerce dans l'abstention de toutes les fautes ou crimes que punit la loi.

Sans être bien méritoire pour le sujet, puisqu'elle n'offre que des qualités négatives, elle devient cependant une véritable garantie de l'ordre social et présente le premier objet que se propose la législation dans l'application pénitentiaire.

La probité *vertueuse* consiste non-seulement dans l'abstention des méfaits répréhensibles au point de vue du législateur, mais encore aux yeux de Dieu; dans la pratique des bonnes actions commandées par la religion et la morale. Méritoire pour le sujet, elle devient en même temps protectrice de la société, qu'elle soutient, qu'elle enrichit, qu'elle honore; et moralisatrice des hommes, qu'elle entraîne au bien par la puissance irrésistible du bon exemple.

L'action pénitentiaire ne doit pas les isoler, sans doute; mais s'il est rationnel d'exiger qu'elle obtienne la première pour être admise, il serait peu logique de lui faire une condition nécessaire de la seconde, qui, même sous la meilleure éducation des hommes libres, ne se montre qu'avec les admirables caractères de la haute sagesse philosophique et du perfectionnement chrétien.

Ainsi l'action moralisatrice des condamnés doit s'attacher

d'abord à leur donner au moins la *probité légale*, en leur imprimant la crainte et le respect des lois, de manière à les garantir des récidives.

Ce premier effet obtenu, sa mission devient plus belle et plus féconde encore ; elle réunit tous ses efforts pour les amener au complément de l'œuvre, *à la probité vertueuse*, qui les conduit à la crainte, au respect de Dieu, au courageux et digne accomplissement des bonnes œuvres dont le mérite et l'utilité leur font ultérieurement trouver grâce, même devant les hommes.

Cette action moralisatrice doit donc s'associer à l'action pénale. Si la seconde, sans perdre son caractère, peut concourir avec la première au développement de la *probité vertueuse*, le système pénitentiaire est complet, la solution du problème est poussée jusque dans sa dernière perfection.

Voyons actuellement par quels procédés nous parviendrons à ces utiles et beaux résultats.

Les moyens de l'action moralisatrice, bien que nombreux, peuvent se rattacher à quelques titres principaux, sous lesquels nous les examinerons pour en mieux faire apprécier l'influence : 1° distinction des condamnés par catégories ; 2° uniformité du régime intérieur ; 3° isolement simple pendant la nuit ; 4° organisation du travail ; 5° enseignement industriel ; 6° morale ; 7° religion ; 8° action pénale ; 9° répression ; 10° récompenses.

1° DISTINCTION PAR CATÉGORIES. — Le premier de tous les moyens à mettre en usage dans l'action moralisatrice des condamnés, est d'établir entre eux des classes tellement bien comprises, qu'elles aient pour effet, d'abord, de ne pas propager l'enseignement du crime par les mauvaises fréquentations ; ensuite, de concourir au développement de la probité par l'influence de l'émulation et du bon exemple.

Il est évident que nous ne procédons pas ici au point de vue de l'emprisonnement cellulaire absolu, que nous pourrions stigmatiser dès à présent comme immoral et comme repoussé par l'expérience raisonnée, si nous ne préférions mettre un peu plus tard les faits à la place des allégations. N'anticipons donc pas sur la marche de la discussion, et bornons-nous à dire que nous ne devons point abaisser les principes généraux de la réforme pénitentiaire à ceux d'une institution aussi radicalement compromise : revenons directement à notre sujet.

Si nous avions besoin d'établir sur des autorités incontestables la nécessité du classement des condamnés, les noms honorables de tous les hommes sérieux qui se sont profondément occupés de cette réforme, viendraient naturellement se présenter : ainsi MM. Ch. Lucas, Moreau-Christophe, Hello, Béranger, H. Carnot, A. de Laborde, M. Monjean, L. Faucher, de Lareinty, V. Foucher, etc., ont, sur ce point, non-seulement exprimé d'une manière précise, mais encore puissamment légitimé leur opinion.

La mesure est donc indispensable, seulement son exécution est difficile ; nouveau motif pour chercher à la bien diriger.

Lorsque des coupables arrivent dans un établissement pénitentiaire, nous ne possédons qu'un prototype qui puisse nous servir à les classer : le caractère du jugement qui les condamne et qui se compose, pour nous, de la nature du crime et de la gravité de la peine.

Sans doute ce monomètre est loin de l'infaillibilité. Comme le fait observer avec raison M. M. Monjean : « Il ne faut pas perdre de vue que les condamnés correctionnels sont, au dire de bien des hommes d'expérience, les plus profondément corrompus des habitants des prisons, et que dès lors la ligne de démarcation morale est ici bien difficile à saisir. »

Tout en reconnaissant également qu'un condamné à cinq ans de fers peut quelquefois être plus profondément criminel qu'un autre dont la peine est à perpétuité, d'après les circonstances du délit et les dispositions légales, nous pensons que ce résultat ne peut offrir que l'exception, et que la gravité de la peine prononcée par le verdict en proportion du méfait, présentera, dans cette réunion d'inconnues, la moins mauvaise règle à suivre pour la solution du problème : autrement il faudrait admettre, ce qui n'est pas même supposable, une subversion entière de tous les principes de sagesse, de vérité, de raison et d'équité dans le législateur qui donne la loi pénale, dans le juge qui l'applique et dans le magistrat qui la fait exécuter.

En conséquence, la première classification des condamnés devra se baser sur la gravité de la peine comme sur le seul prototype bien positivement acquis lors de l'entrée du criminel.

Les hommes d'expérience dans la spécialité demandent avec raison que, pour cette classification, on tienne un compte suffisant des principales conditions morales assez bien établies : ainsi MM. Ch. Lucas et Béranger indiquent le genre de vie; M. Léon Faucher, les récidives, l'âge, la différence des délits suivant qu'ils attaquent les personnes ou les propriétés.

Nous ne parlons pas ici des sexes : il est de toute évidence qu'ils ne doivent jamais être confondus ni même rapprochés.

Toutefois, ces catégories, qu'il faut établir dans une proportion suffisante au but qu'on se propose, ne seront jamais assez multipliées pour exiger les frais énormes d'une surveillance difficile et surtout arriver à ce résultat exorbitant des *quatre-vingt douze promenoirs* que l'on trouve chez nos voisins d'outre-mer pour un pénitencier *modèle* de *cinq cent vingt détenus*.

Nous posons seulement ici les principes théoriques ; en temps et lieu nous établirons les règles d'application.

Dans chacune des catégories, on emploira les moyens de moralisation que nous allons exposer, et l'on arrivera par leur concours à modifier les condamnés de manière à pouvoir, après un temps suffisant d'épreuve, les ranger en classes progressives alors établies sur des bases plus satisfaisantes et plus solides : le véritable repentir des coupables, leur docilité, leur bonne conduite et leurs progrès incessants vers la réhabilitation.

A ce nouveau point de vue, but essentiel de toute coordination antérieure, les observateurs ont présenté quelques différences dans leur manière de voir.

« Par l'expérience, on reconnaît trois classes de condamnés, dit M. Férus, inspecteur général des prisons :

« 1° *Pervers intelligents*, qui pèchent sciemment, soit par organisation, soit par système.

« 2° *Vicieux, abrutis, passifs* ou seulement *bornés*, entraînés au mal non par absence complète de discernement, mais par indifférence pour la honte comme pour le bien ; par lâcheté, par paresse et par défaut de résistance aux incitations mauvaises.

« 3° *Ineptes, incapables*, à intelligence obtuse ou dépourvue d'industrie, qui n'ont jamais apprécié la portée de leurs actes et qui ont subi, pour la plupart, différentes condamnations, non-seulement sans les redouter, mais presque sans les comprendre. »

Cette coordination, qui ne montre encore aucun résultat des moyens moralisateurs, a cependant l'avantage de faire assez comprendre à peu près l'ensemble des natures peu favorables sur lesquelles ils vont avoir à s'exercer.

Quelques pieux réformateurs ont voulu fonder les catégories sur la plus ou moins grande régularité des pratiques religieuses. Ce serait évidemment prendre la forme pour le fond et compromettre, comme on l'a déjà fait, la première des influences moralisatrices, en substituant bien souvent des hypocrites à des hommes amendés, probes et vertueux.

D'autres ont préconisé la méthode anglaise, qui consiste à prendre trois bases pour la classification primitive des détenus : le délit, le condamné, la connaissance de son caractère et de sa moralité, avec des sous-divisions ultérieures qui la rendent impraticable.

« Le système de la classification des catégories jouit, théoriquement parlant, d'une très-grande faveur en Allemagne, comme élément d'un bon régime répressif, dit M. F. de Lafarelle. La classification des détenus y émane de trois sources : la loi, le juge et le directeur de la prison. La loi établit en effet les différents degrés d'emprisonnement qu'elle applique aux diverses natures de délits; mais, à la différence de ce qui se passe chez nous, le juge peut modifier cette classification légale suivant le degré de perversité qu'il reconnaît chez le coupable; de là ces indications, que l'on trouve dans tous les jugements de condamnations, relatives à la classe dans laquelle le prisonnier devra être rangé. Puis le directeur est admis à son tour à modifier cette classification judiciaire, selon la connaissance plus sérieuse et plus intime qu'il acquiert du caractère, des penchants, des dispositions de ses prisonniers. »

Cette faculté donnée au juge, dans le pays où le coupable est bien connu, bien apprécié sous tous les rapports, en terminant un procès dont les débats ont le plus souvent mis en évidence la nature du crime et la gravité de ses circonstances principales, nous paraît un perfectionnement sérieux dont il faut enrichir nos lois pénales, qui rendra la classification primitive des condamnés bien plus facile et surtout bien plus sûre, en l'entourant de toutes les garanties qu'on peut raisonnablement lui demander.

Après un temps suffisant d'épreuves très-positives et très-variées, les condamnés se trouvent naturellement partagés en deux grandes catégories : 1° *indociles*, 2° *soumis*.

Parmi les premiers, il s'en rencontrera quelques-uns, en petit nombre, nous l'espérons, contre la vicieuse nature où l'obstination desquels tous les moyens de moralisation resteront sans effet ; d'autres qui se prêteront difficilement à l'action de ces moyens, mais qui, avec le temps, la persévérance et les ingénieuses ressources de la religion et de la philanthropie, si propres à trouver la seule corde sensible de ces natures exceptionnelles, sortiront enfin des voies du crime pour entrer dans celles d'une véritable et sincère conversion. Ces deux ordres de coupables ne devront pas être confondus.

Parmi les seconds, il se formera naturellement aussi plusieurs degrés sous l'influence du besoin si naturel de la réhabilitation légale ; d'une salutaire émulation habilement dirigée vers l'établissement de plusieurs autres catégories d'une moralité croissante, dont l'entrée deviendra le prix des efforts soutenus et des véritables progrès dans la carrière du bien.

Nous démontrerons bientôt la facilité d'application de ces principes, et leur expérience ultérieure se chargera d'en prouver toute la valeur et toute la réalité.

2° Uniformité du régime intérieur. — C'est ici particulièrement qu'il faut établir des règles d'une grande justesse et d'une invariable précision, les lois pénales et moralisatrices pouvant se trouver ébranlées jusque dans leurs fondements par des mesures mal prises ou mal exécutées.

Il existe en effet dans ces mesures un moyen terme en deçà duquel on touche de près à l'inhumanité ; au delà duquel on tombe dans une bienveillante exagération, essentiellement nuisible au double but que doit se proposer tout système pénitentiaire bien compris.

« Depuis plusieurs années, le régime des prisons s'est amélioré, dit M. le directeur de la *Revue de législation et de jurisprudence* ; la moyenne des peines prononcées devient de plus en plus moindre en gravité et en durée, et cependant les méfaits sont doublés ; se pourrait-il que la philanthropie fût trop en avance avec le crime ? »

« Il ne faut pas, dit M. V. Foucher, que le condamné puisse trouver dans le châtiment même une existence plus assurée, une quiétude plus grande que le malheureux obligé de chercher sa vie au sein de la société ; il ne faut pas que ce dernier, comparant ses privations, ses haillons et sa misère avec la vie matérielle si largement faite au condamné, puisse en être réduit à envier son sort. »

Les faits offrant une puissance de démonstration bien supérieure à celle des raisonnements, et celui qui va suivre présentant une simplicité naïve qui ne laisse rien à désirer, nous le rapporterons textuellement :

« On raconte officiellement dans une enquête faite en 1837, dit M. F. de Lafarelle, l'anecdote suivante :

« Un pauvre ramoneur âgé de seize ans, tout déguenillé, nu-pieds et les jambes rouges, fut mis en prison pour quelque légère offense; le bain chaud qu'on lui fit prendre en entrant lui parut chose délicieuse ; mais ce qui excita le plus sa surprise, ce fut de s'entendre dire de mettre des bas, des souliers : « Est-ce que je vais porter ceci ? et cela ? et cette autre chose encore ? » demandait-il à chaque pièce de vêtement qu'on lui donnait. Sa joie fut au comble quand il se vit dans sa chambre ; il tourna et retourna avec ravissement sa couverture ; et, n'osant croire à tant de bonheur, ce fut en hésitant qu'il demanda s'il était bien vrai qu'il allait dormir dans un lit. Le lendemain matin, le gouverneur lui ayant demandé ce qu'il pensait de sa position : « *Ce que j'en pense, s'écria-t-il, je veux être damné si je travaille de ma vie !* » L'enfant tint parole ; depuis, il a été déporté. »

Il faut ajouter que la scène se passe en Angleterre, où le régime économique n'a qu'un seul défaut, ajoute M. F. de Lafarelle, « mais bien grave, celui d'être ridiculement confortable. »

« Une philanthropie mal entendue, dit M. Moreau-Christophe, a fini par annuler complétement les effets de l'emprisonnement en Angleterre, au double point de vue répressif et préventif : aussi le nombre des délits et celui des récidives ont-ils été croissants dans une proportion effrayante. »

Il faut donc ici tenir un juste milieu entre l'insuffisance du régime nutritif des bagnes actuels au point de vue de la qualité, de la variété, de la quantité même, et cette recherche culinaire des prisons modèles de la Grande-Bretagne ; il faut surtout arriver, sans trop s'éloigner de l'uniformité nécessaire dans les distributions faites pour les différentes catégories de condamnés, à donner à chaque sujet, en ayant égard à l'âge, au genre de travail, etc., ce qui lui devient indispensable pour ne pas souffrir de la faim et ne point se trouver dans la nécessité d'un trafic alimentaire, soit avec ses camarades, soit avec les cantines. Cette industrie se glisse partout ; et cependant elle est constamment si nuisible à la bonne discipline des établissements pénitentiaires, en raison des nombreux abus qu'elle ne manque jamais d'y introduire, qu'elle s'est fait condamner et proscrire entièrement par les hommes les plus spéciaux et les plus expérimentés dans ce genre d'étude.

La nourriture sera donc saine, assez abondante, simple, peu dispendieuse, dégagée de toute espèce de sensualité, mais cependant assez variée pour ne pas amener l'inappétence, le dégoût et les maladies qui pourraient en résulter.

On se trouvera dès lors en mesure de s'opposer, avec justice, à toute introduction d'un régime étranger à celui de la maison ; et l'on n'aura plus sous les yeux le scandaleux exemple des Petit, des Salvador et des Collet venant étaler au bagne, avec leur audace et leur cynisme ordinaires, un luxe de table contraire à l'application pénale et surtout aussi pénible que dangereux pour leurs compagnons de captivité.

Du reste, ce régime, sans jamais devenir contraire à la santé dans ses modifications, pourra naturellement en offrir au double point de vue de la quantité, de la qualité, de manière à présenter entre des mains habiles un puissant moyen d'encouragement, de récompense ou de répression.

Les vêtements doivent être simples, grossiers, mais appropriés aux climats, aux saisons, et tenus avec une grande propreté ; ils seront uniformes dans chacune des catégories, et sans jamais rien offrir de pénible par la couleur ou la disposition ; ils subiront à ce double rapport des modifications relatives à la classe primordiale des condamnés, aux classes disciplinaires dans lesquelles ils viendront se placer par leur bonne ou leur mauvaise conduite, en offrant ainsi un nouveau moyen de punition ou de récompense.

Nous réclamons, pour chacun des coupables, un matelas aussi médiocre qu'on voudra le donner, mais toujours avec l'attention de l'améliorer, suivant la gradation des catégories vers l'amendement. Forcer un malheureux exténué par le travail à ne trouver de repos que sur le bois meurtrissant du tollard, c'est établir un supplice continu, qui ne peut plus entrer dans l'esprit du législateur, et d'ailleurs annuler tout l'effet d'un moyen puissant que l'on appliquerait avec justice à la répression des insubordonnés.

3° ISOLEMENT SIMPLE PENDANT LA NUIT. — Nous repoussons comme inhumain, barbare, immoral et dangereux pour la santé des condamnés, tout isolement continu pendant le jour, même avec les modifications que les vices radicaux du système ont forcé d'imprimer à sa première institution. Nous motiverons cette répulsion par les faits les plus positifs, lorsque nous étudierons la prison cellulaire.

Mais il n'en est pas de même pour l'isolement simple pendant la nuit; nous pensons au contraire qu'il est indispensable dans toute doctrine pénitentiaire bien comprise.

Pour l'obtenir convenablement, il n'est pas nécessaire d'effectuer ces constructions dispendieuses qui grèvent l'État, qui gênent la surveillance intérieure : il suffit, au lieu de cellules tellement closes qu'elles ne permettent pas la moindre communication orale, d'élever de simples cloisons ou stalles qui déterminent l'isolement, presque sans frais, dans un dortoir, en garantissant la morale, en laissant à l'inspection tout son empire et toute sa liberté.

Nous reviendrons sur cette mesure indispensable, en étudiant le bagne tel qu'il doit être, et nous verrons combien il sera facile de l'établir en prenant les constructions dans l'état qu'elles offrent aujourd'hui.

4° ORGANISATION DU TRAVAIL. — Au nombre des moyens propres à dégrever l'État de ses frais d'établissement et d'entretien, à moraliser les condamnés, à donner au libéré les chances d'un avenir honnête, à la société des garanties contre les récidives du crime, l'organisation du travail dans les institutions pénitentiaires est, de tous, celui qui peut le mieux garantir la réalisation de ces avantages réunis.

En étudiant ce grand et fécond sujet, « écartons d'abord, nous dit M. l'avocat général Berville, cette expression indécente et outrée : *l'exploitation de l'homme par l'homme*; on la comprend pour une colonie à esclaves, où le travailleur est la propriété d'un maître; elle n'a point de sens avec la liberté individuelle; gardons-nous, amis du bien, de ces formules amères qui aigrissent une question et ne l'éclaircissent pas. »

Cette expression si bien qualifiée par notre savant magistrat, est-elle plus admissible quand elle s'adresse aux établissements où le travail devient une condition formelle de l'application pénale? Nous ne ferons pas à l'intelligence de nos lecteurs l'injure de discuter une semblable hypothèse.

A côté de ces déplorables excentricités d'une époque si voisine et de si triste mémoire, il en est d'autres, dans l'espèce même, qui ne sont ni moins étranges ni moins subversives de l'ordre social par leurs principes et par leurs applications; nous voulons parler *du droit au travail, du droit à l'oisiveté.*

Nous ne leur ferons pas, plus qu'à la première, l'honneur de les examiner sérieusement : la raison publique, la sagesse et le bon sens des ouvriers en ont immédiatement fait justice.

Mais ce qu'il nous est impossible de ne pas citer comme preuves incontestables de la logique et de la moralité des auteurs de ces belles formules, c'est le texte même des décrets qu'ils publiaient en même temps.

« Le Gouvernement provisoire, considérant que la spéculation s'est emparée du travail des prisonniers,...., et qu'elle fait ainsi une concurrence désastreuse au travail libre et honnête.... ; considérant qu'il y aurait à la fois injustice et danger à tolérer plus longtemps un état de choses qui engendre la misère et *provoque l'immoralité*, décrète : Le travail dans les prisons est suspendu. (24 mars 1848.) »

Une semblable consécration de principes fait déjà un assez curieux effet mise en perspective avec celle *du droit au travail*; mais nous en avions besoin pour comprendre la véritable portée de cet autre droit plus exorbitant encore, *le droit à l'oisiveté*. Tout s'explique avec le temps!......

Une seule objection pourrait laisser quelque chose de spécieux dans la question : le dommage porté au travail libre par le travail forcé. Voulant éclairer par tous les moyens possibles une application moralisatrice qui ne peut que grandir et se fortifier en la mettant en lumière, nous rappellerons les principaux termes de la discussion ouverte à la chambre législative, le 4 janvier 1849, sur cet important sujet :

« La question du travail dans les prisons est une question grave comme toutes celles qui touchent aux intérêts des classes laborieuses, dit M. Marcel Barthe; jusqu'en 1849, les prisonniers étaient privés de travail; l'oisiveté dans laquelle ils vivaient entraînait une démoralisation hideuse ; et d'un autre côté l'Etat éprouvait des pertes considérables ; il logeait, nourrissait, vêtissait des hommes forts, souvent industrieux, et ne retirait de leur travail aucun profit ; ce n'est pas tout, les prisonniers, après avoir passé six, huit, dix années dans une oisiveté complète, étaient rejetés tout à coup dans la société sans avoir appris un métier, ou après avoir oublié le leur, et sans le moindre pécule pour parer aux premières nécessités de la vie. Qu'en résultait-il ? c'est que le libéré retombait dans le crime.

« L'introduction du travail dans les prisons fut à la fois un acte d'humanité et une mesure de prévoyance sociale. On se proposa trois objets : de moraliser les prisonniers par le travail ; de mettre dans leurs mains un moyen d'existence, en leur enseignant un métier ; enfin, de retirer de leur ouvrage un produit dont une partie allégerait les charges de l'État, et dont l'autre formerait des pécules pour les prisonniers, pécules qui leur seraient remis au moment de leur libération. »

Malheureusement, comme le fait observer M. Barthe, le gouvernement faussa la mesure en adjugeant à des entrepreneurs généraux, et à forfait, les dépenses comme les bénéfices des prisons.

La concurrence avec le travail libre devint onéreuse pour certaines localités ; elle excita de justes réclamations ; ce fut alors qu'au lieu de *corriger l'abus*, le Gouvernement provisoire ne trouva rien de mieux que de *détruire l'usage* ; ou, pour nous servir de l'expression qu'emploie M. Barthe : « Coupa l'arbre au pied pour en élaguer une branche. »

« Par la suppression du travail dans les prisons, dit M. Roux-Carbonnel, on créerait la plus révoltante des immoralités en même temps qu'on détruirait le plus puissant moyen d'amender les condamnés. »

Quelques moralistes atrabilaires, pour se débarrasser des soins et des consolations que l'on doit au malheur, même coupable, déclarèrent « que les condamnés étaient des hommes pervers dont on ne pouvait rien attendre dans l'ordre du bien. »

M. Léon de Malleville répond victorieusement à cette fausse et coupable accusation : « N'est-il pas à craindre qu'on fasse une règle de ce qui n'est que l'exception? Tous les criminels ne sont pas d'un naturel féroce : peu ont la fatuité, le prosélytisme du crime ; le plus grand nombre s'est laissé égarer par faiblesse ou par ignorance. Or, la solitude, loin de corriger ces défauts, les aggraverait encore; tandis que des travaux communs, convenablement réglés, les initieraient aux ressources de la véritable vie sociale, et seraient un excellent moyen de mesurer pratiquement leurs progrès intellectuels et moraux. »

Après cette longue discussion, qui roula bien plutôt sur la forme que sur le fond, la chambre, sans autres considérants, donna pour toute réponse au décret du 24 mars 1848, la loi du 9 janvier 1849; ainsi conçue : « Le décret du 24 mars dernier qui a suspendu le travail dans les prisons, est abrogé. »

Ainsi l'utilité du travail dans les pénitenciers, aux quatre points de vue que nous avons précisés d'abord, depuis longtemps signalée par les hommes les plus compétents : MM. Dupin, Béranger, de Beaumont, Villermé, Ch. Lucas, de Watteville, Moreau-Christophe, de Lareinty, etc., se trouve aujourd'hui consacrée par une loi. Reste maintenant à bien comprendre, à bien appliquer son organisation.

Il faut ici beaucoup de circonspection et de prudence : en effet comme l'a très-bien dit, pendant la discussion, M. A. Marrast, président de la chambre des députés : « On ne doit pas, pour moraliser les prisonniers, démoraliser les ouvriers libres en les réduisant à la misère. »

Ainsi que le fait judicieusement observer M. M. Barthe, cette organisation serait nécessairement incomplète ou vicieuse dans sa nature, si l'on perdait un instant de vue les trois intérêts qui se trouvent ici constamment en présence : intérêts des prisonniers, de l'État, de l'industrie ; aussi chercherons-nous toujours à les concilier avec la plus consciencieuse équité.

Les intérêts des prisonniers sont essentiellement, et sous tous les rapports, garantis par l'organisation du travail; c'est un fait acquis à la doctrine pénitentiaire et qui n'est plus aujourd'hui l'objet d'aucune contestation sérieuse.

« Il est bien évident que la population des prisons ne se recrute pas parmi les rentiers, dit M. de Watteville. Elle vient, et pour une proportion assez forte, de la classe ouvrière. Si vous empêchez de travailler ceux qui, au moment de leur détention, avaient un état, vous leur en faites perdre l'habitude et la pratique et vous leur enlevez les moyens de gagner leur vie lorsqu'ils seront rendus à la liberté. Si pour ceux qui n'ont pas d'état vous ne cherchez pas à leur en donner un, vous les réduisez, au jour de leur sortie, à vivre de vol et non de travail. C'est là un péril social immense, qu'il ne faut pas perdre de vue, et que le retour au travail dans les prisons peut seul conjurer. »

M. Blanqui fait observer qu'il s'est assuré par lui-même des funestes effets de la cessation du travail sur la santé des prisonniers.

Ainsi, d'après une expérience déjà faite, le travail est très avantageux pour les condamnés, au point de vue de leur intérêt matériel présent et futur, par le pécule dont il devient la source ; de la moralisation qu'il assure ; de l'hygiène par laquelle il s'oppose au développement des maladies.

Sa puissance est telle, qu'on la voit s'étendre partout, même chez les hommes libres. Cherchez en effet dans nos villes, dans nos campagnes, quels sont les meilleurs citoyens ; les plus dévoués à la famille, à l'ordre social ; ceux dont la conduite est la plus régulière ?..... Les hommes laborieux.

Quels sont au contraire les perturbateurs de l'ordre, les émeutiers ; ces êtres sans dénomination, qui, dans les mauvais jours, semblent sortir des gouffres de l'enfer pour effrayer les gens de bien par leur sinistre visage, et porter dans la civilisation les dégoûtantes saturnales de la plus sauvage immoralité ?..... Des hommes, puisqu'il faut bien les distinguer des animaux, sans profession ou sans amour du travail, chez lesquels, comme on l'a déjà dit bien des fois, la paresse et l'oisiveté sont devenues les causes de tous les vices.

Les intérêts de l'Etat seront également assurés dès l'instant où le travail, convenablement organisé dans les établissements pénitentiaires bien entendus, recevra sa véritable direction sous la surveillance immédiate et continue d'une administration sage et compétente.

Les essais faits chez plusieurs peuples voisins, et même dans les bagnes de France, avec des procédés qui cependant laissent beaucoup à désirer, nous offrent déjà, sinon des certitudes, au moins de grandes présomptions expérimentales en faveur de cette opinion.

Nous verrons bientôt comment il faudrait instituer ces travaux pour arriver sûrement aux plus fructueux résultats.

Les intérêts de l'industrie n'ont pas semblé si faciles à sauvegarder en les combinant avec ceux qui précèdent. Rien cependant ne paraît plus naturel et plus simple que d'utiliser les talents et les forces des détenus pour les besoins de la société, qui les nourrit.

« Quoi de plus beau, de plus moral, dit M. M. Barthe, que de faire expier les délits commis contre la société en employant les bras des malfaiteurs à augmenter le bien-être de la population !... »

Cependant un cri d'alarme, un peu exagéré nous aimons à le penser, vint jeter l'émoi dans les esprits, à l'occasion de l'organisation du travail chez les prisonniers. Le tocsin du socialisme ne manqua pas de faire entendre son aigre et subversif retentissement. L'occasion était favorable ; nous venons de voir comment ces législateurs éphémères surent en profiter.

« La question du travail dans les prisons, dit M. le rédacteur du *Journal des économistes*, a soulevé tout récemment, et dans tous les pays, de graves difficultés. Ce n'est pas une question spéciale à la France ; elle a été agitée en Angleterre, aux Etats-Unis, et notamment dans l'Etat de New-York ; MM. de Watteville et Ch. Lucas reconnaissent que son importance est sentie en Europe et en Amérique ; mais peut-être l'a-t-on exagérée, et il est nécessaire, avant tout, de préciser les termes auxquels elle se réduit. »

C'est exactement ce qu'ont fait les esprits sages, observateurs, au lieu de s'escrimer dans le vide contre une institution essentiellement utile.

M. de Watteville dresse un relevé des ouvriers employés dans les prisons, et, comparant leur nombre à celui des ouvriers libres, il ajoute : « Ces chiffres sont un grain de sable dans l'océan de la production nationale. »

M. Moreau de Jonnès vient confirmer cette opinion par d'autres faits également incontestables, lorsqu'il dit : « En France, d'après les tableaux récapitulatifs du troisième volume de la *Statistique de la France*, la valeur totale des produits dans quarante-sept mille sept cent vingt-trois établissements, des manufactures et exploitations, sans y comprendre les arts et métiers, s'élève chaque année, en moyenne, à trois milliards six cent cinquante-cinq millions de francs. Comparée à cette masse de richesse, la valeur du travail des prisons est tellement minime, qu'elle ne peut avoir aucune influence appréciable et exercer aucune concurrence nuisible au travail libre. Si cependant quelque inconvénient se produisait dans une localité très-limitée, cet inconvénient pourrait être atténué ou supprimé, en faisant vendre sur un marché plus vaste la production du travail des prisonniers. »

Cette question fut, comme nous l'avons vu, longuement débattue dans plusieurs séances de l'assemblée législative du 4 au 12 janvier 1849.

Il resta prouvé qu'en effet, dans quelques petites localités où se trouvaient des fabrications spéciales, celles-ci ne manquèrent jamais de succomber, lorsqu'elles entrèrent en concurrence avec la même industrie pratiquée dans les prisons ; un certain nombre d'exemples incontestables furent cités à l'appui de ces assertions.

Ces déclarations, en apparence graves, n'ont à notre sens aucune portée sérieuse :

En effet, si des entrepreneurs avides, au mépris des droits de l'industrie libre, ont trouvé leur intérêt à provoquer cette concurrence entre le travail des prisons et le travail ordinaire, il est évident qu'un gouvernement sage, voulant se charger lui-même de la gestion de ses ateliers, au lieu de chercher cette concurrence, prendra tous les moyens pour l'éviter, et la question rentrera tout naturellement dans les conditions de la concurrence générale, dont on ne peut la faire sortir qu'en l'établissant alors sur un terrain purement imaginaire.

A ce point de vue, le seul vrai, jugeons cette même question sans partialité.

Nous venons de voir que, discutée dans ces termes, la concurrence entre le travail libre et le travail forcé paraît se réduire à bien peu de chose ; par d'autres considérations, nous pourrions peut-être la rendre légitime.

En effet, n'est-il pas évident que ces détenus, pris dans la classe des ouvriers libres, pour le plus grand nombre du moins, avant leur condamnation, travaillaient ou pouvaient travailler avec le droit incontestable de faire une concurrence permise à tous les artisans de leur profession? Pourquoi, dès lors, perdraient-ils ce droit, précisément alors qu'ils en ont le plus besoin pour leur santé, leur moralisation, et pour s'acquitter envers la société, qui fait les frais de leur entretien? Assurément, cette prescription d'une prérogative incontestable serait ici contraire à tout principe d'équité naturelle.

Lorsque nous tolérons, lorsqu'on autorise des ouvriers étrangers qui viennent exploiter le sol et les industries diverses de la mère patrie, que l'on ne vienne donc pas se montrer plus sévère pour ses propres enfants, parce qu'ils sont condamnés et malheureux.

Toutefois, pour être juste et pour éviter toute réclamation fondée, nous aurons dans l'enseignement et dans l'application des professions, à ne pas grever les unes en favorisant les autres ; à ne pas y produire des déclassements fâcheux ; c'est un point capital de la question que nous trouverons bientôt l'occasion d'examiner.

Nous avons du reste aujourd'hui la satisfaction de voir que le gouvernement et tous les hommes de sens partagent ces opinions, puisque la discussion législative qui s'y rapporte s'est résumée par le rétablissement du travail, suspendu si étrangement dans les établissements pénitentiaires.

En prenant une aussi noble détermination, la chambre a mis de côté les petits inconvénients de la concurrence locale, comme peu graves et surtout comme pouvant être facilement évités ; elle a de plus adopté les mesures légales suivantes, au point de vue de toute rencontre fâcheuse à éviter entre le travail libre et celui des prisons :

« Les produits fabriqués par les détenus dans les maisons centrales de force et de correction, ne pourront pas être vendus sur le marché en concurrence avec ceux du travail libre.

« Les produits du travail des détenus seront consommés par l'État, autant que possible, et conformément à un règlement d'administration publique. »

Lorsque nous considérons ces constructions magnifiques des ports de Toulon, de Brest ; l'agrandissement de ce dernier, si merveilleusement effectué par des galériens ; lorsque nous voyons tout ce que l'État pourrait confier à la fabrication forcée, pour l'entretien des prisonniers, des troupes, des propriétés publiques ; les établissements agricoles qu'il serait en mesure de fonder, les grands travaux d'utilité générale où devraient être employés les détenus éprouvés, etc.; nous sentons la belle et noble question de l'organisation du travail s'étendre bien au delà de ces mesures législatives, et marcher activement vers une fructueuse réalisation, dans nos principaux établissements pénitentiaires, avec des avantages précieux pour le gouvernement, pour la société, mais surtout pour le présent et pour l'avenir des condamnés.

5° ENSEIGNEMENT INDUSTRIEL. — En se bornant à l'organisation du travail pour les détenus qui possèdent une profession, on laisserait l'œuvre bien incomplète ; il faut encore donner un état à celui qui n'en connaît aucun.

Ces hommes étrangers à toute occupation réglée sont en effet, précisément, ceux que l'action moralisatrice atteint le plus difficilement ; ils échappent à son influence par leur nature souple, vicieuse et glissante comme celle du serpent ; par cette paresse, objet de leur culte, et par cet amour de l'oisiveté, qui toujours achève la perversion de leurs mauvais instincts.

Mais dans cette institution de l'enseignement industriel, il faut éviter deux graves écueils où se trouveraient des conséquences tellement fâcheuses, qu'elles domineraient tous les avantages de la mesure.

Les détenus qui viennent des campagnes, où l'agriculture faisait leur principale occupation, ne doivent point être déclassés ; il faut soit les utiliser dans les établissements dont nous parlerons ultérieurement, soit les employer à des travaux manuels qui se rapprochent le plus de leurs habitudes ; mais ne pas commettre la faute sérieuse de leur enseigner une profession qui, plus tard, les ramènerait dans les villes en favorisant cette centralisation contraire à l'ordre public, et cet abandon fâcheux du travail des champs, qui toujours manque de bras assez nombreux pour s'effectuer avec les développements qu'il exigerait ; de plus, on jetterait des individus nouveaux, et si mal à propos déplacés, dans plusieurs spécialités professionnelles qui déjà sont encombrées, malheureuses par cela même qu'elles ne trouvent pas suffisamment à s'employer.

Il faut, d'un autre côté, pour ceux qui n'ont aucun état, leur en choisir de préférence qu'ils puissent, en rentrant dans l'ordre social, exercer avec le plus d'indépendance des préjugés, qui ne manqueront pas de les environner; avec le plus de garanties pour leur existence et le maintien de leur moralité. On devra surtout varier ces professions suivant les vocations et les aptitudes, et ne pas créer des masses d'ouvriers de la même industrie, qui se trouverait par cela même ruinée dans l'ensemble, en raison de la surabondance des producteurs et des besoins insuffisants de la production pour les occuper tous convenablement.

C'est en tombant dans cet écueil si dangereux que l'on a fait naître des concurrences désastreuses pour les industries locales, et suscité des réclamations justes sans doute, mais qui n'auraient pas dû prendre des proportions aussi vastes, puisqu'il était facile d'y remédier immédiatement, au lieu de ruiner la mesure par le seul motif de l'abus dans l'un de ses moyens.

En procédant avec cette sage réserve et d'après les principes généraux que nous venons d'établir, on fondra l'une des meilleures institutions aux divers points de vue que nous avons déjà signalés, et l'on aura, de plus, l'immense avantage de satisfaire à toutes les exigences et de concilier tous les intérêts.

6° ENSEIGNEMENT MORAL. — Il faut avoir longtemps et profondément étudié le cœur de l'homme dans les différents âges et dans les nombreuses conditions de la vie, pour savoir à quelles proportions se réduit en définitive le nombre de ceux qui possèdent réellement les vrais principes de morale et de probité sur lesquels reposent, comme sur leur base nécessaire, les premières garanties de l'état social.

Mais si nous descendons aux rangs inférieurs, à ceux des

condamnés, la même étude nous conduit à reconnaître avec douleur, avec effroi, l'absence à peu près entière, dans ces âmes abandonnées, des premières notions du juste et de l'injuste : le sentiment de la loi naturelle ayant alors été presque toujours étouffé sous le fatal empire d'une éducation grossière, corrompue, souvent même criminelle.

Il est donc facile de comprendre, pour les établissements pénitentiaires, la nécessité d'un enseignement moral; de prévoir ses utiles et féconds résultats, s'il est établi sur des principes vrais, dirigé avec toute l'habileté nécessaire dans cette application si exceptionnelle et si difficile.

Les premiers enseignements devront partir d'une administration en même temps juste, ferme et bienveillante : c'est un point capital et qui peut-être n'a pas toujours été bien apprécié.

« En admettant, dit M. Alhoy, qu'un chef de bagne accepte cette fonction avec une pensée plus élevée que celle d'être gardien d'un troupeau immonde, et qu'il se regarde comme investi d'un sacerdoce humanitaire, il est bien difficile qu'il accomplisse cette mission; aussi le plus grand nombre de ces fonctionnaires s'occupe-t-il fort peu de l'amélioration de l'espèce qu'on lui donne en compte comme des têtes de bétail; chacun vit dans cette sphère provisoire comme dans un lazaret de pestiférés ; il accomplit sa quarantaine administrative, insouciant de la haute influence qu'il pourrait avoir sur les destinées sociales.... Les uns sont glorieux d'inspirer l'effroi à des êtres qui ont fait trembler le monde; la bastonnade alors est à l'ordre du jour, et la terreur règne; d'autres mettent leur autorité à l'abri derrière l'espionnage...; d'autres, il y aurait dans cette classe peu de noms à citer, acceptent avec courage la position, l'envisagent sous son noble et sévère aspect; ils cherchent la souillure pour l'extraire, et fonctionnent comme ces machines qui creusent le lit des fleuves pour les dégager de leur vase. Ces hommes-là, malheureusement si rares, parviennent à faire rentrer le remords et le repentir dans les cœurs qui avaient voué une haine implacable à la société et aux lois. »

C'est ainsi que nous comprenons le rôle important que l'administration doit nécessairement jouer dans la moralisation des condamnés; mais nous ne pensons pas que seule, avec les intentions les plus droites et les mieux éclairées, elle puisse réellement suffire à l'accomplissement de cette grave et difficile mission; nous croyons, au contraire, que son caractère même deviendra quelquefois un obstacle à des insinuations assez intimes dans l'esprit et dans le cœur des détenus; il faut donc lui associer d'autres éléments d'influence et de conviction : voici ce que nous proposons comme devant bien remplir cet objet important :

Dans chaque localité présentant l'un des grands pénitenciers que nous allons bientôt étudier, serait formé, sous le contrôle de l'administration et du gouvernement, un comité de patronage composé d'un nombre suffisant d'hommes éclairés, bienveillants et dévoués, qui s'occuperaient, à titre honorifique, et dans le but d'une louable philanthropie, d'organiser des conférences pratiques et toujours à la portée de ces auditeurs spéciaux; de chercher le point accessible chez les récalcitrants; d'exciter l'émulation pour tous et de la soutenir par des récompenses distinguées, en relevant ceux qui les recevraient, à leurs propres yeux, dans la considération des autres, de manière à faire servir efficacement l'action si puissante et si persuasive du bon exemple.

Une bibliothèque formée d'ouvrages peu nombreux mais bien

choisis, devrait exister dans l'établissement, être mise à la disposition du comité de patronage, qui confierait à titre de récompenses, aux détenus, les livres destinés à former leur cœur; à développer leur esprit, en appropriant ces lectures au caractère, à l'intelligence de ceux qu'elles auraient encore le grand avantage de fixer et d'occuper dans leurs instants de loisir. Il faudrait choisir de préférence des traités d'une philosophie pratique et simple, d'une morale usuelle, instructive sans être sèche et sentencieuse.

Nous ne parlons pas en effet, ici, de cette philosophie nuageuse et de ces prédications spéculatives qui peuvent bien éveiller la vaine curiosité des oisifs libres, mais qui fausseraient les idées ou provoqueraient le sourire des condamnés; nous parlons de ces lectures substantielles, de cette morale en action qui subjugue l'esprit en captivant le cœur.

Nous avons l'assurance que, dans l'occasion, on trouverait des hommes capables et dévoués pour accomplir cette grande mission apostolique dont les résultats seraient immenses et deviendraient une récompense bien douce pour les âmes nobles qui les auraient obtenus.

7° ENSEIGNEMENT RELIGIEUX. — Tous les hommes de sens et de principes vrais s'accordent pour voir aujourd'hui dans l'enseignement religieux le plus puissant et le plus incontestable moyen de moralisation des condamnés.

En effet, la religion pourrait-elle ne pas entrer comme partie essentielle dans cet acte de régénération, lorsqu'il s'agit de ces malheureux que la société, dans ses préventions croissantes, persiste à repousser de plus en plus, et qui n'ont alors d'autre consolation, d'autre véritable refuge que le Dieu de miséricorde et ses pieux enseignements?

Il s'agit ici de cette religion si persuasive et si parfaite, que les incrédules mêmes les plus obstinés ou de la plus mauvaise foi, en lui refusant un caractère divin, ont été forcés d'admettre, de proclamer comme la noble expression de la plus pure et de la plus sublime philosophie!...

« En Amérique, en Suisse, dans les Pays-Bas, en Angleterre, dit M. Béranger, les principes religieux, obscurcis par une vie de désordre, ne sont pas complétement effacés : la lecture, les conférences avec des hommes dévoués au bien, ne tardent pas à les réveiller, et alors le criminel retrouve une base sur laquelle peut s'élever l'édifice de sa régénération nouvelle. »

Quelques réclamations, spécieuses dans leurs principes, fausses dans leurs inductions, se sont élevées, tantôt contre l'insuffisance, tantôt même contre les graves inconvénients de ce premier élément d'une véritable réhabilitation.

Avant de passer outre, voyons si réellement ces protestations sont fondées, ou si plutôt elles ne tiendraient pas à cet étrange abus que font toujours sciemment les détracteurs de la religion, en rendant la doctrine responsable des conséquences erronées que l'on en tire, ou des applications intempestives que l'on en fait.

On place un aumônier dans une maison pénitentiaire, où seul, malgré son zèle, son dévouement et ses fatigues, il ne peut obtenir aucun résultat appréciable ; on constate la permanence de l'immoralité, puis on vient dire avec une inconcevable assurance : « Voyez, la religion est sans aucun effet; elle n'a pas opéré l'amendement des condamnés. »

Une semblable pétition de principes devient intolérable et révoltante. N'est-il pas évident que l'on fait ici de la médecine morale homéopathique, en administrant le médicament à la dose des infiniment petits, et que l'on ne doit pas obtenir plus de résultats que dans la médecine physique pratiquée d'après un tel système, sans même parler des vices d'application ? Nous comprenons donc l'objection seulement de la part de l'ignorance ou de la mauvaise foi.

M. de Lafarelle fait connaître dans les termes suivants un rapport de M. Cerffbeer au ministre de l'intérieur, sur les prisons et les bagnes de l'Italie :

« La religion, sinon le sentiment religieux, joue et doit jouer nécessairement un grand rôle dans le régime répressif de l'Italie centrale. L'auteur donne tout entier, et dans son texte, un long réglement récemment émané de l'autorité pontificale, qui astreint les prisonniers de tout le pays soumis à son action à de nombreuses pratiques de piété. Les communions générales, les confessions obligatoires, les assistances forcées au service divin, y sont réglementées avec soin et font partie intégrante du régime disciplinaire de la prison. L'esprit des nombreuses sociétés qui en Italie s'occupent des condamnés et détenus de tout genre, correspond d'ailleurs parfaitement à la pensée qui a dicté ce réglement ; c'est le même esprit qui a toujours animé les corporations religieuses. Ces sociétés se chargent de donner des vêtements aux prisonniers, d'adoucir leur sort, de fournir des défenseurs aux prévenus, d'assister les malades, d'accompagner les condamnés à mort jusque sur l'échafaud et de pourvoir à leur ensevelissement ; mais, en retour, elles leur imposent et en obtiennent sans peine une foule de pratiques dévotes de toute nature. Tous ces détenus portent des scapulaires au cou ; leurs cellules sont tapissées d'images saintes ; une lampe brûle partout devant la madone, peinte et ornée par eux ; ils assistent avec une assiduité et un recueillement admirables à toutes les cérémonies sacrées ; ils communient ; bien plus, ils aiment sincèrement à recevoir la visite et les consolations du prêtre. Mais après tout cela, ces hommes, s'il faut en croire le rapport, sortent de la prison plus méchants et plus vicieux qu'ils n'y étaient entrés, parce que leur religion, purement extérieure et toute de forme, ne pénètre pas jusqu'à l'âme. »

Parce que des hommes éminemment saints, parce que des chrétiens parfaitement vertueux et sous l'impulsion de la plus ardente charité, ne peuvent bien connaître toute la perversité des criminels et leur appliquer en conséquence les moyens de moralisation qui conviennent à ces natures plus ou moins profondément corrompues, faut-il en inférer que la religion elle-même devient responsable de ces pieuses méprises? Autant vaudrait dire que la médecine est toujours impuissante, parce qu'un praticien, habile du reste, mais traitant une maladie qu'il n'a pas été en mesure de connaître, ne sait pas l'attaquer par l'emploi des médicaments convenables.

« Des philanthropes se sont dit, ajoute M. Moreau-Christophe : les prisonniers sont plus malheureux que coupables ; ils sont plus à plaindre qu'à blâmer ; la peine qu'on leur inflige doit moins avoir pour but de les punir que de les moraliser ; et les portes de nos prisons s'ouvrirent devant leur charité chrétienne ; et ils prodiguèrent aux prisonniers leurs soins, leurs bienfaits, leurs conseils ; et tous les prisonniers leur parurent des âmes malades que des remèdes moraux pouvaient facilement guérir ; et ils se mirent à les catéchiser, à les sermonner, à les convertir ; et leurs paroles furent entendues plus fructueusement qu'ils n'osaient l'espérer. Tous en effet se repentaient de leurs fautes et promettaient de n'y plus tomber. Tous, en entrant dans la prison, se disaient ou juifs ou protestants ; tous demandaient à être baptisés, à communier, à se confesser. C'était grande liesse pour ces bandits que d'être faits catéchumènes : et cela se conçoit de reste.

« Les ateliers vaquaient, et, de plus, chacun d'eux recevait une ration de vin et mangeait de la viande et du pain blanc le jour de la première communion ; la sainte table ne désemplissait pas ; il en est, c'étaient les plus fervents, qui ont fait jusqu'à six fois leur première communion, dans six prisons différentes, où ils sont entrés toujours juifs ou protestants, et où ils ont trouvé le même régime établi....

« Ce temps-là fut l'âge d'or des détenus ; mais ce temps-là fut l'anarchie des prisons. L'échelle pénale était renversée ; tous les principes d'ordre étaient méconnus ; le lien de la discipline était brisé ; la peine ne devant plus punir, mais moraliser, la moindre mesure répressive était réputée odieuse ; les prisonniers s'en plaignaient, les philanthropes les croyaient ; les gardiens avaient toujours tort. »

Nous avons assez manifesté notre opinion sur la nécessité de laisser à l'action pénale toute sa force, à l'administration supérieure toute sa liberté d'influence, pour n'avoir plus à combattre des abus aussi déplorables ; et si nous les avons retracés dans tous leurs détails, c'est afin de nous éviter le soin d'y revenir, en signalant tous ces écueils de manière à ce qu'un moyen aussi puissant n'aille pas davantage s'y briser en tombant, pour des misérables condamnés, dans le domaine si regrettable de la plus amère dérision.

Nous ne parlons donc pas ici d'une religion que l'on rendrait étroite, inconséquente et tracassière, si contrairement à son admirable et sublime génie ; qui sacrifierait le fond à la forme, et ne comprendrait pas même le véritable caractère de son institution divine et moralisatrice : nous parlons de cette belle religion fondée par Jésus-Christ, pratiquée par saint Charles Borromée, par saint Vincent de Paul et par tant d'autres pieux personnages dont nous ferions la nombreuse et consolante énumération, si la mémoire vénérée des uns n'existait pas également dans le souvenir des hommes, et si la présence et la touchante modestie des autres ne nous obligeait à la discrétion du silence.

La religion, ainsi comprise et bien appliquée, produira nécessairement les meilleurs effets; c'est une expérience déjà faite, non-seulement en France, comme nous le verrons, mais encore chez les autres nations.

« L'élément religieux est le moyen le plus accrédité et le plus employé en Allemagne, pour l'amendement des condamnés, dit M. F. de Lafarelle. La prière en commun se répète soir et matin et après chaque repas. Des instructions religieuses réitérées ont pour objet de rétablir, autant que possible, dans le cœur des prisonniers, le sentiment et le culte du devoir. »

On a tellement abusé des mots et des choses, qu'il devient nécessaire d'ajouter : il faut ici plutôt de la piété profonde, intelligente et mesurée, que de la dévotion superficielle, entreprenante et sans direction bien comprise ; plutôt une religion pratique, simple et touchante, qu'une religion dogmatique, savante et recherchée.

Le culte, qui se trouva souvent dans les établissements pénitentiaires à l'état de simple tolérance, doit aujourd'hui s'y rencontrer à l'état de prescription et d'institution légalement établie.

Dans chaque pénitencier, une chapelle sans faste, mais digne et suffisante, sera consacrée aux cérémonies religieuses, à tous les exercices de piété; desservie par un clergé proportionné, mais toujours assez nombreux.

Ces cérémonies devront être sagement réglées pour leur fréquence et le temps de leur durée ; les condamnés y assister avec le respect et la décence qu'elles exigent. C'est dans ce pieux recueillement et dans la douce et touchante contemplation des choses sacrées ; c'est dans les prières en commun faites au Dieu qui compatit et qui pardonne, que viendront les salutaires inspirations du repentir, les insinuations de la grâce et les sublimes enseignements de la foi qui touche, anime et régénère spontanément les cœurs les plus dissolus, mais qui ne se commande et ne s'impose jamais.

Dans cette grande et féconde vérité se trouve tout le secret du pouvoir immense de la religion : pouvoir aujourd'hui si bien compris, si sagement et si pieusement exercé par le chef de l'Eglise et par ses dignes collaborateurs.

Vouloir commander avec sévérité ce qu'il faut persuader avec douceur, serait en effet oublier et fausser les enseignements du divin Maître et s'exposer à deux effrayants résultats : la création ou le perfectionnement, chez les condamnés, d'une hypocrisie systématique, alors surtout déplorable dans son principe et si funeste dans ses conséquences : ou bien la réaction d'une criminelle impiété qui foulerait aux pieds les dogmes les plus sacrés !...

Dans les sociétés partielles et dans la société générale, mêmes causes, mêmes effets. Or, nous venons d'en faire la triste expérience, lorsque les hommes en sont arrivés à méconnaître, à conspuer toute supériorité, à renier, à mépriser tout principe, cette société générale touche de près à sa ruine, à sa dissolution!

Que n'arriverait-il donc pas, sous ces fatales influences, pour la société partielle des condamnés?...

Les exercices de piété, si l'on veut leur donner du charme et surtout une grande action moralisatrice, devront être plutôt facultatifs qu'obligatoires; plutôt des encouragements et des récompenses que des épreuves à supporter et des tâches à remplir; ils ne pourront surtout jamais détourner des travaux obligés en favorisant la paresse et l'oisiveté. Du reste, leur caractère sera simple, familier, usuel et toujours dirigé vers la persuasion.

Quant aux pratiques religieuses, point essentiel et final dans cette grande et noble action moralisatrice, elles devront toujours être libres, volontaires, et surtout dégagées de toute insinuation pressante et de tout avantage humain à conquérir : elles constitueront le prix, la récompense et non le moyen de les obtenir.

Là se trouve le plus dangereux écueil; nous le signalons afin que les meilleures intentions et le plus saint zèle ne viennent pas y faire un bien regrettable naufrage.

Du reste, nous ne voulons pas ici descendre dans les dispositions réglementaires, que les sages ministres du culte comprendront beaucoup mieux que nous, mais seulement poser les principes fondamentaux de la première action moralisatrice, d'après les notions que nous avons acquises par une assez longue expérience des hommes.

Pour compléter cet enseignement et ce que nous avons dit à l'article religion du forçat, pour faire mieux comprendre encore les ingénieux et véritables procédés que la charité chrétienne saura mettre en usage avec un succès assuré, nous terminerons par le récit que fait M. Alhoy des pratiques si dignes d'éloge du respectable M. Marin, aumônier du bagne de Toulon.

« C'est un don surhumain que cette faculté que possèdent quelques hommes d'exciter à leur aspect la sympathie et la vénération; et personne peut-être n'eut à un plus haut degré que M. l'abbé Marin cette puissance magnétique. Son prédécesseur au bagne, prêtre vertueux, estimable sous tous les rapports, ne pouvait se présenter aux galériens sans que des murmures ou des blasphèmes sortissent de toutes les bouches. S'il catéchisait les condamnés, ils répondaient par les chants de leur obscène répertoire.

« M. l'abbé Marin s'avisa, pour faire connaissance avec eux, de leur prouver qu'il y a un Dieu et qu'il faut une religion. S'il eût fait dresser dans une des localités du bagne une tribune ou une chaire, et qu'en surplis et en bonnet de prédicateur il eût parlé à ces sourds le langage biblique, il n'eût pas sans doute été mieux accueilli que le bon ecclésiastique son devancier...

« Il fait acquisition d'un nombre d'exemplaires des petits livres de M. d'Exauviller égal au nombre des personnages qui étaient mis en scène par l'auteur; il entre dans une salle, et après avoir lu à haute voix le préambule du livre, qui est le point de départ d'une anecdote presque historique, il indique les personnages, tels que M. Dumont, maire, bel esprit sceptique, maître Thomas, Gros-Pierre, Jean, etc., tous habitants d'un village où la religion était aussi négligée que la morale méconnue. Il demande alors quels sont les forçats les plus lettrés et les plus intelligents... On comprit qu'il s'agissait d'un drame en action, et les plus capables furent désignés par la masse... Chacun des interlocuteurs reçut une brochure. M. l'abbé Marin garda un rôle, celui du curé du village. Il fit signe au premier personnage de prendre la parole; le forçat chercha à saisir le ton qu'il supposait convenable au rôle qu'il représentait; le second condamné, après la réplique, fit comme son camarade; la scène se joua avec intelligence, avec verve; la masse des spectateurs, assise sur le banc du bagne, écoutait avec curiosité. Le sujet était sévère, mais il était traité en langage familier; et quand le raisonneur, qui entassait argument sur argument contre le curé du village, fut au bout de son rouleau, et que malgré ses efforts il fut terrassé, une salve d'applaudissements, des cris: bravo! partirent de toute la salle, et le triomphe du personnage que s'était réservé M. l'abbé Marin fut complet.

« Les forçats prirent tellement goût à cette conférence en action que, le dimanche suivant, ce fut à qui obtiendrait un rôle. L'aumônier varia le répertoire, et dès lors sa personne devint un besoin pour les condamnés. Il put alors donner essor à cet esprit évangélique qui depuis lui a acquis l'amour, non-seulement des condamnés, mais encore de tout le personnel de la marine. »

Il serait difficile, en effet, de mieux comprendre cette importante et sérieuse mission, de la remplir avec plus de sens, de convenance et d'à-propos.

Si les établissements pénitentiaires bien disposés possédaient en nombre suffisant des apôtres de cette noble trempe, les faits répondraient bientôt de la manière la plus victorieuse et la plus utile aux accusations, aux reproches de l'incrédulité. Nous verrions les condamnés s'habituer à la prière, à l'assistance aux offices courts et toujours appropriés; la confiance, la conviction, la foi se développer graduellement sous la puissance irrésistible de la réflexion et du bon exemple; les billets de confession ne plus offrir des éléments de négoce dérisoires et pernicieux; les saintes pratiques de la religion chrétienne, au lieu d'être un moyen d'obtenir des grâces en consacrant la profanation et l'hypocrisie, devenir la plus sublime des récompenses, le but consolant de la plus honorable moralisation.

8° ACTION PÉNALE. — Ici va se trouver la perfection de la meilleure doctrine pénitentiaire, par la réunion intime de deux conditions que l'on avait si malheureusement séparées : l'action pénale et l'action moralisatrice.

Nous l'avons dit, et notre conviction sera toujours la même : l'action pénale doit encore ici conserver toute sa fermeté pour ne pas perdre de sa puissance ; il est essentiel qu'elle reste complète, mais il n'est pas nécessaire qu'elle devienne barbare : nous la demandons entière, humaine et fructueuse.

Le condamné doit être privé de sa liberté, soumis au travail de force, logé, vêtu, nourri sainement sans doute, mais économiquement, en laissant de côté tout élément de recherche, de sensualité, de confortable ; il doit être soumis à l'obéissance passive, à la discipline la plus invariable, et sévèrement puni s'il y fait infraction.

Mais dans toutes ces applications de la pénalité, nous désirons que l'on ne prodigue pas les souffrances et les privations ; qu'on les rende expiatoires sans leur imprimer le fâcheux caractère de la torture. Qu'on les présente avec calme et comme un juste châtiment, au lieu de les jeter avec irritation comme les effets d'une vengeance passionnée.

Nous désirons surtout qu'après avoir convaincu de l'équité de ces châtiments, le malheureux qui les endure, au lieu de l'exaspérer et de le conduire aux violences de la réaction et du désespoir, on l'accoutume par degrés à respecter, à chérir même la main qui le punit ; à trouver dans ces mêmes châtiments des moyens d'acquittement et d'expiation : alors on l'aura placé dans la plus salutaire de toutes les voies ; et l'action pénale, qui d'ordinaire achève la perversion des détenus, deviendra souvent la plus efficace et la plus puissante des actions moralisatrices ; en assurant le succès de toutes les autres.

« La répression des délits est une de ces nécessités immédiates et urgentes, dit M. Léon Faucher, qu'il ne dépend pas du pouvoir d'ajourner, parce qu'en l'ajournant il périrait. Or, la peine qui ne corrige pas le délinquant, n'a point réprimé le délit. »

On comprendra dès lors toute l'importance de cette admirable fusion ; et cet obstacle, le plus grave et le plus sérieux, une fois enlevé, l'homme déchu marchera d'un pas ferme, comme vers une victoire assurée, dans le sentier si difficile et si périlleux d'une véritable réhabilitation.

9° Répression. — Nous sommes forcé de le reconnaître, avec un profond regret, au milieu de ces natures vicieuses et si facilement criminelles, il devient souvent indispensable de recourir aux plus sévères moyens de répression.

Mais qui donc aujourd'hui comprendrait assez mal et les instincts et le cœur de l'homme, pour imaginer et soutenir que la brutalité des châtiments physiques est la meilleure voie pour arriver à ce pénible résultat ?

« Moyen efficace, en vérité, dit M. M. Monjean, de ramener l'âme à des sentiments d'honneur et de dignité personnelle, que d'asservir le corps à cette ignoble peine du fouet, qui dégrade l'homme et le ravale au niveau de la brute. »

« Les tortures de la cellule, comme tout châtiment corporel, dit

M. Schœlcher, député, n'ont d'autre effet que d'avilir ceux qui les subissent, et de laisser dans leur âme des ferments de colère et de vengeance qui les conduisent alors parfois à l'assassinat. »

Telles sont les opinions de tous les hommes de sens et d'expérience dont nous avons consulté les nombreux écrits.

D'autres nous montrent parmi les détenus des caractères si complétement indociles aux traitements les plus durs, qu'on les briserait sans jamais les faire plier.

« Au bagne de Toulon, dit M. Alhoy, il y a des hommes qui ne connaissent pas d'autre champ de travail que le lit de camp sur lequel ils sont couchés. Le forçat Blouet n'a pas vu le port depuis de longues années ; c'est une de ces individualités réfractaires à toute éducation disciplinaire ; il semble né pour la double chaîne ; son univers a quelques mètres d'étendue ; plus loin, pour lui, c'est l'espace des rêves. »

De tous ces faits, il faut inférer, pour conclusion, que l'action répressive, comme l'action pénale, doit être ferme, inébranlable dans les occasions qui l'exigent, mais en même temps juste aux yeux du coupable et jamais inhumaine : elle doit en même temps corriger et moraliser.

Au nombre des moyens qu'elle peut avantageusement employer, nous indiquerons surtout : la suspension ou la révocation des faveurs accordées ; la privation du vin, des mets ; la diminution plus ou moins forte dans la ration de pain ; la prison, le cachot, etc.

Nous bannissons entièrement le fouet, l'accouplement, les tortures de tout genre ; nous ne disons rien de la peine de mort.

Quant aux récalcitrants absolus, il faut les priver de la liberté : leur mettre au besoin la camisole de force ou même les enchaîner, mais seulement après avoir cherché dans leur âme s'il n'existe pas une corde sensible que l'on puisse utilement faire vibrer; car les exemples des forçats Drouillet, Poulmann et de plusieurs autres, prouvent qu'il est alors possible, sans une dureté regrettable, d'obtenir par le souvenir d'une ancienne amitié, par l'empire de l'amour filial, etc., un amendement que n'auraient jamais amené les traitements les plus rigoureux.

10° Récompenses. — C'est dans cette action moralisatrice, particulièrement, que l'abus est toujours bien voisin de l'usage, et qu'il faut en conséquence apporter la plus grande circonspection pour ne pas être dupe des spéculations si nombreuses, si variées, et quelquefois si subtiles, de la mauvaise foi, du subterfuge et de l'hypocrisie.

Il ne serait, du reste, pas plus rationnel de tomber dans un excès contraire, en voyant tous les condamnés à travers le prisme exclusif du soupçon, et de ne jamais admettre chez eux ni sincérité ni droiture.

Avec une suffisante notion du cœur humain, avec une expérimentation profonde et réfléchie, avec l'attention sérieuse de ne jamais récompenser avant d'avoir acquis des garanties assez positivement, assez longtemps éprouvées, on évitera presque certainement ces deux écueils, dans lesquels il serait si fâcheux de tomber.

Un grand moyen de rendre ces récompenses plus fructueuses dans leur effet capital, et d'en mieux assurer la bonne et juste répartition, c'est de les constituer plutôt morales que physiques, plutôt de nature à relever l'homme aux yeux des autres et dans sa propre conscience, qu'à satisfaire ses instincts et sa grossière sensualité.

Ainsi, pour tout concilier : quelques améliorations dans le régime alimentaire, dans l'habitation, le coucher, le travail, l'habillement, le degré de liberté, etc., mais surtout dans les pratiques religieuses, les primes d'encouragement, les prix de bonne conduite, les distinctions honorifiques, les grâces, les réhabilitations proclamées avec éloge et solennité, les inscriptions au livre d'honneur ouvert dans le pénitencier, etc., tels seront les principaux moyens de cette catégorie que l'on devra mettre en pratique pour arriver à donner au condamné la probité légale, premier pas dans la voie du retour, mais surtout la probité vertueuse, qui le moralise pour le présent et pour l'avenir.

IV. PROTECTION DU LIBÉRÉ.

De tous les points fondamentaux de la réforme pénitentiaire, le plus important et le plus sérieux est évidemment celui qui fixe les garanties que la législation doit aux libérés.

Sur la réalité de cette protection légale reposent en effet les intérêts les plus graves et les plus sacrés :

La réhabilitation de l'homme déchu dont le repentir est sincère et les impulsions désormais dirigées vers le bien;

La sauvegarde positive de la société contre les attaques désespérées de la récidive;

Enfin, l'anéantissement de cette lutte si fatalement organisée entre la seconde et le premier : d'une part, sous l'influence de la répulsion imprudente et systématique du libéré; de l'autre, par la haine que cette répulsion fait naître et par les nécessités criminelles qu'elle impose.

Dès l'année 1838, MM. Léon Faucher et Bayle-Mouillard s'exprimaient ainsi relativement à cet objet essentiel :

« De 1830 à 1833, en quatre ans, vingt-quatre mille huit cent soixante-dix-sept libérés sont sortis des bagnes et des maisons centrales; parmi eux, beaucoup passent à l'état de vagabondage; et, si l'on n'y porte remède, avant dix ans leurs bandes auront remplacé dans les campagnes les tribus de bohémiens; ce mal est inévitable, parce que la société les repousse, et elle doit les repousser en effet; car ce n'est pas assez qu'ils aient subi leur peine, *ils lui doivent encore la preuve de leur régénération*, le spectacle de leur repentir.

« Mais, d'un autre côté, le pouvoir social doit veiller sur eux pendant ce temps d'épreuve, fortifier leurs bonnes résolutions, prévenir leurs rechutes, écarter quelques obstacles, et pourvoir aux besoins les plus pressants. Or, on ne l'a fait nulle part, si ce n'est peut-être dans le duché de Bade. Néanmoins, il n'y a qu'une opinion aujourd'hui sur la nécessité de pourvoir au sort des condamnés après leur libération : l'humanité le veut, l'intérêt social le conseille avec énergie; quant aux moyens de replacer sans danger ces malheureux au milieu de nous, c'est une matière à peu près inexplorée. »

Ces moyens, nous croyons les avoir trouvés, comme nous allons bientôt le démontrer par les faits.

Que l'on y prenne bien garde, là se trouve, à notre sens, l'une des bases principales de la moralisation des individus et du maintien de l'ordre social. Peut-être les législateurs ne l'ont-ils pas encore suffisamment compris?... et cependant ils ne se font point illusion sur la réalité du mal, auquel il est urgent d'apporter, sans retard, un remède assez puissant.

« La peine du bagne en perdant son efficacité a gardé son infamie, dit M. E. Rouher, président de la section de législation, dans l'exposé des motifs sur la suppression des chiourmes. Le forçat libéré est l'objet de la répulsion universelle; l'isolement se fait autour de lui; on ne veut de lui ni de ses services à aucun titre.

« Vainement il cherche des lieux où ses antécédents ne soient pas connus : *la surveillance de la haute police, qui s'attache à ses pas, le dénonce partout.*

« Le travail honnête lui est interdit; il ne pourra vivre qu'à la condition de redevenir criminel, et il le sait avant d'être libéré ; de là ces redoutables associations qui se forment au sein des bagnes pour l'exploitation du mal : *c'est la guerre organisée contre la société.* »

La voilà donc énoncée par l'organe même du pouvoir législatif, cette affreuse vérité ; la voilà découverte aux yeux épouvantés, cette plaie sociale hideuse, envahissante, affectant déjà plusieurs membres et menaçant le corps entier d'une entière corruption !

En même temps, en effet, que la pensée du législateur, dans sa clémence, devrait laisser à l'âme du malheureux condamné l'espoir si consolant d'un retour à la vertu par les voies du repentir et de l'expiation, que fait l'institution pénale ?

Elle ferme cette voie salutaire, elle brise impitoyablement cette espérance moralisatrice ; elle poursuit au delà des murs de la chiourme, au delà des bornes de la condamnation temporaire, cet infortuné criminel trop fréquemment victime de l'erreur, par une surveillance qui le marque sans trêve et sans pitié du fatal symbole de la répulsion, de l'antipathie sociale; qui l'embrasse, l'étreint et l'étouffe dans son réseau d'ignominie, plus flétrissant et plus cruel encore que le réseau de fer dont il vient de se débarrasser; qui le fait périr dans les angoisses de l'abandon le plus douloureux et de la plus affreuse misère!... à moins qu'il ne s'en affranchisse par la réaction du désespoir, en rentrant dans l'enfer du bagne ou même en portant sa tête sur l'échafaud!...

Il ne s'agit pas ici d'une esquisse morale imaginaire, fabuleuse, il s'agit d'un tableau d'histoire, dont le sinistre aspect fait naître depuis longtemps les plus justes inquiétudes et les plus pénibles sentiments dans les âmes animées par la sagesse et par la philanthropie.

« Placer un malheureux dans cette position, dit M. Alhoy, c'est le mettre au-dessus d'un précipice, sur une planche à bascule, et lui dire : *marche!*... Bientôt l'équilibre se rompra, la bascule jouera et l'homme roulera dans l'abîme!... »

Au milieu de ces tristes préoccupations, en face de ce pressant besoin d'une réforme pénitentiaire assez positive, assez radicale pour devenir salutaire, quels moyens vient-on proposer?... Continuons la citation de l'exposé des motifs :

« Il n'y a pas de remède en France contre cette plaie profonde, incurable. On ne peut en débarrasser le pays qu'en la portant au loin, au delà des mers, sur quelque terre où le forçat trouvera les moyens de vivre, sans crime, des fruits de son travail. »

Prouvons d'abord, par la puissance incontestable des chiffres, que ce procédé ne ferait que diminuer un peu l'étendue de l'ulcère qu'il s'agit de guérir; nous démontrerons ensuite que, même en supposant à la déportation toute l'étendue d'influence qu'elle n'a pas, elle resterait, à ce point de vue, sans une véritable efficacité. Nous pénétrerons enfin au cœur de la question, nous sonderons la plaie dans toute sa profondeur, et, dès que nous en aurons bien apprécié la nature et surtout les causes véritables, nous serons peut-être alors en mesure de la guérir.

« Oui, cela est vrai, dit M. Paillard de Villeneuve, *Gazette des tribunaux*, 14 juin 1852, notre législation pénale est ainsi faite, que *le forçat libéré ne peut vivre qu'à la condition de redevenir criminel*. Mais le forçat est-il le seul que sa peine suive encore après l'expiation ; auquel, comme conséquence fatale de cette peine, *une conduite honnête fut interdite*, et qui ne puisse trouver en France un coin de terre *pour y vivre sans crime du fruit de son travail*? Pourquoi cette situation terrible est-elle faite au libéré? Ce n'est pas seulement parce qu'il sort du bagne. L'exposé des motifs nous dit où est la cause vraie du mal : *Vainement le libéré cherchera des lieux où ses antécédents ne soient pas connus, la surveillance de la haute police, qui s'attache à ses pas, le dénonce partout.*

« Qu'est-ce donc que l'on propose?... *La déportation*. Il n'y aura plus de forçats pour alimenter les statistiques funèbres de la récidive. Soit : mais les réclusionnaires, mais tous ceux que leur condamnation place aussi sous la surveillance de la haute police, le projet de loi ne s'en occupe pas..., quel est le chiffre des condamnés qu'il atteindra?... Déduction faite, annuellement huit cent quatre-vingt-neuf... Combien laissera-t-il encore sur le sol de la France de condamnés soumis, comme les forçats, à ces dangers si flagrants de la mise en surveillance?... Trois mille soixante-six chaque année. »

Si l'on pouvait s'abuser au point de croire que les récidives sont plus fréquentes chez les forçats, les statistiques viendraient également relever cette erreur et prouver : « Qu'elles sont pour les maisons centrales de trente et un, et pour les bagnes seulement de vingt-huit sur cent. »

Enfin, si l'on veut apprécier définitivement la mesure, on trouve que « Pour une période annuelle il y a mille condamnés au bagne, et huit mille à l'emprisonnement dans les maisons centrales ou départementales ; c'est-à-dire qu'au point de vue de la récidive, le projet de loi qui, en supprimant les bagnes, maintient le régime des maisons centrales, a pour résultat de remédier au mal dans la proportion de un à huit. »

« En présence d'une population de malfaiteurs qui, dans une période de seize ans, 1830 à 1845, donne trente-deux mille cent sept récidives, sur cent deux mille deux cent trente-six libérés, le même projet aura le résultat que voici : il expulse de la métropole neuf mille sept cent vingt-six libérés, et prévient deux mille huit cent quarante-cinq récidives ; il laisse sur le sol de la France : quatre-vingt-douze mille cinq cent dix libérés également dangereux, s'ils ne le sont pas davantage, et qui donnent vingt-neuf mille deux cent soixante-deux récidives. Tel est exprimé, avec la précision des chiffres, le résumé du projet de loi. Avons-nous raison de dire qu'il faut à la société menacée des garanties plus sérieuses et plus complètes ? »

En admettant, ce qui nous paraît impossible même à supposer, que la déportation fût applicable à tous les condamnés en surveillance, et qui menacent incessamment la sécurité publique, cette mesure serait-elle morale dans son principe, efficace dans son application ?

Les premières notions d'équité protesteront d'abord ; l'expérience et les faits répondront plus tard à la question.

Si l'on envisage le problème au seul point de vue d'une société méticuleuse, égoïste et sans pitié pour le malheur, on pourra peut-être s'abuser sur les succès du moyen ; mais si la société, plus généreuse, plus noble, plus confiante dans sa force, veut que l'on fasse également entrer dans ce problème, et comme élément essentiel dans sa dernière solution, la pitié pour le repentir sincère et la réhabilitation de l'homme régénéré par une conduite irréprochable, que deviendra, nous le demandons, la moralité constitutive du procédé fâcheux dont on veut faire ici l'application ?

Pénétrons actuellement au fond de cette question si grave, si difficile et d'un intérêt si capital. Demandons-nous tout d'abord quelles sont les causes de cette funeste antipathie qui fait naître l'état hostile si malheureusement établi entre le libéré, même en voie de réhabilitation, et la société tout entière ; de cette répulsion générale du premier par la seconde, et des fâcheuses préventions de celui-ci contre l'autre ?

On a dit quelque part, on a bientôt répété partout : la répulsion des libérés par la société vient d'un préjugé très-anciennement établi dans l'esprit de chacun de ses membres ; et comme les préjugés profondément enracinés sont des opinions sans motif, et que rien dès lors ne peut détruire, on n'a pas trouvé mieux que d'envisager le mal comme absolument incurable.

Est-on dans le vrai ?... Nous pouvons heureusement prouver le contraire.

Au lieu de voir dans la répulsion sociale du libéré le résultat d'une prévention sans motif, nous y trouvons au contraire la conséquence la plus logique et la plus incontestable des fâcheuses conditions dont la législation et les institutions pénitentiaires semblent prendre à tâche de l'environner.

Un jugement infamant le dégrade et le flétrit ; on le jette sans précaution dans un bagne, dans une prison centrale, cellulaire, où sa démoralisation doit se compléter; on le rend, à l'expiration de sa peine, à la circulation entravée par la surveillance.

« Lorsqu'il rentre dans la société, dit M. Faustin Hélie, il semble qu'il soit frappé d'une lèpre contagieuse; à chaque pas son infamie se révèle par les incapacités qui le suivent. Supposez que le hasard l'ait fait témoin d'un crime, le juge va proclamer hautement sa position judiciaire pour lui refuser le droit de prêter serment; que le fils de son frère devienne orphelin, sa tutelle passera à des mains étrangères, car les siennes sont déclarées indignes de la prendre; il est exclu de toutes les assemblées publiques; le plus humble emploi lui est dénié; il n'a pas la ressource de se réfugier dans l'armée. Je ne veux pas parler de la surveillance, source de dégradation et de ruine pour les condamnés libérés, et que la loi, en voulant en adoucir les aspérités, a rendue plus inutile, sans la rendre moins onéreuse.

« En présence de ces dispositions, il serait superflu de chercher à expliquer ce sentiment d'universelle répulsion qui accueille les condamnés à la sortie de la prison. Ce sentiment, n'est-ce pas la loi elle-même qui l'enseigne et le professe? Comment le public ne repousserait-il pas celui que la loi repousse? Comment croirait-il à celui qu'elle ne croit pas? Comment chargerait-il de ses affaires celui que l'État proclame indigne de gérer les siennes? Comment, enfin, donnerait-il du travail à celui qui est déclaré incapable de remplir aucune fonction? »

Après une démonstration aussi claire, aussi complète, aussi positive, on ne viendra plus sans doute nous parler ici des invincibles préjugés de la société; nous n'insisterons donc pas davantage et nous ajouterons seulement, à titre d'induction consolante et vraie : C'est vous, légistes, qui sans le vouloir avez fait tout le mal;

vous aurez trop de sens pour ne pas le comprendre, et trop de cœur pour ne pas le réparer ; le moyen, du reste, est si facile, qu'il nous suffira de le signaler convenablement à votre bienveillante attention.

Si nous voulons actuellement remonter à l'origine des funestes préventions du libéré pour la société, nous en trouverons encore facilement l'explication, et peut-être même serons-nous dans l'obligation de les nommer des ressentiments profonds et trop souvent motivés.

Dès l'instant où le condamné se trouve soumis à l'action pénale, on la présente à son esprit comme une vengeance de la société. Le malheureux détenu souffre et s'aigrit surtout des motifs de la correction qu'on lui fait éprouver ; il s'inspire de plus en plus dans cette fâcheuse interprétation par les réflexions de ses compagnons de misère ; par le triste tableau qu'on lui fait chaque jour des anxiétés, des tortures morales et des privations de tout genre qui l'attendent après sa libération, etc., de telle sorte que le sentiment pénible qui d'abord se trouvait dans son âme à l'état de simple mauvais vouloir, y grandit et s'y développe jusqu'aux effrayantes proportions de la haine et de l'implacable *vendetta*.

Ici l'enchaînement entre les causes et les effets est également facile à suivre ; le mal est évident et le remède vient naturellement s'offrir.

« C'est une vérité triste à proclamer, dit M. Guyot, député, mais il faut reconnaître que les condamnés récidivistes sont en fort grand nombre, soit par l'insuffisance de notre législation, soit que notre société, telle qu'elle est organisée, ne tende pas au condamné libéré une main assez secourable, et ne l'aide pas assez dans sa réhabilitation. »

« Cependant, ajoute M. Faustin Hélie, les résultats de cette défiance sont terribles. Chaque année dix mille libérés viennent demander à la société des ressources qu'elle dénie à la plupart; supposez que l'enseignement de la peine ait fait germer dans leur esprit de saines résolutions, que deviendront ces projets de bonne conduite en face de la misère et du mépris? Il est bien des hommes qui ne doivent leur vertu qu'à leur position sociale; quelle triple force ne faudrait-il pas à celui qui se présente sans appui, le front incliné sous le poids d'une première faute, pour lutter contre les dédains de la foule et les inspirations du désespoir? Ainsi s'ouvre et s'élargit chaque jour, avec une fatale rapidité, le cercle des récidivistes; ainsi la régénération des condamnés vient, après quelques moments d'hésitation, se briser contre les faits sociaux; ainsi se forme une classe d'hommes ennemis de la société, lui préparant une guerre intestine et vivant du crime, à défaut de travail, comme d'un métier. »

Que la législation et la société, pour leur intérêt commun, ne perdent donc jamais de vue cette vérité sévère et capitale dans la question.

Un grand nombre de récidivistes sont bien souvent moins coupables que fatalement poussés vers le crime, et viennent frapper de nouveau à la porte du bagne parce qu'on leur a durement et, disons-le, bien imprudemment fermé celle de l'atelier.

Nous connaissons actuellement les causes positives du mal; nous avons sondé l'ulcère jusque dans ses affreuses profondeurs; ayons actuellement le courage et la ferme volonté d'y faire l'application du remède; nous le pouvons, et cette cure, honorable pour notre siècle, deviendra tout à la fois, dans ses admirables conséquences, le fondement des garanties sociales et de la sécurité publique, l'ancre de salut des pauvres libérés et la consolation de leurs malheureuses familles!...

Mais pour que cette cure soit radicale et complète, il faut que le remède attaque et détruise le mal dans sa cause principale, dans son essence; autrement, les meilleurs moyens en apparence ne seront que de simples palliatifs, et leur emploi restera sans aucun effet définitif. C'est pour avoir méconnu cette vérité capitale que tous les procédés jusqu'ici mis en usage n'ont eu pour tristes résultats que d'abandonner la maladie à ses rapides et funestes progrès.

L'essence, la cause principale du mal : C'EST LA CONDAMNATION INFAMANTE prononcée contre le coupable.

Quel avantage la législation peut-elle actuellement trouver dans cette condamnation?

Comme action pénale, croit-on qu'elle ajoute beaucoup au châtiment du condamné, dans les dispositions morales où le crime l'a placé?

Comme intimidation, pense-t-on sérieusement qu'elle arrêtera celui qui ne recule pas devant le méfait que sa conscience ne manque jamais de lui présenter comme un acte dégradant?

Si maintenant, en face de ces avantages minimes, ou même nuls, au double point de vue de l'intimidation et de l'action pénale, nous venons placer, d'après les faits, la condamnation infamante comme la cause première de l'antipathie, de la répulsion sociale pour les coupables; de l'impossibilité de la réhabilitation pour les libérés; de la nécessité des récidives et de toutes leurs funestes conséquences, qui donc pourrait encore demander cette condamnation, lors surtout que les plus sages législateurs sont en voie de la débarrasser de tous ses moyens d'immorale et si pernicieuse flétrissure?

Comment! vous ne trouvez pas qu'un malheureux criminel soit assez dégradé par l'infamie du crime, vous voulez y joindre l'infamie de la condamnation! vous voulez, par je ne sais quelle inspiration vertigineuse, que la loi, dans cet acte de réprobation, vienne si mal à propos et si tristement s'associer au méfait!...

Permettez-nous une comparaison qui rendra palpable pour tous le fait immoral et funeste de la condamnation infamante :

On dit au coupable, avec appareil et solennité : Vous vous êtes noirci par le crime, nous allons vous noircir un peu plus par un jugement flétrissant ; vous irez vous noircir encore davantage dans nos pénitenciers, par votre contact et vos relations avec des hommes encore plus pervers que vous ; enfin, lors de votre libération, si votre souillure n'est pas complète, nous l'achèverons par la surveillance de la haute police ; puis nous vous rendrons ainsi maculé, stigmatisé, à cette société restée pure, qui nécessairement vous repoussera de son sein, vous forcera de vivre par le vol, l'incendie ou l'assassinat. Alors, vous nous reviendrez et vous irez terminer sur l'échafaud ce que vous aurez si dignement commencé dans le bagne ou dans la prison cellulaire !

Étrange enseignement !... amère dérision !... Une législation aussi vicieuse a-t-elle besoin d'autre chose que d'être mise en lumière pour se trouver immédiatement abrogée ?

Condamnez le délinquant à des peines sévères, sans être barbares ; que ces peines soient rigoureusement appliquées ; laissez à l'action pénale toute sa force, à l'intimidation toute sa puissance ; augmentez même, si vous le désirez, l'énergie de leur châtiment en les rendant expiatoires ; mais ne flétrissez plus par l'essence même du verdict de culpabilité. Déclarez hautement que vous ne déversez pas l'infamie, que vous infligez seulement la punition.

Moralisez le coupable dans le pénitencier qui devra le recevoir, par les moyens que nous avons signalés, par ceux que nous indiquerons encore en faisant l'histoire de ces établissements; et lorsque viendra l'expiration de la peine, prenez soin de la réhabilitation du libéré pour ne pas l'exposer aux funestes résultats des antipathies sociales.

Il est évident aujourd'hui que la législation, mieux éclairée, ne consentira plus à venir associer son influence à celle du crime, dans la flétrissure du condamné; qu'elle ne verra même plus dans cette mortelle influence un moyen d'augmenter l'intimidation et l'action pénale. Cette présomption ne s'élève-t-elle pas actuellement jusqu'à la certitude ? En effet, tous les actes infamants de la pénalité sont maintenant supprimés; ainsi, dans notre Code, nous ne rencontrons plus qu'à titre de pénibles souvenirs, la marque, le carcan, l'exposition, etc., dont le décret du 12 mars 1848 a fait disparaître les derniers vestiges; enfin, la mort civile elle-même se trouve également repoussée par l'article 6 du projet de loi sur l'exécution de la peine des travaux forcés, juin 1852, qui s'exprime ainsi : « La condamnation aux travaux forcés à perpétuité *n'emportera pas la mort civile.* Elle entraînera la dégradation civique. »

La législation s'est déjà montrée bien sage, « en voulant, comme l'a dit M. Paillard de Villeneuve, faciliter l'amendement du coupable et ne pas prolonger l'infamie au delà de l'expiation. »

Que reste-t-il donc à faire pour compléter cette œuvre de raison, de prudence et de philanthropie? Il reste, dans ce Code en voie de perfectionnement, à mettre la lettre d'accord avec l'esprit de la loi ; il reste à remplir une simple, mais bien importante formalité : à déclarer dans le prononcé du jugement que la condamnation n'est plus imfamante.

Au nombre de nos magistrats les plus capables et les plus éminents, quelques-uns ont accepté l'honorable et philanthropique mission de demander eux-mêmes la suppression de toute flétrissure :

« En rapprochant maintenant, dit M. Victor Foucher, les législations étrangères et les opinions des hommes spéciaux des dispositions du Code pénal français, pour arriver à mettre ces dernières en harmonie avec les exigences du système pénitentiaire, je serais porté à supprimer : 1° les peines perpétuelles, par conséquent la mort civile ; 2° *la qualification d'afflictives et d'infamantes* donnée aux peines prononcées pour crimes....

« En réclamant la suppression de la qualification d'infamantes donnée aux peines pour crimes, et qui n'est restée dans le Code de 1810 que sur l'insistance du conseiller d'état Treilhart, je suis conséquent avec quinze ans de travaux ; dès 1828 je l'avais demandée et obtenue, lors de la rédaction du projet du Code militaire, pour les peines de cet ordre ; et, sur mon rapport, la commission, composée de MM. le vicomte Caux, ministre de la guerre, de Vatimesnil, ministre de l'instruction publique, le comte Molé, Horace Sébastiani, le comte d'Ambrugeac, de Salvandi, Laplagne-Barris, etc., avait, à l'unanimité, émis le vœu qu'elle fût effacée du Code pénal. »

Parmi nos voisins, les plus sages et les plus éclairés nous ont déjà précédés, avec avantage, dans cette belle et noble voie ; ainsi, au rapport de M. Heller Claparède, il n'existe plus en Prusse, en Allemagne, aucune peine qualifiée infamante par la loi ; aucune surveillance de la haute police après la libération.

Enfin, pour assurer entièrement le succès infaillible du puissant moyen que nous venons de signaler à l'attention des législateurs, nous réclamerons, comme indispensable, la réhabilitation légale du libéré dans les conditions de l'obtenir.

« Il semblerait, dit M. Faustin Hélie, qu'au moyen de l'exécution de la peine, le crime doit se trouver entièrement expié, car le condamné a payé sa dette, son compte est soldé, la société ne peut plus rien lui demander. Mais cette comparaison, empruntée de Bentham, n'est pas exacte : Il n'en est pas d'une dette morale comme d'une dette pécuniaire ; celle-là laisse des traces que l'exécution même de la peine ne peut effacer. »

Ainsi, lors même que la condamnation ne flétrira plus le coupable, il aura besoin d'une réhabilitation solennelle qui puisse le purifier assez pour qu'il rentre dans l'ordre social dégagé des graves et nombreuses défiances qui ne lui permettraient pas de s'y maintenir.

Du reste, cette réhabilitation que nous demandons n'est pas une création nouvelle, puisque nous la trouvons dans nos anciens Codes, mais seulement avec des caractères et des conditions qui la rendraient impraticable et souvent inutile au milieu de nos dispositions sociales.

« A prendre les hommes avec leur organisation, où les sens dominent l'esprit, dit M. Léon Faucher, l'exemple est pour eux, sans contredit, le plus haut et le plus sûr enseignement. Dans le moyen âge, on exposait les malfaiteurs aux regards du peuple pour lui faire comprendre toute la laideur du crime, en montrant le criminel accablé sous le poids du châtiment. Mais on donnait la même publicité au repentir, et la réhabilitation avait des formes solennelles, comme le jugement. Quelle leçon de morale eût parlé au cœur le langage incisif de ces augustes cérémonies? »

« La législation, dit M. Faustin Hélie, a gardé la trace de quelques pensées généreuses qui étaient nées fécondes dans la pensée du législateur, mais qui, descendues à l'application, ont été à peu près étouffées sous le poids des textes et des formes. Trop souvent, en effet, la théorie abdique sa puissance lorsqu'elle revêt les formules de la loi; les habitudes de la routine et la crainte des innovations viennent flétrir une à une ses plus nobles inspirations, et elle n'arrive dans la législation que mutilée par la main timide et sèche de la pratique. Tel a été le sort d'une institution dont la conception fut grande et belle, et qui, enveloppée de liens multipliés, est restée jusqu'à présent stérile : je veux parler de la *réhabilitation*.

« Le germe de cette institution se trouvait dans l'ancienne législation; mais les lettres de réhabilitation dont parle l'ordonnance de 1770, émanaient purement du droit de grâce.....

« L'assemblée constituante recueillit cette pensée, mais pour l'agrandir et lui imprimer une puissance nouvelle. La réhabilitation cessa de prendre sa source dans un acte de clémence, elle fut un acte de justice; elle eut pour but de restituer à la société ses membres que le crime avait dégradés, mais que la peine avait régénérés. La justice, qui avait constaté et puni le crime, constatait et récompensait le retour à la vertu; un nouveau jugement effaçait le premier; le condamné reprenait tous ses droits parce qu'il en était jugé digne, et la société pouvait sans inquiétude lui rouvrir son sein.

« Les formes étaient simples et solennelles : le conseil de la commune était chargé de vérifier et d'attester la bonne conduite du condamné ; puis deux magistrats municipaux le présentaient au tribunal criminel en proférant à haute voix ces mots : *Cet homme a expié sa faute en subissant sa peine ; sa conduite est irréprochable aujourd'hui ; nous demandons, au nom du pays, que la tache de son crime soit effacée. Le président, sans délibération, prononçait aussitôt : Sur l'attestation et la demande de votre pays, la loi et le tribunal effacent la tache de votre crime.* »

Ces dispositions simples et naturelles furent abolies et remplacées par la nécessité d'une demande insérée dans les journaux, et soumise à des formalités si nombreuses et si rebutantes, que les libérés préférèrent aux humiliations, aux embarras de s'y soumettre, l'abandon complet d'une réhabilitation si péniblement acquise.

« Aussi, disait M. Réal au corps législatif, le 6 décembre 1808, jusqu'à présent peu de réhabilitations ont eu lieu, parce que, jusqu'à ce jour, le régime des prisons semblait s'opposer à toute espèce de régénération, parce que rien n'avait été fait pour mettre à exécution le beau système de 1791. »

Les dispositions du Code d'instruction criminelle n'ont pas été plus fructueuses, le nombre des réhabilitations variant seulement de quatorze à trente et un par année, de 1828 à 1836.

Cette réhabilitation offre d'ailleurs un autre vice capital, qui seul viendrait la frapper d'impuissance et de stérilité :

Les épreuves destinées à la justifier s'effectuent seulement après la sortie du libéré ; sont et doivent être continuées pendant un temps que l'on fait varier de dix à cinq ans. Le premier terme fut exigé par le Code de 1791, et le second accordé, comme minimum, par celui de 1810. De 1828 à 1833, un petit nombre de réhabilitations furent même prononcées après une épreuve de trois ans seulement.

Nous lisons dans l'exposé des motifs du projet de loi sur la réhabilitation des libérés, adopté par le conseil d'état le 8 avril 1852 : « De même qu'une haute prérogative a été créée pour tempérer au besoin, par la modification ou par la suppression de la peine, les inexorables sévérités de la justice ; de même, du fond de la loi pénale, une institution a dû s'élever, qui eût pour effet de détruire, en retour du repentir obtenu et de l'amendement constaté, les derniers vestiges de la condamnation. »

Il est impossible de mieux faire sentir l'équité, l'importance de la réhabilitation, d'en mieux préciser le véritable caractère ; malheureusement, le projet de loi ne répond nullement à ces larges et nobles principes. En effet, il exige de la part du libéré une demande en réhabilitation, et veut un délai de cinq ans après l'expiration de la peine, avant que cette demande puisse être formulée ; sans parler des formalités qui viennent embarrasser et compliquer la suite qu'il est alors possible de lui donner.

Il évident que si le jugement de réhabilitation ne peut être prononcé que cinq ou même trois ans après l'expiration de la peine du libéré, cette mesure intempestive restera sans aucun effet pour favoriser son retour et faire cesser les répugnances de la société ; par cela seul, nous la considérons comme non avenue : le mal persiste avec toutes ses déplorables conséquences ; tandis qu'en faisant l'épreuve dans le pénitencier même, on arrivera toujours avec plus de certitude et surtout d'opportunité.

Voici les principes généraux qu'il serait alors avantageux d'établir :

Tous les condamnés à temps et reçus dans un pénitencier

seraient soumis aux influences moralisatrices que nous avons indiquées.

Sur un registre où chacun aurait sa page séparée, se trouveraient inscrites, jour par jour, les bonnes ou mauvaises notes des adjudants chargés de la surveillance.

Tous les mois, une commission spéciale, présidée par le directeur de l'établissement, procèderait au dépouillement de ces bulletins ; et, dans une séance à laquelle assisteraient tous les détenus de la même catégorie, cette commission proclamerait avec honneur les noms de ceux qu'une bonne conduite aurait signalés à sa bienveillance, et même aux faveurs, aux récompenses qu'elle jugerait convenable de distribuer : ensuite avec blâme ceux des condamnés insoumis, auxquels pourraient être infligées diverses peines appropriées à la nature, à la gravité des infractions.

Enfin, dans une séance annuelle et générale, seraient distribués des prix de travail, de moralité, de conduite irréprochable, et solennellement annoncées les réhabilitations en mesure d'être sollicitées du tribunal compétent.

Le temps nécessaire d'épreuve pourrait être de quatre, huit ou douze années, suivant la nature et la gravité du crime, suivant la durée de la condamnation.

Lorsque cette épreuve aurait été suffisante, favorable et complète, le tribunal de la localité, prévenu par le directeur, ferait une enquête ; et, dès qu'il se trouverait édifié de la manière la plus positive, dans une audience publique, annoncée à l'avance, le libéré présent, il prononcerait le jugement de libération et de réhabilitation en termes précis et déterminés par la loi ; en faisant surtout bien comprendre au réhabilité que la société lui pardonne, l'accueille avec confiance dans son repentir et sa bonne conduite ;

mais qu'une récidive serait punie d'autant plus sévèrement que ce pardon est plus généreux et plus complet.

Pour les condamnés à perpétuité, les mêmes épreuves pourront avoir lieu avec des encouragements acquis ou des punitions méritées ; seulement, la réhabilitation ne devra jamais s'effectuer qu'après une conduite exemplaire, une épreuve très-longue, et par l'application particulière du droit de faire grâce.

Plusieurs jurisconsultes savants ont même demandé la suppression des condamnations à vie. M. Victor Foucher se trouve dans cette honorable partie de la magistrature, et légitime ainsi son opinion :

« Les peines perpétuelles sont de celles qui n'arrêtent guère les malfaiteurs de profession dans la consommation de leurs crimes, par la triple raison qu'ils espèrent n'être pas arrêtés, s'échapper des lieux de détention, et surtout obtenir leur grâce par leur conduite obséquieuse pendant leur détention. »

Nous abandonnons aux législateurs le soin de maintenir la peine ou d'effectuer cette réforme ; nous n'oserions pas demander celle-ci, nous craindrions d'affaiblir l'action pénale et même l'intimidation. Nous pensons, d'un autre côté, qu'il serait peut-être fâcheux d'enlever au chef de l'État cette noble et si belle prérogative de faire grâce, lorsque cet acte, qui tient de la puissance divine, est suffisamment justifié par le profond repentir et par la conduite éprouvée du coupable.

A l'instant où nous terminons cet article, nous lisons dans le journal *le Siècle*, du 3 juin 1853, la relation d'un fait qui semble venir tout exprès pour consacrer par l'expérience la vérité des principes que nous avons émis sur la possibilité de la réhabilitation, même chez les condamnés à perpétuité.

« Il n'est pas de crime si grave, de condamnation si sévère, qu'une conduite irréprochable, que de longues années de repentir et d'expiation ne puissent effacer : cette consolante vérité recevait à l'audience de la cour impériale d'Orléans, du 19 mai courant, une confirmation solennelle.

« En 1826, un jeune homme de vingt-deux ans, François Boutet, domestique de ferme au village de Vou, Indre-et-Loire, était épris d'une jeune fille du même pays; leur mariage devait être célébré prochainement ; les présents de noce étaient reçus, lorsque le père de la jeune Augustine Blanchet, c'est le nom de la fiancée, déclara que le mariage n'aurait pas lieu et que tout était rompu : Augustine rendit les gages et retira sa parole. Deux fois Boutet cherche, mais en vain, à ramener les Blanchet à de meilleures dispositions.

« Enfin, le 3 mai 1826 il annonce qu'il va quitter le pays, et demande au père de son ancienne fiancée la permission de lui faire ses adieux : ce fut à son tour Augustine qui le refusa; malgré ses instances et ses supplications. Furieux et désespéré, Boutet fit entendre des menaces terribles qui ne tardèrent pas à se réaliser : le soir même, le feu dévorait une partie des bâtiments de Blanchet père.

« Arrêté le lendemain, Boutet avoua son crime ; et, traduit devant la cour d'assises d'Indre-et-Loire, il fut, en vertu des dispositions du Code pénal, qui n'admettait pas alors de circonstances atténuantes, condamné à la peine de mort. Il obtint bientôt une commutation de cette peine en celle des travaux forcés à perpétuité; puis, au bout de quinze années passées au bagne de Brest, où il s'était fait remarquer par son repentir, sa soumission et sa douceur, il fut complétement gracié. En 1841, il revint dans son pays et trouva à s'y marier. Sa conduite fut constamment irréprochable, et lorsqu'il songea à demander sa réhabilitation, toutes les autorités s'accordèrent à déclarer qu'il était digne de cette haute faveur. La cour impériale d'Orléans, consultée sur cette question, émit un avis favorable; et, *par des lettres patentes du 11 mai dernier, l'Empereur prononça la réhabilitation de François Boutet.* »

Des faits semblables n'ont pas besoin de commentaire; leur enseignement présente assez d'élévation; ils prouvent en effet tout ce que l'on peut attendre de l'amendement des condamnés, même à la peine capitale, même après un séjour de quinze ans au bagne, tel qu'il est encore aujourd'hui!...

D'un autre côté, comme il est essentiel qu'aucun libéré ne rentre dans la société sans avoir été légalement réhabilité, nous proposons la mesure suivante pour arriver sûrement à cet indispensable résultat :

Tout condamné dont l'insoumission ou la mauvaise conduite repoussera complétement la réhabilitation, sera jugé pour ces nouveaux faits et condamné pour le moins à cinq ans, pour continuer ainsi indéfiniment, et dans les mêmes conditions, après chaque période révolue.

Enfin, pour assurer entièrement l'existence du libéré mis en demeure de rentrer dans la classe des hommes libres; pour prévenir les récidives et sauvegarder tous les intérêts de la société, voici la mesure définitive qui deviendra le complément de toutes les autres :

En sortant du pénitencier, le réhabilité devra justifier de ses moyens d'existence; aidé d'ailleurs par le pécule que son travail aura pu lui procurer; avec cette condition, il rentrera sans danger dans l'ordre social, ou du moins avec toutes les garanties possibles.

Dans l'hypothèse contraire, on le placera d'office dans un établissement agricole de l'intérieur ou dans une colonie du même genre dont le succès, avec des hommes ainsi régénérés, serait beaucoup plus assuré qu'en voulant, ce qui nous paraît bien difficile comme nous le prouverons, donner à cette colonie tout à la fois le caractère pénal et pénitentiaire.

Nous discuterons, du reste, ce point important et sérieux en traitant de la déportation.

Enfin, que le libéré se trouve ou non dans la position de prouver qu'il est en mesure de pourvoir à ses besoins, par ses ressources pécuniaires ou par son travail, il aura toujours la faculté de réclamer son placement dans l'un ou l'autre des établissements que nous venons d'indiquer.

On pourrait encore, comme l'ont conseillé plusieurs savants économistes, employer ces hommes qui redouteraient l'antipathie sociale ou n'auraient pas des moyens d'existence assurés, sur les routes, aux travaux publics, à la culture des fermes louées par l'État, etc.

« Il ne s'agit nullement ici, dit **M. M.** Barthe, de dépenses considérables ; il ne s'agit nullement de créer à grands frais des pénitenciers et des colonies agricoles ; il s'agit tout simplement d'affermer, comme on l'a fait à Berne, une certaine étendue de terre et de la faire cultiver par les condamnés libérés ; la Suisse emploie ce moyen et s'en trouve actuellement très-bien. »

En suivant cette voie naturelle, simple et si fructueuse, on moralisera presque toujours le condamné ; presque toujours on détruira dans son âme ces germes de haine et de vengeance qui le rendaient si dangereux ; on dissipera ses craintes, ses ombrages ; on lui fera désirer le rétablissement de ses bonnes relations avec les autres hommes; on rétablira ces liens de l'affection et de la famille, si cruellement brisés; tout élément de guerre et d'hostilité se trouvera détruit d'un côté : voyons ce qu'il faudra faire de l'autre pour établir cette paix si nécessaire à la sécurité publique.

Déjà la bonne conduite et le repentir du condamné, la réhabilitation qui en devient la récompense et l'expression publique, auront progressivement dissipé, complétement ou pour le moins sensiblement affaibli la répulsion et l'antipathie sociale pour le libéré. Mais cela ne suffit point encore, il faut que la société comprenne assez la bienfaisance et même ses propres intérêts, pour tendre à ce malheureux une main secourable, et qu'elle vienne l'encourager, le soutenir dans l'épreuve si difficile qu'il doit avoir à supporter; il faut, d'après la noble et si juste expression de M. Béranger : « qu'on le place immédiatement sous la protection organisée de la bienfaisance publique. »

C'est alors surtout que les sociétés de patronage formées d'hommes intègres, sérieux, influents, en accomplissant la plus philanthropique mission, arriveront sûrement et presque sans obstacles à l'immense et beau résultat que nous cherchons et dont nous avons la conviction d'avoir indiqué les seuls et véritables moyens.

« Il existe en Allemagne, dit M. Béranger, des sociétés de patronage embrassant tout un royaume, par exemple le Wurtemberg. Quand un détenu a subi sa peine, on l'adresse au lieu où il désire se rendre pour travailler, en le recommandant à la société locale; celle-ci reçoit aussi directement *sa masse*, et exerce sur lui une surveillance obséquieuse.

« A Paris, la société des jeunes libérés a produit, dès la seconde année, des résultats inespérés. Elle a placé deux cents enfants, dont un très-petit nombre est retombé dans de nouveaux écarts;

tandis que soixante à quatre-vingts se sont, non-seulement bien conduits, mais peuvent être même cités pour modèle comme d'excellents sujets.

« Le régime de la prison des détenus de Lyon est parfait, mais aussi c'est la commission des prisons qui s'occupe directement du service. On y introduit pour surveillants des frères de la communauté de Saint-Joseph ; ils s'acquittent avec honneur de leur tâche, et font régner parmi les détenus un sentiment religieux qui exerce une grande influence sur le moral. »

En prenant ces caractères, la moralisation et la réhabilitation des condamnés acquièrent une perfection réelle et qui nous permet d'ajouter avec M. Faustin Hélie : « La réhabilitation exerce une puissance merveilleuse, elle lave le condamné de la tache qui l'a souillé ; elle le dépouille de son passé comme d'un vêtement usé ; elle en fait un homme nouveau ; elle le proclame digne de l'estime des autres hommes. Ce baptême civil est l'une des plus belles pensées de la législation ; elle a été puisée dans le cœur humain, dont elle a sondé et la fragilité et les faciles retours. Cette institution est d'ailleurs investie d'un pouvoir presque surhumain, puisqu'elle pardonne et qu'elle remet les crimes. Ses bienfaits peuvent être immenses : elle moralise les condamnés en offrant le prix d'une conduite pure ; elle leur fait un avenir en effaçant leur passé ; elle rattache à la société ses plus terribles ennemis ; elle transforme en citoyens utiles des hommes qui menaçaient incessamment son repos et son existence, et cette féconde action n'a point de périls...

« Ainsi comprise, cette institution doit être considérée comme le faîte et le couronnement de la réforme des prisons : la réforme prépare la régénération du condamné, la réhabilitation en assure et en consolide les effets....

« Plus encore que les condamnés, la société est intéressée à donner à la réhabilitation une vie qu'elle n'a pas...

« Chaque lettre de réhabilitation guérit une plaie sociale, le pays retrouve un de ses membres, qu'il avait perdus. »

Il se rencontre en effet quelquefois parmi ces malheureux des natures susceptibles d'une véritable moralisation et que les sentiments affectueux peuvent en même temps retenir dans la voie du bien.

« A Paris, dit M. Alhoy, on a connu deux anciens condamnés dont l'un porta la hotte du chiffonnier et l'autre habita l'échoppe d'écrivain public dans la Cité ; ces deux hommes, que la même chaîne avait liés à Toulon, conservèrent l'un pour l'autre une sympathie dans laquelle ils puisèrent la force de résister aux tentations du mal. Chaque matin ils fraternisaient le verre à la main, et quand ils se rappelaient *Carthagène*, c'est le sobriquet sous lequel ils désignaient Toulon, c'était pour jurer sur le comptoir du marchand de vin qu'ils n'y feraient jamais un second voyage. »

Ainsi nous paraissent détruites ces haines, ces vengeances des libérés contre la société ; ces antipathies, ces répulsions de la société pour les libérés ; ainsi nous paraissent terminées les guerres si violentes et si funestes entre ces deux puissances jadis profondément ennemies, et qui vont contracter une alliance d'autant plus touchante et plus durable, qu'elle est cimentée par le repentir et le pardon !...

Ces condamnés libérés étaient devenus pour l'ordre social un fléau si terrible que, pour s'en débarrasser, on ne trouvait plus qu'un moyen : torturer la législation de manière à convertir en condamnation perpétuelle toute condamnation limitée même par un temps assez court ; jeter loin de sa patrie, de ses affections, de sa famille, un malheureux souvent égaré par un moment d'erreur, et dont le cœur se fût ouvert aux sentiments vertueux, si l'abandon et le désespoir ne l'avaient pas ainsi fermé pour toujours à ces nobles et salutaires inspirations!...

En attaquant les causes réelles de cette plaie si profonde et si dangereuse, nous en avons en même temps donné les véritables remèdes.

Ici le Code n'est plus violenté, les intérêts de la société se trouvent sauvegardés avec les garanties les plus solides; les condamnés sont placés dans la meilleure et la plus sûre voie de moralisation. Si leur détention se prolonge, si même elle devient perpétuelle, c'est de leur propre volonté, par le fait même d'une mauvaise conduite et de nouveaux délits; ils tombent ainsi dans la classe des récidivistes et doivent en subir les châtiments. Enfin, les libérés sont des hommes nouveaux, réhabilités; et même, avec ces caractères qui cependant facilitent beaucoup leur admission au milieu de la société, l'État leur assure des moyens d'existence lorsqu'ils ne peuvent en justifier; et dans tous les cas, après les avoir délivrés de cette flétrissure morale nommée *surveillance de la haute police*, il les confie au patronage puissant des hommes dévoués qui veulent bien se charger de cette belle et philanthropique mission.

Dans ce chapitre, nous avons posé les principes fondamentaux d'une bonne réforme pénitentiaire, nous allons actuellement en préciser les applications dans l'examen et le jugement des trois grandes institutions qui se trouvent en présence : le bagne tel qu'il doit être, la prison cellulaire et la déportation.

On vient de supprimer *le bagne tel qu'il est aujourd'hui*. Nous applaudissons à cette suppression, nous l'avons même légitimée par une peinture de la chiourme faite d'après nature. Mais par quelle institution veut-on les remplacer?

Est-ce par la prison cellulaire avec ses variantes d'isolement complet ou de communauté diurne sous la protection d'un silence absolu, avec son fouet, ses pitons, ses anneaux de force, ses pendaisons, etc.? Bien des observateurs sérieux n'y voient qu'un moyen de répression, sans aucune bonne application pénitentiaire; un système contraire à l'hygiène, à la morale, abrutissant et conduisant à la folie.

Est-ce la déportation avec ses dispositions législatives? Plusieurs criminalistes profonds la trouvent insuffisante comme action pénale; presque tous les philanthropes la repoussent comme étrangère à la moralisation facile et vraie, comme frappant arbitrairement la liberté des condamnés à temps, même après l'expiration de leur peine et lorsqu'une conduite irréprochable les met entièrement hors de cause pour tout procès ultérieur, pour toute condamnation nouvelle.

Sans rien préjuger sur la réalité de ces accusations, voyons si le bagne reconstitué sur des bases convenables ne pourrait pas avantageusement soutenir la concurrence avec ces deux institutions. Etudions-les comparativement avec soin; peut-être arriverons-nous à cette conciliante induction : qu'il faut les utiliser simultanément, chacune dans sa spécialité, pour obtenir la solution pratique du problème si vaste et si complexe de la doctrine pénitentiaire, dont les éléments essentiels se trouvent dans l'intimidation, l'action pénale, l'influence moralisatrice et la répression, qu'aucun de ces moyens exclusivement employé n'embrasserait suffisamment dans leur ensemble. En faisant cet examen consciencieux, défions-nous des mesures prises, par des hommes d'un grand savoir, à la taille des autres nations pour élever à la nôtre des établissements qui pourraient bien ne pas toujours lui convenir.

Les peuples, comme les individus, ont leurs tempéraments, leurs caractères, leurs instincts, leurs aptitudes, leurs passions, leurs mœurs, leurs usages ; et toutes ces dispositions spéciales doivent amener des modifications profondes et variées dans la nature et les procédés fondamentaux des applications pénitentiaires.

« Jusqu'à présent, comme le fait judicieusement observer M. Léon Faucher, on a cherché d'une manière abstraite ce que devait être la discipline pénitentiaire, et l'on ne s'est pas avisé que ce pouvait être une chose différente, suivant les époques, les peuples et les mœurs. Cependant, son action doit varier comme la nature des populations et comme le caractère des vices que l'on combat. » (Bayle-Mouillard.)

Ce principe fondamental de toute bonne institution publique, un peu trop négligé de nos jours, apparaîtra de plus en plus avec son incontestable vérité, à mesure que nous avancerons dans l'étude essentielle et comparative des trois grandes actions pénales et moralisatrices qui vont maintenant fixer notre attention.

XXV

LE BAGNE TEL QU'IL DOIT ÊTRE.

« Il est dommage qu'on détruise l'institution du bagne, dit M. Théodore Bonjour, commissaire de la chiourme de Toulon, *sans qu'on ait encore su ce qu'elle est et ce qu'elle peut être.* »

Ces paroles prononcées par un homme si spécial et si compétent, ont assurément quelque chose de prophétique et de bien sérieux!...

« Les forçats, tels coupables qu'ils soient, sont bien malheureux, dit M. Alhoy; cependant les bagnes, bien dirigés, me semblent préférables aux prisons cellulaires; et si les prisons doivent être un jour les hôpitaux de l'ordre moral, c'est peut-être à un régime bien entendu des travaux forcés qu'on devra le plus de guérisons. »

Cette opinion d'un écrivain spécial, et qui s'est particulièrement occupé des chiourmes, comprise au point de vue de la moralisation des condamnés, est formulée d'une manière assez nette, assez précise pour n'avoir pas besoin de commentaire.

« Le gouvernement a beaucoup à faire pour améliorer le régime des bagnes par l'introduction du système pénitentiaire, dit M. Ch. Lucas ; mais il y a aussi une grande et urgente réforme à opérer dans la société : c'est d'y combattre l'exagération des répugnances sociales pour le libéré. »

Le même auteur fait à cette occasion ressortir avec beaucoup de justesse l'inconséquence de cette société ombrageuse, par la manière si différente dont elle traitait jadis les forçats du bagne, pendant l'application pénale et après leur libération.

« Au dehors, le bagne présentait ce singulier constraste d'une société qui, pendant la durée de la condamnation, admettait le forçat dans les ateliers de l'industrie et jusque dans les services intérieurs de la domesticité ; tandis qu'à l'époque de la libération, à quelques lieues de Brest, de Toulon et de Rochefort, elle le poursuivait d'une invincible répugnance, en lui fermant partout les voies du travail et par conséquent les conditions de la probité. »

Si nous consultons actuellement les autorités sérieuses, sur la même question étudiée au point de vue de l'intimidation et de l'action pénale, nous verrons que si le principe de l'institution du bagne pèche sous ce rapport essentiel, indispensable, c'est plutôt par excès que par défaut :

« Le bagne est la seconde peine au sommet de l'échelle, dans le système gradué du Code pénal, dit M. E. Rouher. Par le fait, elle est devenue la première. On n'en prononce pas d'autre aujourd'hui dans le plus grand nombre des cas de crime capital. Il importe donc, au plus haut degré, de lui donner une grande puissance de châtiment et d'intimidation ; d'intimidation surtout. C'était la pensée du législateur de 1810, qui voulut en faire une peine effrayante par l'appareil de châtiment et d'infamie dont il l'environna : l'exposition, le carcan, la marque, les travaux les plus pénibles, le boulet, l'accouplement, la mort civile quelquefois ; la dégradation, toujours ; dans le bagne, un régime de terreur ; et, au dehors, la surveillance de la haute police pendant toute la vie. »

Sans doute aujourd'hui ces tortures ne sont plus admissibles, disons mieux, elles ne sont pas nécessaires.

En effet, ajoute le même auteur : « L'action des mœurs, quoique lente, est plus forte que celle des lois ; quand les mœurs d'un pays et sa civilisation répugnent aux rigueurs et aux flétrissures corporelles, celles-ci finissent par disparaître de l'exécution d'abord, et ensuite du texte des lois. »

« En réalité, dit M. Ch. Lucas, *la proportion des récidives est moins élevée parmi les libérés des bagnes, que parmi ceux des maisons centrales*; et de plus, elle ne suit pas un accroissement progressif. Si l'on veut rapprocher de ce mouvement des récidives celui de la criminalité, qui obéit aux mêmes tendances, et dont l'élément progressif est l'élément correctionnel, on sera convaincu que l'intérêt de la sécurité sociale n'est pas *tellement compromis* par les crimes et les récidives des condamnés aux travaux forcés, *qu'il y ait absolue nécessité* de procéder, contrairement à l'ordre rationnel et naturel des choses, en commençant pour les forçats les premières constructions et les meilleures applications du système pénitentiaire. »

Lorsqu'il s'agit d'une institution semblable, sur la ligne de laquelle, au sens des hommes les plus habiles, on ne peut en placer aucune autre, au triple point de vue de l'intimidation, de l'action pénale et de l'amendement des condamnés ; d'une institution que les hommes capables et spéciaux déclarent mal appréciée dans ce qu'elle est, et particulièrement *dans ce qu'elle pourrait être*, doit-on se hâter de la supprimer, surtout lorsque l'on n'a rien, comme nous le prouverons, d'avantageux et de suffisant à mettre à sa place ?

« Mais le bagne est ruineux, immoral, sans application pénale convenable, et dangereux pour la société, etc. »

Nous l'avons reconnu, déclaré nous-même; notre pensée n'est pas de revenir sur l'évidence de la démonstration : mais ce n'est point le bagne tel qu'il est par sa nature, tel qu'il pourrait devenir par ses améliorations, que l'on peut attaquer ainsi, que nous avons condamné, proscrit : *c'est le bagne tel qu'on l'a fait dans ces derniers temps.*

L'allégation est grave, sérieuse; aussi ne l'eussions-nous pas formulée si la démonstration de son incontestable vérité ne reposait entièrement sur les faits. Voici l'assertion, arrivons à la preuve.

Dans la première institution régulière du bagne, les âges, les différents degrés de peine et de criminalité n'étaient pas confondus.

« Des mesures ont été inspirées par le désir de l'amélioration morale des bagnes, dit M. Ch. Lucas; une ordonnance royale du 20 août 1828, rendue sur le rapport de M. Hyde de Neuville, a établi un classement des bagnes d'après lequel le bagne de Toulon est affecté exclusivement aux condamnés de dix ans et au-dessous; et les bagnes de Brest et de Rochefort aux condamnés à plus de dix ans, et *répartis*, dit l'ordonnance, *de telle manière que les condamnés à vie ou à plus de vingt ans seront entièrement séparés de ceux dont la peine ne devra pas durer au delà de vingt années.* »

Eh bien, cette mesure si sage, si morale, si indispensable au bon régime des chiourmes, qu'est-elle devenue?

Elle a fait place à la plus déplorable promiscuité des âges, des temps de condamnation, des divers degrés de culpabilité, etc. Les rapports des chiourmes le constatent : nous visitons le bagne de Brest au mois d'août 1852, nous trouvons pêle-mêle tous les condamnés à cinq, dix, quinze ans, etc., avec les condamnés à perpétuité; les jeunes gens, les hommes faits avec les vieillards, etc.

En 1820, l'organisation du travail, l'une des bases fondamentales de la moralisation des forçats pour le présent et pour l'avenir, se trouve établie par les généreux soins de M. de Lareinty. Pendant neuf années, elle produit les meilleurs effets au point de vue de l'amendement, de la santé des galériens, de l'ordre intérieur, des produits pécuniaires pour l'État, etc.; les statistiques prouvent l'entière vérité de ces assertions.

Il semblerait tout naturel de marcher au perfectionnement de l'institution par une aussi bonne voie : le contraire s'effectue. En 1830, on désorganise le système et l'on rend tous les forçats à la grande fatigue, sans aucune distinction réglementaire; et Dieu sait quels travaux on fit depuis ce temps où s'étaient élevées les constructions magnifiques de Rochefort, de Toulon et de Brest!

Nous les avons vus, ces travaux de la réforme de 1830, à ce dernier port, où les galériens allaient si nonchalamment à l'œuvre, sans direction et presque sans surveillance; avec bien peu de chances de moralisation; sans espoir d'un pécule pour la sortie, mais surtout avec des frais énormes pour l'État!...

Si nous n'étions pas encore en présence de ces tristes réalités, on prendrait assurément cette histoire moderne des bagnes pour un roman complètement fabuleux.

Comment en effet admettre, si l'on n'avait pas depuis longtemps le projet bien arrêté de ruiner cette institution, qu'on ait pu la faire sortir, sans ce motif, des voies fécondes qu'elle suivait, pour la précipiter dans la route fatale où devait nécessairement s'effectuer sa déplorable chute?

M. Alhoy, d'une main courageuse, est venu déchirer le voile qui couvrait ce mystère, auquel nous ne voulons pas donner un nom : « *la marine était fatiguée du bagne :* » *inde mali labes*, que l'on peut traduire : de là positivement la décadence et la suppression des chiourmes.

Aucune protestation ne s'étant élevée contre cette accusation sérieuse de M. Maurice Alhoy, nous y verrons, jusqu'à plus ample information, le mot de l'enigme.

Du reste, ce mot viendrait-il à changer, le fait n'en restera pas moins avec toute sa gravité, toute sa portée; l'explication seule devra subir une modification.

Un autre fait encore plus important, et dont nous prenons acte, c'est de voir l'institution du bagne ainsi ruinée dans ses formes, dans ses applications utiles et conservatrices, rencontrer assez de puissance dans son principe fondamental pour fonctionner toujours pendant vingt-trois ans, aujourd'hui même, à l'abri d'une confusion générale, d'une meurtrière et sanglante anarchie !

En présence de ces incontestables vérités, de la dernière surtout, quel homme versé dans l'étude si difficile de la réforme pénitentiaire, admettrait donc sans hésitation et sans regret la suppression absolue du bagne, lorsqu'il ne trouverait pour le remplacer dans son entier que la prison cellulaire et la déportation?

Au point où les événements sont arrivés, il faut avoir une entière confiance dans le bon esprit des hommes supérieurs, pour admettre qu'ils aimeront mieux accueillir la vérité qu'on leur montre, que de persévérer dans l'erreur qu'on leur avait suggérée : cette confiance, nous la possédons et nous sommes heureux de la proclamer, en continuant, nonobstant la défaveur si générale qui vient frapper l'existence du bagne, à faire valoir toutes les preuves positives qui doivent concourir à la réhabilitation de cette institution pénitentiaire utile, indispensable même au châtiment, à la moralisation des condamnés ; à la consolation des familles éprouvées ; aux garanties de l'ordre social.

Cette tâche, nous l'accomplirons avec l'espérance qu'elle ne sera pas sans fruit, et que les bons esprits se rendront à l'évidence des faits.

Pour éviter la confusion si fâcheuse et cependant si facile dans un tel sujet, nous examinerons successivement, dans l'établissement du bagne tel qu'il doit être : 1° les principes constituants ; 2° le régime intérieur ; 3° l'organisation du travail ; 4° l'action religieuse ; 5° l'action philanthropique ; 6° les récompenses ; 7° les punitions ; 8° la libération.

I. PRINCIPES CONSTITUANTS.

Les principes fondamentaux de cette grande institution pénitentiaire, que nous plaçons avant toutes les autres comme intimidation, action pénale et moralisatrice des condamnés, sont traduits par la vie commune sous une surveillance sévère, avec travaux forcés convenablement répartis et dirigés ; par la présence des fers, qui produit le sentiment permanent d'une répression salutaire, et qu'à ce titre important il faudra bien se garder de jamais supprimer.

Mais pour que les principes deviennent salutaires et féconds en précieux résultats, il ne faudra plus, comme on l'a fait tant de fois, les fausser dans leurs conséquences et dans leurs applications.

Avant de préciser nettement la manière de les comprendre et de les interpréter, voyons quelles sont à ce point de vue les opinions des hommes les plus expérimentés dans ce genre d'études :

« Au lieu de chercher à améliorer, on n'a qu'une pensée, celle de détruire, dit M. Alhoy; cependant aucun châtiment n'est d'une nature aussi efficace sur l'imagination de l'homme, que ce terrible appareil qui s'attache à l'existence du condamné aux travaux forcés, que cette suite prolongée de privations habituelles et d'humiliations accablantes. Si un spectacle peut terrifier le criminel et arrêter une seconde fois ses mauvais penchants, si un lieu d'expiation peut inspirer de l'effroi à l'homme qui est sur le bord de l'abîme, c'est le lieu exceptionnel où le forçat est puni par la vie commune. Cette souillure qu'il y a dans le contact continuel du condamné, sera, quand on le voudra, un châtiment efficace et non un enseignement mutuel de vices. Le travail et les fatigues domptent les passions; le repos les irrite et les protége. La vie en commun, avec le mobile des récompenses, enfante l'émulation, et par l'émulation les mauvais instincts s'absorbent. »

M. Glaize, commissaire de la marine, après avoir émis la pensée, qui est aussi la nôtre, d'augmenter le nombre des bagnes, pour diminuer la trop grande agglomération des condamnés, résume ainsi son opinion, qui sans doute paraîtra d'un grand poids :

« Les forçats ainsi répartis, peu nombreux, occupés, bien surveillés dans leurs travaux et dans leur conduite, ne feraient point de mal et ne pourraient pas se livrer à leurs mauvais penchants. Sentant la nécessité et le désir de rentrer dans le monde et au sein de leurs familles, ils entendraient avec fruit les conseils de la sagesse, la voix de la religion; et leur âme, ramenée peu à peu à la vertu, renaîtrait, pour ainsi dire, à une nouvelle vie. Alors, au lieu d'être l'image de l'enfer du Dante, les bagnes deviendraient des lieux d'expiation et en même temps des maisons de correction et de repentir. »

Telles sont les paroles de l'honorable commissaire; paroles qui, certes, ne deviendront pas suspectes, car cet homme de bien les prononçait alors même qu'il cherchait à *débarrasser* la marine militaire *du fardeau* des bagnes, et dès lors sous l'influence de la préférence qu'il donnait à l'institution, sur l'intérêt qu'il portait à son administration spéciale; préférence bien louable, sans doute, et qui jamais ne lui permit de conseiller la suppression des chiourmes, parce que, dans ce cœur droit et dans cet esprit juste, l'intérêt général devait toujours marcher avant l'intérêt particulier.

Nous avons donc l'assurance, en demandant la conservation des bagnes établis sur leurs vrais principes, dirigés dans leurs meilleures applications, de ne pas nous engager dans une fausse voie. Nous espérons le prouver davantage encore, en arrivant aux points les plus profonds de cette importante étude. Revenons un instant sur ces trois grands principes de l'institution :

La vie commune. — Nous le prouverons en traitant de la prison cellulaire, il n'est rien de plus contraire et de plus immoral que l'isolement comme système d'application pénale. La vie en commun bien comprise, bien dirigée, présente le seul moyen d'amendement des condamnés.

« Mais, d'après les idées ordinaires, ils se dépravent encore d'avantage dans les bagnes, il faut donc renoncer à cette institution. »

Les mauvais aliments, les bons même pris sans choix et sans mesure, produisent des maladies graves, il faut donc se mettre à la diète absolue.

Ce second raisonnement deviendrait, par sa logique, aussi remarquable que le premier.

Ne cessera-t-on jamais de faire servir l'abus à la condamnation de l'usage raisonné ! Et cependant c'est sur un motif aussi peu légitime que se trouverait aujourd'hui basée la suppression entière des bagnes !...

D'après l'opinion de MM. Léon Faucher, Bayle-Mouillard, et d'un grand nombre de légistes expérimentés : « L'action de l'homme sur l'homme doit aussi intervenir dans le régime des prisons. L'influence des exemples, des enseignements, des principes, des habitudes morales, voilà les moyens qu'il faut employer : là est le germe du système pénitentiaire positif. »

Nous la réglerons, cette vie commune, de manière à lui faire donner, dans ce nouvel ordre de choses, des enseignements moralisateurs, des encouragements à bien faire, le désir incessant de la réhabilitation ; au lieu de lui laisser, au milieu de l'abandon et du désordre, le pouvoir de répandre la semence des vices et de prêcher avec fruit les doctrines éhontées des plus épouvantables forfaits.

Les travaux forcés. — Imposé comme peine au condamné, le travail est de toutes les applications pénitentiaires, la plus juste, la plus utile, celle qui peut revendiquer la plus haute moralité.

Rien n'est aussi conséquent, en effet, que d'exiger d'un coupable qu'il emploie ses aptitudes et ses forces à l'avantage de la société qu'il a plus ou moins profondément offensée, au dégrèvement des frais supportés par l'administration qui le nourrit, le loge et l'entretient.

Le travail, lorsqu'il est bien compris et bien dirigé, ne borne pas là ses fructueux effets, il conserve la santé du condamné, concourt puissamment à sa moralisation, et lui crée des ressources pour l'avenir. Ces vérités ne laisseront plus aucun doute lorsque nous les aurons placées sous le contrôle des faits.

LES FERS. — Quelques philanthropes dont l'esprit s'est égaré par les bienveillantes impulsions du cœur, ont demandé la suppression de cette application pénale. Rien ne serait plus contraire au succès d'une bonne institution pénitentiaire des bagnes.

En les rendant faciles à porter, en ne les employant jamais à l'accouplement des condamnés, les fers offrent le plus puissant moyen d'intimidation : leur action est de tous les instants; c'est un avertissement continuel qui rappelle au coupable sa condition de châtiment et les difficultés de son évasion. D'un autre côté, comme il est facile d'en débarrasser en partie les détenus qui le mériteront par leur bonne conduite, on trouvera de plus, dans la conservation de ce précieux moyen, une voie d'amendement, par l'espoir de s'affranchir, dans une proportion connue, de ce caractère d'esclavage qui, du reste, ne devra plus entraîner l'infamie. Nous verrons bientôt, dans les applications de ce principe des chiourmes, tout ce qu'il peut offrir d'incontestablement utile au double point de vue que nous venons de signaler.

Pour assurer le succès de la nouvelle institution des bagnes, il faut en augmenter le nombre de manière à prévenir les graves inconvénients d'une agglomération trop considérable. Il faut même en varier les caractères, pour donner aux travailleurs l'emploi de leurs forces, de leurs professions, sans les déclasser ; enfin, pour ouvrir aux condamnés éprouvés des voies plus certaines d'amendement et de réhabilitation. Voici ce que nous proposons avec le grand avantage d'exiger très-peu de frais et d'utiliser un matériel considérable et désormais sans emploi fructueux, si l'on supprimait cette institution :

Le nombre des condamnés aux travaux forcés roule habituellement en France, d'après les statistiques, dans une moyenne de sept à huit mille.

Pour ce nombre, et même en supposant qu'il vînt à s'élever, ce qui n'est pas probable si l'on prend des mesures salutaires, six bagnes suffiraient. Quatre dans les ports suivants : Brest, Toulon, Rochefort, Cherbourg ; deux sous les noms de pénitenciers *agricole*, *industriel*; établis, l'un dans un local choisi, disposé par l'État, où pourraient s'exercer en grand l'agriculture et l'horticulture; l'autre dans une institution appropriée par les mêmes soins, où s'enseigneraient et se pratiqueraient les différentes professions qui ne rentreraient pas dans celles de l'établissement agricole.

Cette idée est tellement naturelle, que déjà nous la trouvons formulée, sous un autre point de vue, par MM. Léon Faucher et Bayle-Mouillard : « Les directeurs des maisons centrales regardent les condamnés des villes comme les plus corrompus ; les condamnés des campagnes comme les moins pervertis, les plus sensibles à l'influence religieuse. Il faut donc les séparer, ériger pour les uns des pénitenciers manufacturiers, pour les autres des pénitenciers agricoles; toute autre classification serait superflue.

« La colonisation à l'étranger, qui dégénérerait en une déportation souvent mortelle pour la population débile des prisons, serait injuste ; c'est au travail des champs, à cette vie de retraite et de paix qu'il faut demander la gymnastique qui ranime les consciences. Fondez des refuges agricoles, à l'exemple des colonies établies dans la Belgique et la Hollande, où les libérés viennent faire quarantaine comme dans un lazaret. La France a huit millions d'hectares en landes, en bruyères, en terres incultes à défricher : voilà le terrain de la colonisation ; que les libérés séjournent deux ans dans ces établissements et qu'ils y trouvent à leur choix, soit une éducation coloniale qui les dispose à s'expatrier, soit des connaissances applicables à l'industrie et à la culture du territoire national. »

M. Ch. Dupin émet le vœu que des maisons de travail soient ouvertes aux condamnés qui ne peuvent trouver à s'occuper après l'expiration de leur peine.

M. le docteur Edwards dit que, quelle que soit la perfection des prisons, il est impossible qu'elles aient un même effet salutaire, à moins qu'on ne suive et qu'on ne protége celui qui en sort.

M. Huerne de Pommense rapporte qu'à Lyon un honorable philanthrope, M. de Barolière, a créé un établissement de ce genre pour les femmes. Elles y restent deux ans, y apprennent un métier sous la direction d'habiles contre-maîtres, et se voient demandées ensuite par les fabricants, au lieu de se trouver repoussées.

Ces dispositions une fois bien prises, rien ne serait plus facile que de faire fonctionner les rouages peu nombreux de la *machine pénitentiaire*, et de les amener à des résultats d'ensemble du plus grand avantage sous tous les rapports.

Voici comment il faudrait procéder pour la distribution habituelle des détenus dans les quatre premiers bagnes, d'après le temps de la condamnation :

A Cherbourg, de cinq à dix ans ;

A Rochefort, de dix à quinze ans ;

A Toulon, de quinze à vingt ans ;

A Brest, de vingt ans à perpétuité.

Si, pour équilibrer la répartition, on se trouvait obligé de réunir deux temps de condamnation dans le même bagne, on en ferait toujours deux catégories.

Les deux bagnes agricole et industriel seraient exclusivement réservés aux condamnés éprouvés, et comme transition du bagne à la libération définitive.

Chaque bagne devrait avoir son administration particulière, dirigée par un commissaire en chef. Pour donner encore plus d'ensemble à l'institution et pour l'harmoniser dans ses diverses parties, la surveillance en serait confiée aux soins d'une surintendance générale.

« M. le conseiller Béranger, dit M. V. Foucher, fait de cette mesure l'idée principale de son mémoire *Sur les moyens de généraliser en France le système pénitentiaire* : la centralisation entre les mains d'une surintendance spéciale, agissant sous l'influence directe du gouvernement, de l'administration de toutes les prisons du royaume, quelles que soient leur nature et leur classe, avec son budget distinct. Cette base, déjà mise en pratique en Angleterre, doit être adoptée. Je la considère comme tellement indispensable, que sans elle on ne peut espérer aucun résultat heureux. »

II. RÉGIME INTÉRIEUR.

Nous y trouverons les neuf dispositions suivantes, essentielles à bien réglementer : 1° division par catégories; 2° discipline; 3° ferrement ; 4° costume ; 5° alimentation ; 6° habitation ; 7° temps du travail; 8° temps du repos; 9° soins de la santé.

1° DIVISION PAR CATÉGORIES. — Indépendamment des grandes divisions établies dans les différents bagnes ou dans la même chiourme, d'après le temps de la condamnation, on formera suivant la conduite, dans chaque établissement appartenant aux quatre premiers, trois catégories bien distinctes et qui ne devront jamais, dans la vie ordinaire, avoir entre elles aucune communication : 1° *inconnus*, 2° *éprouvés*, 3° *indociles*. Quant aux deux bagnes, agricole et industriel, ils ne recevront que des éprouvés condamnés à temps; mais ils pourront offrir comme encouragement à mieux faire encore, deux principales divisons, 1° *dociles*, 2° *méritants*.

Il faut surtout isoler avec soin, et renfermer même au besoin dans autant de cellules particulières, ces grands criminels incorrigibles, nommés au bagne *les grands bonnets*, dont l'incessante et diabolique influence détruirait presque toujours les meilleures dispositions de la chiourme, si l'on accordait à ces hommes pervers et dangereux leur action démoralisatrice et profonde sur la masse des autres condamnés. Cette précaution est de rigueur et ne doit pas se trouver un instant négligée.

« En France, avant la révolution, dit M. A. de Laborde, les forçats n'étaient pas confondus, on en avait fait des classes particulières, d'après la nature des crimes dont ils s'étaient rendus coupables ; ils étaient distingués par la différence de leurs vêtements, et ils ne communiquaient jamais ensemble. »

2° DISCIPLINE. — Elle doit être sévère, inflexible, mais juste et bienveillante.

Pour la faciliter beaucoup, il est indispensable d'y introduire la précision et la régularité de la discipline militaire.

En partant de ce principe essentiel, on pourra distribuer ainsi les condamnés de chacune des catégories :

Dix hommes commandés et surveillés par un forçat pris dans la section des éprouvés, appartenant toujours à la catégorie des galériens à plus court temps de condamnation.

Vingt hommes, par un garde chiourme.

Cent hommes, par un sous-adjudant.

Deux cents ou trois cents hommes, suivant le nombre admis pour la composition d'une même salle, par un adjudant.

Tous les condamnés d'une même catégorie, par un sous-commissaire.

Enfin, tous les forçats du même bagne, par un commissaire.

Une commission spéciale nommée par la sous-intendance générale, serait consultée pour l'adoption des grandes mesures administratives ; et, sous la présidence du commissaire, deviendrait un tribunal chargé de prononcer sur les récompenses et sur les peines.

Déjà M. l'ingénieur Pruss avait proposé un plan disciplinaire offrant quelques rapports avec celui-ci, mais qui nous semble offrir l'inconvénient assez grave d'être un peu compliqué ; toutefois, l'opinion d'un homme aussi compétent ajoute beaucoup de valeur à la mesure que nous venons de signaler.

« Quelques personnes, dit M. Alhoy, pourront regarder comme illusoire la mesure indiquée de faire garder et commander des forçats par d'autres forçats ; mais n'a-t-on pas dans les colonies l'exemple d'esclaves commandant d'autres esclaves, et sachant très-bien s'en faire obéir ? et dans plusieurs chantiers du port, celui de forçats chefs d'ouvrage, qui ne sont distingués de leurs camarades que par une paie un peu plus forte, et qui les dirigent néanmoins dans leurs travaux ? »

Nous compléterons cette pensée en ajoutant que rien n'est plus propre à moraliser les condamnés, que de les relever dans leur propre estime, aux yeux mêmes de leurs compagnons, en les honorant de ce poste de confiance mérité par une bonne conduite, et qui ne provoque plus contre eux cette haine et ce mépris excités par un vil espionnage ; enfin, il est aisé de comprendre tout ce qu'une mesure aussi féconde ajoutera de valeur et de précision à la surveillance.

Du reste, le gouvernement statuera sur le degré de puissance nécessaire de la force armée qu'il trouvera bon de commettre à la garde du bagne ; mais nous avons l'assurance qu'en réglementant ainsi la discipline de tels établissements, cette puissance armée finira par se réduire à des proportions minimes.

3° FERREMENT. — M. Ducos, en faisant connaître les lois et règlements relatifs à la déportation des condamnés aux travaux forcés, ajoute : « L'emploi des chaînes ne sera plus obligatoire ; il ne sera qu'un moyen de répression et de surveillance envers ceux qui auraient encouru cette rigueur. »

« M. Léon Faucher repousse l'emploi des fers, dit M. Bayle-Mouillard ; je le conseillerais, au contraire, pour les hommes du bagne ; il faut prendre garde de trop affaiblir les peines et de les rendre peu effrayantes ; c'est surtout par l'imagination qu'elles agissent sur les masses, disait tout récemment l'un de nos premiers personnages politiques....; sans trop gêner, sans faire souffrir, cet appareil de fer intimide le peuple, humilie le coupable et rend l'évasion plus difficile. »

Nous réclamons la conservation de ce moyen puissant pour le bagne; nous en avons exposé les raisons; mais nous désirons qu'il soit dégagé de ses applications immorales et barbares.

Ainsi le poids des fers sera convenablement réduit; la double chaîne seulement appliquée comme punition aux forçats indociles.

La chaîne d'accouplement doit être proscrite comme essentiellement immorale.

Le décret du 27 mars 1852, relatif à la déportation, s'exprime ainsi, article 2 : « Les condamnés aux travaux forcés actuellement détenus dans les bagnes, et qui seront envoyés à la Guyane française pour y subir leur peine, ne pourront être enchaînés deux à deux ou assujettis à traîner le boulet qu'à titre de punition disciplinaire ou par mesure de sûreté. »

Nous ne pouvons admettre ce ferrement à aucun titre, et le gouvernement, dans sa haute moralité, ne tardera pas à le supprimer complétement.

Tant qu'ils se trouveront dans l'un des bagnes maritimes, les condamnés pourront être débarrassés de leurs chaînes en proportion de la bonne conduite qu'ils auront tenue, mais ils conserveront toujours la manille, dont ils ne seront délivrés qu'à leur passage dans le bagne agricole ou dans le bagne industriel.

4° Costume. — Les costumes bizarres, excentriques ou

flétrissants, doivent aujourd'hui disparaître de tous les établissements pénitentiaires. Nous voyons avec une grande satisfaction que telle est l'opinion actuelle du gouvernement.

M. Ducos dit en effet, à l'occasion des forçats déportés : « Les vêtements seront uniformes et reconnaissables à des signes distincts, mais ne porteront plus au même degré l'empreinte de la honte et de l'infamie. »

Le gris devrait être adopté pour la généralité ; d'autres couleurs ou des caractères particuliers pour les éprouvés et les gradés ; mais pour aucun on ne maintiendrait les lettres flétrissantes dont on les maculait autrefois et dont on les souille encore dans les chiourmes actuelles.

Les bagnes agricole et industriel auraient un uniforme particulier.

Dans tous ces établissements, la coiffure porterait un simple numéro.

5° ALIMENTATION. — Sans jamais arriver même au premier degré de la recherche, le régime alimentaire des forçats devra toujours être sain et suffisant.

Il faut en proscrire toutes les boissons imaginées par le luxe des tables, toutes les liqueurs fermentées. Nous voudrions même que l'on ne donnât jamais de vin pur aux condamnés, plusieurs pouvant éprouver beaucoup d'exaltation sous son influence : de l'eau mêlée à du cidre de bonne qualité, ou rougie d'un vin léger, formera toujours une boisson suffisante et sans inconvénient.

Du pain bien fait, bien cuit, des soupes, des légumes, quelquefois de la viande pour les éprouvés, compléteraient l'alimentation.

« L'État doit aux condamnés, disent MM. Léon Faucher et Bayle-Mouillard, une nourriture suffisante, des vêtements sains et un logement salubre. Rien de moins ; mais aussi rien de plus. Pas de vin ; le coupable ne doit pas être mieux traité que le pauvre. Propreté minutieuse : la santé l'exige, surtout dans les prisons ; et les soins que l'on s'habitue à donner à la personne relèvent sa dignité. »

La distribution devra sans doute se faire également à tous, mais il serait bon cependant, pour être juste et ne pas laisser trop souffrir ces malheureux, d'accorder une quantité de faveur, au-dessus de la règle ordinaire, suivant les besoins urgents et particuliers des hommes d'une très-forte constitution, d'un appétit extraordinaire, et surtout de ceux que l'on emploierait aux travaux de grande fatigue.

Mais il existe un principe essentiel et sur lequel nous insistons dans l'intérêt du bon ordre et de la moralité de ces établissements : c'est que le régime alimentaire du bagne, sans exciter la convoitise ou la sensualité des condamnés, soit cependant assez bon et surtout suffisant pour légitimer la suppression complète des cantines et de tout débit intérieur, que nous regardons comme des sujets de corruption à tous les titres et par tous les moyens possibles.

C'est faire comprendre que l'usage du tabac, absolument inutile à l'existence et souvent même nuisible à la santé, sera complètement interdit.

La plupart des hommes d'expérience dans l'organisation des pénitenciers ont consacré l'importance des mêmes principes :

« Pour arriver, dit M. V. Foucher, à mettre les dispositions du Code pénal français d'accord avec les exigences du système pénitentiaire, je serais porté à supprimer tout denier de poche. »

M. Ch. Lucas et beaucoup d'autres observateurs ont positivement émis la même opinion.

« Je ne saurais, dit M. Béranger, approuver l'admission du denier de poche, qui tend le plus souvent à rompre les habitudes et le régime de la maison ; la cantine devrait être supprimée dans tous les lieux de répression. »

M. Bayle-Mouillard ajoute, d'après M. Léon Faucher : « Une partie des produits du travail doit profiter au détenu ; mais que la portion dont il lui est permis de disposer ne serve jamais à alimenter *la cantine*; car la suppression de ces entreprises de comestibles et de boissons est la réforme disciplinaire la plus urgente. »

Le soin de fournir à toutes les nécessités des condamnés amène donc naturellement l'interdiction des débits intérieurs, avec ces conséquences du plus haut intérêt : d'éviter les communications étrangères, de mettre le forçat dans la position de ne trouver jamais l'emploi d'argent comptant; enfin, de pouvoir utiliser le gain de son travail à grossir *un pécule* dont il aura le plus pressant besoin au jour de sa libération.

6° HABITATION. — Elle sera facile à disposer en effectuant, dans les bagnes actuels, quelques appropriations simples et peu dispendieuses ; en faisant, dans les établissements à fonder, un petit nombre de créations dont les frais deviendront d'autant moins considérables, que tous ces travaux devront être effectués par les forçats.

Les salles des bagnes actuels, au lieu de recevoir cinq à six cents condamnés chacune, en admettront seulement trois à quatre cents ; d'où résulteront plusieurs avantages essentiels : une agglomération moindre, une surveillance plus facile et plus assurée ; des conditions hygiéniques bien préférables, et surtout la facilité d'établir sur les tollards, au moyen de simples stalles en bois, tous les avantages de l'isolement nocturne, et même diurne lors des rentrées, sans en offrir les graves inconvénients et sans en exiger les énormes dépenses.

Une semblable disposition, essentiellement morale, donnerait à chacun des forçats plus d'espace, en laissant à l'inspection, qui se ferait surtout des estrades placées aux extrémités de chaque salle, toute sa liberté, la hauteur des stalles étant calculée de manière à ne pas l'entraver.

Chaque tollard se composerait de dix stalles et serait d'ailleurs particulièrement surveillé par *l'éprouvé* choisi pour le commandement de la décurie qui l'occuperait.

Un petit matelas serait accordé aux salles d'épreuve, *les inconnus et les indociles* coucheraient sur le bois, enveloppés d'une couverture.

Les pièces de canon chargées à mitraille devraient être conservées, ainsi que le *ramas*, dans les salles des *indociles* et même des *inconnus*, à titre de salutaire intimidation. On pourrait s'en dispenser dans celles des éprouvés, pour les encourager à bien faire, en les relevant à leurs propres yeux par ces preuves de confiance que l'on ne craindrait pas de leur donner.

Du reste, nous posons ici les principes et nous abandonnons tous les détails aux soins éclairés d'une bienveillante, mais sévère administration.

7° TEMPS DU TRAVAIL. — Il sera naturellement réglé sur celui des ouvriers libres, avec lesquels jamais les forçats ne devront avoir de communications.

Ce travail, constamment intérieur, ne pourra pas être un motif pour les condamnés de sortir du port et d'établir aucune relation avec les personnes du dehors.

Des abus très-graves, sous ce rapport, s'étant introduits à cette occasion dans l'ancienne institution des bagnes, ont contribué puissamment à son discrédit; nous les signalons pour qu'on ne manque pas de les éviter, comme essentiellement nuisibles et dangereux.

« Il fut un temps où l'administration des chiourmes permit que la loi des travaux forcés fût faussée dans son esprit et dans son application, dit M. Alhoy. Sous le Directoire et pendant les premières années de l'Empire, des priviléges existèrent dans les bagnes au profit des condamnés favorisés, et notamment de ceux qui avaient des ressources pécuniaires... La tolérance entra dans les mœurs vénales des subalternes; elle négocia au bagne la liberté ou le bien-être des hommes qui pouvaient payer l'impunité ou l'injustice.

« On vit alors grand nombre de forçats passant leur vie hors du port, employés comme commis ou comme domestiques chez les notables habitants de la ville et chez les employés de l'administration de la marine. Ainsi, à Brest, à Toulon, à Rochefort, on avait *son forçat* comme on a ailleurs son chasseur, son groom, son brosseur. »

« A l'époque du relâchement de la discipline dans les bagnes, dit M. Ch. Lucas, le détenu avait la faculté de travailler à son profit après le temps de service du port, et de s'affranchir même de ce service à prix d'argent. Ces bagnes présentaient de véritables bazars où les forçats cultivaient une grande variété d'industries, dont ils étalaient les produits le long des salles, aux regards des visiteurs et des acheteurs. A Brest, on allait aussi naturellement au bagne, que dans le premier magasin, se faire prendre la mesure d'une paire de bottes ou d'un habit. Les choses en étaient à ce point, que j'ai rencontré une dame, bonne musicienne, qui m'a assuré avoir appris, dans sa jeunesse, la harpe au bagne, où, accompagnée de sa mère, elle se rendait chaque jour avec quelques-unes de ses jeunes amies, pour profiter des leçons du forçat professeur. »

Les graves conséquences de ces pernicieux abus sont assez connues pour que nous n'ayons plus à les rappeler.

8° TEMPS DU REPOS. — On devra le graduer suivant le genre de travail et le plus ou moins de fatigue supportée ; mais, en général, on pourra de même le régler sur celui des ouvriers libres.

Pour les travailleurs sédentaires, il sera bon d'employer une partie de ces loisirs à des promenades réglées dans le port, à des exercices peu fatigants en plein air.

Pour les autres, on leur permettra de rentrer, surtout lorsque l'atmosphère sera dure à supporter.

Pour tous, on donnera la faculté de confectionner ces petits ouvrages du bagne, dont le produit viendra grossir le pécule de chacun.

Quant aux deux établissements agricole et industriel, on suivra, dans les dispositions du travail et du repos, les mêmes principes, dont l'application deviendra plus facile encore.

9° SOINS DE LA SANTÉ. — Les condamnés devront, sous ce rapport, être l'objet des attentions les plus empressées ; l'humanité le prescrit, la philanthropie le commande, la religion l'ordonne.

Des salles seront disposées dans l'établissement de manière à prévenir le mélange des principales catégories, en offrant aux malades réunis les conditions les plus favorables à leur état.

Des médecins et des sœurs seront particulièrement attachés à ce service. Les infirmiers seront pris dans la classe des forçats éprouvés les plus capables de bien remplir ces importantes fonctions au double point de vue des soins à donner et de la moralisation des malades.

Une salle toute spéciale sera destinée à recevoir pour un temps ou pour toujours les vieillards très-infirmes.

« Aux jours de la convalescence, dit M. Alhoy, l'hôpital doit être un lieu de délices pour le condamné, qui depuis de longues années n'a pas senti le contact rafraîchissant d'un drap; qui au réveil, au lieu d'entendre le son aigre du sifflet de l'adjudant et la voix rauque du garde chiourme, est surpris par la douce parole de la sœur de charité. A ce moment où le prêtre et le médecin se rencontrent au lit du condamné, il doit naître une puissante collaboration au profit de la science de l'humanité!... Souvent l'hospice est un lieu de guérison morale : un forçat sur lequel les gardes chiourmes, les surveillants ne peuvent rien, y vient, et, dans ce calme et ce bien-être, il retrempe un peu son courage. »

III. ORGANISATION DU TRAVAIL.

La première condition de succès pour le bagne et pour tout établissement pénitentiaire, est l'organisation du travail bien comprise et dirigée vers la meilleure fin, avec une attention constante, avec une persévérance qui ne se fatigue jamais.

Ce moyen si fécond dans ses résultats, sans lequel tous les

autres manqueraient leur but, produit en effet simultanément : l'ordre dans les masses ; la santé, le bien-être présent et futur, la moralisation des individus ; pour l'administration, une grande facilité dans la surveillance ; pour l'État, une indemnité plus ou moins entière des frais considérables que, sans cette institution, il aurait à supporter entièrement ; enfin, pour la société, la principale garantie contre les récidives du libéré.

« A l'époque où M. l'intendant de la marine de Lareinty avait organisé le travail dans le port de Toulon, dit M. Alhoy, et où MM. Raucourt et Bernard réalisaient de si grandes choses, M. Raynaud, qui était à la tête de l'administration de la chiourme, croyait possible d'obtenir des forçats un travail productif et d'améliorer assez leur moral par ce travail même, pour que leur rentrée dans la société, au jour de l'expiration de leur peine, pût être sans danger..... C'est un tableau plein d'intérêt à contempler, que cette organisation du travail dans ses développements progressifs... Dans l'immense atelier des travaux maritimes, cent condamnés, même les plus suspects, les plus difficiles à garder, peuvent travailler, et un seul homme suffit à la surveillance... Le port se nettoie, des bassins sont creusés, des cales couvertes, des édifices, et notamment le magnifique hôpital de Saint-Mandrier, s'élèvent par la main des condamnés. »

« Toute société a deux forces régulatrices : l'éducation et le travail, dit M. Bayle-Mouillard, en rendant compte de l'ouvrage de M. L. Faucher : partout où le crime cesse d'être une exception pour s'élever à l'état d'épidémie, tenez pour certain que l'une ou l'autre de ces digues est rompue. Concluez-en aussi que, pour ramener du vice à la vertu, il faut recourir à ces deux formes régulatrices : le travail et l'éducation. »

« La population des pénitenciers agricoles, dit M. Léon Faucher, multitude plus docile et qui offre une surface moins impénétrable aux influences ordinaires de la discipline, convient aux travaux pénibles et peut travailler à l'air libre sous la surveillance des gardiens. Armez ces détenus, sans crainte, de la truelle et de la pioche..... Le silence et la nature du travail les tiendront isolés sous l'œil des surveillants, qui auront pour les maintenir dans le devoir la puissance matérielle de l'association. »

« J'ai été à même, dit M. Marquet-Vasselot, directeur de Loos, de laisser un grand nombre de prisonniers travailler librement dans des cours, enclos de jardins, en dehors des murs de ronde, et comme en plein champ, et je n'ai pu compter, durant dix-sept années, que trois tentatives d'évasion de la part des détenus. »

« A Brest, dit M. Ch. Lucas, voyez ces tailleurs de pierre près desquels s'arrêtent les passants, surpris de leur habileté... Ils ont les mains armées de marteaux... On ose les approcher, il n'est pas d'exemple qu'ils aient fait le moindre mal à un visiteur... Voyez ces ateliers de tisserands, de fileurs, de teinturiers, de foulours, de forgerons, etc. : aux extrémités de la cour qui les renferme, vous apercevez pour toute garde deux hommes le sabre au côté, chargés de contenir plusieurs centaines de forçats armés de tous les instruments de ces ateliers. Cependant, l'ordre se maintient, l'activité règne dans cette population qui représente tous les crimes prévus par le Code pénal ; et tout cet ordre, à qui le doit-on, en l'absence des deux pièces d'artillerie braquées sur les salles vides du bagne, en l'absence des fers qu'on ne reprendra que pendant la nuit? C'est uniquement à l'empire du travail. »

Le même auteur ajoute, pour prouver combien il serait facile de perfectionner les établissements actuels et même d'en créer de nouveaux par le moyen des travailleurs du bagne : « Tous ceux qui ont vu, qui ont admiré à Brest et à Toulon ces vastes et magnifiques hospices de Clermont-Tonnerre et de Saint-Mandrier, élevés avec tant d'art par les forçats, ne s'étonneront pas qu'on pût utiliser leurs bras à la construction de modestes pénitenciers. »

Pour une question aussi grave, aussi éminemment utile, et cependant contestée dans sa véritable solution par des esprits prévenus, il nous importait d'établir sur les opinions des hommes les plus spéciaux et les plus expérimentés, la grande utilité du travail bien organisé dans les bagnes, la facilité de l'instituer sur des bases convenables et suffisantes. Nous pourrions accroître le nombre de ces preuves incontestables : ce serait les multiplier inutilement, sans en augmenter la valeur.

Pour donner à ce puissant moyen l'influence qu'il doit avoir, pour lui faire porter tous ses fruits, il faut organiser le travail d'après les principes que nous avons posés, et dont nous allons faire ici les utiles applications :

Les travaux du port, compris sous le titre de *grande fatigue*, seront exécutés par les forçats indociles et par les inconnus.

Si le nombre des condamnés de ces catégories n'était pas suffisant pour l'accomplissement habituel de ces travaux, on y joindrait en proportion convenable, mais sans les confondre avec les autres, et même en leur choisissant les tâches les moins pénibles, des condamnés pris dans la classe des éprouvés, et dont les professions se rapprocheraient le plus des ouvrages à faire, tels que les égoutiers, mineurs, canotiers, chargeurs, terrassiers, agriculteurs, carriers, maçons, charpentiers, etc.

Les travaux dont l'ensemble est compris sous le nom de *petite fatigue* seront faits par les forçats éprouvés, et dont les aptitudes s'accorderont le mieux avec les états de ce genre que l'on trouvera convenable de faire pratiquer dans l'établissement; tels que ceux de tailleur d'habits, de cordonnier, boulanger, menuisier, serrurier, tailleur de pierre, de chapelier, mécanicien, couvreur, etc.

Pour les éprouvés seulement, le tiers du produit qui revient à chaque travailleur sera consacré par l'administration à former le pécule du condamné, avec remise au jour de sa libération définitive.

Excepté cette retenue, tout le produit du travail rentrera dans les caisses de l'État.

Des cours d'arts et métiers, surtout au point de vue pratique, seront faits dans le bagne pour donner une profession, des plus simples et des plus utiles, à ceux qui n'en ont aucune, et dans le but de perfectionner l'habileté de ceux qui déjà possèdent un état.

On aura dans cet enseignement la double attention de ne jamais déclasser les sujets, et de ne pas trop multiplier une même profession, afin d'éviter toute concurrence nuisible avec les travailleurs libres.

Ces travaux seront tous obligatoires et resteront constamment comme partie de l'action pénale.

Ils seront exécutés, suivant leur nature, soit en plein air, soit dans les ateliers appropriés.

Sans exiger ce silence absolu, nuisible par les réactions qu'il excite, les expédients qu'il fait naître, et tel qu'on l'observe dans les pénitenciers cellulaires avec travail en commun, on maintiendra le calme et la paix en rappelant sévèrement à l'ordre tout forçat qui viendrait les troubler sérieusement.

IV. ACTION RELIGIEUSE.

Nous l'avons dit ; saint Charles Borromée, saint Vincent de Paul, l'abbé Marin, et bien d'autres saints missionnaires de la foi chrétienne l'ont démontré par les faits : la religion, bien comprise et bien appliquée, devient le premier moyen de moralisation des condamnés, celui qui peut les faire arriver à ce but si précieux et si désirable : à la probité vertueuse.

A ce premier point de vue, nous devons regretter qu'un agent semblable ait été jusqu'ici à peu près entièrement négligé dans les bagnes, surtout lorsque des rapports officiels viennent se joindre aux preuves que nous avons données pour établir que la répulsion imaginée chez les forçats, dans l'intention de légitimer un aussi regrettable abandon, n'est autre chose qu'un prétexte qui s'abaisse au triste niveau de la calomnie.

Dans le rapport de M. Petit, capitaine de frégate commandant le transport *la Fortune*, en date de Cayenne, 31 octobre 1852, nous lisons ces remarquables paroles :

« La question de colonisation et la religion, M. le ministre, ont fait le sujet de mes entretiens quotidiens avec les condamnés ; et j'ai la conviction que cela n'a pas été sans fruit. Ce qui vient à l'appui de cette assertion, *c'est le recueillement avec lequel ils assistaient aux prières ; le dimanche et le jeudi, à la célébration du service divin ; et l'attention qu'ils apportaient à écouter le sermon qui leur était adressé à l'issue de la messe. Tout porte donc à croire qu'il y a chez les condamnés une grande tendance à revenir vers le bien.* »

Voilà pourtant les infortunés que l'on a soumis dans les chiourmes à toutes les chances de perdition ; en les privant des enseignements convenables de la religion et de la morale, par la raison inqualifiable, et bien évidemment controuvée, qu'ils repoussaient l'une et l'autre avec mépris.

L'honorable capitaine Petit les a toutefois bien dignement vengés de cette calomnie, en méritant lui-même, par sa conduite et par son langage, l'affection et l'estime de tous les gens de bien.

Que l'on mette un homme de cette trempe et de ce beau caractère à la tête d'un bagne, avec pouvoir d'agir, et l'on verra si cette institution, bientôt réhabilitée, se trouvera désormais sous le coup d'une aussi regrettable suppression ?

On en jugera parce qu'il ajoute encore à l'occasion du ton et du vocabulaire des surveillants de ces lieux volontairement dégradés.

« Un autre de mes soins, M. le ministre, a été de faire disparaître le langage acerbe qu'employaient les adjudants des chiourmes dans leurs relations avec les condamnés, ainsi qu'une foule d'habitudes qui, leur rappelant le lieu d'où ils sortaient, *étaient peu capables de les relever à leurs propres yeux.* »

Tous les prétextes se trouvant ainsi repoussés, il suffit actuellement d'appliquer au bagne les principes que nous avons établis.

Une chapelle assez grande sera consacrée au culte. Ce local, disposé simplement et dignement, ne devra pas avoir d'autre destination.

Un clergé suffisant pour les besoins de l'établissement y sera consacré d'une manière exclusive.

L'office divin sera célébré tous les dimanches et tous les autres jours fériés. Les condamnés seront tenus d'y assister et de s'y comporter avec toute la convenance et le respect dus au saint lieu.

Si la chapelle est petite, les forçats nombreux, on célébrera l'office à des heures différentes, et les diverses catégories devront y assister séparément. Dans l'hypothèse contraire, surtout aux jours de grandes solennités, les catégories pourront être réunies, avec l'attention de ne pas les confondre et de donner à chacune la place qu'elle doit occuper d'après son mérite ; c'est encore un moyen d'exciter l'émulation.

La prière sera faite en commun, dans chaque salle, matin et soir, autant que possible sous la direction de l'un des ecclésiastiques dont la charité pourra, chaque fois, adresser seulement quelques paroles d'encouragement et de consolation à ces malheureux.

Les dimanches et les jours de fêtes, entre les offices, des instructions seront faites dans les différentes catégories.

Les autres pratiques de la religion resteront entièrement facultatives. Elles ne pourront, toutefois, jamais servir de prétexte à l'infraction de la discipline, ni même à l'exemption du travail, ni devenir l'occasion d'aucune récompense corporelle ni d'aucun bien-être physique. La bonne conduite seule méritera l'avancement et les faveurs. De cette manière, on évitera des abus et des profanations déplorables.

Du reste, les pieux ministres de la religion trouveront dans leur charité, dans leur zèle, des ressources que nous n'avons pas la prétention de leur indiquer. Nous désirons seulement bien établir que ce zèle et cette charité ne devront jamais se placer comme intermédiaires entre les condamnés et l'autorité pour obtenir la remise d'une punition méritée ; l'affaiblissement d'une action pénale et disciplinaire qui ne se relâcheraient jamais, dans la règle sage et ferme qui doit les guider, sans les plus graves inconvénients et même les plus grands dangers pour le succès de l'institution.

V. ACTION PHILANTHROPIQUE.

En venant en aide à la religion, l'action de la bienveillance et du dévouement social exerce un empire qu'il n'est plus aujourd'hui possible de contester.

Quelquefois même cet empire dispose et prépare celui des enseignements sacrés en facilitant leur accès dans l'âme du coupable, qui souvent n'en comprendrait pas bien d'abord toute l'excellence et toute la pureté. C'est un avant-goût du bien qui conduit à l'amour, à la pratique de la vertu.

« Nous sommes arrivés à une époque, dit M. Ch. Lucas, où ce n'est plus la force physique, mais la force morale qui, dans les bagnes comme au sein de la société, donne à l'ordre ses plus sûres garanties. »

Il faut donc chercher à faire sortir les forçats de cette ignorance grossière qui rend le plus grand nombre inaccessible à tout amendement ; il faut leur donner au moins les premières notions de la morale, de l'éducation et de l'instruction, sans lesquelles ils ne pourraient apprendre à vivre dans la société, au jour de leur affranchissement ; et surtout acquérir la connaissance d'une profession utile dont le produit se trouvât alors en mesure de subvenir à leurs besoins.

Un patronage bien organisé, des associations appropriées sous le titre de frères des prisons, en se concertant avec les aumôniers de manière à faire arriver les moyens de chacun à leur but spécial, ne manqueraient pas d'avoir des résultats assez satisfaisants pour qu'il ne fût plus possible d'adresser au bagne nouveau les reproches que M. Alhoy fait au bagne ancien, lorsqu'il dit :

« Aujourd'hui que l'emploi du forçat n'est plus appliqué à de grands et utiles travaux ; maintenant que le condamné, dont on avait voulu émanciper l'intelligence, est réduit à l'état de machine et ne fonctionne que comme levier, rame, ou bête de somme ; maintenant qu'il n'y a plus d'ouvriers que ceux-là qui ont fait leur apprentissage avant la condamnation.... celui qui entre au bagne sans profession sort comme il est entré ; seulement il peut apprendre à manier une rame ou à étirer de l'étoupe ; et quand il ne trouve pas à exercer un de ces deux métiers, il faut qu'il cherche son existence dans le vol ou la mendicité. »

Que la société, dans son propre intérêt et par pitié pour le malheureux condamné, se montre donc sage, grande et généreuse en employant tous les moyens si puissants qui se trouvent à sa disposition pour moraliser l'homme déchu, le soutenir dans ses pénibles et difficiles épreuves, le rendre enfin avec avantage à ses relations si fatalement et si douloureusement brisées ; elle travaillera tout à la fois pour sa gloire et pour sa véritable sécurité.

Quel tableau plus touchant, dans ce genre, que celui qui nous est esquissé avec autant de grâce que de naïveté par M. Bayle-Mouillard :

« Voyez ce qui se passe à Lausanne : la magnifique prison du canton de Vaud, avec son luxe de propreté, son régime si doux, ses travaux si faciles, sa nourriture presque recherchée, ses jardins et ses fleurs, semble faite pour multiplier les récidives ; pourtant les rechutes sont rares car la religion veille au dedans ; les mœurs, au dehors.

« Il y a peu d'années, une jeune fille fut condamnée pour un crime flétrissant. Consolée, ramenée au bien par le ministre que d'autres prisons envient à la prison de Lausanne, elle avait été pleinement réhabilitée quand la fin de la détention arriva ; mais elle n'osait plus retourner au hameau natal, elle formait des projets d'exil. Ses anciennes compagnes le surent ; elles apprirent à la fois sa guérison, sa honte, ses projets ; et, vêtues de leurs habits de fête, elles vinrent en procession attendre la prisonnière à la porte du pénitencier pour la ramener au village !...

« Avec de pareilles mœurs, toute réforme est facile, toute chute est réparable ; mais, pour être toujours efficace, le repentir a besoin des secours de la vertu. »

Des actions aussi nobles, des réflexions aussi dignes n'exigent pas de commentaire ; les unes et les autres portent naturellement avec elles tous les enseignements nécessaires à cet admirable sujet.

VI. RÉCOMPENSES.

Equitablement fondés, choisis avec intelligence et discrétion, répartis avec mesure sans jamais porter atteinte au maintien de la discipline, à la nécessité de l'action pénale et répressive, les encouragements accordés aux condamnés produiront les plus salutaires effets ; tandis que dans les conditions opposées leur influence deviendrait nuisible et même funeste au succès de l'institution. Des faits assez récents l'ont démontré ; les avertissements de cette regrettable expérience ne resteront donc pas sans enseignement.

Ces récompenses devront toujours avoir leur principe et leur motif dans la bonne conduite de chaque jour, dont les relevés, effectués comme nous l'avons indiqué, pendant un temps assez long, donneront des garanties suffisantes pour ne pas exposer aux pénibles regrets d'une rémunération hâtive ou prématurée.

« Il faut ici, dit M. Léon Faucher, prendre pour règle un compte moral ouvert à chaque détenu, et dans lequel on balancera soigneusement les semaines de bonne et de mauvaise conduite ; le résultat de ce compte, communiqué régulièrement au détenu, sera pour lui le stimulant le plus efficace. »

La première des faveurs accordées au condamné sera le passage dans une salle d'épreuve où la vie devient moins dure; le régime alimentaire, meilleur; l'uniforme, différent; le coucher, mieux disposé ; le travail, moins pénible. C'est le premier pas fait dans cette précieuse carrière d'amendement qui doit conduire à la réhabilitation.

« Dans la salle d'épreuve, dit M. Alhoy, l'œil se repose un peu ; il y a plus d'espace, moins de fer; la lumière semble y pénétrer plus pure. Ce n'est plus un antre de bêtes immondes; ce n'est pas encore un dortoir, mais c'est du moins un lieu de repos où l'esclave reprend quelques-unes des habitudes de la vie sociale. Il ne vit plus en pêle-mêle, les matelas d'herbages recouverts par une couverture, s'alignent; il y a là quelques physionomies moins hideuses; un rayon d'espoir les illumine. On compte avec satisfaction tous ces strapontins, parce qu'on sait qu'ils ont été conquis par la bonne conduite, et que chacun d'eux sert de couche pendant la nuit à l'homme qui a mérité, par un triomphe sur ses instincts, de remplir une tâche facile ou quelque emploi de faveur. »

C'est à M. Hyde de Neuville que l'on doit ce précieux et philanthropique moyen de moralisation. Un commissaire de chiourme croyait ce perfectionnement tellement nécessaire, qu'il disait, au rapport de l'auteur que nous venons de citer : « On ne trouverait pas un administrateur pour diriger un bagne, s'il n'y avait pas un lieu d'asile que l'on pût ouvrir pour les condamnés sur lesquels la fatalité semble avoir pesé.

« Savez-vous quand ce séjour affreux cesse d'être un enfer?.... C'est quand le coupable s'est réhabilité par la bonne conduite et le remords. Alors il y a allégement à sa peine ; le bagne se change en atelier rémunératoire, en gymnase de travail industriel, en un lieu de concours où l'homme qui a dompté ses instincts reçoit une prime pour la victoire qu'il a remportée sur lui-même. »

Lorsque les condamnés auront été soumis pendant un temps suffisant au contrôle des salles d'épreuve, ils pourront obtenir successivement, d'après leur bonne conduite, leur mérite et leur capacité, les emplois de faveur, le commandement d'une décurie, des primes d'encouragement, des prix de probité ; enfin le passage, suivant leur profession ancienne ou nouvellement acquise, dans les bagnes agricole ou industriel ; passage préparatoire à la libération définitive, noviciat indispensable pour l'obtenir.

Le déferrement progressif suivra cette gradation des récompenses ; mais la manille ne se déposera qu'à la sortie du bagne militaire, à l'entrée dans les autres ; où le cours des faveurs et des encouragements ne sera point interrompu jusqu'à la réhabilitation qui, même à ce titre et comme admirable complément de tous ces avantages, pourra s'obtenir avec diminution du temps de la peine, à des degrés de plus en plus honorables, suivant la conduite plus méritoire du condamné.

VII. PUNITIONS.

Dans les bagnes, la répression doit être calme, sévère, équitable et constante. Elle doit prévenir la nécessité des punitions, par le pouvoir incessant d'un grand appareil de force et d'intimidation ; mais il faut toujours éviter qu'elle devienne barbare, arbitraire, brutale et passionnée.

Les récompenses publiquement accordées aux sujets méritants, le mieux-être qu'ils obtiennent par leur bonne conduite, offriront presque toujours, par l'émulation qu'ils font naître, des moyens de répression plus puissants que les tortures et les supplices.

« Un régime plus sévère, l'emprisonnement solitaire, dit M. Léon Faucher, une nourriture plus grossière, moins de promenades et de repos ; une part plus faible dans les produits du travail ; mais point de fers, point de coups, point de torture : telles doivent être les bases de la répression. »

« M. Raucourt, ingénieur au port de Toulon, avait observé, dit M. Alhoy, que les punitions n'avaient aucune puissance sur des hommes parvenus à ce point de dégradation, et endurcis aux châtiments. Il sentit que ce n'était point par la crainte des punitions, mais par l'appât des récompenses, qu'on pouvait espérer de réveiller des sentiments honnêtes dans ces âmes flétries et leur inspirer la volonté de s'appliquer au travail…. Ce moyen produisit, dès les premiers moments, une amélioration sensible dans la conduite des forçats. »

« Après l'épreuve de la bastonnade, des fers, du canon, de la guillotine, des peines perpétuelles, dit M. Ch. Lucas, les hommes habiles qui, dans la direction des bagnes, en ont fait la longue et cruelle expérience, s'accordent à dire : le moyen d'ordre, c'est le travail, c'est l'espoir de l'expiration ou de la commutation de la peine ; c'est la crainte de la prolonger ; tandis que le philosophe, étudiant la nature de l'homme, démontre que c'est un être moral qui n'a point été fait pour être mis sur l'enclume et redressé avec du fer et du bâton, qu'il faut amener au repentir et non pousser au désespoir. »

La diminution ou la suppression des avantages accordés : le renvoi de la salle d'épreuve à celle des insoumis, le retour, des bagnes de faveur, aux bagnes militaires ; la diminution des aliments ; la mise au pain et à l'eau ; l'imposition des travaux plus pénibles ; la reprise des fers et leur augmentation jusqu'à la double chaîne ; enfin l'isolement plus ou moins prolongé dans une cellule saine, mais sans vue sur l'extérieur, etc., telles seront les véritables peines imposées pour la répression.

On supprimera le fouet, la bastonnade, toutes les tortures, etc.

Quant à la peine de mort, nous avons déclaré tout d'abord ne pas vouloir en discuter actuellement l'opportunité. Les législateurs la maintenant, nous laisserons à l'administration le soin de l'appliquer dans les graves occasions qui lui sembleront, sous sa responsabilité, pouvoir la réclamer légalement.

VIII. LIBÉRATION.

D'après les principes que nous avons établis en étudiant la protection que l'État et la société doivent aux libérés, il ne nous reste à faire ici que des applications simples et faciles.

En partant du principe essentiel et seul conservateur des intérêts et des droits généraux : que la législation ne doit point rendre à la société des hommes éminemment dangereux par leur perversité ou par le défaut absolu de leurs moyens d'existence indépendants du vol ou de la mendicité, nous appliquerons les conditions qui seules peuvent maintenir la valeur de ce principe et garantir l'accomplissement de ses utiles et grandes conséquences.

Aucun condamné au bagne n'obtiendra son jugement de réhabilitation et sa libération définitive, s'il n'a passé au moins trois ans dans l'un des bagnes agricole ou industriel ; et si, pendant ce temps, sa conduite n'a pas été jugée digne d'une aussi grande faveur.

Si le sujet assez pervers pour avoir été maintenu dans la catégorie des indociles, arrive au terme de sa libération, il sera jugé de nouveau pour sa mauvaise conduite, et condamné, suivant le degré de son immoralité, à cinq, dix ou quinze ans de travaux forcés ; ainsi de suite jusqu'à son amendement, en supposant qu'il puisse avoir lieu.

Lorsqu'un forçat de la salle d'épreuve n'ayant pas donné satisfaction suffisante pour le faire passer à l'un des bagnes de faveur, parvient ainsi à la fin de son temps de condamnation, on prolongera son épreuve de six mois, un ou deux ans dans cette salle, à la charge, lorsqu'il arrivera au bagne de réhabilitation, d'y faire ses trois ans avant de pouvoir être complétement libéré ; ainsi de suite, jusqu'à parfaite satisfaction des conditions exigées.

Enfin, même dans les bagnes agricole ou industriel, lorsqu'un condamné semblera ne pas encore donner les garanties suffisantes au jour de sa libération, on devra prolonger l'épreuve de six mois, un an, suivant les besoins de son amendement.

Dans cet équitable système de libération, le seul qui donne satisfaction entière aux intérêts des condamnés et de l'ordre social, on voit que l'action moralisatrice est poussée jusqu'à ses dernières limites ; que la plus parfaite justice préside aux destinées, à la liberté du coupable ; puisque la plus honorable réhabilitation lui est offerte, et que la prolongation de sa peine dépend entièrement de sa mauvaise volonté, de sa persévérance dans le crime et dans une voie d'hostilité que la législation ne saurait permettre, et surtout qu'elle ne doit jamais favoriser, au point de lui donner les moyens de s'exercer avec danger pour la société.

Afin de compléter la mesure et de ne rien laisser à désirer, on dirigerait sur la colonie pénitentiaire les libérés qui ne pourraient pas justifier de leurs moyens d'existence, et ceux qui, dans la condition opposée, demanderaient volontairement à s'expatrier.

De cette manière encore, l'équité la plus entière serait observée, l'ordre social ne recevrait que des libérés incapables de le troubler ou de lui devenir une charge onéreuse.

On conçoit, d'un autre côté, ce que la colonisation gagnerait à s'établir avec des travailleurs aussi bien disposés, dont la surveillance marcherait d'elle-même ; au lieu de s'essayer avec tant de chances, d'autres diraient avec une certitude assurée d'insuccès, au moyen de criminels sans amendement et sans moralisation.

Ces conditions de la réorganisation des bagnes sont tellement vraies et nécessaires, que nous les trouvons presque toutes résumées dans cette formule de notre célèbre publiciste M. Léon Faucher : « Le bagne, convenablement établi, doit offrir une discipline presque militaire, une surveillance rigoureuse, un système bien ordonné de peines et de récompenses, une instruction bien dirigée, l'intervention continuelle du directeur et de l'instituteur, etc. »

Ainsi compris, le bagne nous paraît la meilleure de toutes les institutions pénitentiaires ; la seule, même, qui puisse remplir complétement les quatre grandes indications exigées : 1° *action pénale*, 2° *garantie publique*, 3° *influence moralisatrice*, 4° *protection du libéré*.

Et cependant, confiant dans sa puissance, il ne demande pas la suppression des deux autres applications ; il les utilise, au contraire, les féconde en les rendant à leur seule et véritable destination.

Ainsi *la prison cellulaire* lui fournit un puissant moyen de répression et d'isolement pour les sujets d'une fréquentation dangereuse ; seul but qu'elle puisse réellement atteindre.

La déportation lui présente une ressource favorable pour ceux de ses libérés qui ne peuvent point sans danger, pour ceux qui ne veulent pas, en raison de certaines répugnances plus ou moins fondées, rentrer dans l'État social ; il offre en retour à *la déportation* le seul moyen de fonder une colonie pénitentiaire avec des chances de succès et d'avenir.

Ces grandes vérités deviendront plus évidentes encore lorsque nous aurons terminé les études que nous allons actuellement entreprendre sur la *prison cellulaire* et sur *la déportation*.

Dans cet état de choses, nous laisserons aux hommes sérieux le soin d'apprécier maintenant l'opinion si positive et si grave de l'honorable M. Glaize, commissaire de la chiourme de Brest, sur la suppression des bagnes :

« Nous en appelons au bon sens, à la raison, à l'humanité, à la religion, pour éviter cette précipitation que l'on semble vouloir mettre dans la solution légale d'une question *étudiée de loin* avec *les préventions, les systèmes et l'égoïsme*, qui trop souvent président aux décisions humaines. »

Aussi, nous l'espérons actuellement, on informera suffisamment avant de juger, et l'on ne condamnera pas sans entendre.

XXVI

LA PRISON CELLULAIRE.

Un malheureux monomaniaque plein de verve et de génie, seul avait osé dire, dans un de ses accès d'hypocondrie les plus sombres : « *L'homme, avec ses admirables prérogatives, est fait pour vivre seul; bien plus, il est né pour l'état sauvage.* »

Le monde civilisé répondit à cette impertinence de J. J. Rousseau par un sourire de pitié.

Il était réservé à notre siècle de lumière et de progrès sans doute, mais en même temps de confusion et d'utopie, d'ajouter à cette impertinence philosophique le plus grand de tous les contre-sens que puissent faire la morale et la physiologie : « *L'isolement est le meilleur moyen de corriger, de moraliser et de réhabiliter les coupables.* »

Cette opinion est condamnée par les hommes les plus compétents, et l'application du principe est aujourd'hui tombée sous le poids écrasant des faits.

Tel est actuellement l'état de la question. Mais pour ne laisser aucun doute, voyons par quelles transitions l'expérience et l'observation sont arrivées à cet important résultat.

Le pape Clément XI, en 1703, avait fait placer pour épigraphe au-dessus de la porte principale de la prison cellulaire de Saint-Michel, à Rome, ce seul mot : *Silentium*; et pour devise, cette pieuse et remarquable sentence : « *Ce n'est pas assez de réprimer les méchants par le châtiment, il faut encore les rendre honnêtes par un bon régime.* »

En même temps que cette devise a pu servir de motif à la réforme pénitentiaire, cette épigraphe a peut-être exercé une influence non moins positive sur la recherche et l'adoption du système de l'isolement.

« Il appartenait en effet au christianisme, qui a régénéré la grande famille humaine, dit M. M. Monjean, de tenter les premiers essais de réforme sur les membres corrompus qu'elle a rejetés de son sein.... Il est digne de la philosophie de compléter l'œuvre de la religion ; aussi les vénérables Howard, Bentham, etc., ont-ils élevé leurs sublimes voix.... La discussion ne roule donc plus sur l'opportunité d'admettre la réforme, mais sur le moyen de l'entreprendre. »

En effet, lorsque l'on eût faussé, désorganisé, disons le mot, avili suffisamment l'institution du bagne, il fallut bien chercher d'autres applications pénales et moralisatrices pour la remplacer.

A défaut de ressources dans son domaine, chaque nation députa des hommes capables dans tous les pays : ainsi MM. G. de Beaumont et A. de Tocqueville furent envoyés aux États-Unis;

MM. Demetz et Blouet, en Amérique, par la France; M. Crawford, en Amérique, par l'Angleterre; MM. Mondlet et Neelson, aux États-Unis, par le Bas-Canada; M. Julius, en Amérique, en Angleterre, en France, en Suisse, en Belgique, par la Prusse; etc.

Ce fut un concours de savants et de philanthropes animés des plus honorables sentiments; un échange de rapports qui ne s'accordèrent pas toujours, mais qui se firent constamment remarquer par la sagacité de l'observation et la profondeur des aperçus.

Partout, cependant, on sentait à la fois le défaut de physiologie, l'absence de connaissances assez positives du cœur humain, pour faire nettement discerner le faux du vrai dans les expériences déjà tentées, et pour prévenir, par des notions suffisantes *à priori*, l'inconvénient d'expériences nouvelles qui ne devaient pas avoir un plus satisfaisant résultat; surtout lorsque dans ces applications on ne tenait aucun compte des différences fondamentales du caractère, des mœurs, des habitudes et des passions des peuples que l'on avait la prétention d'y soumettre.

L'enthousiasme prit la place de la saine raison : le système de l'emprisonnement cellulaire fut adopté, presque sans examen, nonobstant les réclamations nombreuses des hommes les plus sérieux, les plus compétents; et l'on n'eut bientôt plus, dans cette illusion d'avoir entièrement résolu le difficile problème de la réforme pénitentiaire, qu'une seule préoccupation, celle d'opter entre les procédés d'Auburn et de Philadelphie.

Une semblable manière de procéder ne devait pas réussir : elle était intempestive et mal appliquée. En effet, comme l'a très-bien dit M. Léon Faucher : « La civilisation ne pénètre parmi les peuples qu'en respectant les différences des mœurs, des races et des nationalités. Quel doit être en France le caractère, l'individualité de la réforme? A ce point commence la seconde époque du système pénitentiaire, sa période d'examen et d'invention ; il faut chercher les principes du régime applicable à la France. »

Pour juger avec toute connaissance de cause, voyons ce qu'est la prison cellulaire en elle-même, et quels sont les caractères des deux principales modifications que nous venons de signaler.

« La civilisation, de plus en plus exigeante envers les prisons, dit M. H. Carnot, veut aujourd'hui qu'elles présentent un triple caractère : sévérité pour l'expiation du crime, sûreté pour la garantie publique, moralité, afin de régénérer le coupable et de le rendre au monde sans honte et sans danger.... De nos jours, elles éprouvent à la fois, sous le rapport moral et sous le rapport matériel, les plus grandes transformations dont elles aient encore été l'objet : elles n'étaient qu'un lieu de détention et d'expiation, elles deviennent, avant tout, un lieu de correction. »

Si nous recherchons les causes de ces changements et les principales raisons de l'établissement des réclusions solitaires, nous les trouvons dans un fait vrai, signalé par M. A. de Tocqueville, mais dont les fâcheuses conséquences ne nous paraissent nullement prévenues par le moyen que l'on propose.

« Il faut bien reconnaître, dit cet habile observateur, qu'il existe en ce moment parmi nous une société organisée de criminels. Tous les membres de cette société s'entendent entre eux ; ils s'appuient les uns sur les autres ; ils s'associent chaque jour pour troubler la paix publique ; ils forment une petite nation au sein de la grande. Presque tous ces hommes se sont connus dans les prisons ou s'y retrouvent. C'est une société dont il s'agit aujourd'hui de disperser les membres ; c'est ce bénéfice de l'association qu'il faut enlever aux malfaiteurs, *afin de réduire, s'il se peut, chacun d'eux à être seul*, contre tous les honnêtes gens unis pour défendre l'ordre. *Le seul moyen de parvenir à ce résultat, est de renfermer chaque condamné à part*, de telle sorte qu'il ne fasse point de nouveaux complices, et qu'il perde entièrement de vue ceux qu'il a laissés au dehors. »

Nous ne doutons pas que les inventeurs de l'emprisonnement cellulaire aient ainsi raisonné, que tous ceux qui le préconisent partent des mêmes principes, arrivent aux mêmes conséquences.

Mais en admettant le fait, il nous est impossible d'en accepter les inductions ; de ne pas trouver dans la moralisation des condamnés le véritable remède à cette grave maladie; et dans la prison solitaire, le plus mauvais de tous les moyens pour l'obtenir. C'est une vérité que nous trouvons dans les meilleurs écrits, et que les résultats de l'expérience ne tarderont pas à consacrer.

« Il est évident, dit M. H. Carnot, en parlant des motifs dont nous venons de retracer la formule, que cette considération est celle qui donne aujourd'hui quelque faveur, parmi nous, au système de l'isolement; c'est celle qui a déterminé le gouvernement à en proposer l'adoption malgré les grandes raisons d'économie qui devraient en éloigner. Certes, il est juste de se placer au point de vue de la garantie publique ; il faut prévenir ces funestes enseignements, ces dangereuses confraternités qui prennent si souvent leur origine dans les prisons; mais peut-on abandonner comme des réprouvés ces hommes qui, peut-être, ne sont devenus menaçants pour la société, que parce qu'elle a négligé leur première éducation ? Ne serait-ce pas substituer le cordon sanitaire à la médecine ; parquer les malades pour se préserver de la contagion, sans égard pour leur propre guérison ? L'humanité est assez puissante pour entreprendre les deux œuvres à la fois. »

Sans reporter, avec quelques auteurs, l'origine de la prison cellulaire jusqu'au *sophronistérion* imaginé par Platon, nous dirons que le pénitencier des jeunes détenus de Clément XI semble avoir donné l'idée de la maison de force bâtie à Gand en 1772, avec isolement cellulaire pendant la nuit, réunion silencieuse pendant le jour ; et que cette institution elle-même est devenue le modèle des pénitenciers américains, de celui d'Auburn particulièrement.

La première application s'effectue en 1786, à Philadelphie, dans la prison de Walmet-Street, sous le nom de *système pensylvanien*. C'est l'action cellulaire dans toute sa rigueur, avec isolement complet pendant le jour et la nuit, avec privation de travail et de toute occupation. Le condamné se trouve absolument abandonné, sans consolation et sans encouragement, à ses tristes réflexions.

On ne tarda pas à s'apercevoir qu'un régime aussi barbare, aussi abrutissant, réunissait à peu près tous les vices d'un mauvais pénitencier, et qu'il n'était pas tolérable.

« Les essais qui furent pratiqués, dit M. Béranger, n'eurent pas tout le succès qu'on s'en promettait ; le classement des condamnés fut vicieux ; quelques-uns étaient soumis à un isolement absolu, sans travail ; les autres travaillaient en commun, mais conservaient la faculté de converser ensemble et de se corrompre mutuellement.....

« La multiplicité des récidives de la part des individus qui avaient subi leur peine dans ces maisons, donna l'éveil sur les inconvénients du régime auquel elles étaient soumises ; on pensa devoir étendre davantage le système cellulaire.....

« La séparation complète des détenus pendant la nuit, si nécessaire pour préserver les mœurs ; le travail, comme donnant des habitudes d'ordre, de soumission et d'économie ; le silence, qui continue, pendant le jour, l'isolement de la nuit; qui empêche la communication des idées et les encouragements mutuels au mal; voilà les points sur lesquels l'expérience paraît avoir prononcé, et qui, avec l'enseignement moral et religieux, doivent désormais former la base de tout système de réforme.

« Ces moyens, s'ils étaient employés seuls, ne suffiraient cependant pas; ils peuvent, à certains égards, produire de bons résultats dans l'Amérique du Nord, pays dont la situation est toute particulière; mais j'ose affirmer que là même ils sont insuffisants, et qu'ils le seraient surtout dans un grand état qui, comme la France, compte une nombreuse population, répandue sur un vaste territoire, et qui est soumise à des conditions d'administration et de gouvernement toutes différentes. »

En 1797, l'état de New-York suivit cette impulsion. Il bâtit sa prison d'Auburn en 1816, d'après les mêmes principes. Toutefois, en ayant bientôt reconnu les graves inconvénients, il adopta l'isolement pendant la nuit, le travail en commun pendant le jour, mais sous la dure condition d'un silence absolu.

Le système pensylvanien, ne voulant pas se rendre entièrement à cette réforme, diminua seulement un peu sa rigueur en accordant le travail dans la cellule; de ce faible progrès naquit la prison mixte de Cherry-Hill.

Ainsi, en dernière analyse, l'emprisonnement cellulaire américain se réduit à trois modes principaux :

1° Système de Philadelphie ou pensylvanien, dans sa rigueur primitive, prison de Walmet-Street : isolement absolu nuit et jour, sans occupation ;

2° Système pensylvanien modifié, prison de Cherry-Hill : isolement absolu nuit et jour, travail dans la cellule ;

3° Système de New-York perfectionné, prison d'Auburn : isolement absolu pendant la nuit, travail en commun pendant le jour, sous l'impérieuse nécessité d'un silence complet.

Ce dernier obtint la préférence et se propagea dans un grand nombre de pays.

La monomanie des constructions cellulaires devint épidémique. On varia beaucoup les formes pour arriver à ce que l'on regarda comme le *nec plus ultra* du genre, la prison *panoptique* : de πᾶν, tout, et d'ὄπτομαι, je vois. Disposition des rangées de cellules par corridors concentriques aboutissant tous au centre commun où se trouve le logement du directeur avec la forme et la transparence d'une lanterne : tel est le pénitencier de Mil-Bank, etc.

Philadelphie brilla surtout par le luxe de ses prisons ; mais l'Angleterre, à ce point de vue, dépassa toutes les autres nations par sa magnificence, la dépense, le faste de ses constructions, la recherche et le confortable excessifs de ses pénitenciers.

Ainsi, d'après le rapport de M. Moreau-Christophe, celui de Mil-Bank contient douze cents cellules, et chaque détenu coûte à l'État, par an, six cent soixante-cinq francs.

Au dire de M. Lohmeyer, la prison cellulaire modèle, située au nord de Londres, offre cinq cent vingt cellules dont chacune a coûté trois mille cinq cents francs ; le prix total de l'établissement est de deux millions. Il présente quatre-vingt-douze promenoirs, une chapelle cellulaire où les détenus se rendent sous le capuchon. La surveillance de ce pénitencier est très-difficile et très-dispendieuse.

Nous bornerons là ces détails qui, cependant, ne fourniront qu'une bien faible idée de toutes les folies des constructions cellulaires.

Après s'être évertués jusqu'à la fatigue à donner une forme systématique aux prisons, les enthousiastes de l'isolement ont cru que tout était fini, que le grand problème de la réforme pénitentiaire était résolu ; mais les hommes sérieux sont venus, avec la puissance de l'observation et des faits, leur démontrer qu'ils n'avaient obtenu qu'un seul résultat : celui de créer à grands frais, avec des inconvénients de tout genre, et sans aucun fruit, des espèces de ménageries tout au plus bonnes pour des animaux, mais essentiellement nuisibles pour des hommes.

« Les prisons qui punissent la faute, dit M. M. Monjean, ne doivent pas l'aggraver et l'immobiliser dans les âmes ; rien n'est mieux constaté que les conséquences déplorables de l'organisation vicieuse des prisons. »

Toutes les enquêtes montrent la prison cellulaire comme antipathique à la nature expansive de l'homme ; n'offrant aucune voie pour l'expression des regrets du passé, des réflexions salutaires de l'avenir ; aucun moyen d'émulation, d'amendement et de réhabilitation. Dans ces tristes lieux, le cœur se flétrit, l'âme se dessèche, l'esprit succombe et la santé se détruit par degrés !...

« L'isolement absolu, dit M. Béranger, l'absence de toute distraction, l'abandon complet dans lequel s'écoulait la vie du condamné, l'oisiveté dévorante, devaient agir trop vivement sur le moral pour ne pas le troubler, et par suite pour ne pas affaiblir les forces du détenu et altérer sa santé. L'expérience que l'on fit de ce système fut donc funeste. »

« Le corps souffre des maladies de l'âme, dit M. Léon Faucher, et dans toutes les prisons le silence est nuisible à la santé ; la vue des prisonniers de Genève, leur air triste et abattu, leurs chairs flasques et tombantes m'avaient peu rassuré sur leur état hygiénique. En effet, malgré la salubrité de la prison, la salubrité du climat et des soins presque paternels, la mortalité est de un sur trente ; le nombre des aliénations s'élève jusqu'à quatre et demi pour cent. Cette proportion est presque double de celle qui a été constatée à Philadelphie. Ces observations, récemment communiquées par le docteur Coindet à l'Académie des sciences morales et politiques, renversent l'un des principaux arguments du système d'Auburn.... Dans le travail solitaire, l'obéissance est dépouillée de sa moralité ; après avoir vécu huit à dix ans entre quatre murailles, le condamné devient inhabile à la vie commune ; une partie de ses facultés a dû s'atrophier.... Le surveillant d'un établissement silencieux, fût-il supérieur au condamné sous tous les rapports, aura-t-il une intelligence plus prompte à pénétrer la valeur du moindre signe ; à deviner une phrase dans la chute d'un outil ; un complot, dans le pli d'un vêtement? on ne peut l'espérer. Tout cela fût-il obtenu, on n'enchaînerait la langue, les mains, les regards des prisonniers, qu'au moyen d'innombrables châtiments. Dans la maison de Cold-Bothfiels, où ce régime est parvenu à son apogée de perfection, et qui contient neuf cents détenus, il y a eu en 1836 six mille sept cent quatre-vingt-quatorze punitions infligées pour jurements ou conversations. »

M. de La Rochefoucault-Liancourt rejette entièrement l'isolement cellulaire comme abrutissant le moral et favorisant l'onanisme.

« L'amélioration des condamnés par un retour spontané sur eux-mêmes, est à peu près impossible, dit M. H. Carnot ; la plupart d'entre eux sont des êtres grossiers et bornés que leur conscience ne saurait éclairer ; il faut que la lumière morale leur soit apportée. »

« Le mauvais résultat du confinement solitaire en Amérique,

autant que la barbarie de cette peine, a inspiré l'idée d'un adoucissement dont on s'est exagéré la portée. En séparant les détenus les uns des autres, on a cherché à leur procurer, le plus souvent possible, le contact de la société honnête. Mais, à moins d'ouvrir aux simples curieux les portes de la prison, à moins d'y laisser pénétrer indistinctement des visiteurs aussi nuisibles, peut-être, que les habitants mêmes du logis, cette concession sera illusoire, surtout pour ceux qui auraient le plus besoin d'en profiter. »

« Les inconvénients de la séquestration absolue, dit M. Gasparin, avaient déjà été signalés chez les peuples qui l'avaient essayée. Abandonné à lui-même, tournant dans le cercle de ses idées, on voyait souvent le prisonnier désespéré tomber dans la démence. En voulant réformer cette intelligence déchue, la société n'avait pas prétendu la tuer; ces effets, observés chez des nations moins communicatives que la nôtre, se seraient aggravés chez nous de toute l'activité d'esprit, de toute la sociabilité qui sont le caractère de notre population..... Un tel moyen ne pouvait être adopté. »

« Il est certain, dit le rédacteur de la *Revue de législation*, qu'à l'étranger les praticiens sont généralement d'accord entre eux; et en France, les plus habiles directeurs de nos maisons centrales ont constamment opposé l'autorité de leur expérience à l'engouement irréfléchi des partisans de l'introduction du système pensylvanien. »

« L'expérience a fait reconnaître, dit M. Béranger, qu'il est impossible à l'homme de résister longtemps à l'horreur d'un emprisonnement absolument solitaire. »

Aussi M. Ch. Lucas, partisan de l'isolement, l'a-t-il lui-même réduit au système d'Howard : la classification des détenus, l'isolement pendant la nuit, le travail commun pendant le jour; et le *solitary confinement* à titre de moyen disciplinaire.

M. Alhoy, dans une visite faite avec M. le commissaire Bonjour, décrit ainsi les effets de la prison solitaire sur l'un des galériens du port de Toulon : « Il y avait à peine six mois que ce forçat était en cellule; son aspect était celui d'une fauve hydrophobe; sa fureur semblait toucher à la folie. Au moment où la porte de la cellule s'ouvrit, un gardien se plaça entre le forçat et nous et se mit sur le seuil du cabanon pour faire obstacle à la sortie.

« Les médecins des prisons de Rouen, ceux des prisons de Strasbourg, ont émis l'opinion qu'à l'aliénation mentale et à l'onanisme, reconnus par eux comme si fréquents l'un et l'autre dans le régime cellulaire, il convient d'ajouter le scorbut.... A Rouen, les docteurs Vingtrimés, médecin en chef, et Desbois, médecin-adjoint des prisons, ont constaté que dans l'épidémie de scorbut de 1840, sur vingt-cinq scorbutiques, vingt-quatre sortaient des cellules de punition.

« On avait cru pouvoir transformer, en honnêtes gens, les criminels, par l'isolement momentané et le silence perpétuel; maintenant on a toujours la même confiance dans la perpétuité du silence; mais, pour que le remède moral opère, il faut que la matière amendable soit emmagasinée dans une localité solitaire, hors de tout contact avec une autre matière avariée ; en d'autres termes, le coupable doit vivre dans la cellule, au risque d'en sortir cadavre ou d'y vivre fou. »

« L'isolement absolu est la plus grande violence morale qu'il soit donné de faire à une nature essentiellement sociable et communicative, dit le si judicieux M. Hello. En imposer le supplice à toutes les périodes de l'emprisonnement, serait une injustice réelle, en même temps que ce serait épuiser d'un seul coup toutes ses rigueurs, sans se réserver aucune sanction pour les mesures de la discipline intérieure. »

« La solitude continuelle est un tourment si cruel pour moi, disait le spirituel et malheureux Sylvio Pellico sous les plombs de Venise, que je ne résisterai jamais au besoin de faire sortir quelques paroles de mes poumons et d'inviter mon voisin à me répondre ; et, si le voisin se taisait, j'adresserais la parole aux barreaux de ma fenêtre, aux collines qui sont en face de moi, aux oiseaux qui volent. »

« Nous visitâmes à Washington la maison pénitentiaire qui venait d'être terminée, dit M^{ss} Troloppe, d'après M. Alhoy; elle est destinée à recevoir les criminels condamnés pour la vie à la détention solitaire. Le spectacle d'une prison ordinaire produit une impression agréable, quand on la compare à celle qu'on éprouve en visitant ces effrayantes cellules. Il n'y a point de miséricorde à substituer une telle peine à celle de la mort; et pour trouver un motif de préférence, il faut aller chercher dans la plus grande terreur que la détention solitaire produit sans doute sur les citoyens. Sur cent créatures humaines qui auraient subi pendant une année seulement cette terrible peine, il n'en est pas une qui ne préférât une mort immédiate à la certitude de la subir pour la vie. »

D'après M. Ch. Lucas, parmi ceux qui ont donné en France le conseil d'appliquer le système pensylvanien, il n'en est *pas un seul* qui ait une connaissance pratique de ces établissements; tandis que MM. Delaville de Miremont, inspecteur général de ces pénitenciers depuis vingt-deux ans, D'yai et Marquet-Vasselot depuis vingt-cinq et trente ans, ont consigné dans des écrits publics *les graves motifs qui ne permettaient pas à leur raison, éclairée par l'expérience*, d'admettre l'application en France du cellulage de jour et de nuit aux condamnés de nos maisons centrales. »

Il est difficile de trouver une institution plus généralement et plus complétement repoussée comme insuffisante et surtout dangereuse, par les hommes les plus expérimentés et les plus compétents. Mais ce qui devient plus curieux et plus décisif encore, c'est de la voir se détruire elle-même par les reproches mérités que s'adressent mutuellement ses deux principales modifications; reproches qui, du reste, frappent et ruinent complétement les bases fondamentales de cette institution pénitentiaire.

« Ainsi le système d'Auburn, dit M. H. Carnot, reproche à celui de Philadelphie de ne pouvoir introduire dans ses cellules qu'un petit nombre de professions, toutes sédentaires, au grand préjudice de la santé des détenus, sans utiliser les apprentissages qu'ils avaient peut-être faits auparavant, sans leur préparer pour l'avenir un métier avantageux. Il reproche surtout à l'isolement de rendre l'homme inflexible, de nourrir dans son cœur des sentiments de vengeance; de lui faire contracter des habitudes honteuses et souvent mortelles ; de le conduire à l'abrutissement ou à la démence. Malheureusement, de nombreuses preuves viennent à l'appui de ces assertions. »

Le système de Philadelphie reproche, de son côté, les vices suivants à celui d'Auburn, dit M. V. Foucher, d'après les rapports de MM. Demetz et Blouet, envoyés en 1837, par le gouvernement français, pour étudier cet établissement :

« Les chances d'amendement et d'amélioration y sont presque nulles pour les condamnés; l'instruction morale y est impossible....

l'instruction religieuse y est encore moins praticable ; le travail dans les ateliers communs donne au pénitencier plutôt l'aspect d'une manufacture que celui d'une prison ; ce qui ôte en partie à la peine son caractère d'intimidation.... Il a été reconnu impossible d'y maintenir la discipline autrement que par l'usage du fouet : cela seul suffirait pour la rendre inadmissible en France. »

« Après avoir enlevé à la réforme ses meilleures armes, dit M. Ch. Lucas, après avoir divisé ses ressources, qui devaient toutes converger vers le même but ; après avoir énervé, faussé, brisé même les premiers ressorts de son action, et avoir tourné contre elle, comme autant d'obstacles, ses moyens d'influence naturelle, on a voulu opposer les tardifs et inutiles efforts de l'amélioration dans le pénitencier aux efforts antérieurs à la corruption dans les maisons d'arrêt, de justice et de correction ; et bientôt, alarmé du résultat de la lutte dans laquelle on s'était engagé, on a imaginé, pour soutenir la gageure, ce moyen désespéré de mettre chaque détenu entre quatre murailles, pour l'empêcher de se corrompre davantage au pénitencier ; comme s'il n'y avait pas déjà chez plusieurs une corruption *acquise*, aussi impossible à arrêter désormais dans son développement, qu'elle était simple à combattre primitivement dans son principe....

« Dieu préserve mon pays de se jeter aveuglément dans le vote de dépenses exagérées et dans l'emploi de moyens désespérés, le tout pour imiter l'Amérique, non dans les succès qu'elle ne saurait prouver, mais dans les fautes qu'elle ne peut méconnaître....

« Le système pensylvanien me paraît inadmissible sous le triple rapport des conditions de dépense, de santé, d'éducation pénitentiaire....

« Il semble en vérité qu'il y ait en Europe un blocus continental contre ce système, car nulle part il n'a pu encore s'y faire admettre, même à titre de simple essai, tant il a inspiré aux hommes d'état et aux hommes pratiques peu de confiance dans les résultats probables de l'épreuve. »

Voilà donc l'emprisonnement cellulaire jugé, définitivement condamné par lui-même.

Voyons actuellement à quoi le réduisent les hommes d'expérience qui veulent bien encore lui conserver un emploi comme application pénale ou répressive.

« M. l'avocat général Flandin a parfaitement fait sentir que le système pensylvanien n'était qu'un système d'intimidation, qui n'était et ne saurait être pénitentiaire, dit le rédacteur de la *Revue de législation*, parce qu'il était impossible de faire contracter au détenu des habitudes d'ordre et de travail pour l'époque de la libération. Mais pour les condamnés à perpétuité qui ne doivent pas retourner à la société, M. Flandin propose le système de Philadelphie; parce que le condamné est comme retranché du nombre des hommes, et ne doit plus avoir d'autre compagnon que le remords, d'autre ami que le ministre d'une religion qui console et lui enseigne un Dieu qui pardonne et qui oublie. Nous admettrions cette application si elle se bornait aux commutations de la peine de mort seulement. »

M. Ch. Lucas rejette l'emprisonnement solitaire de Philadelphie comme règle générale applicable à tous les condamnés; mais il l'utilise, avec quelques modifications, comme moyen spécial de remplacer la peine capitale.

« L'isolement absolu, dit le rédacteur de la *Revue de législation*, nous paraît devoir être réservé pour remplacer la peine de mort, si jamais cette peine est abolie. Pour le commun des prisonniers, nous croyons une pareille séquestration inutile et funeste. Là réforme pénitentiaire se propose, en effet, non pas uniquement de rendre des âmes à Dieu, mais des hommes à la société. Par l'isolement absolu, on supprime, non pas le désir, mais la faculté de faillir ; on supprime la puissante influence de l'exemple ; on tronque la nature humaine, en privant le prisonnier d'air et de mouvement.»

Réduire ainsi la prison cellulaire à devenir le *succédané* de la peine capitale, n'est-ce pas en proclamer avec une dérision amère la ruine et l'abandon ?

Si la première doit être conservée, il faut avoir le courage et la bonne foi de la prononcer sous sa dénomination positive.

Si cette peine devait être abolie, nous ne pensons pas qu'il fallût la remplacer par la prison solitaire ; ce serait en effet empirer le sort des condamnés et remonter aux temps de barbarie où l'on préludait si cruellement à la mort du malheureux coupable, par l'agonie des plus épouvantables tortures !...

Le système de la prison cellulaire, comme institution pénitentiaire bonne et complète, se trouve donc littéralement écrasé sous le poids des faits les plus graves et les plus incontestables.

Pour en finir avec cette institution, voyons, en dernière analyse, comment elle va supporter l'épreuve du prototype qui doit mesurer tout bon système de ce genre avec ses quatre conditions fondamentales et nécessaires : 1° châtiment convenable et suffisant ; 2° garantie sociale ; 3° moralisation, protection du libéré ; 4° facilité d'exécution, dépenses incapables de grever le budget de l'État.

1° *La prison cellulaire offre-t-elle un châtiment convenable et suffisant ?* — Au point de vue de l'action pénale, cette institution est jugée, par tous les hommes sérieux, comme excessive, intolérable, barbare, absolument indigne de la société civilisée qui l'impose ; et, pour compléter la démonstration, plusieurs hommes très-compétents la présentent comme un digne supplément de la peine de mort, dans l'hypothèse où la législation viendrait à supprimer cette dernière.

Il fallait donc avoir bien mal apprécié le cœur et l'esprit de l'homme, pour ne pas comprendre, sans qu'il fût besoin d'en faire la triste expérience, que ce cœur, même chez le criminel, formé pour sentir, pour s'épancher, pour battre à l'unisson d'un ou plusieurs autres, se dessécherait, se paralyserait dans la solitude, ou s'ouvrirait à la sombre mélancolie sous le cortège des vices les plus honteux, avec dépérissement profond de la santé.

Que cet esprit, fait pour comprendre, perfectionner ou découvrir, s'atrophierait dans l'isolement, pour descendre à la nullité de l'idiotisme ; ou se briserait dans son régulateur, pour arriver aux déplorables aberrations de la démence !...

Que, dès lors, condamner à ne plus sortir de la cellule était plus que condamner à perdre immédiatement la vie sur l'échafaud ; puisque la peine de l'emprisonnement solitaire est la condamnation capitale mal déguisée, avec les horreurs et les tortures d'une mort à peu près inévitable et marquée par tous les degrés d'une lente agonie !...

A ce premier point de vue, la prison cellulaire ne présente donc pas un châtiment convenable et proportionné, puisqu'elle devient une action pénale barbare, indigne de la société civilisée qui la réclame, et de la législation éclairée qui l'impose.

2° *La prison cellulaire offre-t-elle une bonne garantie publique ?* — On pourrait le croire en jugeant avec précipitation et sans examen, en n'écoutant pas assez les enseignements des faits et de l'observation.

Mais si l'on réfléchit au développement de la puissance que doit acquérir l'amour de la liberté sous le joug d'une privation aussi complète, aussi révoltante de ce premier besoin du génie de l'homme; aux difficultés d'une surveillance nécessairement divisée jusqu'aux derniers détails de l'individualité, le bon sens, d'abord, l'expérience, ensuite, modifieront beaucoup cette première et fautive impression.

Si l'on considère surtout l'abrutissement de l'homme sous cette fâcheuse influence, l'accroissement de ses vicieux instincts, etc., on sentira combien la société, dans laquelle il va rentrer, se trouve mal sauvegardée contre les nouveaux efforts et les récidives du crime.

« L'architecture et la serrurerie, dit M. H. Carnot, se sont évertuées aux artifices les plus bizarres pour créer des impossibilités d'évasion et de relation entre les prisonniers; les imaginations n'ont pas été moins fécondes dans la recherche des moyens les plus propres à intimider, dompter ou corriger les condamnés. Elles sont arrivées quelquefois à des inventions dignes des temps barbares. Loin de nous la pensée de taxer de barbarie les auteurs des étranges combinaisons mises en pratique; leur multiplicité accuse seulement la difficulté du problème.... Le confinement solitaire ne réussit pas mieux contre les récidives : les maladies, la démence, le suicide, décimèrent les cellulés; et sur vingt-six d'entre eux qui furent graciés, quatorze ne rentrèrent dans la société que pour commettre de nouveaux forfaits. »

Nous pourrions facilement ici multiplier les faits et les citations, s'il n'était suffisamment prouvé qu'à ce second point de vue la prison solitaire est aussi essentiellement défectueuse qu'au premier.

3° *La prison cellulaire convient-elle pour la moralisation du coupable et pour la protection du libéré ?* — En partant de la démoralisation évidente que produit la vie du bagne tel qu'il est aujourd'hui, quelques philanthropes justement indignés, mais d'une imagination ardente, sont arrivés d'un seul bond à l'isolement complet de la prison solitaire, sans s'apercevoir qu'ils passaient d'un extrême dangereux, sans doute, dans un extrême opposé plus dangereux encore.

En effet, si, dans cette vie commune du bagne actuel, on laisse aux mauvaises passions la faculté de se propager et de s'accroître ; si les coryphées de la *pègre* sont mis en demeure de professer librement le crime et toutes ses infamies ; si le désordre se trouve partout : dans le travail, dans la discipline, dans les actes ordinaires et dans les relations, une semblable communauté d'hommes déjà très-vicieux, deviendra nuisible et même essentiellement immorale.

Mais si l'on séquestre les criminels influents dans l'ordre du mal ; si l'on organise le travail, toutes les conditions de l'existence intérieure ; si l'on met en usage tous les moyens d'encouragement et de réhabilitation que nous avons indiqués ; si le génie du bien prend la place de celui du mal, devra-t-on condamner encore cette vie commune, qui seule peut amener de grands et féconds résultats ?

Autant vaudrait alors proscrire, en médecine, le meilleur de tous les remèdes, par cela seul qu'un praticien ignorant ou sans expérience en aurait fait un fâcheux abus !

Ce raisonnement n'aurait assurément aucune portée ; celui qui fit adopter la prison cellulaire à l'exclusion du bagne, n'avait pas un plus solide fondement.

« Lorsqu'il s'agit surtout, dit M. H. Carnot, de ces individualités profondément caractérisées et d'autant plus inflexibles qu'elles se sont forgées pour ainsi dire par une lutte pénible et prolongée contre l'état social, il n'y a point de mesure commune pour de telles âmes. Soumises indistinctement au même régime, au régime de l'isolement, les unes seront domptées ou souvent brisées ; d'autres seront exaspérées, plus perverties encore, peut-être ; frappées de démence ou remplies d'une haine inextinguible pour la société. »

Tous les hommes sérieux, et, mieux encore, l'observation et l'expérience, ont démontré que la vie solitaire non-seulement ne présentait aucun moyen de moralisation, mais surtout qu'elle développait un grand nombre de vices dangereux, parmi lesquels se trouvaient spécialement l'égoïsme, la paresse, l'abrutissement et l'insociabilité ; dispositions peu favorables au retour du libéré parmi les autres hommes.

Quels enseignements de conduite et de religion pourrait-on donner, en effet, au condamné placé dans l'isolement ? Quel charme y trouverait le disciple ? quel temps ne faudrait-il pas au professeur ? A cette occasion, nous rappellerons la réflexion spirituelle et juste d'un excellent aumônier de prison cellulaire : « Si j'avais cinq cents prisonniers solitaires à fréquenter pour leur instruction, je ne pourrais que leur envoyer chaque jour ma carte de visite. »

« Nous ne parlons pas de l'instruction primaire, dit à cette occasion M. H. Carnot ; une seule méthode étant praticable, celle de l'enseignement individuel, aucun personnel d'instituteur ne pourrait y suffire ; on retomberait, de fait, dans tous les inconvénients, dans tous les dangers du confinement solitaire. »

C'est particulièrement au point de vue du travail des condamnés que les vices de la prison cellulaire se font sentir sous tous les rapports.

« Les comptes rendus de la justice criminelle, dit M. le rédacteur du *Journal des économistes*, nous apprennent que plus du tiers des accusés appartient aux classes agricoles. L'agriculture est leur véritable industrie ; il n'est pas désirable qu'ils la quittent pour entrer dans les carrières industrielles déjà encombrées. »

Ainsi nous trouvons plus du tiers des condamnés que, dans ce déplorable système, il faut ou déclasser, en leur apprenant un état, ou laisser dans une oisiveté complète, puisqu'il est absolument impossible de les livrer à l'exercice de leur profession. On comprend, dans l'une et l'autre hypothèse, les graves inconvénients qui viennent se manifester pour le présent et pour l'avenir.

Quant aux autres, nous le demandons, quel enseignement pourra-t-on leur donner sous ce rapport? quel travail profitable pour l'État, pour eux, seront-ils en mesure d'effectuer sans encouragements, sans émulation, écrasés sous le poids de l'indifférence et de l'ennui ?

« L'appréhension de ces dangers, ajoute le même auteur, a fait repousser d'une manière absolue, par quelques personnes, l'idée du cellulage, et les a conduites à ne rechercher la réforme que dans le perfectionnement de notre mode actuel de détention. »

Cette mesure n'est-elle pas en effet économique et sage? C'est le parti que nous avons pris après avoir bien étudié non-seulement le système de l'isolement, mais encore celui de la déportation. Nous avons l'espérance que les bons esprits adopteront cette mesure, lorsque nous aurons complété l'exposition de notre doctrine, par l'examen sérieux de la troisième application pénitentiaire.

4° *La prison solitaire offre-t-elle facilité d'exécution et dépenses incapables de grever le budget de l'État?* — Il s'agit ici d'une question de chiffres, et comme nous possédons sur le prix des constructions cellulaires un assez grand nombre de devis estimatifs, on jugera facilement des énormes dépenses dans lesquelles entraîne la simple érection de ces pénitenciers.

« De 1828 à 1831, dit M. Ch. Lucas, trois ministres ont successivement déclaré à la tribune de la chambre des députés, que la construction de pénitenciers avec système cellulaire, de nuit seulement, coûterait, en France, de trois à quatre mille francs par détenu ; et qu'à ce titre le gouvernement ne pouvait songer à l'adopter. »

« Il est impossible, dit M. le rédacteur de la *Revue de législation*, d'évaluer la dépense d'un système qui n'a pas même encore un programme arrêté. Mais en prenant le pénitencier de Philadelphie, qui a coûté sept mille deux cent quatre-vingt-sept francs par détenu, je déclare que je ne voudrais pas garantir personnellement son exécution en France, en raison de quatre mille francs par détenu, même en élaguant le luxe architectural... C'est dans le sein de la législature pensylvanienne que l'on a dit avec esprit et avec raison : qu'en renvoyant les détenus avec le prix de leur loyer pour pension, ils ne pourraient plus décemment retourner au vol. »

M. de Martignac disait en 1829, ajoute M. Alhoy : « Le pénitencier de Londres ne renferme que neuf cents prisonniers ; ceux de Lausanne et de Genève, l'un cent et l'autre cinquante ; cependant les frais de construction se sont élevés, pour le premier, à plus de dix millions ; et pour les autres, à un million ; ce qui donnerait un terme moyen de treize mille cinq cent soixante-quinze francs par individu renfermé dans ces prisons. Un pareil système de construction ne saurait nous être appliqué. »

En supposant qu'il y ait un peu d'exagération ou bien erreur de calcul dans cet énorme résultat, il paraît certain, d'après M. F. de Lafarelle, et sur le rapport de M. Lohmeyer, que « la prison cellulaire modèle bâtie au nord de Londres, et présentant cinq cent vingt cellules, a coûté deux millions : soit trois mille cinq cents francs par cellule. »

M. Ch. Lucas s'exprime ainsi sur le même sujet : « Avec le système pensylvanien, il faudrait abandonner tout ce qui existe, et bâtir vingt-quatre mille cellules pour les vingt-quatre mille détenus des bagnes et des maisons centrales, déduction faite des condamnés à moins de deux ans. En évaluant à trois mille cinq cents francs par cellule la dépense de construction qu'exigerait le système pensylvanien, je crois être fort au-dessous de la vérité ; mais, en ma qualité d'adversaire de ce système, j'aime mieux paraître en atténuer qu'en grossir l'évaluation ; or, vingt-quatre mille cellules en raison de trois mille cinq cents francs chacune, exigeraient quatre-vingt-quatre millions. »

Mais l'emprisonnement cellulaire de nuit s'effectuant avec des constructions moins dispendieuses, le même auteur, qui semble adopter ce système, ajoute :

« Je ne crois pas que l'on puisse contester aujourd'hui la possibilité de construire chacun de ces pénitenciers en raison de douze cents francs par détenu. » M. Blouet a porté cette évaluation à onze cent soixante-cinq francs cinquante centimes ; M. Vaucher-Cremieux, architecte à Genève, à onze cent trente-six francs ; enfin, M. Labrouste, architecte, qui remporta le prix proposé à cette occasion, admet le chiffre de six cent trente-cinq mille francs pour chacun des vingt-cinq pénitenciers à construire d'après les plans de M. Ch. Lucas, ce qui n'en porterait pas moins à quinze millions huit cent soixante-quinze mille francs la somme à dépenser pour obtenir un ensemble d'établissements aussi vicieux, aussi essentiellement mauvais que ceux de l'emprisonnement solitaire, même avec la modification d'Auburn.

Si nous ajoutons actuellement à ces énormes dépenses de construction, pour ne rien obtenir d'avantageux, celles d'entretien, que l'on estime, d'après MM. Moreau-Christophe et F. de Lafarelle, à six cent soixante-cinq francs dans le pénitencier de Mil-Bank, etc., les difficultés de la surveillance et de la conduite habituelle de ces prisons cellulaires, nous arriverons à cette conclusion évidente : que sous ce dernier rapport, comme sous tous les autres, un semblable système pénitentiaire est tellement jugé par le raisonnement et l'expérience, qu'il n'est plus aujourd'hui permis d'en soutenir sérieusement les avantages ; qu'il doit être complétement rayé du nombre des applications pénales et surtout moralisatrices, et seulement conservé comme le plus dur et le plus sévère des moyens de répression.

Il faut le dire en terminant : après avoir si philanthropiquement repoussé comme barbares et complétement indignes de notre civilisation bienfaisante, les oubliettes, les cages de fer, les *vade in pace* des moines, les cachots de l'inquisition, etc., ce fut une bien malheureuse pensée de vouloir faire un si triste retour vers les siècles d'ignorance et de cruauté, par l'établissement de la prison solitaire comme peine et comme expiation.

Pour compléter l'histoire de nos trois grands moyens d'action pénale et moralisatrice, il nous reste à considérer à ce double point de vue la déportation des condamnés aux travaux forcés.

XXVII

LA DÉPORTATION.

En face du bagne actuel, qui pervertit; de la maison centrale, qui double le nombre des récidives; de la prison cellulaire, qui frappe d'aliénation mentale ou de mort; d'un ordre social profondément ébranlé dans sa base, le pouvoir a bien compris qu'il était urgent de trouver un expédient assez positif, assez vigoureux pour conserver à la loi son action répressive et pénale, à l'influence moralisatrice toute sa valeur et toute sa portée.

Une grande puissance de volonté, une remarquable énergie d'exécution ayant sauvé la France des affreux envahissements de l'anarchie, la même pensée devait naturellement chercher une institution pénitentiaire en mesure de compléter l'œuvre de régénération sociale : *la déportation* a semblé promettre ce précieux résultat.

Nous admirons le but ; pourrons-nous entièrement adopter le

moyen?... Cette question se trouvera complétement résolue, nous l'espérons du moins, lorsque nous aurons suffisamment étudié cette grande application pénale, en nous aidant toujours de l'opinion des hommes pratiques et sérieux, en nous guidant constamment par le flambeau de l'observation et de l'expérience.

« La suppression des bagnes a rencontré d'unanimes approbations, dit M. Armand Lefrançois, journal *le Siècle*, 31 mars 1853, mais il n'en est pas ainsi du régime qui doit les remplacer. La déportation des condamnés aux travaux forcés a des adversaires nombreux et ardents dans la presse, et au sein même du corps législatif. Il convient d'examiner les objections les plus sérieuses qui se sont produites contre l'application de cette peine. »

C'est donc en présence de ces opinions opposées que nous allons étudier sérieusement et consciencieusement le grand problème de la déportation au triple point de vue des actions pénale, pénitentiaire, et de la colonisation.

Notre objet n'est point de combattre ou de faire adopter un système exclusif, mais de fonder une doctrine certaine en laissant concourir chacune des institutions, dans la nature et la proportion de ses moyens, au grand et précieux résultat de la réforme et de la réhabilitation sociales.

Pour mettre toute la clarté nécessaire dans cette étude, nous examinerons la déportation dans son origine, ses caractères actuels et ses chances d'avenir.

« L'idée du système des colonies pénitentiaires appliqué à l'exécution de la peine des travaux forcés, n'est pas nouvelle, dit M. E. Rouher, président de la section de législation. Dès l'année 1828, le gouvernement l'avait mise à l'étude, sur le vœu exprimé par la majorité des conseils généraux. Elle a été abandonnée et reprise plusieurs fois. Les événements de ces dernières années, en montrant les repris de justice toujours mêlés à nos troubles publics, l'ont recommandée plus fortement que jamais. »

Ces paroles, extraites de l'exposé des motifs du projet de loi relatif à l'exécution de la peine des travaux forcés, 1ᵉʳ juin 1852, ne laissent aucun doute sur la nature des circonstances qui reportèrent l'attention des législateurs vers le projet oublié.

« M. Barbé de Marbois, dans son relevé des votes des conseils généraux, dit M. Ch. Lucas, en 1826 et 1827, concernant la demande de colonisation des forçats libérés, signalait, parmi les réclamants les plus énergiques contre le danger des forçats libérés, plusieurs conseils généraux de département, où, d'après les comptes rendus de la justice criminelle, *aucun forçat libéré* n'avait été repris de justice ni traduit aux assises.

« Quarante-deux conseils généraux, ajoute M. Ch. Lucas, conseillèrent l'imitation, en France, du système anglais de la transportation. Il y eut un tel engouement pour le système de Botany-Bay, que deux commissions du budget accueillirent et recommandèrent le vœu des conseils généraux au gouvernement, qui nomma une commission à l'effet de s'en occuper. Eh bien, sans autre appui que celui de la conviction, nous osâmes, seul contre tous, opposer la discussion des principes et le contrôle des faits à cet engouement irréfléchi du pays. Bientôt à notre voix s'en joignit une autre plus importante, celle du vénérable Barbé de Marbois ; *et aujourd'hui je ne sais qui songerait à conseiller à la France l'onéreux et déplorable système de la transportation.* »

En rapprochant ces observations des relevés statistiques de cinq années consécutives, présentés par M. Paillard de Villeneuve, et qui démontrent que les récidivistes du bagne ne sont que de deux mille six cents sur neuf mille cent soixante-deux libérés, c'est-à-dire dans la proportion de vingt-huit à cent; tandis que ceux des maisons centrales se trouvent de vingt-quatre mille huit cent quatre-vingt-dix-sept sur quatre-vingt cinq mille sept cent neuf; ou dans celle de trente et un à cent, on comprendra déjà que la suppression des chiourmes, basée sur ce premier motif, aurait bien peu de fondement.

Le chef de l'État avait dit dans son message du 12 novembre 1850 : « Six mille condamnés, renfermés dans nos bagnes de Toulon, de Brest et de Rochefort, grèvent notre budget d'une somme énorme, se dépravent de plus en plus et menacent incessamment la société ; il me semble possible de rendre la peine des travaux forcés plus efficace, plus moralisatrice, moins dispendieuse, et en même temps plus humaine, en l'utilisant aux progrès de la colonisation française. »

Il nous paraît difficile de mieux préciser les conditions essentielles d'une bonne institution pénitentiaire.

Nous reconnaissons en effet, dans les expressions de ce programme : le législateur, qui veut assurer l'action pénale dans toute sa force ; le philanthrope, qui prend en grande considération l'amendement du coupable ; l'économiste, qui défend les intérêts du trésor, et cherche, dans le travail même des condamnés, des moyens de fortune pour l'avenir du pays.

Si la déportation des forçats répondait avantageusement à ces conditions fondamentales, nous ne chercherions pas d'autres motifs pour la proclamer sans hésitation la meilleure des institutions pénitentiaires, et pour en conseiller l'adoption définitive.

Mais, dans une conclusion de cette importance, craignons de prendre des illusions pour des réalités ; et, dans l'intérêt même de la colonie pénale, examinons profondément ses véritables caractères, sa valeur positive au point de vue de la question ; les meilleurs moyens d'assurer son établissement et ses utiles progrès.

Le génie français n'est pas celui de la colonisation : c'est un axiome largement et depuis longtemps établi sur les faits.

Nous n'avons pas, en le rappelant ici, l'intention de conduire au découragement, à l'abandon ; mais seulement de faire servir les enseignements du passé à la circonspection du présent, à la prudence raisonnée de l'avenir.

M. Lélut, dans un mémoire communiqué à l'Académie des sciences morales et politiques, cherche à prouver, par des relevés statistiques nombreux, que la société s'exagère beaucoup les dangers auxquels semblent l'exposer les libérés. Il prétend établir, qu'en moyenne, chacun de nous, en France, « ne présente qu'une chance sur deux mille quatre cents d'être lésé dans son avoir ; et une sur deux cent quarante mille d'être atteint dans sa personne, dans sa vie, par des criminels récidivistes. Il ne voit là rien de bien effrayant, et s'en prend volontiers aux criminalistes, aux publicistes et aux journalistes, qui ont fait à peu près tout le mal, en faisant mal à propos tout le bruit. »

Sans approuver la confiance de M. Lélut, et sans chercher à vérifier la réalité des faits sur lesquels il prétend la fonder, nous partageons ses convictions lorsqu'il ajoute :

« La France ne doit pas, à l'exemple de l'Angleterre, fonder une colonie qui reçoive et absorbe les éléments impurs qu'elle renferme dans son sein. La France, d'ailleurs, n'est pas une nation colonisatrice ; elle, qui éprouve tant de peine à fonder à sa porte une colonie avec les meilleurs éléments, peut-elle sérieusement se hasarder à la création d'une colonie pénale, à une distance considérable de la métropole? D'un autre côté, c'est une folie de songer à fonder une société, dont la base fondamentale est la famille, avec une horde de criminels.... L'Angleterre, dans ses établissements de l'Australie, n'a pas fondé une colonie de malfaiteurs : elle a fondé une colonie à l'occasion et au moyen de ses malfaiteurs. Elle l'a fondée et affermie, comme on fonde et affermit toutes les colonies, avec d'honnêtes gens, avec des gens que n'a pas flétris la justice. »

Il est si facile, de loin surtout, même pour les meilleurs esprits, de se laisser fasciner, par un mirage trompeur, dans les choses que l'on désire et dans les fructueux résultats que l'on voudrait obtenir !.....

Ce n'est pas dans nos possessions africaines que l'on prétend établir la colonie pénitentiaire : il est trop aisé de comprendre les motifs de cette sage réserve pour qu'il nous paraisse nécessaire de les exposer : c'est dans la Guyane française qu'on va chercher la réalisation de ce grand et difficile projet.

« En ce qui concerne la colonisation, dit M. Alhoy, ce n'est pas dans nos annales qu'il faut chercher des exemples encourageants ; nous avons encore le souvenir de Cayenne !

« S'il s'agit d'imiter l'Angleterre, il est difficile de préciser laquelle de sa première forme de déportation, l'exil pur et simple, ou de son second système, l'exil dans un lieu désigné, avec travail obligatoire, fut la plus inféconde en résultats moraux.

« Aujourd'hui, ceux qui parlent de la prospérité des colonies pénales de l'Angleterre, confondent les concessions faites à des colons libres, secondés par les condamnés, avec la position des territoires, alors que le déporté était fermier d'un sol que la paresse et la misère laissaient stérile.

« L'éloignement et l'inaptitude des condamnés pour l'agriculture furent démontrés par la variété des tentatives faites pendant plusieurs années pour fertiliser le sol. *Je ne connais pas, disait un juge de la Nouvelle-Galles, l'art de transformer des coupeurs de bourse en fermiers.* En effet, dix ans après son inauguration, la colonie ne produisait pas encore le blé nécessaire à la subsistance de ses habitants ; la culture de quelques parcelles de terrain ne s'opérait que par voie de travaux forcés. Le gouvernement avait beau émanciper les déportés, leur concéder des terres, leur fournir des instruments aratoires, des bestiaux et des vivres, ces nouveaux planteurs avaient bientôt fait échouer les plus sages comme les plus généreuses dispositions.... Quelques années plus tard, le gouverneur Marquerie caractérisait ainsi la population tout entière, employés et forçats : *je ne connais que deux classes* dans la colonie : ceux qui ont déjà subi une condamnation et ceux qui méritent d'en subir une. »

Toutes les précautions, nous aimons à le reconnaître, sont prises chez nous avec la plus haute sagesse.

Une commission, composée d'hommes très-capables et très-compétents, est chargée de faire une étude sérieuse des localités.

Il résulte de son rapport que, jusqu'ici, l'on s'est bien étrangement abusé sur les conditions insalubres de ces parages. Voyons, du reste, les expressions textuelles de ce remarquable document :

« La température de la Guyane, en moyenne de vingt-sept, centigrade, s'élève de vingt-deux à trente-deux... Les maladies des pays chauds y sont en général rares et peu intenses.

« Sur tout le littoral de la Guyane française, rafraîchi par les vents alisés de l'île de Cayenne au Maroni, règne, dans une étendue de plus de quarante lieues, un banc de terre végétale mêlé de sable, élevé au-dessus des inondations de la mer, où il suffira de quelques travaux de desséchement pour obtenir une grande salubrité.

« .... Le chiffre de mortalité présente les termes de comparaison suivants, et dépose de la supériorité signalée du climat de la Guyane française, pour le séjour des Européens : Martinique, 10, 04 ; Guadeloupe, 8, 63 ; Guyane anglaise, 8, 40 ; Réunion, 3, 21 ; Maurice, 3, 05 ; Guyane française, 2, 81. »

Pour donner plus de poids encore à ces résultats déjà si notables, M. T. Ducos ajoute : « Ces développements, sur lesquels insiste la commission, repoussent victorieusement les injustes préjugés répandus contre la Guyane. Ce pays ne semble connu que sous les funestes impressions de la malheureuse expédition du Kourou, et de la déportation de Sinnamari : c'est rendre les lieux responsables de l'imprévoyance et de l'impéritie des hommes. »

Si la croyance de l'insalubrité de la Guyane est un préjugé, nous avouerons, en toute humilité, que nous l'avons partagé complétement jusqu'ici. Des mémoires sérieux, publiés sur cet objet, des relations faites à l'Institut, à l'Académie de médecine par nos savants confrères, seront notre excuse, si réellement l'état sanitaire de ce pays est tellement avantageux, qu'il puisse répondre victorieusement aux insinuations de la malveillance, qui déjà voulait voir dans la déportation des forçats à Cayenne un moyen assuré de remplacer la peine capitale sans aucune responsabilité de jugement et d'exécution.

Arrivant donc au choix de la localité définitivement adoptée, M. T. Ducos ajoute encore : « Le système de colonisation pénitentiaire est substitué à celui des bagnes.

« Le siége de la colonisation sera établi à la Guyane, que des commissions spéciales ont signalée comme étant, de nos colonies, celle qui peut le mieux, et à tous égards, être appropriée à ce genre d'établissement. »

M. le ministre de la marine, après avoir parlé des forêts, dont l'exploitation pourra devenir assez fructueuse, fait des réflexions très-sages sur les dangers d'une trop grande rapidité d'exécution :

« Il y aurait un double obstacle à agir avec trop de précipitation. Non-seulement des établissements, même provisoires, ne sauraient être improvisés, mais encore *il y aurait danger éminent, au point de vue sanitaire*, à y déposer sans prévoyance, et à y agglomérer en trop grand nombre des hommes de professions si diverses, d'habitudes si dissemblables; les expériences fatales faites à une autre époque sont là pour nous montrer l'écueil et nous enseigner à l'éviter. »

En recherchant dans la Guyane française le point où devra s'établir définitivement la colonie des forçats, M. T. Ducos ne prétend pas dissimuler son embarras, et s'exprime avec une franchise qui fait honneur à ses intentions :

« Nous ne devons pas perdre de vue que nous sommes en présence d'un pays que la nature a doté, il est vrai, de rares avantages, mais où rien ne se trouve préparé dès aujourd'hui pour l'exécution complète des mesures qui nous sont confiées.

« Après avoir toujours langui, après être restée sous l'esclavage, à l'état de colonie naissante, la Guyane, à la différence de ce qui se passe aux Antilles, à la Réunion, *a vu presque tous ses établissements agricoles ruinés depuis l'émancipation*. Aujourd'hui, une population de treize cents blancs, cinq mille hommes de race mélangée et douze mille noirs affranchis, se trouve agglomérée dans la portion du pays désignée sous le nom d'île de Cayenne; et le reste, fuyant presque généralement le travail, est dispersé sur un littoral qui, de l'Oyapok au Maroni, ne présente pas un développement moindre de soixante-dix lieues. Cette situation est, à certains égards, favorable pour la fondation d'un grand établissement pénitentiaire ; mais elle ne fournirait aucune ressource improvisée, même pour l'émigration simultanée d'un grand nombre de colons européens ; à plus forte raison ne saurait-elle se prêter à recevoir, aussitôt après leur renvoi de nos ports, *des hommes dangereux et pervers qu'il faudra, avant tout, empêcher de s'évader dans les colonies voisines, et de se répandre parmi les populations si pacifiques de la nôtre.* »

C'est procéder sagement, ne pas se dissimuler toutes les difficultés qui vont s'offrir, et bien comprendre, en effet, que de semblables antécédents, que des conditions territoriales de cette nature et des hommes de cette classe pour instituer une colonie pénale agricole, n'offrent, certes, rien de bien rassurant.

Pour sortir de cette situation difficile, M. le ministre choisit avec prudence, comme lieux de dépôts provisoires, les îlots des Saintes, du Salut et de Rémire, qui sont en effet les parties les plus salubres du pays, mais qui ne peuvent servir de siége à l'établissement définitif. Des baraquements y sont improvisés.

Continuant ses recherches, M. T. Ducos exclut Cayenne par mesure de prudence ; les terres au vent, entre la rivière de Cayenne et le Maroni : « parce que *leur exploitation et leur séjour prolongé sont inconciliables, dans les conditions actuelles, avec le tempérament de l'Européen....* En arrière de ces grandes savanes, qui sont encore en partie noyées, se trouvent, il est vrai, des terres hautes, mais généralement sujettes aux fièvres, à cause des émanations paludéennes qu'y portent les vents régnants. »

Ici nous commençons à retrouver et surtout à mieux comprendre la véritable nature de la constitution sanitaire que présente réellement la Guyane, comme règle, avec quelques exceptions locales très-limitées.

Deux cents hectares, surtout dans la partie du pays située sous le vent, fixent particulièrement l'attention de M. le ministre, qui ajoute : « Déjà plusieurs propriétaires de ces terrains incultes ont offert à mon département de les céder gratuitement, ainsi que les habitations qui y sont situées. »

Ces offres nous semblent annoncer ou la grande générosité des possesseurs ou le peu de valeur et de succès des possessions.

Voici du reste, d'après les renseignements les plus précis et les plus récents, l'état actuel de la colonie pénitentiaire de la Guyane en voie d'expérimentation :

Quatre points seront occupés provisoirement, d'après la dépêche de M. Sarda Garriga, commissaire général de la Guyane, du 24 juillet 1852, par quatre catégories distinctes de transportés : les îles 1° Royale, par les forçats; 2° Saint-Joseph, par les libérés; 3° le Père, par les femmes condamnées à la réclusion; 4° la Mère, par les transportés politiques.

Une autre dépêche du 17 septembre 1852, annonce la prise de possession d'une contrée de la montagne d'Argent, au vent de l'île de Cayenne, au bord de l'embouchure de l'Oyapok, comme point de départ et centre de la colonie définitive, où l'on va construire des baraquements pour loger les convois de transportés en dépôt à l'île du Salut.

M. le commissaire ajoute, dans sa dépêche du 17 novembre 1852 : « Il ne doit pas y avoir plus de cent trente à cent quarante hectares de terre cultivable sur la montagne; ainsi, lorsque les établissements seront terminés, on n'y trouverait pas l'emploi utile d'une population agricole de plus de trois cents ou quatre cents personnes. Mais l'étendue des terres basses adjacentes est à peu près indéfinie.... La montagne d'Argent, cette excellente escale pour arriver à l'occupation de l'Oyapok, présente cependant un inconvénient : la baie n'est accessible qu'à des bâtiments de moyenne grandeur, qui doivent mouiller à l'ouverture de cette baie ; en tout temps, les déchargements y seront assez difficiles. »

Vient ensuite un projet sur lequel nous appelons toute l'attention des hommes sérieux :

« En suivant la côte, après la montagne d'Argent se trouvent des terres basses qui conduisent à une autre petite montagne désignée sous le nom de *Coumarouma*. Une partie de ces terres basses, de cent vingt hectares, était autrefois mise en valeur, et forme une ancienne concession provisoire, dont les conditions n'ont jamais été remplies.... Je me propose d'établir une communication facile entre les deux montagnes... c'est là un travail très-important, *car en face de la montagne d'Argent, sur laquelle seront les hommes, mon intention est de faire de celle de Coumarouma le siège de l'établissement des femmes des transportés.* »

Jusqu'ici les inconvénients étaient moins nombreux et moins graves ; mais voici qui nous semble combler la mesure : M. le commissaire dit en effet textuellement, dans sa dépêche du 18 novembre 1852, *Moniteur* du 22 décembre 1852 : « J'ai déjà eu l'honneur, M. le ministre, dans ma lettre en date du 17 septembre, de vous rendre compte d'un projet d'installation, sur la montagne *Coumarouma*, située vis-à-vis la montagne d'Argent, d'un établissement destiné à recevoir *les femmes condamnées*. J'y exposais qu'une communication facile à établir, vu le rapprochement de ces deux points, permettrait *d'autoriser des relations fréquentes entre les condamnés des deux sexes,* pour arriver aux unions qui doivent achever de réhabiliter nos transportés en leur créant une famille : j'espère pouvoir, par le prochain courrier, vous faire connaître l'époque à laquelle commenceront les travaux d'installation. »

Les souvenirs de M. le commissaire lui font défaut. Il avait dit dans sa dépêche du 17 septembre 1852, voir le *Moniteur* du 30 octobre 1852 : « En face de la montagne d'Argent, sur laquelle seront les hommes, mon intention est de faire de celle de *Coumarouma* le siége de l'établissement des *femmes des transportés.* »

Déjà ce projet nous paraît dangereux, mais nous le préférons à l'autre ; du moins, il ne blesse pas les mœurs et ne compromet pas aussi radicalement l'avenir de la colonisation pénale.

Depuis ce temps, le rappel du commissaire général s'est effectué ; nous n'en chercherons pas les motifs ; voici ce que nous lisons à cette occasion dans le journal *le Siècle*, 31 mars 1853, et ce que M. Armand Lefrançois ajoute pour expliquer l'empressement des forçats à s'embarquer pour Cayenne : « Il est vrai que dans ces derniers temps la manière dont la peine de la déportation était présentée par les agents du pouvoir, pouvait faire naître quelques illusions chez les condamnés ; mais cela a été de courte durée. On ne jouera plus la comédie à Cayenne ; les forçats n'y dresseront plus des arcs de triomphe ; le temps des fêtes et de M. Sarda Garriga est passé. »

Enfin le *Moniteur* du 21 janvier 1853 contient les détails suivants, à la date de la Guyane française, du 18 décembre 1852 : « Cent soixante et un condamnés extraits du dépôt des îles du Salut se trouvaient réunis à la montagne d'Argent, étaient employés à différents travaux d'installation, à la reprise des anciennes cultures de caféiers, de roucouvers, et à des plantations de vivres. L'état sanitaire est très-satisfaisant.

« Le commissaire général continuait de préparer la création d'un autre camp de déportés sur un plateau situé entre la Mana et le Maroni. Le premier contingent tiré des îles du Salut devait y être envoyé dans les premiers jours de janvier. »

Voici de quelle manière M. T. Ducos dispose les forçats en trois catégories : 1° *pervers*, gardés à bord d'un vaisseau ponton ; 2° *amendés*, employés à la culture des terres, à l'élève du bétail ; 3° *éprouvés*, mis en service ou rendus propriétaires par des concessions coloniales motivées.

On peut réduire aux suivantes les principales modifications législatives effectuées en conséquence de l'admission définitive de la déportation des condamnés aux travaux forcés comme système pénitentiaire annulant celui des bagnes :

Le décret du 8 décembre 1851, portant que tout individu coupable d'infraction de ban sera transporté dans les colonies pénitentiaires de Cayenne, etc., devint en quelque sorte le germe du système de la déportation.

Le décret du 20 février 1852, statuant création de la colonie pénitentiaire de Cayenne et suppression du bagne de Rochefort, établit positivement le principe de cette grande institution pénale.

Le décret du 27 mars 1852 régla particulièrement les conditions de la déportation des condamnés aux travaux forcés.

Enfin le projet de loi adopté par le conseil d'État, le 25 mai 1852, confirma les dispositions de ce décret, dont voici les principales :

« *Article Premier*. La peine des travaux forcés sera subie, à l'avenir, dans des établissements créés par décret du pouvoir exécutif sur le territoire d'une ou plusieurs possessions françaises autres que l'Algérie.

« *Art.* 2. Les condamnés seront employés aux travaux les plus pénibles de la colonisation et à tous autres travaux d'utilité publique.

« *Art.* 3. Ils pourront être enchaînés deux à deux ou assujettis à traîner le boulet à titre de punition disciplinaire ou par mesure de sûreté.

« *Art.* 4. Les femmes condamnées aux travaux forcés pourront être conduites dans un des établissements créés aux colonies ; elles seront séparées des hommes et employées à des travaux en rapport avec leur âge et avec leur sexe.

« *Art.* 5. Les peines des travaux forcés à perpétuité et des travaux forcés à temps ne seront prononcées contre aucun individu âgé de soixante ans accomplis au moment du jugement ; elles seront remplacées par celles de la réclusion soit à perpétuité, soit à temps, selon la durée de la peine qu'elle remplacera.

« *Art.* 6. La condamnation des travaux forcés à perpétuité n'emportera pas la mort civile. Elle entraînera la dégradation civique.

« *Art.* 7. Tout individu condamné à moins de huit années de travaux forcés sera tenu, à l'expiration de sa peine, de résider dans la colonie pendant un temps égal à la durée de sa condamnation.

« Si la peine est de huit années, il sera tenu d'y résider pendant toute sa vie.

« Toutefois, le libéré pourra quitter momentanément la colonie en vertu d'une autorisation expresse du gouverneur ; il ne pourra, en aucun cas, être autorisé à se rendre en France.

« *Art.* 12. Les condamnés des deux sexes qui se seront rendus dignes d'indulgence par leur bonne conduite, leur travail et leur repentir, pourront obtenir :

« L'autorisation de travailler, aux conditions déterminées par l'administration, soit pour les habitants de la colonie, soit pour les administrations locales.

« Une concession de terrain et la faculté de le cultiver pour leur propre compte, etc. »

L'article 4 du décret du 27 mars 1852 est plus explicite encore ; il dit : « Les condamnés des deux sexes qui auront subi deux ans au moins de leur peine, tant en France que dans la colonie, et qui se seront rendus dignes d'indulgence par leur bonne conduite et leur repentir, pourront obtenir :

« L'autorisation de contracter mariage.

« La permission de faire venir leur famille, qui pourra vivre avec eux dans la colonie, etc. »

Enfin, l'article 13 du projet de loi, porte : « Le gouvernement pourra accorder aux condamnés l'exercice, dans la colonie, des droits civils, ou de quelques-uns de ces droits dont ils ont été privés par leur état d'interdiction légale.

« Il pourra aussi autoriser les condamnés à jouir ou disposer de tout ou partie de leurs biens. »

Pour ne pas violer essentiellement le principe sacré de non rétroactivité des lois, et cependant appliquer immédiatement celles-ci aux condamnés actuellement dans les bagnes, et déporter ces condamnés par convois successifs, le pouvoir a pris les mesures suivantes, à titre de régularisation de ses actes :

Plusieurs articles de lois anciennes ont été soumis à des interprétations qui les ont fait passer dans les lois nouvelles, avec une simple apparence de modification formale, au lieu de changements fondamentaux.

L'on a déclaré la peine des travaux forcés, dans la colonie pénitentiaire, moins grave que celle des mêmes travaux exécutés dans les chiourmes, et l'on s'est autorisé du droit de faire grâce pour arriver de suite à remplacer la seconde par la première.

Enfin, et comme expression incontestable de l'acceptation libre de cet ordre de choses par les condamnés, on les a mis dans la possibilité d'opter entre le bagne et la déportation.

Voici à cette occasion les propres expressions de M. T. Ducos :

« La loi qui a condamné un grand nombre d'hommes aux travaux forcés à temps ou à perpétuité, a réglé elle-même les conditions de cette condamnation ; et quel que fût, Monseigneur, votre désir d'adoucir la pénalité, vous avez pensé qu'un décret émané de vous ne pourrait, sans rétroactivité, transformer la peine des bagnes, supportée dans les établissements métropolitains, en celle de la transportation sous un climat équatorial.

« Cette objection a été résolue par un acte éminemment politique, qui atteste à la fois votre sollicitude et votre clémence.

« Vous tenez de la Constitution le droit de faire grâce : il vous a donc été loisible d'adoucir les mesures de rigueur qui atteignent les forçats dans nos bagnes, et d'indiquer les conditions auxquelles cet adoucissement pourrait être obtenu.

« Par votre ordre, j'ai fait ouvrir dans les bagnes de Brest, Rochefort et Toulon, des registres sur lesquels les condamnés, après avoir pris connaissance du régime nouveau auquel ils doivent être soumis dans la Guyane française, ont été appelés librement et volontairement à déposer leur adhésion.

« Il en est trois mille environ qui, dans les premières heures, ont demandé spontanément à quitter les bagnes et à être déportés. Ce nombre, destiné sans doute à s'accroître, est déjà plus que suffisant pour satisfaire à toutes les nécessités du moment. »

M. Paillard de Villeneuve, après avoir cité ce fait, l'adopte sans difficulté, mais n'en tire pas les mêmes conséquences :

« Nous le croyons sans peine, et ce qui nous étonne, c'est que, à part ceux qu'une prochaine libération allait jeter hors du bagne, l'adhésion n'ait pas été unanime. Mais demandez-leur s'ils veulent quitter la chaîne de forçat pour n'arriver à Cayenne qu'après une étape dans la cellule d'un pénitencier? Nous doutons fort que la réponse soit la même. Cet empressement à quitter le bagne, à se soustraire aux rigueurs d'une peine que la plupart des condamnés déclarent préférer à la réclusion des maisons centrales, ne prouve-t-il pas *qu'il ne saurait y avoir dans cette peine seule de la déportation un caractère suffisant d'intimidation, et qu'elle pourrait être bravée par les malfaiteurs avec autant d'insouciance et de facilité qu'elle est acceptée par les condamnés de Brest, de Toulon et de Rochefort?*... La déportation ne leur est pas même un changement de patrie, eux qui n'en ont pas. Pour de tels hommes, un voyage au delà des mers, quelles qu'en soient les rigueurs, n'est tout au plus qu'une aventure nouvelle; et il ne suffit pas assurément pour leur inspirer, en présence du crime, cette crainte salutaire qui est le nerf de la loi pénale. Pour conserver son véritable caractère, le châtiment doit se révéler d'avance avec toute la réalité de son application. L'inconnu dans la peine la rend bien moins redoutable : ne peut-il pas même arriver que ce soit comme un attrait de plus à la braver? »

Telles sont aujourd'hui les dispositions matérielles et légales de notre colonie pénitentiaire à la Guyane française.

Deux grandes questions viennent ici naturellement se présenter :
1° cette colonie pénale, ainsi constituée, peut-elle offrir des chances positives de succès ? 2° dans cette hypothèse, cette même colonie ou toute autre établie sur le sol étranger, sera-t-elle en mesure de répondre avantageusement aux quatre principales conditions exigées par tout bon système pénitentiaire, et par conséquent d'être adoptée comme application suffisante et régulière de la condamnation aux travaux forcés ?

La solution de ces deux questions nous paraît embrasser tout le problème de la déportation, aussi la chercherons-nous dans les faits.

LA COLONISATION PÉNITENTIAIRE DE LA GUYANE OFFRE-T-ELLE DES CHANCES POSITIVES DE SUCCÈS? — Lorsqu'il s'agit d'une entreprise aussi sérieuse que celle de la réforme pénitentiaire et de la fondation d'un établissement qui doit réaliser toutes ses applications, le moyen d'effectuer l'une et d'assurer les utiles résultats de l'autre, n'est pas de flatter le pouvoir en l'environnant d'illusions, mais de l'éclairer par des vérités franchement et consciencieusement exprimées, surtout lorsqu'il a prouvé par son caractère et par ses actes qu'il a le désir de les entendre et la volonté de les utiliser.

C'est dans cette voie loyale et sincère que nous allons marcher, en déclarant d'abord, afin d'éviter toute fausse interprétation pour nos intentions et pour nos paroles, que personne assurément ne désire plus que nous le succès de la colonie pénitentiaire de la Guyane, et que c'est précisément à ce titre que nous voulons indiquer le seul moyen qui nous paraît devoir l'assurer.

Commençons par ne point nous abuser sur la nature du pays où la colonisation pénale doit s'établir, et sur les qualités des travailleurs, sur le zèle et sur l'activité desquels on compte pour la fonder.

La Guyane française n'est sans doute pas aussi généralement insalubre qu'on le pense communément. Quelques points, surtout les îles du Salut, de Rémire, etc.; plusieurs mamelons, plusieurs plateaux élevés, tels que les montagnes d'Argent, Coumarouma, etc., parcelles d'une très-petite étendue, peuvent même offrir des localités saines; mais la majeure partie du pays, formée de forêts basses, de marais, de vases obstruant les côtes, de terrains d'alluvion, de savanes humides et sauvages, etc., où presque partout il faut conquérir le sol par des défrichements et des dessèchements tellement pénibles et dangereux, au milieu des effluves paludéennes, que M. le commissaire les fait pratiquer par les noirs, « *comme impossibles à supporter par les Européens,* » offre des conditions si défectueuses au point de vue de l'hygiène, qu'il est permis d'ajouter, qu'à la Guyane l'insalubrité présente la règle, et la salubrité l'exception. Qu'il serait dès lors aussi contraire à la vérité d'y voir un pays inhabitable, que d'en faire un *Eden*, un *Eldorado*.

Si nous pouvions en croire les rapports de quelques hommes revenus affaiblis et souffrants du lieu même de la colonisation, il serait très-difficile de se procurer des vivres et surtout d'en faire croître dans cette contrée; mais nous préférons accréditer les expressions de M. le commissaire de la Guyane, lorsqu'il dit, dépêche du 17 novembre 1852 : « Le travail d'exploitation des bois ne sera pas exclusif de la culture des denrées vivrières, telles que manioc, ignames, patates, maïs, etc., que les transportés pourront récolter sans beaucoup de peine. Ils auront, en outre, le gibier et le poisson sous la main. »

M. Ducos a consacré ces vérités par les difficultés qu'il a

signalées à trouver un lieu convenable pour l'établissement de la colonie pénitentiaire; par la sagesse et l'habileté dont il avait besoin et dont il a fait preuve en arrivant, bien que d'après lui-même assez incomplètement, à la solution de ce difficile problème.

Nous venons de voir, par le rapport même de M. le ministre de la marine, que la colonisation n'a jamais bien marché à la Guyane française, qu'elle y est même actuellement dans une véritable décadence, bien qu'entreprise et continuée par des hommes libres.

Quels sont donc les travailleurs sur lesquels on compte pour obtenir, avec le même sol, dans des points moins favorables, des résultats plus heureux?

Ce sont des criminels enchaînés, que l'action pénale doit châtier; que pourrait peut-être amender l'influence moralisatrice; qui n'offrent, en général, ni aptitude ni bonne volonté pour les travaux agricoles; qui ne manqueront pas, loin d'une puissance répressive immédiate et suffisante, d'arriver à tous les degrés de la dépravation; qui donneront autant de peine à les retenir, à les surveiller, qu'à les exciter au travail; qui porteront la crainte et le désordre dans les populations, etc.

Voyons du reste ce que dit M. le commissaire général dans sa dépêche du 17 novembre 1852; ces faits vaudront mieux que tous les raisonnements :

« La population laborieuse a dû se déplacer, dans la plupart des localités, pour prendre une assiette nouvelle et se faire une existence telle, qu'elle fût à l'abri des poursuites. Ces mouvements ne se sont pas opérés dans les masses sans que le calme habituel de la surface s'en ressentît; et le caractère des mesures les plus légales s'est trouvé souvent dénaturé aux yeux d'une population ignorante. Il y a donc à calmer toutes ces inquiétudes sans fondement, à dissiper les préventions, à appeler la répression quand il se rencontre une hostilité réelle ou une volonté malfaisante : voilà pour l'ancienne colonie.

« En ce qui touche la nouvelle colonie, il faut installer sur la terre ferme cette population des bagnes rendue à l'air et à l'espace, et qui, dans les premiers moments de la liberté relative dont elle va jouir, pourra s'oublier quelquefois. Ici, nécessité impérieuse de surveiller tous ses mouvements, dans l'intérêt de l'œuvre d'abord, et aussi en vue de rassurer les habitants, qui, indépendamment de la protection qui leur est due, trouveraient dans les écarts des transportés un motif plausible pour se plaindre plus encore de la mesure prise, et un aliment de récriminations nouvelles.

« Voilà donc deux grandes tâches à remplir : ce n'est rien moins que la colonisation de ce beau pays, aujourd'hui vaste désert, à reprendre à nouveau sur de nouvelles bases.

« Dans les circonstances actuelles, il n'est pas douteux que l'action d'une police vigilante ne soit un des premiers besoins de la Guyane ; la position du gouvernement local dans ce pays est plus difficile qu'elle n'a jamais été, car il s'agit tout à la fois de rendre à la vie une colonie agonisante et de créer une colonie pénale. Je n'hésite pas à dire que la première partie de l'œuvre, surtout, présente les plus grandes, les plus sérieuses difficultés.... L'action de la police, à la Guyane, a manqué de nerf et toujours d'intelligence : trois détenus se sont évadés, elle n'a pas eu l'air, même, de s'en douter, lorsque le public en était instruit. Une telle police ne peut suffire au temps où nous sommes. »

De semblables déclarations officielles et publiquement révélées, n'ont assurément pas besoin de commentaire.

Ces fâcheux effets ne sont déjà malheureusement plus à l'état de simple prévision. M. le commissaire vient de pousser le cri d'alarme et de résoudre nettement la question, en réclamant :

« *Le secours le plus nécessaire à la colonie, celui d'une police très-énergique et bien centralisée.* »

Si nous interrogeons le fait même de l'établissement et du progrès de la colonisation pénitentiaire, que nous apprend-il ?

Depuis un an, l'expérimentation est en pleine activité ; les relations promettent, depuis le principe, l'établissement, dans le siége même de la colonie définitive : ici de trois cents, là de cinq cents condamnés, etc. ; et les dernières nouvelles du 18 décembre 1852, portent que cent soixante et un condamnés seulement sont réunis à la montagne d'Argent ; le reste se trouve encore dans les dépôts provisoires des îles du Salut, Royale, Saint-Joseph, etc.

Voici du reste les expressions textuelles du rapport : « Un nouveau contingent de soixante et un déportés avait été extrait du dépôt des îles du Salut, et conduit à la montagne d'Argent, rivière d'Oyapok, où se trouvent ainsi réunis *cent soixante et un condamnés employés à divers travaux d'installation*, à la reprise des anciennes cultures de caféiers, de roucouvers, et à la plantation de vivres. L'état sanitaire est très-satisfaisant.

« Le commissaire général continue de préparer la création d'un autre camp de déportés sur un plateau situé entre la Mana et le Maroni. Le premier contingent tiré des îles du Salut doit y être envoyé dans les premiers jours de janvier.

« Un avis a été publié pour mettre à la disposition des colons qui en feraient la demande, des travailleurs choisis dans la catégorie de transportés établis sur l'île Saint-Joseph.

« Ceux qui trouvent à se placer, dit le commissaire général, sont pour la plupart des ouvriers d'art : forgerons, charpentiers, maçons, qui se sont engagés avec les entrepreneurs du chef-lieu. Je pense, cependant, que quelques habitants se décideront à louer des cultivateurs ; *une vingtaine sont demandés* dès aujourd'hui ; je les ferai venir, par la prochaine occasion, de l'île Saint-Joseph, qui sera, selon toute probabilité, dégagée dans quelque temps, et *où je pourrai alors établir* les condamnés aux travaux forcés. »

Voilà donc où nous en sommes et ce qui vient aujourd'hui réaliser nos si belles espérances de colonisation pénale ! Quand les faits parlent aussi haut, les raisonnements n'ont plus rien à faire...

Ces conditions peu favorables ne sont assurément à la charge ni du gouvernement ni de ses mandataires, qui procèdent avec autant d'habileté que de prudence, mais elles tiennent aux difficultés des lieux et des hommes. Les premières ne sont pas faciles à surmonter ; les secondes sont au contraire au pouvoir de l'État : qu'en raison des premières il détruise donc les secondes ; le succès de la colonisation pénitentiaire est à ce prix. Ainsi, qu'au lieu d'établir une colonie *pénale*, on fonde une colonie *pénitentiaire* ; qu'au lieu d'envoyer à la Guyane des criminels dangereux et redoutés, on y conduise au contraire des libérés connus, réhabilités, bien accueillis par les habitants, nous garantissons l'avenir de l'institution, autant que nous croyons pouvoir prédire sa chute dans les dispositions actuelles.

En supposant, au contraire, qu'elle réussisse dans la voie qu'elle suit aujourd'hui, voyons actuellement si cette application, ou toute autre du même genre, peut résoudre les grandes conditions du problème.

1° *La déportation offre-t-elle un châtiment convenable et suffisant ?* — Cette question est la plus sérieuse dans ce problème à résoudre ; aussi les législateurs l'ont-ils plus spécialement abordée, presque tous en protestant contre l'application pénale que nous étudions.

Citons d'abord les remarquables paroles de M. E. Rouher sur les graves dangers que l'affaiblissement de l'action répressive des bagnes a fait courir à la société; nous verrons ensuite si la déportation ne l'exposerait pas à des périls plus grands encore :

« Qu'on ne s'étonne pas si le condamné préfère le bagne à la maison centrale, et la peine des travaux forcés à celle de la réclusion, de l'emprisonnement même. Cette préférence, proclamée tous les jours avec un cynisme déplorable, est malheureusement trop bien motivée : *le bagne a perdu sa puissance de châtiment et d'intimidation;* et quand on réfléchit que c'est *la plus élevée des peines usuelles*, celle qui attend les plus grands coupables, on demeure *effrayé de ce désordre, qui est un péril social.* »

M. le président de la section législative a parfaitement compris qu'à notre époque surtout le progrès de la civilisation et l'admission des circonstances atténuantes écartant presque toujours la peine capitale, un défaut d'action pénale assez forte et d'intimidation suffisante dans le châtiment qui doit remplacer l'exécution du condamné, devient pour la société la principale et la plus redoutable de toutes les causes de désordre et de renversement.

Or, nous regardons la déportation comme bien inférieure au bagne, même actuel, sous le double rapport que nous venons de préciser.

Si le moindre doute pouvait s'élever à cet égard, nous le ferions immédiatement disparaître par l'opinion même du plus grand nombre des forçats, très-nettement formulée dans le rapport de M. Théodore Ducos, ministre de la marine, lorsqu'il dit, à l'occasion des registres ouverts dans les chiourmes par l'autorité :

« *Trois mille forçats environ, dans les premières heures, ont demandé spontanément à quitter les bagnes et à être déportés.* »

Une preuve de fait aussi positive, aussi concluante, suffirait seule pour faire condamner la déportation, à ce premier chef; mais continuons.

« La loi pénale a un double but, dit M. Paillard de Villeneuve : ce n'est pas seulement de châtier le coupable, c'est aussi de prévenir le crime par la menace de la répression ; et dans toute peine il doit y avoir ce triple caractère : la correction, l'intimidation, l'exemplarité. Or, l'expérience a démontré que la déportation appliquée aux délits communs, comme peine unique, manque le but et ne sert qu'à énerver la répression. La déportation dans les colonies pénitentiaires débarrassera la métropole de tous ceux qui auront fait infraction à ses lois, et les mettra dans l'impossibilité d'y porter de nouveau atteinte, cela est vrai : mais si elle est dégagée de toute peine accessoire, suffira-t-elle, comme intimidation, pour arrêter le développement des mauvais instincts et prévenir l'accroissement de la criminalité ? La pratique de l'Angleterre a déjà répondu à cette question.

« La déportation, comme peine principale, y a été pendant longtemps appliquée, d'une façon presque uniforme, à tous les crimes qui n'étaient pas frappés de la peine capitale. On sait quelles réclamations se sont élevées contre le maintien de cette pénalité, non-seulement au point de vue des intérêts coloniaux et des finances de l'Angleterre, mais aussi à cause de la progression toujours croissante de la criminalité. L'Angleterre a compris qu'il y avait péril à persister dans cette voie, elle n'a pas supprimé la déportation.... mais, aujourd'hui, dans *le Probation system*, elle l'a combinée avec une autre peine.

« Le coupable est d'abord soumis à l'emprisonnement solitaire le plus rigoureux, pendant un temps proportionné à celui de sa condamnation; il passe ensuite aux travaux publics en commun; enfin, quand il arrive à la transportation, ce n'est plus, à proprement parler, un condamné qui subit sa peine, c'est plutôt un libéré en surveillance qui vit et travaille dans le district qui lui est assigné.

« Cette nécessité, qu'a reconnue l'Angleterre, est chez nous plus impérieuse encore, si l'on prend en considération le caractère et les habitudes de l'esprit français. Est-ce bien sérieusement, en effet, que l'on peut croire à l'efficacité complète de la peine de la déportation, quelles que soient les rigueurs de la discipline coloniale, si cette peine n'est pas elle-même combinée avec un châtiment qui la place dans des conditions plus rigoureuses d'amendement et d'intimidation? »

Si l'on veut maintenant, avant de faire ou de prolonger une tentative qui certainement, à ce point de vue, ne réussira pas, s'en rapporter au témoignage des hommes les plus compétents, et surtout à l'expérience acquise par nos voisins d'outre-mer, que l'on cite comme autorité, que l'on prend pour modèle dans l'établissement d'un pénitencier à la Guyane, il reste évidemment démontré que la déportation n'offre nullement la condition essentielle et fondamentale de tout bon système répressif : *l'action pénale et l'intimidation*; et que, sous ce rapport indispensable, elle vient se placer, d'après les faits, bien au-dessous du bagne et de la prison cellulaire.

Comment en effet, loin de la surveillance immédiate et de l'énergique répression du pouvoir, sur un territoire peu salubre, s'il n'est pas malsain, où tout se trouve à créer par le travail des condamnés, dont la garde et la direction sont déjà si difficiles ; comment, en supposant même un commissaire général parfait, une administration bien disposée à le soutenir, à le seconder, trouver assez de puissance, de vigueur, de permanence d'activité pour châtier convenablement ces criminels, pour les maintenir dans une suffisante intimidation au milieu des travaux, des embarras, des soins incessants et multipliés de la colonisation agricole ?

Comment espérer, d'un autre côté, que cette existence aventureuse, dans un horizon insaisissable pour les métropolitains disposés au crime, les arrêtera dans leurs coupables desseins, en opposant ainsi la menace d'un avenir lointain et douteux aux réalités d'un acte coupable qui les entraîne et les subjugue par l'actualité même de l'avantage qu'ils se proposent d'en retirer?

Les faits les plus positifs ont répondu malheureusement d'une manière trop péremptoire à cette grave question.

Que l'on y pense donc bien sérieusement : en adoptant le système exclusif de la déportation pénale, on réforme la loi de manière à laisser aux méfaits toute faculté de se développer sans préoccupation et presque sans crainte.

Si l'on persistait dans cette voie périlleuse, nous ne craignons pas de l'affirmer d'une manière précise, on verrait bientôt les statistiques de la justice criminelle sonner le tocsin d'alarme ; et, comme elles l'ont fait en Angleterre, protester, par la voix rigoureuse de leurs chiffres, contre l'adoption d'un aussi mauvais système, et réclamer, comme chez nos voisins, la prison cellulaire, ou plutôt, suivant notre caractère national et nos besoins, le bagne mieux compris, plus régulièrement constitué.

Nous déclarons, en conséquence, la déportation des condamnés aux travaux forcés essentiellement insuffisante et même dangereuse dans ses conséquences, au point de vue de l'action pénale et de l'intimidation, surtout aujourd'hui qu'elle est appelée à remplacer la peine de mort, par le fait à peu près entièrement supprimée.

2° *La déportation offre-t-elle une bonne garantie publique?*
— En apparence très-simple et très-facile à résoudre, cette question devient cependant un problème compliqué, difficile, bien important et bien grave dans les conséquences que cette solution peut entraîner, suivant l'aspect sous lequel on entreprend son étude.

Au point de vue de l'égoïsme social, après la condamnation à mort, la déportation est la plus séduisante application pénale, et de tous les systèmes celui qui semble débarrasser le plus sûrement la société des criminels qu'elle vient de frapper, et dont elle craint les nouveaux méfaits.

Lorsque nous voyons cet égoïsme, principe éminemment destructeur, qui par sa nature dessèche et tarit les sources de la prospérité publique et privée, se naturaliser chez nous, menacer le monde entier de son envahissement funeste, il nous semble moins étonnant qu'à ce point de vue surtout, la déportation compte un grand nombre de partisans.

Mais au point de vue de la raison, de l'humanité, de la philanthropie, disons plus, des véritables intérêts sociaux, cette manière de voir ne supporte pas même le plus superficiel examen.

Avec ce déplorable système, on ne voit, dans la masse des condamnés, qu'une espèce de fange morale dont on veut purger la métropole, comme on débarrasse nos cités populeuses des matières putréfiées que l'on transporte au loin.

Mais si ce déplacement n'avait pour objet qu'une répulsion

temporaire, à la condition de laisser à ces matières la faculté du retour après une corruption plus complète, ce prétendu moyen d'assainissement ne serait-il pas le plus défectueux et le plus illusoire de tous ?

On a bien senti le vice radical de cette mesure, et, pour y remédier, on s'est trouvé réduit à l'un de ces moyens extrêmes qui ne font qu'empirer la situation : on a doublé le temps de la peine pour les uns ; et, pour les autres, on a fait d'une condamnation temporaire une peine perpétuelle, en alarmant la conscience des jurés, en portant une sérieuse atteinte aux droits sacrés des coupables : nous apprécierons bientôt les conséquences de cette double modification législative.

Que chacun des membres de cette société qui jusqu'ici n'a vu les malheureux condamnés qu'à travers le prisme de ses ressentiments, de ses craintes exagérées, et comme des étrangers coupables auxquels elle ne devait ni consolation ni pitié, les considère actuellement au point de vue de la bienveillance, de l'affection, de la famille, et l'expérience prouve que les plus honorables peuvent se trouver dans cette pénible condition ; que cette malheureuse victime de ses funestes instincts ou d'un instant d'oubli soit un père, une mère, un époux, une épouse, un frère, une sœur, un ami ; nous le demandons actuellement, la société, fascinée par la crainte, endurcie par l'égoïsme, descendra-t-elle assez au-dessous des nobles sentiments du cœur et des équitables inspirations de la conscience, pour approuver encore les effets rigoureux de la déportation, et pour désirer qu'un malheureux que l'on devait encourager, soutenir, diriger dans ses rudes épreuves, et moraliser, soit précipité sans compensation dans l'abîme du désespoir ; à jamais perdu pour sa famille et pour ses amis, lorsqu'il aurait pu reconquérir leurs affectueux sentiments en s'élevant aux honorables et consolants résultats de la réhabilitation ?...

Si l'on considère actuellement les difficultés de la surveillance dans une colonisation où l'unité ne saurait jamais être bien établie; où les tentatives d'évasion pourront devenir assez fréquentes et se trouver couronnées de succès, comme le prouvent déjà les rapports du commissaire général et ses préoccupations, lorsqu'il ajoute : « Il faut que le pénitencier soit circonscrit, isolé ; que les déportés ne puissent avoir aucune communication libre avec le reste de la Guyane française, » on arrivera naturellement à cette conséquence nécessaire : qu'au point de vue de la garantie publique, la déportation non-seulement est loin de mériter la confiance qu'elle semble d'abord être en mesure d'inspirer, mais qu'elle est essentiellement contraire aux véritables intérêts de la famille et de la société.

3° *La déportation convient-elle pour la moralisation du coupable et pour la protection du libéré ?* — Envisagé sous ce nouveau rapport, le système de la déportation est encore plus défectueux que sous les autres.

Si nous voulons savoir, en effet, comment l'action religieuse pourra s'exercer à la Guyane, voilà ce que nous apprend M. le commissaire général :

« Les condamnés seront réunis dans un vaste hangar formant réfectoire, pouvant en contenir douze cents.... Au moyen d'une coulisse placée à l'une des extrémités, recouvrant un autel, et glissant à volonté, il se transformera en église et l'on y célèbrera les saints offices. »

Ainsi, grâce à cette espèce de mécanisme théâtral, l'on boira, l'on mangera, l'on tiendra tous les propos du festin dans l'église ; et, pour digne compensation, l'on pratiquera les cérémonies sacrées du culte dans un air chargé, au lieu des émanations de l'encens, des odeurs et de la fumée permanentes des plus grossiers produits de l'art culinaire : des faits semblables n'ont pas besoin d'interprétation.

D'un autre côté, quel patronage pourrait-on organiser dans une colonie semblable, où toute influence est de fait impossible, où tout contact extérieur est souvent dangereux? Et si l'on parvient à placer les condamnés en voie de soumission, chez les colons et les artisans libres, comment appliquer l'action moralisatrice avec cet ensemble et cette émulation sans lesquels elle ne produira jamais que des résultats insignifiants, par la difficulté non-seulement de les obtenir, mais encore de les constater?

On nous parle d'un établissement de femmes condamnées, dans le voisinage de celui des hommes, avec des communications faciles, des projets de mariage, etc. : mais a-t-on bien apprécié toutes les conséquences probables d'un aussi déplorable état de choses ?

Nous aimons à penser que, dans l'intérêt de la morale et même de la colonisation pénitentiaire, on reculera devant la réalisation de semblables théories, et que l'on ne voudra pas compromettre aussi essentiellement le présent et l'avenir de cette naissante institution.

Si des raisonnements nous passons à l'expérience, voyons, d'après M. Alhoy, ce que dit l'historien Dunmor-Lang relativement à la colonie pénale anglaise : « La corruption et le relâchement des mœurs devaient rendre l'exercice de l'autorité difficile ; peu de colonies présentent, dans leur histoire, l'exemple d'un pareil relâchement; dès les premières années, le contact de tant de malfaiteurs avait dégradé et perverti leurs gardiens ; presque tous les condamnés avaient les soldats pour complices dans leurs vols ou dans leurs évasions. Bientôt la démoralisation gagna les officiers, qui vivaient en concubinage avec les femmes déportées, et qui, à la faveur d'une position privilégiée, avaient monopolisé dans leurs mains le commerce du rhum. Dans une société qui n'eût pas de temple ni de Dieu pendant plus de dix ans, l'ivrognerie régnait en souveraine, et les meneurs de cette orgie permanente étaient les propres agents du pouvoir!... »

M. de La Pilorgerie, ajoute M. Alhoy, historien très-véridique de Botany-Bay, dit en parlant de cette colonie : « Les vols de grand chemin étaient devenus si fréquents, que le gouvernement se vit obligé de recourir aux mesures les plus sévères. Sans les émigrants, les colonies pénales de l'Angleterre ne pouvaient se soutenir ; et maintenant même que le condamné est donné à l'homme libre, à la Nouvelle-Galles, comme le nègre, aux Antilles, est vendu au planteur, la prospérité naissante des colonies australes est soumise au plus ou moins de crimes qui se commettront dans la métropole ; mais quels effets moraux ce système a-t-il produits sur les condamnés? »

Nous insisterions davantage sur ce point important de la réforme pénitentiaire, si le gouvernement ne venait pas lui-même prouver qu'il ne compte nullement sur l'amendement des coupables, d'après les mesures décrétées relativement à la libération qui, de fait, se trouve à peu près abolie dans le système. C'est à notre sens le vice le plus capital de l'institution.

Comprenant en effet que l'action moralisatrice deviendra nulle dans la déportation, l'État, pour obvier aux graves conséquences de ce défaut essentiel, veut rendre le retour des libérés à peu près impossible dans la métropole. Mais n'est-il pas évident que ce moyen devient incomplet et sujet aux plus sérieuses réclamations?

Il est incomplet. — Pour les condamnés au-dessous de huit

ans, on double le temps de la déportation ; ainsi, au lieu de revenir après cinq, six ou sept ans, le libéré ne rentrera dans la métropole qu'après dix, douze ou quatorze ans. Sans parler de l'aggravation de la peine, où se trouve l'avantage, s'il est prouvé que la colonie démoralise au lieu d'amender ? Le libéré deviendra seulement un peu plus vicieux après cette prolongation de temps ; il ne sera peut être plus susceptible de réhabilitation ; voilà tout ce que l'on aura gagné.

Ce moyen est sujet aux plus sérieuses réclamations. — Sans doute le législateur est dans son droit, lorsqu'il impose à la nation des lois qu'il croit au plus grand avantage de tous ; mais que l'on y réfléchisse bien : la loi qui n'est pas exécutable tombe dans l'abrogation de fait, lors même que l'on n'en prononce pas l'abrogation de droit; et, dans la législation d'un pays, rien n'est plus fâcheux que les dispositions légales qui ne peuvent pas recevoir leur application ; car tout cède à la force des choses : c'est une force d'inertie, plus puissante même que la force active de la loi.

Que l'on y prenne donc bien garde, alors qu'il en est temps encore : d'après le second § de l'art. 7 du projet de loi du 25 mai 1852, la condamnation du coupable à huit ans de travaux forcés n'est plus qu'une simple illusion sans signification positive ; le seul terme qui convienne actuellement pour caractériser cette peine, est celui *de la déportation à vie !*....

Or, nous le demandons, le juré qui, dans la première hypothèse, prononcera consciencieusement et résolument un verdict de culpabilité, n'hésitera-t-il point, ne reculera-t-il pas même, dans la seconde, en raison de l'énormité de la peine ? Et s'il en est ainsi, ne voit-on pas aussitôt quelles sont les regrettables conséquences de cette modification légale? En effet, *c'est l'impunité du crime au lieu d'un châtiment bien mérité*; c'est un malfaiteur jeté de nouveau dans l'ordre social avec toutes ses mauvaises passions encouragées par l'acquittement, au lieu d'un libéré dont on aurait probablement obtenu l'amendement et la réhabilitation.

Il ne s'agit pas en effet, ici, de vaines suppositions, mais de résultats que nous observons chaque jour, avec regret, sous l'influence d'une pénalité, à ce point de vue trop sévère, dans un grand nombre d'affaires capitales, et spécialement dans les accusations d'infanticide. Il doit exister en toutes choses, dans le châtiment du crime lui-même, une juste mesure : au delà se trouve en effet presque toujours le vice ou l'impossibilité de l'application.

Pitié donc pour les malheureux condamnés qui voudraient par une bonne conduite, par une expiation sincère et positive, reconquérir la confiance et même l'estime qu'ils ont perdue !...

Nous le demandons à nos lecteurs, quelles réflexions ne feront-ils pas en lisant cet article que nous empruntons au *Journal de Maine-et-Loire*, et que nous citerons sans le commenter :

« L'exécution du décret de décembre 1851 qui autorise la transportation à Cayenne des forçats libérés en surveillance, et qui sont condamnés pour rupture de ban, est générale. On écrit de Lille qu'une vingtaine de ces hommes incorrigibles, et qui sont pour la société un perpétuel danger, vont être, dit *la Liberté*, extraits des prisons de Lille, Loos, Douai, Valenciennes, Avesne et Dunkerque, et dirigés sur Brest ou Cherbourg, où leur embarquement pour la colonie pénitentiaire de Cayenne aura lieu immédiatement. »

Dans le système de la déportation, ne s'abuse-t-on pas encore étrangement sous ce rapport?

On dit en effet : « Nous récompenserons la soumission et les bonnes actions du condamné lors de sa libération ; nous le fixerons au sol de la Guyane, en lui faisant des concessions de terrain, en le rendant propriétaire. »

Sans parler des difficultés d'exécution, des déceptions de cette mesure, pour le colon et même pour l'État, nous dirons seulement que, dans ces louables intentions, on tient bien peu compte des dispositions morales de l'homme en général, du Français en particulier !...

Chez nous, l'amour de la liberté, l'amour du pays passent à l'état de monomanie dès l'instant où nous pouvons croire à l'aliénation de ces biens si naturels ; leur perte ne produit-elle pas chaque jour la nostalgie, la démence ou la mort ?

Tout le monde connaît la fin tragique de ce bon Parisien qui, pendant soixante ans, avait été le plus heureux des hommes au milieu des brouillards de la capitale, sans jamais en franchir les barrières, et qui, par suite d'une condamnation légale, dont la peine à subir était d'avoir la ville pour prison, ne put se consoler de la perte d'une liberté qu'il n'avait jamais utilisée, tomba dans la tristesse la plus profonde et ne tarda pas à succomber.

Ce fait historique est le résumé des dispositions de l'esprit humain étudié sous ce point de vue ; laissez-lui désirer une possession, même en pays étranger, il pourra la rechercher avec empressement ; imposez-lui cette possession, il la refusera, ou, s'il est forcé de l'accepter, elle ne lui paraîtra jamais une faveur, mais une charge plus ou moins lourde, plus ou moins pénible à supporter. Voilà ce que prouve le passé, voilà ce que démontrera l'avenir.

Ainsi la déportation est incapable de remplir aucun des objets de la troisième condition, que nous venons d'examiner,

4° *La déportation offre-t-elle facilité d'exécution et dépenses incapables de grever le budget de l'État?* — Il suffit, pour arriver à la solution négative de cette question complexe, de rappeler en quelques mots le savant rapport de M. Théodore Ducos, relativement au projet de colonisation pénale de la Guyane; les dépêches du premier commissaire, M. Sarda Garriga, sur l'établissement de cette colonie; enfin de faire connaître les renseignements fournis par le nouveau gouverneur, M. le contre-amiral Fourichon, à la date du 12 avril 1853, *Moniteur* du 25 mai.

Les plus sérieuses difficultés se sont présentées successivement, sur le choix du local, sur l'isolement, la surveillance convenable, sur les moyens de ne pas « ruiner entièrement une colonisation libre, *à l'agonie*, par le voisinage d'une colonisation naissante et redoutable. » Nous ne parlons même pas des désordres survenus, de l'insuffisance reconnue de la police actuelle, etc.; nous voulons seulement prouver par les citations que nous avons faites, par celles que nous allons ajouter, combien sont en effet considérables ces difficultés d'établissement, combien sont encore peu notables les résultats du présent, et peu rassurantes les conjectures de l'avenir.

Un commissaire général s'est déjà complétement usé dans cette périlleuse entreprise; déjà même on déverse le blâme sur son administration; il serait peut-être aussi logique, et surtout aussi généreux, d'attribuer l'insuccès à ces deux causes fondamentales et qui toujours seront en présence : les lieux d'appropriation et les travailleurs d'exécution. Mais continuons la lecture des textes, afin de procéder avec la puissance des faits :

« Aux îles du Salut, dit M. le gouverneur Fourichon, *la fièvre typhoïde qui régnait en février* paraissait tout à fait terminée à la fin de mars. D'excellents résultats ont été obtenus en peu de jours par le nouveau commandant, M. le lieutenant de vaisseau de La Richerie. Au moment où j'ai débarqué, les déportés étaient au repos dans leurs baraques, sous l'œil des surveillants, sans confusion et sans bruit; l'heure du travail arrivée, l'appel s'est fait avec ordre et régularité; chaque groupe s'est rendu sur le point qui lui était assigné; ils travaillaient en général avec exactitude, *tandis que précédemment ils ne faisaient rien, se plaignaient constamment, proféraient des menaces et commettaient des vols nombreux.* »

Ainsi, déjà nous voyons, chose bien fâcheuse et que les esprits sérieux apprécieront, une institution qui ne trouve en elle-même aucune force, aucune garantie; dont l'établissement et le succès dépendent exclusivement de la valeur d'un homme!...

N'oublions pas de noter que nous ne sommes pas ici à l'établissement définitif, à la montagne d'Argent, mais seulement aux îles du Salut, au lieu de dépôt et de baraquement provisoire; nous verrons bientôt ce qu'il faut penser du premier de ces lieux, que l'on avait tant vanté d'abord... Continuons :

« Diverses dispositions ont été prises pour consolider cette situation satisfaisante *par la présence d'une force susceptible d'assurer sur les îles du Salut, en toute occasion, la pleine soumission des transportés à l'action disciplinaire.* Deux tentatives d'évasion ont échoué....

« Les îles du Salut ont été d'ailleurs exclusivement affectées aux transportés provenant des bagnes, et qui s'y trouvaient, à la fin d'avril, au nombre d'environ quinze cents.

« L'établissement entrepris à la montagne d'Argent, sur la rive gauche et à l'embouchure de l'Oyapok, n'a pas réalisé jusqu'à présent tous les avantages qu'on s'en était promis; *les premières installations, faites avec imprévoyance, ont déterminé d'assez nombreux cas de maladie et plusieurs décès parmi les transportés, et dans le personnel même chargé de les surveiller et de diriger les travaux.* Il y a aussi à surmonter les difficultés des communications par la marée basse: mais ce ne sont là que des obstacles momentanés, que peuvent surmonter des travaux bien dirigés. »

Après ce premier échec bien constaté, la montagne d'Argent, qui devait être le centre de la colonie pénitentiaire, va devenir seulement un poste de transition; des dispositions nouvelles seront prises; voyons avec quelles espérances et quelles chances de succès :

« En définitive, la montagne d'Argent paraît destinée, dans la mesure de ce que comporte le peu d'étendue des terres, à devenir un poste intermédiaire très-utile entre les dépôts des îles du Salut et de la Réunion, et *le grand établissement* que le gouverneur, après avoir inspecté avec la plus louable activité les divers points dont nous venons de parler, s'occupe de fonder dans le haut Oyapok, sur la rive gauche, un peu au-dessous du premier saut où se trouve déjà le poste fortifié de Casfesoca.

« Le choix de ce nouvel emplacement n'a entraîné qu'une expropriation de deux mille francs, en donnant, dès le début, deux cents hectares de terres défrichées et quelques constructions habitables. Aucune autre dépense du même genre ne sera plus nécessaire, quelque développement que soit appelé à prendre l'établissement de l'Oyapok, qui, dans la pensée du gouverneur, approuvée par le ministre, est exclusif de toute autre fondation actuelle de quelque étendue sur le continent de la colonie.... Au mois de juillet, *une centaine* de transportés pourra être employée aux cultures ; il faut, dit M. Fourichon, qu'à la fin d'août nous ayons là *trois cents* travailleurs. »

M. le gouverneur termine sa communication par ces paroles, qui nous inspirent des inquiétudes sérieuses, pour ne rien dire de plus, aussi les rapporterons-nous sans autre commentaire :

« Le choix de cet emplacement est approuvé par les personnes qui connaissent le mieux la Guyane ; *si nous n'y réussissons pas, il ne faudra pas, du moins, en accuser les circonstances locales.* »

Nous étions loin de penser que les événements viendraient aussitôt justifier toutes nos prévisions, lorsque nous avons lu dans le *Moniteur* du 17 juin les dépêches adressées par M. le gouverneur de la Guyane à M. le ministre de la marine, en date du 18 mai 1853. Voici les termes textuels du rapport :

« Sur deux mille cent quarante-six transportés, comprenant mille cinq cent quatre-vingt-dix forçats, deux cent deux seulement sont à la montagne d'Argent ; quarante-neuf à Saint-Georges, Oyapok ; cent quatre, y compris les femmes détenues à la geôle, engagés à Cayenne ou dans les quartiers. Tout le reste se trouve encore dans les dépôts provisoires.

« Sur ce nombre de deux mille cent quarante-six déportés, deux cent trente-sept malades, avec un nombre double de convalescents.... Total : sept cent onze sujets non valides....

« Pendant le mois d'avril, *bien que l'état sanitaire ait été satisfaisant*, le nombre des décès s'est élevé à trente-sept. Les hommes qui ont été sérieusement atteints par les fièvres typhoïdes ou la dyssenterie, sont sujets à des rechutes *qui se terminent habituellement par la mort !*...

« Les îles du Salut, sous l'autorité très-intelligente et très-énergique de M. de La Richerie, *sont organisées et administrées comme un vaisseau.*

« Quatre-vingts et quelques politiques ou volontaires ont contracté des engagements chez des particuliers; ils travaillent assez bien, en général, *mais l'ivrognerie les met souvent aux prises avec la police : il m'a fallu en renvoyer un certain nombre dans les dépôts.*

« *L'œuvre de la moralisation a fait jusqu'à ce jour peu de progrès.* Il n'en pouvait être autrement au milieu *du tumulte et du désordre* qui régnaient dans tous les établissements. *J'espère que les efforts des aumôniers* seront à l'avenir moins stériles. Par une circulaire que je ferai insérer à la feuille de la Guyane, *j'ai imposé l'obligation d'assister* aux offices et aux instructions religieuses.

« L'établissement de Saint-Georges, sur l'Oyapok, est encore aux prises avec toutes les difficultés d'un commencement, accrues par les pluies continuelles de la saison; cependant le terrain a été déblayé *sur une étendue de plusieurs hectares ; une maison neuve est construite.*

« Les contrariétés que nous éprouvons pour la création de cet établissement *n'étaient pas imprévues.* Je garde toujours la confiance que, vers la fin d'août, j'y aurai envoyé trois cents travailleurs.

« Aux îles du Salut, le forçat Lélieux, n° 950, *a assassiné à coups de couteau,* Boisgontier, n° 567.... Dans la nuit du 4 au 5 mai, *quatre forçats sont parvenus à s'échapper* ; nous n'en avons pas de nouvelles jusqu'à ce jour.... Quelques jours après, une tentative d'évasion a échoué à Saint-Joseph. Le nommé Connerose, n° 739, *a été tué dans cette circonstance.* »

D'après ces faits, nous formulons à la colonie pénitentiaire de la Guyane, en voie d'établissement depuis quinze mois au moins, les questions suivantes; voici ce qu'elle nous répond :

1° *Quel est votre état sanitaire?* — « Sept cent onze malades ou convalescents sur deux mille cent quarante-six transportés. Un tiers à peu près d'hommes non valides. Dans le mois d'avril, trente-sept morts, « *bien que l'état sanitaire ait été satisfaisant... Les rechutes sont fréquentes et se terminent ordinairement par la mort.* »

Combien nous sommes loin de ces temps si délicieux des plus charmantes illusions, où des hommes au cœur généreux, aux nobles intentions, nous aimons à le reconnaître, mais à l'imagination un peu poétique, avaient transformé notre Guyane française en un séjour fortuné, si favorable à la santé, que la mortalité ne s'y trouvait que dans la proportion « de 2, 81 ! » On nous berçait alors des appréciations de l'espérance; on nous renseigne aujourd'hui des chiffres trop positifs de la réalité !....

2° *Quels sont vos résultats obtenus, au point de vue de la colonisation et des travaux effectués?* — « Sur deux mille cent quarante-six transportés, trois cent trente et un employés dans les établissements ou chez les particuliers : le reste, en simple station dans les dépôts provisoires ; *plusieurs hectares de terrain déblayés, une maison neuve construite*, etc. »

3° *Quel est le régime du plus grand nombre de vos transportés?* — « Les lieux de dépôt *sont organisés et administrés comme un vaisseau.* »

Ainsi, la déportation, qui devait avantageusement fermer les bagnes, se borne à peu près, jusqu'ici, à rétrograder au temps le plus déplorable de cette institution : à celui *des pontons !...*

4° *Quels sont les progrès de la moralisation dans votre pénitencier?* — « Jusqu'ici l'œuvre moralisatrice a fait peu de progrès : ivrognerie, méfaits qui nous obligent à retirer nos travailleurs, à les renvoyer dans les dépôts ; évasions, assassinats, meurtres de forçats qui cherchaient à s'échapper, etc. »

5° *Sur quels moyens comptez-vous pour prévenir ces désordres, pour en empêcher la funeste propagation?* — « Sur des efforts **moins stériles** effectués par les aumôniers ; sur *l'obligation* d'assister aux offices, aux instructions, etc. ! » Pourquoi ne pas dire de suite : *sur des miracles nouveaux de la religion ?*

Assurément il ne nous paraîtrait pas généreux de combattre plus longtemps une semblable institution : nous l'avons dit, nous serions heureux de la voir se bien établir dans la juste mesure de ses attributions, et nous ne voulons pas augmenter les embarras déjà trop nombreux dont elle est environnée.

A l'occasion du même rapport, M. Lélut, membre de l'Académie des sciences, donne son opinion dans le journal des *Débats* du 18 juin 1853. Il est bien éloigné de partager la sécurité de M. Fourichon, lorsqu'il dit :

« L'honorable gouverneur de la Guyane est dans une complète erreur, et cette proportion des maladies chez les déportés de la colonie, qui peut ne pas l'inquiéter, est énorme, plus considérable que tout ce qu'on pouvait supposer ou craindre.

« Dans les classes pauvres, en France, et à l'âge moyen de trente à quarante ans, il y a deux malades au plus sur cent individus.

« Dans les prisons, ce chiffre des malades va de quatre à cinq au plus, en y comprenant même des convalescents non encore sortis des infirmeries.

« Dans l'établissement pénal de la Guyane, il y a d'abord onze malades, formellement malades, sur cent déportés ; il y a ensuite, et sur ce même nombre de cent vingt-deux convalescents, en total trente-trois individus sur cent, soit malades, soit non valides pour cause de maladie.

« Il ne faudrait pas que M. le gouverneur de Cayenne, non plus que les officiers d'administration et de santé placés sous ses ordres, continuât à croire que c'est là une situation normale. Il faut, au contraire, qu'il se persuade bien que la proportion des maladies, et par conséquent de la mortalité chez les déportés confiés à sa garde, doit diminuer des quatre cinquièmes ; sans quoi la Guyane, au lieu d'être, comme on l'a voulu, une colonie pénitentiaire, deviendrait tout simplement une colonie *mortuaire*. »

L'expression est sévère et d'une immense portée ; il serait bien fâcheux, assurément, de la faire passer dans le vocabulaire de nos pénitenciers ; mais il serait plus déplorable encore d'insister sur l'établissement de celui qui se trouve à l'étude, si l'on acquérait la fatale preuve qu'il peut mériter une semblable dénomination : assurément la sagesse du gouvernement s'empresserait alors d'y renoncer.

M. Armand Lefrançois, dans le journal *le Siècle* du 21 juin 1853, fait à la même occasion, et comme toujours, des réflexions très-sages :

« Depuis que le gouvernement a commencé de mettre à exécution les mesures relatives à la transportation des forçats à la Guyane, il ne nous a pas été possible de constater qu'aucun résultat sérieux ait été obtenu *dans l'espace d'un an*. La création des établissements pénitentiaires *n'a pas fait de progrès réels*. Est-ce la faute de l'ancien gouverneur général ? Est-ce la faute de ses instructions ? Nous n'avons pas les éléments nécessaires pour nous prononcer en cette circonstance, et nous acceptons les faits tels qu'ils se présentent, sans nous arrêter à des récriminations inopportunes. M. Sarda Garriga a été rappelé; M. Fourichon le remplace. Un premier système n'a pas réussi : faisons des vœux pour que le nouveau mène à bien une entreprise qui intéresse à un si haut degré la société....

« La réussite d'une entreprise qui dépend de tant de circonstances diverses, est subordonnée à la direction qui lui est imprimée sur les lieux. »

M. A. Lefrançois résume tous les rapports officiels dont nous avons donné le texte ; et, comme nous, il n'y trouve rien de rassurant; il ajoute ensuite :

« Nous engageons M. Fourichon à persévérer dans la voie sérieuse qu'il s'est tracée; mais nous appelons surtout son attention sur l'état sanitaire des transportés. Il ne faut pas se dissimuler que c'est là le plus dangereux écueil de la situation. »

Comme nous il trouve l'expression de M. Lélut un peu forte, mais il dit en terminant : « De même, la sécurité de M. Fourichon nous paraît trop entière; la situation sanitaire des déportés est évidemment mauvaise ; toutefois, avec des précautions et des soins, on l'améliorera sensiblement. »

D'après la connaissance que nous avons actuellement des lieux et des travailleurs, nous croyons pouvoir assurer, en donnant toute liberté de prendre acte de nos paroles : que le succès de l'établissement que l'on a l'intention de fonder à la Guyane est très-douteux, à titre de colonie agricole; déjà difficile comme refuge des libérés; impossible comme institution pénale et pénitentiaire.

Nous verrions donc avec regret que l'on prît au sérieux les

dernières paroles de M. le gouverneur, qui veut : « *que dans le cas d'insuccès on ne puisse accuser les circonstances locales*, » en laissant peser sur lui la responsabilité de cet insuccès qui, nous aimons à le penser, ne dépendra jamais ni de son administration ni de celle des directeurs habiles qui sont appelés à le seconder dans une aussi difficile entreprise.

Si nous examinons actuellement la déportation au point de vue *du budget de l'État*; si nous pouvons répéter avec M. Armand Lefrançois : « Quant à la question financière, on a fait grand bruit *de cent millions* qu'auraient coûté les colonies pénales de l'Angleterre; » sans trop nous laisser effrayer par ce chiffre énorme, et qui ne paraît pas sérieusement contesté, nous ne serions pas encore entièrement rassuré de ce côté, si nous n'avions la preuve de toute la prudence que le gouvernement apporte dans cette expérience tentée sur une petite échelle. En effet, en se jetant sans réserve dans les grands développements d'une entreprise lointaine et périlleuse, il serait difficile d'en prévoir à l'avance tous les embarras et tous les frais.

En résumé, sous ce quatrième et dernier point de vue, la déportation n'est point encore en mesure de remplir avec avantage les conditions fondamentales exigées par un bon système pénitentiaire.

XXVIII

CONCLUSION GÉNÉRALE.

Après avoir consciencieusement étudié nos trois grandes institutions pénales et pénitentiaires, *le bagne*, *la prison cellulaire*, *la déportation*, avec leurs avantages et leurs inconvénients; après en avoir discuté comparativement l'importance et l'utilité, en appuyant toutes nos opinions sur les faits, sur l'observation, sur l'expérience des hommes les plus compétents et les plus habiles, nous devons résumer les conséquences de toutes ces notions positives, pour en obtenir des applications essentiellement pratiques, en mesure de satisfaire aux pressants besoins de la réforme qui vient de fixer notre attention.

La première induction de tous les principes que nous avons établis, doit incontestablement se formuler dans ces termes : si l'on désire adopter exclusivement l'une des trois institutions, le bagne, tel que nous l'avons organisé, présentera sur les deux autres un immense avantage au point de vue de l'action pénale et même de l'action pénitentiaire.

En effet, après un examen sérieux, impartial et raisonné, la prison cellulaire et la déportation sont restées, *par le fond*, bien au-dessous des conditions à remplir, et sans qu'il soit possible de leur imprimer, sous ce rapport essentiel, d'utiles et suffisantes modifications. Le bagne, au contraire, n'a présenté que des vices *de forme* qu'il est aisé de faire disparaître, comme nous espérons l'avoir démontré.

Toutefois, les idées absolues nous sembleraient, ici même, contraires à la vérité : si nous voulons opter pour une seule de ces institutions, nous sentons aussitôt que la prison cellulaire est dangereuse, la déportation insuffisante, et que le bagne perdrait à ne pas s'aider, au besoin, du concours des deux autres.

« Au lieu de mettre en opposition les systèmes divers, ne serait-il donc pas plus sage de croire, dit M. H. Carnot, qu'ils peuvent être tous utiles et salutaires, pourvu qu'on les appliquât à des natures diverses? Au lieu de reconstruire toutes nos prisons pour un traitement exclusif, qui peut-être n'a point encore fait ses preuves suffisantes, ne serait-il pas plus prudent de les disposer de manière à comporter à la fois la cellule solitaire et la vie commune ; l'emprisonnement individuel et l'emprisonnement collectif ? »

Cette opinion de notre célèbre jurisconsulte est précisément celle que nous avons toujours professée; plus nous avons avancé dans cette grave et difficile étude, plus nous avons compris que *l'éclectisme pénitentiaire* était la véritable doctrine; et l'emploi simultané des trois grandes actions pénales, au double aspect du châtiment et de la moralisation, le seul moyen de marcher avec ensemble et de résoudre tous les termes fondamentaux de ce grand problème.

Mais en procédant avec cette sage mesure, il faut, dans ce concours du bagne, de la prison cellulaire et de la déportation, donner à chacun de ces différents systèmes la part d'action qui doit naturellement lui revenir; c'est le seul moyen d'éviter l'arbitraire et la confusion.

Voici comment nous comprenons le mécanisme de ces trois institutions réunies :

Après la condamnation aux travaux forcés, condamnation que nous désirons voir dégagée de toute *flétrissure légale*, on dirige le coupable, au moyen de la voiture cellulaire améliorée, vers le bagne maritime qui répond au temps de sa peine.

A son entrée, le galérien est placé dans la catégorie des *inconnus*, et traité suivant toute la rigueur des règlements. Il est ferré, sans double chaîne, et revêtu de l'uniforme.

Après un temps suffisant de noviciat, il passe, en raison de sa conduite, soit dans la salle des *indociles*; soit dans celle des *éprouvés*, et de là peut s'élever aux différents postes de faveur et prendre ses grades à la réhabilitation.

L'*indocile*, au contraire, subit les peines imposées à ses méfaits; et s'il est nuisible par ses propos ou dangereux par ses actions coupables, il est soumis à la prison solitaire de l'établissement, prison qui trouve ici sa véritable application comme châtiment répressif, puisqu'elle n'est prolongée qu'autant que l'indocilité du condamné la rend indispensable, et que lui seul répond des fâcheux effets qu'elle peut entraîner. Ainsi, action répressive, moyen d'isolement ou d'intimidation contre un criminel dangereux ou rebelle, voilà l'utile et seule application du système cellulaire.

Lorsque le sujet *indocile* arrive au terme de sa peine, il est jugé de nouveau d'après sa conduite au bagne, et nécessairement condamné aux galères prolongées, suivant sa culpabilité, pour continuer de même, autant qu'il persistera dans sa criminelle insubordination. De cette manière, le bagne deviendra perpétuel pour ce genre de malfaiteurs, qui ne pourraient pas, sans les plus grands dangers, rentrer dans la société. Mais alors cette condamnation n'a rien d'arbitraire, elle dépend uniquement de la mauvaise conduite ou des forfaits du coupable, qui, dès lors, n'a pas même le droit de s'en plaindre. Ainsi se trouve guérie tout naturellement cette plaie des libérés sans moralisation, sans aucune garantie, constituant cette redoutable famille de criminels sans cesse armés contre l'ordre social, sans cesse en récidive presque nécessaire.

Le sujet *docile*, au contraire, lorsqu'il a subi toutes les épreuves indispensables, après un temps suffisant, passe dans le bagne agricole ou dans le bagne industriel, suivant la profession qu'il connaît, ou, s'il n'en possède pas, suivant celle qu'on peut lui donner d'après sa vocation et ses aptitudes, et toujours avec la scrupuleuse attention de ne pas le déclasser.

Dans l'un et l'autre de ces bagnes de faveur, le galérien est complétement déferré, prend l'uniforme de l'établissement ; il a fait le premier pas dans la carrière de l'homme libre ; il a commencé le véritable noviciat de la réhabilitation.

Lorsqu'il se conduit mal dans ce nouveau poste, il est puni suivant la nature de sa faute et peut même être disgracié, reconduit au bagne maritime, qu'il avait quitté, avec toutes les conséquences de ce retour.

Au contraire, lorsque sa bonne conduite ne s'est pas démentie, indépendamment des récompenses, des prix que son amendement a pu lui mériter, il obtient, à l'expiration de sa peine, un jugement de réhabilitation avec le pécule résultat de son travail et de ses économies.

Voici comment se détermine alors sa position définitive :

Lorsqu'il ne peut absolument justifier de ses moyens d'existence en rentrant directement dans la société, le gouvernement l'envoie d'office dans sa colonie agricole, actuellement en voie d'établissement.

Lorsqu'il pourrait suffire aux frais de sa position dans le monde, mais qu'il désire, par un motif quelconque, n'y pas rentrer et faire, au contraire, partie des travailleurs de la colonie, l'État s'empresse de l'y faire conduire.

Ainsi, le premier n'a pas le droit de se plaindre d'une mesure arbitraire, le second agit d'après son choix et sa volonté ; l'un et l'autre sont des hommes éprouvés et régénérés, dont les bras seront franchement et loyalement employés, soit aux industries, soit aux cultures de la colonie, dont ils garantiront le succès et la prospérité, sans exiger aucune autre surveillance que celle du zèle et du concours de l'administration.

C'est à ce point de vue que nous comprenons l'œuvre de la déportation dans le système pénitentiaire ; c'est une patrie nouvelle que l'on ouvre au libéré qui ne pourrait ou ne voudrait pas rentrer dans la sienne. Alors on le verra naturellement s'attacher au sol, s'y établir, y jeter les bases de la famille, de la propriété ; rendre en un mot la colonie florissante, parce que les intérêts de cette colonie sont devenus précisément les intérêts du libéré.

Quant à ceux qui rentreront dans le monde, ils devront y trouver ce haut et puissant patronage organisé qui les dirige et les soutienne ; dont la philanthropique surveillance les environne d'autant de considération, en les garantissant des rechutes, que celle de la police les couvrait d'infamie en les poussant presque nécessairement à la récidive.

Après avoir établi sur ces larges bases la véritable doctrine pénitentiaire; après avoir posé ces principes naturels, simples, conformes aux faits, à l'expérience, d'une exécution si facile et si peu dispendieuse, nous avons la ferme espérance de les voir adoptés par les législateurs intelligents, les jurisconsultes profonds, les économistes savants, les moralistes sages et religieux, les philanthropes honorables et dévoués, dont nous avons mis si fructueusement à contribution les pensées, les opinions et les immenses travaux.

Nous ne demandons actuellement qu'une seule chose : que le gouvernement veuille bien mettre à l'épreuve cette action combinée du bagne mieux constitué, de la prison cellulaire et de la déportation; nous croyons pouvoir garantir non-seulement le succès de la doctrine pénitentiaire au double point de vue des actions pénale et moralisatrice, mais encore celui de la colonie agricole de la Guyane, comme précieux refuge d'un grand nombre de libérés.

Nous pensons en effet avoir au moins rempli toutes les obligations que l'honorable M. Blondeau, doyen de la Faculté de droit de Paris, voulait trouver dans une bonne institution de ce genre, lorsqu'il disait devant l'Académie des sciences :

« Il faut rendre impossible l'évasion des condamnés et les empêcher de commettre de nouveaux crimes dans la prison même; les soumettre à une discipline telle, qu'au lieu de s'y pervertir, ils n'y reçoivent que d'utiles leçons et y contractent de bonnes habitudes; obtenir au moyen du travail des condamnés une grande diminution de la dépense que leur garde impose au gouvernement, et en même temps un pécule qui leur offre, au moment de leur élargissement, le moyen d'attendre l'occupation dont ils auront contracté le besoin ; enfin, faire en sorte que la peine légale ne soit pas aggravée par des maladies ou infirmités résultant de l'insalubrité du local ou du régime auquel on soumet les prisonniers, sans toutefois rendre le séjour des prisons désirable à aucune classe d'individus. »

La doctrine pénitentiaire que nous proposons remplira, disons-nous, toutes les conditions de ce programme déjà très-complet ; elle satisfera même, comme on peut aisément le voir, à plusieurs autres qui ne s'y trouvent pas indiquées ; enfin, et ce point est capital dans l'espèce, elle résoudra le grave et difficile problème de la libération, avec tous les avantages et toutes les garanties possibles pour le libéré, avec toute la satisfaction et la sécurité désirables pour l'ordre social.

« Les institutions pénales, dit M. Léon Faucher, font partie, plus qu'on ne le croit, de l'éducation du peuple. Amender les condamnés, c'est aussi réformer la société. »

Cette grande pensée nous conduit immédiatement, et par une transition toute naturelle, au principe que, dans notre art, nous avons si souvent l'occasion de mettre utilement en pratique : *Il est sans doute bien avantageux, bien important de guérir les maladies ; mais il est plus important, plus avantageux encore d'en prévenir le développement.*

Un système pénitentiaire bien compris, bien institué, au double point de vue de l'application pénale et de la moralisation des condamnés, est donc une véritable régénération sociale.

Toutefois, pour la rendre complète, il faut s'attacher non-seulement à l'amendement, à la réhabilitation des criminels, mais surtout à l'éducation, qui doit éloigner les hommes du sentier de la corruption, en les dirigeant toujours dans celui de la probité, de l'honneur et de la vertu.

L'ouvrage que nous terminons aujourd'hui, dominé par l'actualité des circonstances, et que nous compléterons bientôt par l'examen de toutes les autres applications pénales, sera donc la seconde partie d'un travail d'ensemble qui nous occupe actuellement, et que nous publierons sous le titre de *Système* : 1° *Social*, 2° *Pénitentiaire*.

Après avoir terminé toutes les recherches que nous avions le projet de faire dans la ville de Brest et dans ses riches dépendances; après avoir pris au bagne, surtout, les nombreuses notes qui devaient nous conduire à l'examen du système pénitentiaire et nous servir à l'exécution de ce travail, nous quittâmes à regret ce vaste et précieux champ d'observation pour nous rendre directement à Saint-Malo.

XXIX

MORLAIX, SAINT-BRIEUC, DINAN, SAINT-MALO.

En partant de Brest, nous traversâmes Landerneau, *l'inévitable*, pour suivre la route ordinaire de Saint-Malo, dans un pays souvent pittoresque, presque toujours très-accidenté.

De Landerneau à Landivisiau, les sites nous ont paru charmants : nous avons surtout remarqué des ruines antiques sur une roche nue presque inaccessible : position qui, sans doute, aura pu convenir à quelque château féodal de cette contrée.

LANDIVISIAU — est une jolie petite ville de trois mille cinq cents habitants, dont l'église principale offre un beau portail décoré par les statues des douze apôtres et surmontée d'un clocher dont la flèche hardie se fait remarquer par une architecture élégante et soignée.

MORLAIX.

Cette sous-préfecture du Finistère, dont la population est de onze à douze mille habitants, offre un joli port très-commerçant. Bâtie sur les versants de deux collines, la ville présente à l'œil du voyageur un panorama charmant : on y remarque la grande et belle manufacture des tabacs ; plusieurs fontaines et plusieurs églises où l'on peut retrouver le type de l'ancienne architecture bretonne ; elle a donné naissance au général Moreau.

Le pontou, belle-ile-en-terre — sont des bourgs qui ne présentent rien de remarquable. Entre ce dernier et Guingamp se trouve le mont Bré, dont le sommet est couronné d'une petite chapelle : c'est le point culminant de la contrée, son élévation est de trois cent un mètres au-dessus du niveau de la mer. Ce dernier pays est, du reste, en grande partie formé de landes incultes et de roches granitiques nues, sans aucune trace d'arbres fruitiers ; c'est seulement en approchant de Guingamp que l'on commence à rencontrer quelques taillis en chêne d'une faible végétation ; des vergers, de belles cultures, avec des intervalles de terrains improductifs ; dispositions qui témoignent de la possibilité d'arriver, par le travail et les engrais, à donner plus de valeur au sol de ce pays.

Guingamp, — sous-préfecture des Côtes-du-Nord, est une assez jolie ville de six à sept mille habitants, qui fut autrefois complétement entourée d'une muraille dont il existe encore plusieurs traces.

Chatelaudren, — bourg de quatorze à quinze cents habitants,

est assez remarquable par son étang, sa belle promenade et les ruines de son antique château, d'où la vue paraît très-belle.

SAINT-BRIEUC.

Cette ville, chef-lieu du département des Côtes-du-Nord, offrant une population de douze à treize mille habitants, se fait remarquer par sa cathédrale, qui paraît avoir été construite sur un ancien temple druidique; la place Duguesclin, au milieu de laquelle on voit la statue du fameux capitaine breton; une belle promenade, plusieurs fontaines bien établies; les ruines de la mystérieuse tour de Cesson; le pont de Goëte, en granit et de construction hardie; son port marchand au village de Légué, tout près de la ville.

Avant d'arriver à Dinan, nous avons observé, comme très-curieuse, une maison nommée la Lande-Ferrand, couverte entièrement avec la valve plate de cette grande coquille du genre des peignes, désignée dans le pays par le terme de *ricardeau*. La toiture extraordinaire de cette habitation lui donne assez bien l'aspect d'un énorme poisson enveloppé de ses larges écailles. Il existe à Dinan plusieurs magasins où l'on vend ce genre de couverture à côté des dépôts d'ardoise, dont le prix est un peu plus élevé que celui des coquilles.

DINAN.

Sous-préfecture des Côtes-du-Nord, cette jolie petite ville, de sept à huit mille habitants, est remarquable par sa position sur une roche escarpée; ses antiques et inaccessibles remparts couverts de lierre; son église de Saint-Sauveur, où se trouve déposé le cœur de Duguesclin; dont le clocher élégant et les gracieuses balustrades sont sculptés avec une délicatesse infinie; celle dite Saint-Malo, avec ses admirables vitraux; son château, qui paraît du XIV° siècle, où l'on conserve un fauteuil ayant appartenu à la duchesse Anne de Bretagne; le péristyle du tribunal, soutenu par deux belles colonnes de granit, d'une seule pierre, semblables à celles que nous avons déjà signalées au Champ des Martyrs, à l'hôpital de la marine de Brest; la place Duguesclin, où se trouve la statue en pied du connétable.

Le trajet de Dinan à Saint-Malo, par le bateau à vapeur, en descendant le cours de la Rance, avec ses rives si délicieuses, présente un merveilleux parcours dont le terme, en entrant dans les eaux de la mer, en vue de cette dernière ville, est plus merveilleux encore.

En arrivant à Saint-Malo, nous fûmes étonné de l'aspect si particulier de cette petite ville, bâtie sur un rocher, ne tenant à la terre que par une chaussée nommée *le Sillon*, n'ayant pour largeur que celle d'un chemin ordinaire de moyenne communication. Les amateurs d'images ont comparé cette ville, unique peut-être dans son genre, les uns à une poêle à frire, les autres à une botte d'asperges plantée au milieu de la mer. M. Pitre-Chevalier, dans son style énergique, la nomme « un vaisseau de granit à l'ancre. » Elle nous a produit l'effet d'une prison d'État.

SAINT-MALO.

Cette petite cité, sous-préfecture du département d'Ille-et-Vilaine, est une ville dont le caractère est tellement exceptionnel, qu'il serait difficile de la mettre en comparaison avec aucune autre.

Construite sur le sommet d'une roche nue, sa physionomie devient celle d'une île jetée au milieu de la mer, tant sont étroites les communications qui la rattachent à la terre. Aussi n'est-elle susceptible d'aucun agrandissement sans des travaux immenses; et sa population, qui s'élevait, il y a trente ans, à dix mille habitants, n'est-elle actuellement que de neuf mille. On parle cependant beaucoup, aujourd'hui, de la porter du côté de la mer; d'envelopper le Grand-Bay dans ses murailles; mais il existe une distance bien considérable entre la conception d'un semblable projet et son exécution.

L'entrée de la ville offre quelque chose de sombre et de sérieux : je ne sais quel sentiment triste et pénible s'empare de l'âme en passant sous ces porches massifs, sous ces voûtes humides et noirâtres, semblables aux antiques poternes d'un fort de guerre; en pénétrant dans ces rues étroites, mal pavées, tortueuses, que n'éclairent presque jamais directement les rayons du soleil; qui se trouvent comme encaissées par les hautes murailles des remparts, formant à cette ville une ceinture complète qui paraît la comprimer et la resserrer de toutes parts.

On a ménagé sur ces remparts un chemin de ronde étroit, compris entre deux murs à hauteur d'appui; de telle sorte que l'on peut, en suivant cette voie, faire le tour de la ville dans l'espace de vingt à vingt-cinq minutes. Pendant tout ce trajet, le plus admirable panorama se déroule sous les yeux : dans presque toute son étendue, l'immensité de l'Océan avec ces roches en forme d'énormes clochers que battent violemment les vagues dans leurs formidables élans; à très-peu de distance, le fort, le rocher célèbre nommé le Grand-Bay, dont nous parlerons avec détail; plusieurs pics moins importants; les uns et les autres complétement séparés de la ville pendant les hautes marées; auxquels ont peut arriver à pied sec pendant le reflux; dans une étendue beaucoup moins considérable, on voit des coteaux pittoresques et la ville de Saint-Servan, séparée de Saint-Malo seulement par une très-petite baie, qui se trouve presque à sec dans les basses mers.

Si, dans le même parcours, on se tourne vers la ville, c'est un aspect bien différent : on voit ses rues enfoncées comme les fossés d'une citadelle, ses maisons noires, mal aérées, mal éclairées, où tout inspire la tristesse et l'ennui!...

Si l'on descend des remparts dans la cité, son intérieur est bientôt parcouru, sans que l'on trouve beaucoup d'occasions de revenir à des impressions plus favorables.

Elle est défendue par ses remparts, un château, plusieurs forts dont l'ensemble en fait une place difficile à prendre. Ces avantages sont encore augmentés des obstacles que l'on rencontre pour entrer dans sa rade, que protégent les nombreux rochers qui l'entourent.

Sur la place de la Cathédrale, qui n'offre par elle-même rien de remarquable, on voit la statue en pied de Duguay-Trouin; l'église principale est de style gothique.

A l'entrée de la ville se trouve un nouvel établissement, élevé sous le nom de *Casino*, tout à la fois salon de lecture, de jeu, de conversation, salle de bal, de concert, etc., et dont le succès ne semble pas répondre aux brillantes espérances qu'il avait données : l'esprit de coterie, les petites rivalités personnelles de ses habitués ayant là, comme presque partout, jeté des semences beaucoup trop productives de division et d'éloignement.

Au pied des murs du château, sur une belle plage, sont rangés une vingtaine de petits pavillons roulants, destinés à conduire les baigneurs jusqu'à la mer; une petite barque de sauvetage, voilà tout ce qui constitue le matériel d'un établissement très-incomplet, et qui pourrait acquérir une véritable importance, en le disposant de manière à fournir, au besoin, des bains chauds, des appareils de douches, etc.

Dans le voisinage, rue des Juifs, se rencontre l'*Hôtel de France*, où nous étions descendu. La table et les logements y sont bons, mais d'un prix trop élevé ; l'ordinaire paraît éblouissant, *luxueux*; est-il véritablement confortable ? On trouve dans le salon de conversation, en même temps consacré à la lecture des journaux, une atmosphère de grandeur princière, peut-être un peu fausse et théâtrale, qui fait bientôt naître la contrainte et l'ennui, lorsqu'elle n'excite pas la gaieté maligne ou le sourire d'une critique indulgente et plus généreuse.

C'est dans une maison dépendante actuellement de cet hôtel, que naquit l'auteur d'*Atala*. Nous avons visité la chambre de Mme de Chateaubriand la mère, telle qu'elle se trouvait alors. C'est une grande pièce au premier, portant pour inscription, en lettres d'or, au-dessus de la porte d'entrée : « Ici naquit Chateaubriand. » Cette chambre est meublée d'un grand lit à baldaquin drapé d'une étoffe en soie vert pâle ; de fauteuils et d'objets antiques analogues.

Le port de Saint-Malo, placé sur les quais, fréquenté par la marine marchande, n'offre rien de bien remarquable ; à son extrémité sud, on trouve une belle jetée construite en granit, et qui conduit au phare, dont la lanterne se trouve ainsi placée sur sa base faisant une assez grande saillie dans la mer.

La petite ville de Saint-Malo sera toujours, du reste, célèbre par les grands hommes qu'elle a produits, au nombre desquels on compte surtout : Duguay-Trouin, Jacques Cartier, de Maupertuis, de La Bourdonnais, l'abbé Trublet, de Lamettrie, de Lamennais, Broussais, de Chateaubriand, etc.

Dans nos excursions, nous avons parcouru le magnifique littoral en remontant vers le nord-est : partout la plage est très-belle et couverte d'un sable fin, sur lequel on rencontre peu de coquillages. Dans les hautes marées les vagues battent les flancs de la jetée avec une telle violence, qu'elles s'élancent assez souvent par-dessus les parapets et viennent inonder la route : ce spectacle n'est pas sans quelque majesté.

Pendant le flux, nous sommes allé, dans une barque, à *Saint-Servan* ; le trajet n'est pas de six à huit minutes. Cette petite ville de dix mille habitants, autrefois réunie à Saint-Malo, s'en trouve maintenant séparée. Mieux bâtie, dans une position bien plus agréable que cette dernière, elle pourra peut-être, avec le temps, en amener l'abandon; presque tous les Anglais s'y fixent déjà de préférence. Un beau pont met actuellement, par terre, ces deux localités en communication ; on y remarque l'église, l'hôtel de la mairie, les deux ports : le Solidor, commandé par la tour du même nom, destiné à la marine militaire; le Saint-Per, fréquenté par la marine marchande. Au milieu d'une promenade plantée de grands arbres, on trouve une espèce de kiosque nommé le Sémaphore, dont la terrasse élevée fournit un admirable panorama composé de Saint-Malo, de la pleine mer et de tous les riants coteaux des environs.

Dans une dernière excursion, nous visitâmes, par la marée basse, *le Grand-Bay*, sur le sommet duquel nous apercevions le tombeau du chantre des *Martyrs*.

Cette roche, assez considérable, est à trois ou quatre cents pas de Saint-Malo. Dans les hautes marées, elle est complétement séparée de la ville et battue par les vagues jusqu'au tiers de son élévation; dans les basses marées, on y parvient à pied sec; une petite jetée de quatre à cinq pieds d'élévation, que l'on construisait alors, rendra ce passage plus facile encore. Arrivé au pied de ce rocher, d'un aspect triste et sauvage, nous gagnâmes la partie supérieure au moyen d'un escalier grossièrement taillé dans le roc et formé de cinquante à soixante degrés. Sur le sommet se voit une petite habitation pour un assez vieux ménage auquel en est confiée la garde; nous y trouvâmes deux vaches paissant dans les pâturages escarpés et maigres de cet étroit domaine.

Sur le point culminant de la roche nue, du côté de la ville, se trouve, creusé dans la pierre, le tombeau du grand écrivain. Le mausolée, de la simplicité la plus rustique, on a même dit la plus prétentieuse, offre une pierre en granit de deux mètres de longueur, d'un mètre de largeur, de trente-cinq centimètres d'épaisseur; placée horizontalement, surmontée d'un socle cuboïde sur lequel s'élève une petite croix cylindrique et massive, également en granit, avec un entourage très-simple, en fonte, à hauteur d'appui, circonscrivant un espace de neuf pieds sur six. Il est à regretter, pour l'unité si calculée de ce monument, et pour sa durée, que la balustrade ne soit pas, comme tout le reste, en granit de Saint-Malo.

Le gardien nous dit avoir creusé sur la roche vive le sarcophage dans lequel furent déposées, en 1848, les dépouilles mortelles du célèbre auteur de l'*Itinéraire à Jérusalem*.

Sur le mausolée, point d'autre symbole que cette croix; pas une lettre gravée sur cette pierre!... Tel avait été le vœu positivement exprimé par M. de Chateaubriand, lorsqu'il choisit et désigna ce rocher solitaire pour son dernier asile, et qu'il y fit ériger ce monument plusieurs années avant sa mort!...

Ce vœu ne semble-t-il pas exprimer, de la manière la plus péremptoire, la confiance que l'auteur d'*Atala* plaçait dans sa grande célébrité ?

D'autres y chercheront peut-être la preuve du plus exorbitant orgueil? En effet, rien de semblable n'existait encore dans l'immense quantité des mausolées élevés à la mémoire des grands hommes ; et sur la tombe du chantre des *Jardins*, on lit du moins, cette inscription simple et modeste : « Jacques Delille. »

Ceux qui feraient ces réflexions devront toutefois convenir que si l'ombre du grand écrivain partage la vanité que l'on voudrait supposer à sa volonté suprême, cette vanité doit être aujourd'hui bien satisfaite.

En effet, à chaque marée basse, un assez grand nombre de visiteurs s'empressent de faire, au mémorable tombeau, le pèlerinage que sembla désirer l'illustre auteur, en isolant ainsi le lieu de sa remarquable sépulture, et que la curiosité des voyageurs de tous les pays prendra longtemps encore le soin de faire accomplir.

Mais si le projet d'agrandissement de Saint-Malo venait à s'effectuer ; si le Grand-Bay se trouvait ultérieurement enveloppé dans les murs d'enceinte, on comprend le désappointement qu'éprouverait alors cette ombre déçue qui, sans doute, n'aurait pas prévu que l'active industrie de concitoyens aussi malencontreux obligerait ses restes mortels à rentrer dans la ville natale, d'où plus de modestie, plus de simplicité, ne les eût jamais fait sortir.

XXX

RENNES, LAVAL, RETOUR AU MANS.

Nous partîmes de Saint-Malo pour nous rendre au Mans par la route de Rennes. Sur ce trajet, nous traversâmes successivement :

CHATEAUNEUF, — bourg de huit cents habitants, remarquable par les ruines majestueuses d'une ancienne citadelle, par son fort moderne, dont les travaux sont très-curieux, et qui, dans le cas d'invasion, offrirait une défense puissante à l'entrée du département d'Ille-et-Vilaine.

SAINT-PIERRE-DE-PLESGUEN, — village sans aucune importance.

HÉDÉ, — petite ville de onze cents habitants, qui ne présente à l'observation que les ruines de son ancien château.

RENNES.

C'est une ville considérable, de trente-huit à quarante mille habitants, autrefois capitale de toute la Bretagne ; fameuse par son ancien parlement ; aujourd'hui chef-lieu de préfecture du département d'Ille-et-Vilaine. L'*Hôtel de l'Europe*, où nous sommes descendu, est excellent sous tous les rapports.

Nous avons particulièrement remarqué, dans cette grande cité, le contraste que présente la ville basse, humide, malsaine, mal percée, dont les maisons, pour la plupart, sont bâties sans goût, les cours étroites et sans propreté, avec la ville haute, construite sur les ruines que laissa le terrible incendie de 1720, qui pendant huit jours entiers dévora toutes les habitations et tous les édifices de ce quartier.

Dans celui-ci, les maisons, pour le plus grand nombre, sont bien disposées ; les rues larges, droites, les places magnifiques. Nous avons surtout admiré la place du Palais, l'une des plus belles de France ; le palais de justice, la cathédrale, remarquable par son antiquité, son architecture de plusieurs ordres ; la place Royale, la tour de l'Horloge, élégante et gracieuse ; la place d'Armes, la salle de spectacle, édifice moderne d'un très-bon goût ; l'hôtel de ville, d'un style parfait, les promenades du Mail et du Thabor.

Rennes fut la patrie du père Tournemine, de La Chalotais, de La Bletterie, de Lanjuinais, de Sainte-Foix, etc.

NOYAL, — bourg très-connu pour ses manufactures de toile à voile.

CHATEAUBOURG, — village remarquable par ses environs si riches en gras pâturages, et par sa carrière d'ardoise à ciel ouvert, offrant un gouffre de cent vingt pieds de profondeur et d'un effrayant aspect.

VITRÉ, — sous-préfecture d'Ille-et-Vilaine, petite ville de huit mille habitants, dont la porte gothique ressemble à celle d'une prison. On y remarque l'église Notre-Dame, les promenades, la sous-préfecture, ancien couvent de Bénédictins, d'où la perspective est des plus agréables.

A deux kilomètres de Vitré se trouve la terre des Rochers, qu'habita Mme de Sévigné. L'on y conserve encore, du pinceau de Mignard, le portrait de cette femme célèbre, dont les lettres seront toujours citées comme des modèles et comme le chef-d'œuvre du genre.

A deux kilomètres de cet antique manoir coule une source d'eau minérale froide assez renommée. C'est de cette contrée que viennent la plus grande quantité des mouches cantharides employées dans les pharmacies de nos départements de l'Ouest.

LA GRAVELLE, — bourg du Maine qui n'offre rien de notable que ses fabriques de toile.

De Rennes à Laval nous avons observé les sites les plus agréables, embellis encore par de magnifiques prairies, et surtout riches d'une abondante et belle végétation ; conditions rurales qui, jointes à l'excellente nature du bétail, nous firent comprendre la supériorité du beurre fourni par cette contrée de la France.

LAVAL.

Cette ville, chef-lieu du département de la Mayenne, de dix-sept à dix-huit mille habitants, plus riche que belle, remarquable surtout par son grand commerce de toile, offre seulement, comme objets digne d'observation : le vieux château des ducs de Laval, servant actuellement de prison ; l'église de la Trinité, l'hôtel de la préfecture ; la halle aux toiles, établie sur d'assez bonnes proportions ; la place nouvelle, située sur la route, et vers le milieu de laquelle on voit la statue d'Ambroise Paré, né dans cette ville.

En suivant la route du Mans nous vîmes à droite :

SAINT-DENIS-D'ORQUES, — bourg de la Sarthe, de trois cents habitants, d'où l'on aperçoit, à mille mètres environ, les rochers du même nom, dont l'élévation est à peu près de cent mètres au-dessus du niveau de la mer. A leur sommet se trouve une fontaine, et la vue s'étend jusqu'à la ville d'Angers, que l'on découvre à plus de quinze lieues.

Au pied des versants de Saint-Denis, on voit les ruines de l'ancien couvent des Chartreux ; avec ses étangs en partie desséchés, autrefois abondamment empoissonnés pour les besoins de cette maison, actuellement convertis en cultures fertiles.

En passant par cette malencontreuse *Lune*, signalée à notre départ, nous rentrâmes au Mans après avoir ainsi fait le tour entier de la Bretagne.

Pour compléter ce voyage, et pour mieux faire comprendre le

pays que nous avons parcouru, les hommes que nous avons étudiés, nous terminerons par des considérations générales sur l'Armorique et sur ses habitants.

Ces considérations achèveront de prouver, du moins nous l'espérons, que le pays dont nous venons d'examiner les rivages mérite sous tous les rapports d'être visité par les voyageurs qui cherchent l'instruction et les grandes émotions.

Partout, en effet, ils y trouveront des hommes avec leur caractère, leurs mœurs et leurs usages particuliers ; des monuments nombreux et spéciaux ; des sites merveilleux et des spectacles naturels d'une imposante majesté !...

CONSIDÉRATIONS GÉNÉRALES

SUR

LA BRETAGNE ET SUR SES HABITANTS

La Bretagne, comme tous les pays; les Bretons, ainsi que tous les peuples, offrent leur époque fabuleuse et leurs temps historiques.

Le berceau des nations est presque toujours enveloppé d'un nuage mystérieux qui ne laisse voir leurs traits natifs qu'à travers le prisme trompeur du doute et des illusions. Tant qu'elles sont à l'état d'enfance, on les enregistre à peine dans les archives de l'avenir; c'est seulement alors que l'adolescence leur donne des formes plus stables et mieux déterminées, qu'on les signale assez positivement aux regards des générations présentes, pour qu'elles vivent, sans contestation, dans les souvenirs de la postérité.

Mais lorsqu'elles ont pris ces grandes et riches proportions, lors surtout qu'elles se distinguent du commun des peuples par leur mâle et puissante énergie, par leurs travaux, leurs victoires, ou même par de glorieuses défaites ; lorsque leur indomptable nature supporte l'adversité sans abattement et sans faiblesse ; lorsqu'elles se relèvent toujours avec orgueil et ne se courbent jamais avec humiliation ; lorsqu'enfin elles se trouvent subjuguées sans être conquises, sans changer ni leur caractère, ni leurs mœurs, ni leurs croyances, alors le pinceau de l'histoire fait plus encore, il représente leur noble physionomie sur la toile inaltérable des siècles, en la montrant avec complaisance aux avides regards de l'immortalité !...

Ces considérations, applicables à toutes les régions du globe, le sont plus particulièrement encore à celle que nous étudions.

Pour donner à nos corollaires toute la clarté qu'ils doivent offrir, nous les exposerons sous les titres suivants : *Précis historique de la Bretagne, — État actuel du pays, — Caractère et mœurs des habitants.*

XXXI

PRÉCIS HISTORIQUE DE LA BRETAGNE.

Les poètes, comme on l'a dit avec raison, ayant presque toujours été les premiers historiens des pays, faut-il s'étonner de voir l'origine des peuples environnée des prestiges et des illusions de la mythologie. La Bretagne ne devait point échapper à cette loi commune.

Aussi les uns prétendent qu'Hercule, revenant d'Afrique et passant par les Gaules, épousa la nymphe Celto, et que de ce mariage naquirent les Celtes, aïeux des Bretons.

Les autres leur donnèrent une origine également illustre, mais aussi contestable, en les faisant descendre d'Enée et d'Ascagne.

Enfin, d'autres soutiennent que les ancêtres des Bretons furent des Celtes-Gaulois, véritables sauvages libres, tatoués, nomades, venus d'Orient, et fuyant devant la civilisation jusqu'à cette extrémité de la terre.

Abandonnant toutes ces versions et le domaine de la fable, qu'elles servent à constituer, nous rentrerons immédiatement dans celui de l'histoire.

Vers une époque indéterminée, mais bien antérieure à la venue de Jésus-Christ, les Scythes, habitants des forêts septentrionales, en chassèrent les Celtes, qu'Hérodote, l'un des premiers, fait connaître sous le nom de Cimmériens. Ces peuples fugitifs se partagèrent en deux grandes familles, dont l'une se porta vers l'Asie-Mineure, l'autre vers l'Occident, poursuivie sans aucune trêve par ses farouches persécuteurs.

Après avoir, pendant quelque temps, erré dans la moderne Germanie, les Celtes-Cimmériens firent irruption sur la Gaule, occupée, depuis un temps qu'il est impossible de préciser, par les Celtes-Gaulois, qui semblent partis du même point, si l'on en juge toutefois par leur conformité de tempérament, de mœurs, de langage et de religion.

Quelle que soit, du reste, leur différence ou leur conformité primitive, il est certain qu'il s'établit, avec les rapports habituels des Cimmériens et des Gaulois, une véritable fusion entre ces deux peuples, qui n'en formèrent bientôt plus qu'un seul, occupant, à l'arrivée de César, cinquante-huit ans avant Jésus-Christ, les pays connus depuis sous les noms de Gaule et de Grande-Bretagne.

Ainsi, des Celtes paraissent être venus les Gaulois, habitants de la Gaule proprement dite; les Kimris, de l'Armorique ; les Cambriens, de l'Angleterre.

Les Gaulois avaient la taille élevée, la peau blanche; ils étaient blonds, agiles, bouillants, terribles et redoutables, surtout au premier choc; leurs femmes, grandes, altières, portaient le courage et le dévouement jusqu'à l'héroïsme.

Les Kimris, plus basanés, plus calmes et plus réfléchis, semblaient moins belliqueux et moins à craindre.

Le nom d'*Armorique*, de *ar mor*, la mer, fut donné d'abord à la plupart des pays maritimes; plus tard, il servit surtout à désigner la Bretagne, qui le conserva longtemps encore après l'invasion de César, dont les armées refoulèrent ces différents peuples jusqu'au fond de la presqu'île, et finirent par les subjuguer.

C'est particulièrement aux *Commentaires* de ce grand capitaine que nous devons les premières notions positives sur ce pays et sur ses habitants.

A l'arrivée de César, six peuples se distinguaient encore dans l'Armorique : 1° *les Nannètes* ou *Nantois*, habitant le territoire de Nantes; 2° *les Vénètes*, de Vannes, du Morbihan; 3° *les Osismiens*, de Concorneau, du Finistère; 4° *les Curiosolites*, de Corseul, de Saint-Brieuc; 5° *les Diablintes*, de Dol, de Saint-Malo; *les Rhédones* ou *Rennois*, de Rennes.

La presqu'île armoricaine, que nous verrons jusqu'à sa réunion à la France, sous François Ier, constituer une province confédérative par l'alliance solidaire et naturellement intéressée de ces petits peuples, d'abord sous le nom d'Armorique, ensuite sous celui de Bretagne, dont Rennes était la capitale, baignée par l'Océan dans les trois quarts de sa circonférence, formait une presqu'île offrant, de Clisson au Conquêt, sa plus grande longueur, quatre-vingts lieues, et quarante dans sa largeur principale, de Vannes à Saint-Malo.

Son nom de Bretagne, de même que celui de Bretons, donné plus tard à ses habitants, vient, suivant les uns, de *brétoun*, *breizad*, de *briz*, peint de différentes couleurs; et, d'après les autres, de *bro*, pays, et de *thon*, *than* ou *den*, homme : homme du pays.

« Toute cette presqu'île n'était alors, dit M. Pître-Chevalier, qu'un sol âpre et noir, coupé de ravins et de fleuves sans nom, défoncé par d'inextricables marais ; là couvert de forêts vierges, ici de bruyères sauvages, de dunes bouleversées par les orages ; région triste et solitaire, ajoute l'auteur de *Velléda*, enveloppée de brouillards, retentissant du bruit des vents, et dont les côtes, hérissées de rochers, étaient battues d'un océan sauvage. »

Aussi Jules-César fut-il fier de la conquête de ces peuples, et surtout de celle des Vénètes ; plusieurs villes, aujourd'hui détruites, étant alors d'un très-difficile accès, notamment aux bords du Morbihan ou petite mer, protégées par des marais impraticables et par le flux de l'Océan, revenant deux fois chaque jour.

Divisée par la nature du sol, autant que par les mœurs, les usages de ses habitants, en deux parties, sous les noms de haute et basse Bretagne, constituant anciennement un pays d'états souvent ravagés par des invasions et des guerres civiles, cette province, comme nous l'observerons, viendra sous François Ier, en 1532, se ranger, après bien des résistances désespérées, sous la couronne de France, pour former enfin les cinq départements qu'elle présente aujourd'hui : Loire-Inférieure, Morbihan, Finistère, Côtes-du-Nord, Ille-et-Vilaine.

Son peuple courageux, opiniâtre, indomptable, esclave de sa parole et de ses convictions, va nous offrir l'exemple rare et merveilleux d'une petite nation luttant avec une mâle énergie contre les ennemis les plus puissants ; écrasée par le nombre, se relevant toujours ; enfin captive et subjuguée, jamais soumise ni vaincue !...

« Les Romains et les Germains, les Normands et les Français, frapperont tour à tour, et à coups redoublés, sur cette indestructible nation, dit M. Pître-Chevalier. Telle terre, telle race : elle supportera ces assauts, comme les caps de son paradis de pierre supportent le choc éternel de l'Océan!...»

Nous trouverons même dans l'esprit de ces peuples tous les caractères de la plus excentrique et de la plus courtoise chevalerie; et le grand Arthur sera vénéré dans tous les temps, comme le chef et le génie protecteur de leurs preux les plus redoutés et les plus vaillants.

Dans ces temps reculés, on voyait la population des Gallo-Kimris partagée en cinq classes : *les druides*, ou prêtres; *les nobles*, ou possesseurs de fiefs; *les ambactes*, ou soldats volontaires; *les clients*, ou agents de charges; enfin, *les serviteurs* et *les esclaves*.

« Pendant longtemps, d'après M. Pitre-Chevalier, les Gaulois eurent droit de vie et de mort sur leurs femmes et sur leurs enfants. La polygamie était alors en usage parmi les riches.... Les mères élevaient leurs fils jusqu'au jour où ils portaient les armes; ce jour-là, seulement, le jeune Gaulois commençait à exister pour son père. »

Ces peuples primitifs étaient de véritables sauvages qui se tatouaient et se peignaient la peau, relevaient leurs cheveux sur la tête, s'affublant de coiffures et de costumes bizarres. Toujours en guerre, ils vivaient des produits de la chasse et de la pêche, et bravaient déjà les vagues de l'Océan dans leurs petites barques en osier, couvertes de peaux, et qu'ils conduisaient à la rame.

Leurs armes étaient des haches en pierre, nommées *celtæ*, des couteaux de même nature et des pointes semblables fixées à l'extrémité d'un long manche, à la manière d'un fer de lance; le bouclier en osier, en peaux desséchées, constituait leur principal moyen de défense.

Ils étaient presque toujours accompagnés de vigoureux dogues, surtout pour la protection de leurs bagages.

Leur télégraphie, dont on retrouve encore aujourd'hui l'usage dans certaines régions, consistait à faire passer les nouvelles importantes d'une colline à l'autre, par le moyen de la voix.

Leurs habitations se composaient de grottes creusées dans le roc, de huttes en terre; plus tard, d'espèces de grandes ruches bâties en pierres, en bois, en terrasses, couvertes en chaume; offrant pour tout passage à l'air, à la lumière, une porte assez étroite; pour cheminée, trois pierres plates constituant l'âtre; la fumée s'échappait par le sommet du cône, dont chaque maison avait la forme.

Les chefs se fortifiaient soit sur le bord de la mer, au moyen de murailles à pierre sèche, soit derrière les marais, soit enfin dans les forêts, en s'entourant de barricades.

Posidonius, dit M. Pitre-Chevalier, décrit ainsi leurs repas : « Autour d'une table basse, on trouve disposées par ordre des bottes de foin ou de paille : ce sont les siéges des convives. Les mets consistent d'habitude en un peu de pain et beaucoup de viande bouillie, grillée ou rôtie à la broche; le tout servi proprement dans des plats de terre ou de bois chez les pauvres, d'argent ou de cuivre chez les riches; quand le service est prêt, chacun fait choix de quelque membre entier d'animal, le saisit à deux mains, et mange en mordant à même. On dirait d'un repas de lions... On boit à la ronde, dans un seul vase en terre ou en métal... Le riche boit du vin, le pauvre de l'hydromel ou de la bière... Dans les festins nombreux et d'apparat, la table est ronde...; la place d'honneur appartient au plus considéré par la vaillance, la noblesse ou la fortune. »

Cette description nous fait comprendre qu'à l'époque où Posidonius visitait les Armoricains, ils étaient déjà loin de cette première simplicité que nous rend si bien Dion Cassius : « Une racine pour nourriture, de l'eau pour breuvage, un arbre pour maison, une arme pour défense, voilà ce qui leur suffisait. »

Si nous recherchons quelles furent les premières dispositions gouvernementales de l'Armorique, nous voyons d'abord une sorte de théocratie plus ou moins despotique sous l'empire des druides, que nous montrerons avec leur pouvoir immense et leurs puériles ou monstrueuses cérémonies. Mais, comme le fait judicieusement observer M. de Courson, bientôt on y voit, comme chez presque tous les peuples naissants, poindre le type essentiel du système féodal. En effet, ce sont des familles réunies pour former des cantons; ceux-ci, pour constituer des cités; ces dernières, pour établir des confédérations.

Les seigneurs ou chefs de clan nommaient par élection un gouverneur annuel pour administrer la cité, un général pour défendre le territoire; un chef des chefs, ou roi, qui, dans les temps de guerre, devenait un véritable dictateur.

Dans les circonstances ordinaires, l'armée, si l'on peut ainsi nommer la réunion de ces hordes presque sauvages, se recrutait au moyen des enrôlements volontaires; mais si le pays se trouvait menacé d'une invasion, tous les hommes en âge, en état de porter les armes, étaient nécessairement soldats. On soumettait à d'affreuses mutilations, on punissait même de mort ceux qui, sans un motif suffisant, cherchaient à se dispenser de cette obligation commune.

Ils faisaient, comme les nations barbares, des trophées avec les têtes de leurs prisonniers; et, pour eux, le plus beau triomphe était de pouvoir boire dans le crâne d'un ennemi vaincu.

Les druides et les nobles seigneurs étaient seuls considérés dans le gouvernement; ces deux corps puissants, qui commandaient avec despotisme, se heurtèrent plus d'une fois avec violence ; mais le premier devait succomber sous la divine raison du christianisme ; le second s'élever, au contraire, en proportion de la décadence progressive de son rival. Étudions particulièrement les caractères principaux de ces deux grands éléments du pouvoir, les trois autres catégories s'unissant pour constituer le peuple, sans action et sans influence notable.

DRUIDISME.

D'après M. A. Thierry, les Kimris auraient puisé les premiers éléments de cette religion dans les cultes secrets de l'Orient, pendant leur long séjour en Asie, et les auraient importés dans l'Armorique.

Les traditions de ce peuple nomade nous apprennent, d'un autre côté : « que ses premières tribus, conduites par *Hu-Gadarn*, *Hu le Puissant*, leur *prêtre-dieu*, traversant la mer Brumeuse, apportèrent la religion druidique aux Gaulois, plongés dans les ténèbres du polythéisme. »

Quelle que soit, du reste, l'origine de cette religion, ses dogmes fondamentaux sont : l'éternité de l'esprit et de la matière; l'inaltérabilité du monde dans sa substance, et ses modifications de forme sous l'influence des deux agents essentiels : le feu et l'eau ; le passage de l'âme, lorsqu'elle abandonne le corps, dans une sphère inférieure ou supérieure, suivant qu'elle a bien ou mal fait. Dans la sphère supérieure, l'homme reprenait ses instincts, ses passions et ses habitudes ; y retrouvait les objets auxquels il avait été le plus attaché ; superstition extravagante qui, plus d'une fois, conduisit à consumer sur le bûcher du défunt, son cheval, ses armes, sa femme, ses clients, etc... On croyait, par des lettres jetées dans les flammes, pouvoir correspondre avec les morts, etc.

Le druidisme n'admet qu'un Dieu : *Hu-Gadarn*, pouvant, d'après les croyances populaires, prendre autant de formes qu'il offre d'attributs. Il avait une femme nommée Koridwen. Leur histoire, d'après la tradition, ressemble beaucoup à celle de nos premiers parents, avec cette variante que dans leur postérité se trouve un enfant maudit par *Hu-Gadarn*, au grand chagrin de la mère, et, sous le nom de Gwion, ainsi que Moïse, miraculeusement sauvé des eaux pour devenir comme lui premier législateur de tout un peuple.

Chez ces fanatiques, le chêne était surtout révéré comme sanctuaire de leur Dieu ; les forêts consacrées inspiraient une vénération, une terreur si profonde, que d'y porter la hache eût été regardé comme une profanation et la cause des plus grandes calamités.

Ces dogmes religieux n'étaient point écrits, et ceux qui désiraient entrer dans la redoutable congrégation, devaient faire un noviciat de vingt ans au moins pour s'instruire dans un enseignement oral, et par les cérémonies d'initiation, à cet institut puissant qui se divisait en trois ordres :

Les bardes — ou poètes, improvisateurs sacrés, qui tantôt chantaient le Dieu de la nature, les héros morts pour la patrie ; et tantôt, armés de la lance ou de la hache, s'attachaient comme guerriers aux riches et puissants seigneurs. Ils portaient des vêtements courts ordinairement ; et revêtaient quelquefois la cuirasse.

Les ovates — ou devins, physiciens, astronomes, sacrificateurs et médecins, étaient encore employés à tous les actes publics ou privés, religieux ou civils, qui ne pouvaient s'accomplir sans leur participation officielle. Ils étaient vêtus de la robe sacerdotale simple et sans aucun ornement.

Les druides, — que l'on a fait dériver de *derv* ou *derô*, chêne, représentaient en même temps le sacerdoce, la législature et l'enseignement exclusif. En possession de l'instruction à peu près tout entière, de l'interdiction des sacrifices, de la richesse du pays, leur puissance était redoutée même des chefs éphémères de la nation, dont ils dirigeaient presque sans partage l'élection ou le renvoi. Seuls ils possédaient les connaissances de la religion et de la haute philosophie. Disposant du droit de faire la guerre ou la paix, rien ne manquait à leur empire, à leur suprématie. Vêtus d'une longue robe de lin blanc, d'un manteau de la même étoffe, ils portaient, comme signes distinctifs, des bracelets en or ; leur chef, une ceinture de ce métal, une couronne de chêne ; ce chef ou archi-druide était nommé par élection ; il tenait comme sceptre la serpette en or destinée à couper le guy.

« On se figure, ajoute M. P. Chevalier, quel despotisme devaient exercer de pareils personnages, dépositaires de tout pouvoir, interprètes de toute loi, juges et bourreaux tout ensemble, épiant la société entière par les yeux de leurs adeptes ; cachés eux-mêmes dans des forêts aussi vieilles que le monde, où pénétraient à peine les rayons du soleil, dont la tempête seule troublait le vaste silence, et dont ces blancs fantômes ne sortaient que pour célébrer les plus terribles mystères, pour frapper au cœur des victimes humaines, ou pour prononcer des arrêts sans appel. Malheur à celui qui encourait leur excommunication !... Il n'était plus qu'un objet d'horreur et de haine ; on pouvait l'abandonner, le dépouiller, le tuer impunément. Les rois les plus puissants tremblaient devant la face des druides ; sur leurs trônes dorés, ils n'étaient que les ministres et les serviteurs de ces rois des rois. »

Leur morale valait mieux que leurs actions ; elle était simple et se réduisait à peu près à ces trois points : « Adorer Dieu, s'abstenir du mal, être brave dans toutes les occasions. »

Sans paraître obligés au célibat par leurs institutions, le plus grand nombre s'y condamnait volontairement.

Indépendamment de ces prêtres, l'Armorique avait encore des espèces de magiciennes ou pythies, également nommées druidesses, très-célèbres, très-renommées dans l'art de prédire l'avenir. Leur culte disparut avec celui des druides, qu'elles épousaient rarement, vouées le plus souvent à la virginité ; mais le prestige, la crainte et la superstition qui les environnaient survécurent à leur institution : dans le moyen âge on les retrouve sous le nom de fées, un peu plus tard sous celui de sorcières.

Les Kimris en général, et les druides en particulier, portaient cette superstition à l'extrême dans le culte qu'ils rendaient aux fleuves, aux fontaines, aux forêts, aux arbres, aux plantes, etc. On peut même dire que ce sentiment était tellement inhérent au sol de l'Armorique ancienne, qu'il existe encore dans la Bretagne nouvelle, seulement il a changé d'objets.

Parmi les plantes, la plus révérée, celle qui jouait le principal rôle dans le culte druidique, était le guy de chêne, dont ils avaient fait une panacée universelle, guérissant tous les maux et pouvant assurer tous les genres de succès. Il est aisé de prévoir, avec de telles vertus, ce qu'un spécifique si puissant et si précieux pouvait rapporter à l'institution. On comprend dès lors que les plus imposantes cérémonies devaient donner à sa récolte le prestige bien nécessaire au maintien de l'aveugle confiance dans les vertus merveilleuses qu'il était loin de posséder.

Cette récolte du guy de chêne, le seul qui fût recherché, s'effectuait une seule fois par an, toujours au solstice d'hiver, le sixième jour de la lune. Une immense procession se dirigeait alors en grande pompe vers le chêne sacré, porteur du merveilleux arcane : la marche était ouverte par les bardes ; venaient ensuite les chœurs des jeunes filles, chantant des hymnes ; les sacrificateurs, conduisant avec des torches allumées les taureaux blancs qu'ils devaient égorger sur le dolmen ; les délégués des villes, portant un rameau de chêne, symbole du pouvoir ; le corps des druides et leurs initiés ; deux commissaires de la congrégation, dont l'un portait l'œuf de serpent, essentiellement vénéré, l'autre la main de justice ; l'archi-druide, la tête ceinte des bandelettes distinctives et la main armée de la serpe d'or ; les druidesses, couronnées de verveine ; la noblesse ; les guerriers sous leurs armes ; enfin, les populations entières de la contrée.

Un druide alors désigné par le chef montait sur le chêne, cueillait avec la serpe d'or le guy, reçu dans un voile blanc que tendaient, au-dessous, d'autres druides, cette plante ne devant jamais toucher la terre.

On procédait ensuite à l'immolation des victimes, à la consécration du précieux végétal, que l'on distribuait au peuple, dont la robuste crédulité se gardait bien alors d'en suspecter les inépuisables vertus.

Si du moins le culte des druides se fût borné à ces pieuses mystifications, à ces grossières pratiques du sacrifice des animaux, ce culte pourrait inspirer la dérision ou la pitié, mais il ne soulèverait pas l'horreur et l'indignation !...

Peut-être les *Commentaires* du conquérant de l'Armorique ont-ils exagéré l'énormité des sacrifices humains consommés par le coutelas en pierre de ces fanatiques égorgeurs, mais il est impossible de contester sérieusement la réalité de ces barbares et coupables exécutions.

« Les Gaulois, dit M. P. Chevalier, croyaient racheter la vie d'un homme par la vie d'un autre.... Le Celte cherchait dans les entrailles d'un ennemi torturé, ses propres destins ou ceux de la patrie. De vieilles femmes aux pieds nus, aux cheveux blancs, à la ceinture d'airain, accompagnaient les armées ; elles dressaient dans le camp leur appareil de sorcellerie : l'escabeau, le coutelas et la chaudière de cuivre, puis elles frappaient à la gorge les captifs désignés par le sort, lisaient l'avenir dans la couleur ou l'effusion de leur sang, et se partageaient en hurlant leurs entrailles palpitantes !.... »

Indépendamment des victimes innocentes, on donnait aux druides les criminels condamnés et destinés aux sacrifices ; trop souvent ils trafiquaient de leur immolation en la faisant escompter au moyen des plus riches présents.

« Au jour indiqué, d'après M. P. Chevalier, le collége s'assemblait dans l'enceinte réservée ; le condamné était étendu sur le dolmen, au pied d'un vieux chêne orné de trophées d'armes ; le chef des druides, tourné vers l'orient, invoquait la lumière du soleil : l'ovate frappait la victime, au-dessous du diaphragme, avec un de ces couteaux de pierre qu'on trouve encore enfouis sous les monuments celtiques ; et, au bruit des voix et des instruments des bardes, le prêtre interrogeait l'agonie du supplicié. »

Détournons actuellement nos regards des sanglants holocaustes d'un culte fanatique et barbare, dont les principes inhumains et mensongers devaient s'évanouir au jour si brillant et si pur de la douce et consolante religion du Christ.

Si quelque chose doit nous surprendre et nous affliger en même temps, c'est l'extrême lenteur avec laquelle s'effectua, dans le pays que nous venons d'étudier, cette bienfaisante et miraculeuse transformation.

« Ce ne fut qu'après une résistance opiniâtre, qui dura des siècles, que le druidisme disparut de la Gaule, dit M. Cayot-Délandre, secrétaire de la Société Archéologique du Morbihan. Les forêts de l'Armorique servirent de retraite à ses prêtres poursuivis ; ils y entraînèrent une partie de la population ; ils y célébrèrent avec plus de rigueur et de fanatisme que jamais les rites et les cérémonies de leur culte. Les sacrifices humains continuaient encore au VIIe siècle...., et tandis que les évêques tonnaient du haut de leurs chaires contre ces profanations, et que Charlemagne ordonnait de renverser tous les monuments druidiques, les prêtres de cette religion proscrite, réfugiés au plus profond des bois, bravaient audacieusement les prédications et les édits de leurs adversaires. »

NOBLESSE.

En Bretagne, comme partout, les premières distinctions qui s'attachèrent aux personnes furent individuelles et basées sur la force physique, le courage, l'intelligence et les éminentes qualités du cœur : d'où résultèrent des victoires dans les combats, la possession des dépouilles et plus tard des richesses ; les œuvres de génie, de vertu, avec leur part de gloire et de renommée. Ces avantages plus ou moins remarquablement conquis, devinrent autant de biens patrimoniaux qui se transmirent par héritage et finirent par constituer positivement les bases fondamentales des familles nobles.

A ce point de vue, la Bretagne mérite un rang distingué. Nulle part les écussons et leurs armoiries ne furent mieux acquis et mieux portés ; les faits viendront immédiatement établir cette vérité hors de toute contestation.

On trouve, même aux temps anciens, dans l'Armorique, ces principes de bon sens et d'équité qui ne permettent pas d'admettre qu'un homme est nécessairement capable et doit occuper un poste éminent, par cela seul qu'il est né d'un père illustre :

« En Bretagne, la noblesse était héréditaire et formait une classe à part, dit M. P. Chevalier ; mais la naissance, sans l'élection, ne donnait aucune prépondérance dans l'État. »

Ces premiers seigneurs qui jetèrent les fondements de la féodalité, qui plus tard se *catégorisèrent* en ducs, barons, bannerets, chevaliers, écuyers, etc., placèrent leur principale gloire à s'entourer de nombreux clients, soldures, ambactes, partisans, etc., dont l'ensemble formait pour eux une sorte de grande famille, un clan qu'ils commandaient et protégeaient dans toute rencontre. C'était un assaut continuel de zèle, de dévouement et d'affection entre le chef et ses subordonnés. « Ces hommes, dit M. P. Chevalier, partageaient, aux termes du pacte d'amitié, tous les biens de la vie avec leur patron ; mais si celui-ci périssait de mort violente, ils partageaient aussi sa mort et se tuaient de leur propre main ;... en revanche, le chef qui eût laissé opprimer ou circonvenir son clan, se serait déshonoré aux yeux de tous. C'est dans les institutions de ce genre que nous trouverons les premiers rudiments de la chevalerie.

D'abord vêtus à la légère, ces fiers Armoricains s'aperçurent bientôt qu'ils ne pouvaient lutter, malgré leur indomptable valeur, contre des ennemis bardés de fer; aussi le commerce et la guerre, en leur donnant la connaissance des métaux, les mirent-ils bientôt en mesure de se couvrir, à leur tour, d'armures si pesantes, qu'il fallut des Duguesclin et des Clisson pour les bien porter.

« Tous les Gaulois étaient soldats, dit M. P. Chevalier; chaque mère faisait baiser à son nouveau-né l'épée nue de son mari : c'était là le baptême des enfants. »

On comprendra facilement que de tels chefs et de tels soldats ne devaient pas supporter avec patience le joug despotique de l'intolérant et barbare druidisme; aussi commencèrent-ils à le secouer avec violence et quelque succès, même avant que le christianisme, par ses persuasifs enseignements, vînt puissamment les seconder et les soutenir dans ce grand acte d'affranchissement et de civilisation.

On doit également concevoir qu'un tel peuple, même exposé aux plus rudes épreuves, même pressé par les conquérants du monde et par leurs formidables armées, sera toujours difficile à vaincre et ne se trouvera jamais complétement soumis.

L'Armorique était dans la situation que nous venons de préciser, lorsque s'effectua sur son territoire vierge et presque sauvage la première excursion sérieuse que nous ayons à signaler.

INVASION ROMAINE.

Ici vont commencer les rudes épreuves et les terribles catastrophes des peuples armoricains; ici va s'éclairer et grandir leur histoire, éloquemment écrite par la main de leur premier, de leur plus redoutable vainqueur.

Aux armes ! dignes et généreux enfants de l'Armorique ! aux armes !... La reine du monde, qui déjà commence à ressentir les funestes influences d'une civilisation abusive, et semble ainsi préluder à sa décadence, bien qu'elle soit encore au sommet de la gloire, vient vous dépouiller de vos possessions, vous soumettre à son redoutable empire. Elle semble éprouver le besoin de retremper sa mollesse dans votre mâle énergie ; de reconstituer son perfide et vénal caractère dans votre indépendante et franche loyauté : aux armes !... Pour vous plus de repos, à peine quelques trèves... Les grandes puissances de la terre semblent se liguer contre votre antique indépendance. Aussitôt que l'une disparaîtra de la scène sanglante, l'autre voudra s'élever à votre taille pour vous combattre et vous envahir à son tour : aux armes !... Les combats seront opiniâtres, longs et glorieux pour vous ; et si votre Bretagne, après bien des siècles d'illustration, vient à fléchir sous le poids de la force et du nombre, sa défaite offrira, même alors, tout le prestige de la plus honorable victoire !...

Quel spectacle à la fois admirable, saisissant et douloureux, de voir cette petite nation, debout comme un seul homme, défendant son pays et sa liberté avec toute l'énergie du courage et du désespoir, contre les terribles armées de cette Rome ambitieuse, envahissante, qui déjà tenait dans ses fers l'univers presque tout entier !

Quelle gloire pour cette même nation de voir le grand César, actuellement sans rival dans le monde, se féliciter, s'enorgueillir surtout d'avoir subjugué l'Armorique !

Si ce généreux peuple n'avait pas, jusqu'ici, compris toute sa valeur, combien il dut alors s'estimer; combien il dut ressentir d'orgueil à cette éclatante et sincère manifestation !...

Faudra-t-il dès lors s'étonner si nous le voyons ultérieurement lever la tête jusque sous le despotisme d'un tel maître, et se redresser incessamment, comme un ressort infatigable, sous la pression de toutes les grandes puissances qui tant de fois cherchèrent à le rompre, sans parvenir même à le courber !...

Honneur donc à ce peuple valeureux, qui sut toujours s'inspirer de sa foi, de ses convictions, de ses principes, et qui dans tous les temps s'illustra presque autant par ses défaites que par ses étonnants succès !

« Voici maintenant venir Jules-César, l'historien conquérant, dit M. P. Chevalier, l'épée dans une main et la plume dans l'autre, apportant une lumière impérissable à notre histoire et une servitude passagère à nos aïeux. »

« J'aurais voulu voir, ajoute M. Michelet, cette blanche et pâle figure fanée avant l'âge par les débauches de Rome, cet homme délicat et nerveux, le front nu sous les pluies de la Gaule, à la tête des légions, traversant les fleuves à la nage; ou bien à cheval au milieu de sa garde germaine, entre les litières où ses secrétaires étaient portés, dictant quatre, six lettres à la fois; exterminant sur son chemin deux millions d'hommes et domptant en dix années la Gaule, le Rhin et l'Océan du nord. »

Deux mobiles puissants, deux passions inflexibles dans leurs déterminations, implacables dans leurs châtiments : l'ambition et la vengeance, poussèrent violemment dans les Gaules cette Rome affamée de la gloire et des richesses du monde, ravagée plusieurs fois par les Celtes, et que Brennus avait eu la dangereuse imprudence d'humilier, en jetant, avec mépris, le poids de son épée dans la balance qui devait apprécier la rançon du grand peuple ; en prononçant avec orgueil ces fatales paroles qui retentirent jusque dans les derniers échos des Alpes, comme la sinistre voix du tocsin : « *Væ victis !...* » *Malheur aux vaincus !...*

Cette invasion des Gaules, dont l'époque remonte à près d'un demi-siècle avant l'ère chrétienne, et qui nécessita dix années d'opiniâtres et sanglants combats, se compléta par celle de l'Armorique, où la hache d'armes frappa son dernier coup.

César s'illustra dans ces mémorables campagnes, acquit à la fois la plus haute réputation d'historien, d'homme d'état, de grand capitaine, par les plus éminentes qualités de l'esprit, et surtout par une bravoure devenue proverbiale. La seule énumération de ses conquêtes offre quelque chose de fabuleux :

« En huit années, dit Plutarque, César avait forcé huit cents villes, subjugué trois cents nations, vaincu trois millions de combattants, dont un million de morts et un million d'esclaves. En échange de tout cela, il n'avait laissé aux Gaulois que son épée, tombée sur un champ de bataille. Ses soldats la retrouvèrent suspendue dans un temple et voulurent la reprendre : « *Laissez-la, dit le proconsul en souriant, elle est sacrée.* »

Revenue de sa première et profonde stupeur, l'Armorique résolut de secouer le joug de Rome. Les Vénètes donnèrent le signal de la révolte. *Dariorik*, leur capitale, devint le centre de l'insurrection ; et de ce port sortirent deux cents vaisseaux, qui, au grand étonnement de César, vinrent se ranger fièrement en bataille devant la flotte romaine, qu'ils auraient bien probablement défaite, si le génie du conquérant n'eût aussitôt fait armer de faux ses galères agiles, de manière à couper toutes les manœuvres des lourds vaisseaux ennemis ; à convertir cette action navale en combat d'abordage, où les Armoricains devaient succomber sous le nombre et sous la valeur des plus intrépides soldats. Le désastre fut complet dans cette bataille, où César avait joué sa gloire et peut-être la conquête des Gaules : aussi l'implacable vainqueur s'en vengea-t-il cruellement. Cette page n'est assurément pas la plus honorable de son histoire !

« Ainsi furent anéantis en un jour la marine et le commerce des Vénètes, dit M. P. Chevalier. Avec la fleur de cette vaillante nation, l'espérance de la confédération s'engloutit sous les flots : l'inexorable proconsul fit décapiter tous les sénateurs de *Dariorik*, et le reste de la population, vendu sous la lance, fut dispersé par l'esclavage. *Condivicum*, ou Nantes, dit un vieux manuscrit, avait eu le même sort que *Dariorik*. Sûr alors de la soumission de l'Armorique, César passa dans l'île de Bretagne.... Mais cette île, si ardemment convoitée par Rome, ne fut conquise que sous les empereurs. »

La Gaule fit un dernier effort d'affranchissement, commandée par Vercingétorix, le dernier de ses braves : dans un même jour, trente villes furent incendiées par décision du conseil suprême des confédérés ; les révoltés firent des prodiges de valeur, mais sans ensemble et sans unité d'action. Ils ne recueillirent, pour prix de leur dévouement et du plus généreux héroïsme, que l'esclavage et la misère !...

Leur illustre chef, après avoir langui dans les fers de Jules-César pendant six ans, fut traîné au Capitole derrière le char de son vainqueur, dont l'arrêt barbare le fit lâchement étrangler : c'était ainsi que Rome traitait alors ses plus valeureux ennemis, et que ses plus fameux conquérants déshonoraient leurs triomphes !...

Toutefois, ce dernier crime ne tarda pas à présenter sa terrible expiation : le vainqueur des Gaules, associant l'ambition à la cruauté, convoitant l'empire absolu du monde, vint tomber sous le poignard des conjurés, au milieu même du sénat, qu'il avait ébloui par ses merveilleux succès, et qu'il eût peut-être corrompu par ses immenses largesses!...

L'Armorique est vaincue, subjuguée, mais non réduite. Pendant quatre siècles, son génie de réaction paraît sommeiller sous la domination étrangère, qui la meurtrit, la pressure sans pouvoir la façonner à ses usages, à ses mœurs, à ses croyances.

Partout elle se couvre de stations et de voies romaines : les unes faisant du pays une sorte de bivac en permanence, les autres l'embrassant dans leurs tracés granitiques, à la manière d'un réseau d'esclavage et d'exploitation.

De ces belles routes stratégiques, les unes sont encore évidentes, les autres ont été retrouvées par nos habiles archéologues, et leur utile connaissance peut amener à mieux apprécier les villes et les positions importantes de l'ancienne Armorique. Ainsi l'on rencontre ces grandes lignes de communication, de Vannes à Corseul; à Angers, à Port-Louis, à Loch-Maria-Ker, à Port-Navalo, à Rennes, etc.; de Nantes à Vannes, etc.; de Rennes à Carhaix par Castel-Noëc, etc.

Que faisaient l'esprit et le cœur des indomptables Kimris pendant ces longues années d'esclavage, de honte et de souffrance?

Leur cœur, profondément ulcéré par l'orgueil, les exactions et les mauvais traitements du despotisme, n'éprouvait qu'un sentiment, celui de la vengeance!...

Leur esprit, courbé sous l'absolutisme le plus humiliant, aigri par l'injure, animé, soutenu par le fanatisme, n'admettait qu'une pensée, mais une pensée profonde, énergique et toujours prête à se traduire : celle de l'insurrection !...

Le lion dormait en apparence ; mais il ne tarda pas à manifester son puissant caractère par un terrible réveil !...

Quelques parcelles, quelques villes détachées du pays, quelques seigneurs oublieux, sacrifiant l'éclat de leur blason ou leur gloire personnelle, partagèrent les faveurs et les délices de Rome, en échange de leur encens et de leur apostasie !... Mais le sol véritable et le cœur de la nation conservèrent leur mâle indépendance et leur noble caractère :

« Les Romains, dit M. P. Chevalier, avaient pu détruire ou occuper les villes de l'Armorique ; séduire ses chefs par des honneurs ou les ruiner par des tributs ; exterminer ou enlever une partie de sa population, mais celle qui était restée dans le pays n'avait point été réduite en esclavage : la nationalité avait triomphé de la domination. »

Le grand peuple vainqueur, entraîné vers sa décadence par les excès de la civilisation et du luxe, allait marcher bien rapidement à sa ruine !... Le petit peuple vaincu, fort de sa primitive et rustique simplicité, devait bientôt se relever, grandir, et recommencer des luttes nouvelles : la Bretagne allait enfin naître des débris et des cendres de l'Armorique !...

AFFRANCHISSEMENT.

Trois cent quatre-vingt-trois ans avant l'époque où nous sommes arrivés, sous le douzième consulat d'Auguste, au fond de la Judée, dans la petite ville de Bethléem, au milieu de l'étable d'une modeste hôtellerie, naissait un enfant dont la pauvreté devait éclipser la splendeur des Césars ; le petit domaine, effacer leur vaste empire ; la morale divine, éclairer la philosophie du monde ; la simple croix, devenir le sceptre de l'univers !...

A trente-trois ans, cet homme-Dieu périt du supplice des criminels, sur cette croix qui, jusqu'alors signe de honte et d'ignominie, devint, par le baptême de ce généreux sang, le symbole éternel du sacrifice, du pardon, de la rédemption et de la gloire !...

« A la narration de ces merveilles, dit M. de Chateaubriand, on ne reconnaît plus les historiens grecs et romains ; on entre dans des régions inconnues : l'Évangile se lève à l'horizon ! »

Dans cette commotion générale et profonde, les temps passés semblent perdre leur droit d'origine et de numération ; une ère nouvelle commence, et les peuples civilisés vont dérouler successivement les phases de l'avenir, en prenant pour leur point de départ et de ralliement le jour à jamais mémorable où naquit Jésus-Christ !...

Cette morale si pure, si douce et si persuasive, il est en effet inutile de dire si vraie, si divine, allait bientôt pénétrer dans la Bretagne, y jeter ces germes d'une foi vive, inaltérable et féconde, qui fera tant de bien et tant d'honneur à cette pieuse contrée ; bientôt, pour ce noble pays, le culte vénéré de la croix devait remplacer l'affreuse terreur du dolmen !....

Nous venons de poser les principaux jalons qui doivent guider notre marche ; suivons le cours des événements.

La religion du Christ, déjà si douloureusement et, tout à la fois, si glorieusement consacrée par le sang précieux des martyrs, pénétra dans l'Armorique vers 286, combattant par *la foi, l'espérance et la charité*, contre *le fatalisme, l'ignorance et la brutalité* de la superstition et de l'intolérance druidique.

Le premier évêque de cette province fut saint Clair, qui mourut dans le diocèse de Vannes, où se voit encore son tombeau.

En 383, Maxime, général d'origine espagnole, commandant les deux légions romaines cantonnées dans l'île de Bretagne, veut disputer à Gratien le sceptre du monde; ses troupes le proclament empereur.

Pour assurer sa victoire, il enrôle sous l'étendard de la révolte, Conan-Mériadec, prince d'Albanie, qui le suit avec une partie de ses sujets. Ils abordent vers l'embouchure de la Rance et bientôt se trouvent au milieu de cent mille partisans, à la tête de trente mille guerriers.

L'Armorique, fatiguée du joug romain, se jette avec enthousiasme dans les bras de ses libérateurs. Conan-Mériadec est institué gouverneur du pays.

Maxime, sur le point de réaliser son ambitieux projet, après avoir arraché la couronne et la vie à Gratien, près de Lyon, périt lui-même en 388, laissant l'empire démembré, les provinces exposées à l'invasion des Barbares.

Conan-Mériadec saisit alors d'une main ferme les rênes de son petit royaume de Bretagne, composé de plusieurs éléments dont l'identification avait besoin, pour s'effectuer, de toute l'énergique résolution du nouveau chef. Là se trouvaient en effet réunis les Armoricains, les Bretons, les Albanais amenés par leur prince, et les soldats de Maxime, que Rome avait licenciés.

D'abord vassal, ensuite allié de cette puissance, Conan fut à proprement dire le premier roi de la Bretagne, ou du moins le commandant suprême de la nation Celto-Bretonne, dont il opéra le complet affranchissement, la fusion dans un seul et même peuple.

Il semblerait dès lors que cette petite puissance va marcher avec ensemble, unité dans son gouvernement, dans ses luttes incessantes contre des ennemis puissants; quelques romanciers l'ont écrit; les faits et les historiens prouvent le contraire.

Une coïncidence rare et curieuse à noter dans les annales de ce peuple extraordinaire, est le progrès de la féodalité, dont nous avons signalé quelques rudiments anciens, au milieu de ces formes républicaines, en quelque sorte inhérentes au caractère national, tout se faisant par élection, comme l'observe M. de Chateaubriand, la succession héréditaire des rois, des ducs, etc., n'étant bien souvent qu'apparente.

Toutefois, le christianisme germe et grandit merveilleusement dans le sang des martyrs; des ruines de l'ancienne Rome surgit une Rome nouvelle; l'universalité religieuse vient remplacer l'universalité politique, et le druidisme expirant fait amende honorable à la morale évangélique du Christ.

Si nous en croyons les chroniqueurs, Conan-Mériadec fut remplacé par Salomon, son petit-fils, assassiné dans une révolte; celui-ci par Gradlon, dont les poètes ont chanté les galantes aventures, etc. Tous ces récits, ainsi que ceux du fameux Arthur, prince des chevaliers bretons et des preux de la table ronde, sont assurément très-poétiques et très-curieux; mais ils n'offrent pas le caractère incontestable et positif qui convient à l'histoire.

Vers les temps que nous étudions, les Saxons commencèrent leurs excursions sur la Loire; les Barbares se ruèrent de toutes parts sur l'empire, qu'ils mirent en lambeaux; vengeant ainsi l'univers des ravages et de l'oppression que lui avaient fait souffrir ses fiers dominateurs.

Mais dans ces sauvages irruptions, les Gaules et la Bretagne ne furent point épargnées; la peinture de ces ravages semblerait toujours sur le ton de l'hyperbole, il faut y renoncer.

« L'invasion de 412, dit M. P. Chevalier, balaya les dix-sept provinces de la Gaule, chassant devant elle, comme un troupeau, sénateurs et matrones, maîtres et esclaves, hommes et femmes, enfants et vieillards.... *Plus l'herbe est serrée, mieux elle se fauche*, disaient ces abatteurs d'hommes : ils fauchèrent en effet le tiers, peut-être la moitié de la population de l'Europe et d'une partie de l'Asie. »

Le massacre et la destruction semblèrent surtout, alors, personnifiés dans ce farouche Attila, roi des Huns, qui parut comme jeté par l'enfer, sur la terre, pour l'extermination du genre humain ; et qui, plein de foi dans la réalité de son épouvantable mission, disait avec une cynique forfanterie : « La terre tremble devant moi ; je suis le marteau de l'univers!... »

« Un pâtre, ajoute M. P. Chevalier, ayant trouvé un cimeterre sous les pieds sanglants de sa génisse, courut le porter au roi tartare : « *Je jure, dit-il, sur cette arme envoyée par les Dieux, que nul ne sera jamais mon maître.* »

Ce fut en 450 que ce Barbare apparut dans les Gaules, « précédé par le vent de la terreur. » Après une guerre qui prit les gigantesques et formidables proportions du plus affreux chaos, il est cependant, malgré ses jactancieuses paroles, vaincu, chassé par les Celto-Bretons et leurs nombreux confédérés, et termine sa monstrueuse existence dans les dégoûtantes libations d'une orgie.

« Quand enfin, dit M. de Chateaubriand, la poussière qui s'était élevée sous les pieds de tant d'armées, qui était sortie de l'écroulement de tant de villes, fut retombée, alors on aperçut une croix, et au pied de cette croix un monde nouveau. Quelques prêtres, l'Évangile à la main, assis sur des ruines, ressuscitaient la société au milieu des tombeaux!... »

Nous allons voir actuellement la Bretagne défendant énergiquement son indépendance contre les Anglais, les Normands et surtout les Franks, qui pendant plus de dix siècles ne cesseront de convoiter cette possession pour arriver enfin, plutôt encore par l'adresse que par la puissance des armes, à la réduire en province conquise.

En 481 apparaît l'un des premiers rois franks, Clovis, ce fier et terrible Sicambre élevé sur le pavois à l'âge de quinze ans; conduit par son ange tutélaire, cette bonne et céleste Clotilde, dans les bras de l'Eglise chrétienne, qui le nomme son fils et le consacre à Dieu par l'huile sainte. Voilà ce qu'était le chef; M. de Chateaubriand nous dira ce qu'étaient les soldats :

« Parés de la dépouille des ours, des veaux marins, des aurochs et des sangliers, les Franks se montraient de loin, comme un troupeau de bêtes féroces. Une tunique courte et serrée laissait voir toute la hauteur de leur taille, et ne leur cachait pas le genou. Les yeux de ces Barbares ont la couleur d'une mer orageuse; leur chevelure blonde, ramenée en avant sur leur poitrine, et teinte d'une liqueur rouge, est semblable à du sang et à du feu. La plupart ne laissent croître leur barbe qu'au-dessus de la bouche, afin de donner à leurs lèvres plus de ressemblance avec le mufle des dogues et des loups. »

Si nous rapprochons de ces caractères l'histoire du vase de Reims, commencée à Soissons, Clovis ayant alors vingt ans, et terminée d'une manière si barbare quelques mois plus tard; le vœu de Tolbiac et ses conséquences favorables pour l'armée des Franks, on comprendra que le chef était digne des soldats, et que leur confiance dans la protection divine, sous laquelle ils se croyaient placés, devait en faire des héros et des conquérants.

Après avoir vaincu les Gaules, Clovis voulut subjuguer la Bretagne, mais il y trouva toute l'énergie d'une vigoureuse défense et la nécessité d'accorder à ses courageux ennemis la plus honorable capitulation.

En 691, les Franks se rendirent maîtres d'une partie de cette province, et furent ensuite repoussés.

En 753, Pépin y fit une invasion nouvelle, qui n'eut également qu'un succès temporaire.

En 818, sous Louis le Débonnaire, Morvan, excité par le courage indomptable de sa femme, refuse le joug, est tué dans une bataille et laisse la Bretagne, pour la troisième fois, à la merci des Franks.

En 833, invasion des Normands, qui mettent cruellement tout à feu et à sang!... Les Bretons les repoussent et deviennent leurs alliés en 866, pour guerroyer dans le Maine et dans l'Anjou.

Enfin, Alain III, surnommé le Grand, commence le nouvel affranchissement de la Bretagne, qui se trouve à peu près effectué en 952, par Alain dit Barbetorte, son petit-fils.

Le calme et la paix de cette province ne furent pas de longue durée; les guerres civiles et les invasions de cet aventureux et terrible duc de Normandie connu sous le nom de Robert le Diable, y portèrent la dévastation et la misère.

En 1034, cet immortel et superstitieux conquérant, après son alliance avec les Bretons, se rend à la terre sainte pour y faire amende honorable de sa vie si désordonnée, mais il meurt pendant le voyage.

En 1066, les Normands et les Bretons, sous la conduite de

Guillaume le Conquérant, s'emparent de l'Angleterre; les derniers y forment une colonie.

Trente ans plus tard commencèrent, avec les prédications chaleureuses de cet illuminé connu sous le nom de Pierre L'Ermite, originaire d'Amiens, ces pèlerinages saints et nationaux désignés par le terme de croisades. Nos rois dirigèrent les suivantes :

La première fut entreprise en 1096, sous le commandement de Godefroy de Bouillon; un grand nombre de ducs et de comtes bretons s'y rendirent avec leurs armoiries et leurs bannières déployées; la seconde, en 1146, conduite par Louis VII; la troisième, en 1190, par Philippe-Auguste; la septième, en 1248, par Louis IX ou Saint Louis; la huitième et dernière, de 1270 à 1275, par le même roi, qui succomba victime de son religieux dévouement.

Ces excursions, pieuses dans leur objet, respectables dans leur intention, policèrent, en le développant, l'esprit de la chevalerie; présentèrent, sur la marche et les progrès de la civilisation, des influences dont il est difficile d'apprécier toute l'étendue.

En remontant à l'époque de la première, nous trouvons des hommes et des événements bien remarquables.

« C'est le temps, dit M. Cayot-Délandre, de Robert d'Arbrissel, l'archiprêtre de Rennes, ce grand réformateur dont la voix puissante et infatigable entraîna les populations de la Bretagne, et tonna si haut contre la simonie, contre les mariages incestueux dés prêtres, contre leur luxe scandaleux, contre l'hérédité des bénéfices et le honteux trafic des reliques. »

Là se trouve surtout Pierre Abailard, ce savant et si malheureux novateur qui, subjuguant la tendre Héloïse, l'enveloppa dans les infortunes de son immense et triste célébrité.

Né au village de le Palet, ou le Palais, à quatre lieues de

Nantes, en 1079, d'un gentilhomme appelé Bérenger, il s'appliqua dans ses études surtout à la dialectique, vers laquelle sa puissante vocation semblait irrésistiblement l'entraîner.

« Jeune et noble, dit M. P. Chevalier, aimable et beau, tournant et chantant mieux les vers d'amour, il eût pu devenir la fleur des chevaliers ou le roi des trouvères : il aima mieux être le premier philosophe de son temps. »

A vingt ans il étonnait le monde par ces admirables conférences dans lesquelles s'épanchait à grands flots, sur un auditoire nombreux, le torrent de son éloquence entraînante et passionnée !...

Pour son malheur, au nombre des élèves que son immense réputation appelait à Paris de toutes les parties du monde, se trouvait Héloïse, jeune, belle, savante comme son maître, nièce d'un chanoine appelé Fulbert.

Tout ce que l'affection pouvait ici produire, cette irrésistible sympathie vint l'effectuer !...

La faute avait été grande, sans doute, mais le châtiment fut terrible et barbare : Fulbert ne crut pas pouvoir assouvir le sentiment de son atroce vengeance autrement que par la plus horrible des mutilations !.... Abailard fut soumis à ce traitement épouvantable et dégradant par d'infâmes sicaires. Héloïse trouva son refuge dans un cloître.

Et cependant, si Jésus-Christ avait été consulté sur le supplice qui devait punir ces deux malheureuses victimes du sentiment et de l'erreur, n'eût-il pas répondu à leurs persécuteurs, au chanoine Fulbert lui-même, comme autrefois, par ses belles et nobles paroles : « Que celui d'entre vous qui est sans péché, leur jette la première pierre !... »

Dans ses luttes incessantes, Abailard n'avait jamais eu de

rival en dialectique. Sa doctrine se réduit à ces mots : « Comprenez pour croire, au lieu de croire pour comprendre ; la foi est l'estimation des choses invisibles. » *Inde iræ !*... Poursuivi, traqué par ses implacables ennemis, il faisait admirer partout son éloquence et son profond savoir, ce qui lui mérita le surnom de *Chevalier errant de la dialectique*.

Il prend l'habit religieux en même temps que sa malheureuse Héloïse, à laquelle un serment venait de l'unir ; et tous les deux, en quittant un monde si cruel, s'enferment, lui, dans l'abbaye de Saint-Denis ; elle, dans le monastère d'Argenteuil !... Là ne devaient point encore se terminer leurs si dures et si longues infortunes.

Banni de plusieurs couvents, Abailard fait construire à ses frais un oratoire qui plus tard devait constituer le célèbre *Paraclet*, près de Nogent-sur-Seine. Chassé de ce pieux refuge, il gagne le Morbihan ; devient supérieur de la communauté de St-Gildas-de-Ruys ; fuit sous le poignard des moines dissolus qu'il voulait corriger ; revient au Paraclet, y reçoit Héloïse et ses religieuses, forcées de quitter Argenteuil. La calomnie l'oblige à revenir au monastère de Ruys ; les moines cherchent à l'empoisonner. Alors s'établit entre Héloïse et Abailard cette immortelle correspondance qui donna tant de prix à la sincérité de leur commun repentir ; où l'esprit de l'homme et le cœur de la femme se révèlent dans leurs plus tendres et leurs plus nobles épanchements ; où le génie de l'un et de l'autre brillent dans tout leur éclat et dans toute leur sublimité !... Ici devait finir l'empire de la dialectique et de la parole d'Abailard.

Un digne et fervent apôtre du Christ, né à Fontaine-en-Bourgogne, en 1091, élevé dans la célèbre maison de Citeaux, confirmé par l'Esprit divin dans son pur et simple ascétisme ; étranger à toutes les joies, à toutes les vanités du monde ; faible par le corps, fort par l'esprit; entraînant, irrésistible par son éloquence où le génie rayonne, éclaire et subjugue, où la foi domine toujours le génie, saint Bernard, dans son humble cellule de l'abbaye de Clairvaux, est ému des dangers que la doctrine du novateur fait courir aux fondements de l'ancienne croyance. Il abandonne un moment sa retraite, jette le défi à son noble adversaire; et le concile de Sens devint en 1140 le champ clos où le monde entier, attentif et spectateur, allait voir le géant de la foi et le géant de la philosophie luttant corps à corps avec les armes les plus courtoises, mais dans un combat à mort !.... Abailard, pour la première fois, trouva son vainqueur : la philosophie subit le joug de la foi !... Les deux immortels champions se séparèrent pleins d'admiration l'un pour l'autre, en se tendant la main, en se jurant au fond du cœur une amitié sainte et fraternelle !...

Recueilli par le bienveillant abbé de Cluny, Pierre le Vénérable, Abailard fit une soumission complète à l'Eglise, et mourut le 21 avril 1142, à l'âge de soixante-trois ans.

Ses restes mortels, d'après le vœu qu'il avait exprimé, furent transportés au Paraclet, purifiés par l'absolution du charitable abbé. La tendre et malheureuse Héloïse les déposa religieusement sous la pierre du tombeau, qu'elle fit laisser entr'ouvert, et que l'on scella définitivement sur sa dépouille terrestre, vingt-deux ans après, à l'âge même où son ami l'avait précédée dans ce commun et dernier refuge !...

Admirable et trop malheureuse union des deux plus belles natures; où l'on ne sait réellement pas laquelle doit l'emporter de la pitié pour les faiblesses, de la vénération pour les vertus !...

Déplacés bien des fois, mais constamment respectés, ces restes précieux et confondus ont été conduits à Paris, au cimetière du

Père-Lachaise. Ils y reposent, unis depuis six cent quatre-vingt-dix ans, dans une élégante chapelle construite avec les débris du Paraclet, et dont ces quatre mots seulement, résumé de la vie des deux époux, auraient dû former l'épitaphe : GÉNIE !... AMOUR !... SOUFFRANCE !... VERTU !...

A cette grande époque s'établit plus positivement la féodalité, dont nous avons signalé, dès les temps druidiques, les premiers et véritables rudiments :

En 920, Hoël le Bon avait donné aux Gaulois un code particulier qui réglait essentiellement les droits de seigneurie, de justice, de chevalerie, etc.

Indépendamment de la hiérarchie nobiliaire, on distingua les bourgeois, avec leurs prérogatives, les paysans, avec leurs corvées aux seigneurs, leurs redevances rurales aux moines, etc... Presque partout, les cloîtres absorbèrent une partie des richesses de la Bretagne, et, par une conséquence presque nécessaire, prirent un grand empire sur les contrées qui les entouraient.

La religion chrétienne jette ses impérissables germes dans cette bonne terre si bien disposée pour les recevoir et les féconder.

« Le soleil, dit le Père Maunoir, au rapport de M. P. Chevalier, n'a jamais éclairé canton où ait paru une plus constante et invariable fidélité dans la vraie foi, qu'en Bretagne. Si, ailleurs, les prêtres étaient des rois, en Armorique ils étaient des dieux !... »

La civilisation et les arts font des progrès ; le christianisme effectue l'établissement des paroisses bretonnes ; partout s'élèvent des maisons, des châteaux, des cloîtres, des palais épiscopaux ; le soldat devient redoutable par la réalité, la ténacité de son courage : ses armes sont encore l'arc, la flèche, la lance, l'épée, etc. Le commerce maritime, dont le centre est alors à Nantes, prend un immense développement; il introduit dans les fêtes et dans les festins l'usage des liqueurs et du vin, dont les séductions ont probablement amené ce vice que les historiens reprochent assez généralement aux Bretons. Les lettres sont un peu cultivées et les chanteurs populaires, dignes successeurs des troubadours, portent, même au delà des bornes de la presqu'île armoricaine, les hauts faits et l'idiome du pays.

Le duché, de 1084 à 1158, est successivement gouverné par Alain-Fergent; Conan III; Conan IV, fils d'Alain le Noir, comte de Penthièvre. Ce duc, indolent et sans courage, soumet lâchement la Bretagne à l'Angleterre, en mariant sa fille Constance à Geoffroi, fils du roi Henri II.

Ici commencent les sanglants conflits entre ces deux pays et la France : nous y verrons la Bretagne tantôt bravant ses deux puissantes rivales et défendant son indépendance avec héroïsme, tantôt se plaçant moins courtoisement dans un des plateaux de la balance, de manière à la faire pencher du côté de son orgueil ou de ses intérêts.

Nous trouvons, au milieu de ces tristes représailles, les ravages de la Bretagne par le terrible Richard Cœur de Lion, fils de Henri II; l'assassinat du jeune et charmant Arthur, à peine âgé de seize ans, par son oncle Jean Sans Terre, le plus lâche et le plus barbare des hommes; les attaques de Pierre de Dreux contre les évêques, les seigneurs, etc.; ses défis jetés à Louis IX; son excommunication par le pape; sa soumission, sa pénitence et son voyage à la terre sainte; le règne si long, si insignifiant de Jean Ier dit le Roux; le massacre et la spoliation injuste des malheureux Juifs dans toute la Bretagne; la condamnation des Templiers; nous arrivons à cette guerre sans fin et sans trêve entre

Jean de Montfort et Charles de Blois, pour la succession de Jean III dit le Bon, mort à Caen le 30 avril 1341.

Jean de Montfort était frère de Jean III ; Charles de Blois, neveu du roi de France Philippe V, avait épousé Jeanne de Penthièvre, nièce du feu duc ; et celui-ci, par ses dernières dispositions, l'instituait son héritier à l'exclusion de Jean de Montfort.

Les deux concurrents, dans cette lutte qui vint, à la manière d'une guerre civile, ensanglanter la Bretagne pendant vingt-quatre ans, étaient braves, jeunes et disposés à soutenir leurs droits avec des caractères et par des moyens bien différents.

« Jean de Montfort, dit M. P. Chevalier, était peut être le prince le plus brave et le plus beau, le plus brillant et le plus aimable de son époque.... c'était un héros. Il alla chercher les secours d'Edouard III. L'histoire ne saurait lui pardonner cette faute, que la Bretagne expia si cruellement....

« Charles de Blois n'avait pas son égal pour la sévérité des mœurs, pour la piété, pour la grandeur d'âme.... c'était un saint. Derrière lui s'avançait Philippe de Valois, prêt à saisir cette Bretagne convoitée par ses pères depuis près de huit cents ans.... »

Leurs femmes, dignes compagnes de ces deux braves guerriers, venaient au second plan donner toute la perfection à ce remarquable tableau.

« Jeanne de Penthièvre, ajoute le même auteur, fut à la fois le conseil et l'ambassadeur, le général et le soldat, la tête et la main de Charles de Blois.....

« Jeanne de Montfort devint à elle seule tout son parti. Aussi redoutable sous le casque que charmante sous le hennin, elle mania l'épée comme une autre eût manié la quenouille, et donna une Jeanne d'Arc à la Bretagne, longtemps avant que la France eût trouvé la sienne. »

Ce n'était donc plus seulement une partie de la Bretagne se soulevant contre l'autre pour un droit d'héritage, c'était la France et l'Angleterre se disputant la province entière et commençant une guerre qui ne devait offrir, dans les siècles, que de bien rares et bien courtes interruptions. Aussi ces vingt-quatre ans de combats entre Jean de Montfort et Charles de Blois produisirent-ils d'affreuses calamités et des résultats bien disproportionnés à l'importance de leur première occasion :

« Cent cinquante mille soldats bretons, français, anglais, flamands, écossais, espagnols, l'élite de la noblesse européenne, dit M. P. Chevalier, les trois quarts de la population de la Bretagne, moururent par le fer, par l'eau, ou par la flamme. Ce qu'il fut livré d'assauts et de batailles depuis les remparts du château de Nantes jusqu'au dernier chemin creux de la Cornouaille et du Morbihan, serait incalculable. »

Jean de Montfort, après quatre ans de captivité dans les cachots du Louvre, parvient à s'échapper sous un déguisement, court en Angleterre pour s'y déshonorer en faisant hommage de la Bretagne au roi Édouard III, dont les secours et la protection n'avaient pas d'autre objet; et comme si le ciel eût voulu le punir de cette mauvaise action, le malheureux duc vint mourir à Hennebon, en 1345.

L'héroïque duchesse, pour soutenir les droits de son fils en bas âge, et que Jean de Montfort avait mis, en mourant, sous la tutelle du roi d'Angleterre, continua ces désastreux et sanglants combats à la tête de ses fidèles Bas-Bretons, aidée par les secours puissants et guidée par les conseils perfides, autant qu'intéressés, de son dangereux allié.

Au milieu de ces calamités et de ces rencontres à mort, s'élevait au plus haut degré du courage et de l'honneur, cet esprit de chevalerie que nous avons reconnu, dès les premiers temps, comme l'un des caractères de la noblesse bretonne. Ici va se trouver, à ce point de vue surtout, un fait d'armes gigantesque par ses proportions, admirable par ses détails, et digne des temps héroïques de l'antiquité, LE MÉMORABLE COMBAT DES TRENTE ou combat de MI-VOIE!...

Le maréchal Robert de Beaumanoir, gouverneur de Josselin pour Charles de Blois, dans le but de réclamer contre les horreurs de cette épouvantable guerre, se rend avec un sauf-conduit auprès de Bembro ou Bembroug, commandant à Ploërmel pour Édouard et Montfort; lui propose de vider la querelle par un combat en champ clos, à outrance, et soutenu par trente Bretons contre un pareil nombre d'Anglais.

Le fier et dédaigneux Bembroug accepte le défi avec un sourire plein de jactance.

Au jour pris, le samedi 27 mars 1351, au lieu convenu, dans les landes de la Croix-Helléon, placées entre Ploërmel et Josselin, sous un chêne séculaire, nommé par sa position *le chêne de Mi-Voie*, se trouvent les trente Bretons commandés par Beaumanoir; vingt Anglais, six Allemands et quatre Bretons, ayant Bembroug à leur tête. Tous sont armés de lances, d'épées, de poignards; quelques-uns, de faux tranchantes d'un côté, de l'autre garnies de crochets; de maillets énormes: celui de Belliford, chevalier anglais, pesait vingt-cinq livres.

Les spectateurs, en grande partie composés de la noblesse du pays, attendaient avec la plus vive anxiété l'issue de cette imposante et terrible rencontre.

Les soixante géants prennent du champ et se rangent en bataille. A peine le signal est-il donné, que l'on entend un fracas épouvantable, et que le sang ruisselle en abondance : au premier choc, deux Bretons périssent, trois sont mis hors de combat.

Beaumanoir, blessé lui-même et couvert de sang, ranime les siens par l'exemple de son indomptable courage; Bembroug, qui déjà se croit vainqueur, se précipite sur lui, le saisit, le somme de se rendre, et dans le même instant reçoit un coup d'épée mortel de la main de Geoffroi du Bois, accouru pour secourir son chef.

Le fameux aventurier Croquart prend la place de Bembroug, et la mêlée recommence.

Le commandant breton, exténué de fatigue, demande à boire; une réponse terrible et sauvage se fait entendre : *Bois ton sang, Beaumanoir!* lui crie Geoffroi du Bois, d'une voix formidable!...

Le retentissement de la foudre n'aurait pas produit une plus violente commotion; le courage effrayant du lion passe dans le cœur de Beaumanoir; de sinistres éclairs jaillissent de ses yeux; le noble Tinténiac partage cet enthousiasme de la victoire; les Bretons, électrisés par ces prodiges, se rapprochent, se resserrent, marchent comme un seul homme; ce nouveau choc est horrible et dignement soutenu par leurs adversaires, dont la masse également compacte ne se laisse pas entamer : alors, comme un autre Cursius, faisant le sacrifice de sa vie à la gloire, à la délivrance de son pays, Guillaume de Montauban se précipite sur son coursier au plus fort du groupe, le rompt, le culbute et décide la victoire!... *Beaumanoir, bois ton sang*, resta le cri de guerre de la noble famille.

Les quatre Bretons, la plupart des Anglais auxquels ils s'étaient joints, restèrent sur le champ de bataille; Croquart et ses chevaliers se rendirent à discrétion. Tout le monde avait noblement fait son devoir ; la gloire ne manqua pas des deux côtés ; Tinténiac fut proclamé le premier parmi les vainqueurs ; et Croquart, le plus valeureux des vaincus.

La bravoure de cette journée devint proverbiale, et lorsque l'on voulut par la suite relever le mérite et la chaleur d'une action militaire, on ne manqua jamais d'ajouter : *on s'y battit comme à la rencontre de Mi-Voie.*

Le seul monument qui d'abord consacra la mémoire de cette horrible et glorieuse journée, fut le vieux chêne témoin de tant d'exploits, et que la cognée de la ligue, vers la fin du XVIe siècle, ne sut pas même respecter. Une simple croix en pierre le remplaça, fut abattue en 1775, relevée par les états de Bretagne, avec cette inscription : « *A la mémoire perpétuelle de la bataille des Trente, que Monseigneur le maréchal de Beaumanoir a gagnée en ce lieu, le* XXVII *mars, l'an* MCCCLI. » La révolution de 1793 se signala dans cet endroit, comme partout, en brisant d'une main sacrilége un aussi vénérable symbole. Enfin, le 11 juillet 1819, avec les fonds votés par le conseil d'arrondissement de Ploërmel, et le conseil général du Morbihan, sous les auspices de MM. de Bausset, évêque de Vannes, le comte Coutard, lieutenant-général commandant la treizième division militaire, de Chazelles, préfet du département, fut érigé le monument en forme d'obélisque, haut de quarante-cinq pieds, que l'on voit actuellement, avec cette inscription : « *Sous le règne de Louis* XVIII, *roi de France et de Navarre, le conseil général du Morbihan a élevé ce monument à la gloire de* XXX *Bretons.* » Les noms des trente combattants y sont gravés et suivis de cette date commémorative de l'action : 27 mars 1351.

M. P. Chevalier, dans son style incisif et piquant, nous révèle ainsi le dépit de son âme bretonne. en face de l'exiguïté du monument comparée à l'immensité de l'action ; et les désirs de son cœur chaleureux au point de vue d'une plus noble proportion entre le souvenir et le signe qui doit l'immortaliser.

« Au lieu de cette aiguille de pierre, qui ressemble à tout et ne signifie rien, osez réaliser à Mi-Voie le rêve d'un pèlerin breton : prenez dans les entrailles de la terre de granit, trente blocs géants tels que ceux qui se dressent à Carnac.... rangez ces blocs en bataille sur le lieu du combat, comme se rangèrent les champions de la Bretagne devant le maréchal de Beaumanoir. Appelez trente artistes bretons, commandez à ces simples statuaires de tailler dans chaque bloc un chevalier colossal, le casque en tête, la main sur l'épée, l'écu au flanc....; sur les trente écussons, gravez les trente noms et les trente armoiries. Plantez au milieu de la ligne un chêne comme celui de Mi-Voie; laissez-le s'élever et s'étendre librement jusqu'à ce qu'il couvre tous les chevaliers de son ombre : et lorsqu'un jour le voyageur, traversant le désert de cette lande, verra se dresser devant lui cet arbre immense et ces trente guerriers...., il reconnaîtra la nation qui repousse depuis trois mille ans l'étranger et qui sait encore, comme ses antiques druides, élever à ses héros les pierres du souvenir !... »

La mémorable victoire des Trente produisit, à l'avantage de la Bretagne, un effet moral immense ; elle révéla, pour l'univers, la force et la valeur de ses enfants ; elle découragea les ambitieux projets des Insulaires avides qui méditaient et ne devaient jamais effectuer sa conquête.

A côté des hauts faits, vont surtout alors se manifester les grands hommes : sous ce rapport, la Bretagne est ici bien riche dans les fastes de l'histoire !...

En 1314, au petit village de la Motte-Broon, entre Lamballe et Montauban, au milieu d'une famille peu riche, mais de très-ancienne et franche noblesse, naissait un enfant qui devait faire à jamais la gloire de son pays, devenir l'un des premiers hommes de guerre et s'élever à la dignité de connétable de France : cet enfant était Bertrand Duguesclin.

A peine pouvait-il marcher, que déjà ses instincts belliqueux se révélaient. Les jeux de sa première jeunesse furent des combats incessants contre les enfants de son âge, qu'il commandait avec despotisme, estropiait le plus souvent dans ses luttes, conduisait au butin dans les campagnes, ne rentrant à la maison paternelle que pour y jeter le désordre et la confusion.

Ses parents, au désespoir, ne l'avouaient qu'en rougissant pour leur fils, jusqu'au jour où certaine matrone qui jouissait d'une grande célébrité prophétique dans le pays, lui prédit, après examen de sa tête et de ses traits, les plus brillantes et les plus nobles destinées.

« Il présentait, dit son biographe, un taille courte et tant soit peu tortue, des yeux verdâtres ; des bras d'acier, des pieds et des mains de fer.... Quant au caractère, c'était le plus hargneux compagnon qui se pût voir ; toujours en noise et en guerre, toujours battant ou battu. »

A peine âgé de dix-sept ans, il vient à Rennes, où se donnait un magnifique tournoi pour le mariage de Jeanne de Penthièvre. Dominé par son caractère aventureux et bouillant, il obtient, d'un chevalier son parent, un cheval de bataille, une armure complète. Il se précipite alors dans le champ clos, provoque l'un des plus redoutables champions, tue le cheval, terrasse le cavalier ; jette le défi à tout venant, et l'admiration dans l'assemblée par quinze victoires semblables.

Son père, qui ne pouvait le reconnaître, les visières étant baissées, veut aussi combattre ce terrible vainqueur ; Bertrand voit les armoiries de sa famille, abaisse respectueusement sa lance et refuse le défi.

L'étonnement redouble ; un formidable chevalier normand déclare qu'il va démasquer ce mystérieux personnage ; le casque de Bertrand vole en effet bientôt dans l'arène, brisé par le choc de cette vigoureuse lance ; mais, d'un bras plus vigoureux encore, Duguesclin saisit son adversaire insolent, lui fait vider les arçons et le jette violemment sur la poussière !...

Le père de Bertrand vient le presser avec effusion dans ses bras ; l'enthousiasme a saisi tous les assistants, et le jeune Duguesclin reçoit le prix de sa victoire au milieu d'unanimes acclamations !... Tels furent les débuts du héros breton dans la belle et noble carrière qu'il allait parcourir.

Dès cet instant, il dévoua pour le service de Charles de Blois son courage et son épée, jura haine et mort aux Anglais, qui n'eurent jamais un plus redoutable ennemi. Ses combats furent une succession de triomphes, et dans toute rencontre il fit admirer sa prévision, son intrépidité, son courage, sa force herculéenne et les inépuisables ressources de son esprit. Chevalier preux et courtois, il ne fut jamais courtisan obséquieux ni doucereux troubadour ; il fut grand par le cœur et par le caractère.

« Duguesclin, dit M. P. Chevalier, vint justement porter le dernier coup aux conventions de la courtoisie militaire. Il ne fit point du champ de bataille une parade de joûteurs ; la guerre fut pour lui une science et non pas un jeu de hasard. Combattant pour des résultats positifs..., il s'occupa d'ajouter à la richesse, à la puissance de son pays ; de laisser dans l'histoire de France une page sérieuse et durable.... Cependant, ce capitaine qui savait si bien prévoir et pourvoir, se laissa souvent emporter dans la mêlée par sa tête bretonne, si avant et si loin, que deux fois il fut pris et dut payer sa rançon. »

Charles de Blois, captif à son tour, venait de recouvrer sa liberté ; la guerre de succession, qui touchait à son terme, reprend une activité nouvelle. Enfin, le jour décisif est arrivé : le 24 septembre d'après les uns, le 29 d'après les autres, 1364, au sentiment de tous, eut lieu la fameuse bataille d'Auray, dont le théâtre s'étendait depuis cette ville jusqu'à Sainte-Anne.

Duguesclin commandait ; il avait pour dignes antagonistes le fameux Chandos et le brave Clisson, qui perdit un œil dans cette affaire.

Le combat fut terrible et meurtrier. Charles de Blois, fait prisonnier, fut assassiné par un soldat anglais, qui lui traversa complétement le col avec sa longue dague ; Duguesclin, après avoir brisé toutes ses armes, rugissant comme un lion en fureur et n'ayant plus aucun moyen d'attaque ni de défense, fut contraint de se rendre à Chandos. Presque toute la noblesse bretonne fut tuée, prise ou blessée dans cette épouvantable bataille.

La malheureuse veuve de Charles de Blois et ses enfants étaient prisonniers d'Édouard ; quant à la duchesse de Montfort, il semble assez probable qu'elle mourut à Tykill, victime de l'ambitieuse politique du roi d'Angleterre.

Le jeune Montfort, placé par son tuteur Édouard III sur le trône ducal de Bretagne, subissait la domination et suivait les conseils des Anglo-Saxons, ennemis déclarés des habitants de ce pays et de la France. Il prit le titre de Jean IV, dit le Conquérant, et s'aliéna l'esprit de ses sujets par la politique astucieuse dont il environna sa conduite.

Duguesclin, à la tête *des grandes compagnies*, formées d'aventuriers de toutes les nations, de vagabonds, et même de quelques brigands, passe en Castille, détrône Don Pèdre; devient prisonnier du Prince Noir; lui paie chèrement sa rançon comme il avait déjà fait à Chandos; va se ranger sous les bannières de Charles V; se lie à la vie à la mort avec Ollivier de Clisson; combat contre Jean IV et contre son pays; est nommé connétable de France; ne pouvant plus continuer à porter les armes contre ses frères, il prend du service dans le Gévaudan pour en chasser les Anglais, et pendant qu'il assiégeait la forteresse de Châteauneuf-de-Randon, il fut pris d'une fièvre pernicieuse dont il mourut le 13 juillet 1380, à l'âge de soixante-six ans.

Il termina sa carrière comme il l'avait parcourue, en véritable héros; il remit en mourant son épée de connétable entre les mains de Clisson, qui devait en effet lui succéder. — Les restes de Bertrand Duguesclin furent déposés à Saint-Denis, dans le caveau des rois de France.

On voyait encore, à l'époque où nous sommes arrivés, ces duels à outrance entre deux chevaliers, dont le résultat se trouvait alors désigné par la singulière expression *de jugement de Dieu*, et qu'il eût été bien plus rationnel de nommer jugement du sabre. L'un des plus remarquables, en Bretagne, fut celui de Robert de Beaumanoir et de Pierre de Tournemine, qui s'effectua le 20 décembre 1385, à Nantes, sur la place du Bouffay, en présence de Jean IV, de toute sa cour, et dans lequel Tournemine fut vaincu.

Dans le même temps se formèrent ces redoutables *compagnies bretonnes*, un peu sur le modèle de *ces troupes* commandées par Duguesclin, mais n'ayant plus ce grand capitaine à leur tête, pour les empêcher de dégénérer en bandes de brigands. Elles ravagèrent l'Italie, combattirent les Anglais, les Maures; pillant sans pudeur les pays mêmes qui les prenaient à leur solde. Leurs principaux chefs furent Jean de Malestroit, Sylvestre Budès, Aimerigot Marcel, Geoffroi Tête Noire, etc. ; ils possédèrent plus de soixante forteresses dans le midi de la France. Enfin, traqués comme des bêtes fauves, un grand nombre furent pris et décapités à Paris. Quelques-uns revinrent en Bretagne, où sans doute ils n'apportèrent pas de bien recommandables enseignements.

La veuve de Charles de Blois mourut en 1384.

Au milieu des deux grandes nations rivales, on voit la Bretagne conserver encore son indépendance, et l'astucieux duc les flatter l'une et l'autre en les trompant toutes les deux.

Voulant se défaire de Clisson, Jean IV l'attire, sous un prétexte, dans son château de l'Hermine, et le fait enfermer dans un donjon que l'on voit encore, et qui porte le nom de tour du Connétable. Il ordonne au gouverneur Bazvalan de le jeter à la mer pendant la nuit, enfermé dans un sac de cuir.

La probité du gouverneur se révolte à l'idée d'un pareil crime; l'ordre n'est pas exécuté. Le duc, effrayé des résultats d'un semblable forfait, remercie Bazvalan de sa désobéissance; Clisson recouvre sa liberté en payant une somme de cent mille francs en or.

Le connétable vient demander justice au roi Charles VI, qui lui fait rendre sa rançon et ses places : mais, quatre mois après, Clisson est assassiné à Paris par Pierre de Craon, parent et créature du vindicatif duc de Bretagne.

Ollivier guérit de ses blessures; le roi veut qu'on lui remette l'assassin, qui s'est enfui près de son protecteur Jean IV. Celui-ci refuse toute satisfaction. Le roi, pour venger le meurtre et l'injure, se met à la tête d'une armée suffisante, malgré l'avis de ses oncles, les ducs de Bourgogne et de Berri, mortels ennemis du connétable ; il marche contre la Bretagne. Le duc était perdu, sans la folie dont le roi fut pris en traversant la forêt du Mans, au milieu de circonstances mystérieuses que les ennemis de Clisson pourraient bien avoir improvisées.

Jean IV, délivré de ce grand péril, fit naître des soupçons bien sérieux de complicité dans l'assassinat de Clisson, en mettant ce même Pierre de Craon à sa poursuite, en déclarant au connétable une guerre qui vint encore une fois ensanglanter la Bretagne.

Un arrêt du parlement condamne Clisson, le déclare concussionnaire, traître à la France, le dépouille de son titre de connétable, et le bannit pour toujours. Il s'enferme dans son château de Josselin, perd quelques forteresses qui sont démolies. Cette guerre civile, dans laquelle plusieurs cruautés firent donner au connétable Ollivier le nom de Boucher, se termine en 1395 par le traité de Tours.

En 1399, Jean IV mourut à Nantes : quelques soupçons d'empoisonnement prirent alors une certaine faveur.

Jean V dit le Sage, par son caractère pacifique, rend à la Bretagne le calme et le repos dont elle avait un si grand besoin. Il épouse la fille de Charles VI. Poursuivant la vengeance de son père, il assiége Clisson mourant dans sa retraite de Josselin, et ne consent à lui faire grâce qu'en recevant une somme de cent mille francs.

Le connétable termina sa brillante et pénible carrière en 1407, laissant une immense fortune, un nom moins pur que celui de Duguesclin, mais une réputation militaire à peu près égale à celle de cet illustre Breton.

Moins occupée dans l'intérieur, la Bretagne reprit ses courses navales, autant pour donner la chasse aux Anglais que pour se livrer à ses anciens instincts de piraterie. Ses corsaires, lancés de Saint-Mâlo, de Brest, de Morlaix, de Nantes, de Vannes, etc., faisaient de continuelles et lucratives excursions.

Pendant ce temps, la France, humiliée, vaincue en 1415 à la funeste bataille d'Azincourt, en Artois, subissait pour seize années le joug honteux de l'Angleterre, et Paris était condamné à l'opprobre ineffaçable d'entendre crier sur ses places publiques, encore abreuvées du sang également coupable des Bourguignons et des Armagnacs : « *Vive Henri de Lancastre, roi de France et d'Angleterre !* »

En 1418, le Breton Tannegui du Chatel, prévôt de Paris, enlève le Dauphin dans ses bras, le dérobe aux poignards des sicaires du terrible Jean Sans Peur, le transporte à Melun, et l'année suivante, le 10 septembre 1419, au pont de Montereau, fait tomber le duc dans une embûche et le tue en expiation de ses coupables projets contre le futur Charles VII.

En 1422, Henri V mourut d'une maladie violente, au milieu de ses incroyables succès ; il fut suivi de près au tombeau par l'idiot et malheureux Charles VI.

Pendant ces grandes calamités, Jean V, avec cette astuce et cette perfidie que l'on a bien voulu qualifier du nom de prudence, en faisant hommage aux différents partis, qu'il trompait également, eut l'incontestable mérite, et surtout le grand avantage d'éloigner la guerre de son territoire ; précieux résultat qui sans doute lui fit donner le nom de Sage, que sous tant d'autres rapports il était loin de mériter.

En même temps, la puissante maison de Penthièvre, engagée dans une voie d'intrigue et de rébellion contre son souverain, terminait, par une extinction véritable, ses grandes et nobles destinées.

L'histoire de la Bretagne va se lier de plus en plus à celle de la France : l'honneur de chasser les Anglais, de délivrer le royaume à main armée du joug odieux de ces présomptueux envahisseurs, était particulièrement réservé à l'un des nobles enfants de l'Armorique.

Arthur de Richemont, fils de Jean IV, frère de Jean V, actuellement sur le trône ducal, remplira cette mission providentielle, de moitié avec l'héroïque Jeanne d'Arc.

Déjà célèbre dans les guerres que nous venons de signaler, ce génie puissant résumait en lui la détermination et la fermeté bretonnes. Aussi courageux, aussi résolu que Duguesclin, il était peut-être encore plus entreprenant, et surtout moins scrupuleux dans l'emploi des moyens qui lui paraissaient indispensables pour atteindre un but essentiel et juste.

En 1425, il reçut de Charles VII l'épée de connétable et se montra le digne successeur des Duguesclin et des Clisson, dans cette charge éminente que ces immortels Bretons ont remplie presque sans interruption, avec tant d'honneur et tant de gloire.

Ce fut alors qu'il poursuivit sans hésitation et sans trêve les concussionnaires et les propagateurs d'immoralité qui compromettaient les destinées de la France en exploitant la paresse, la nonchalance et l'ineptie du roi.

Ayant ainsi la prétention de servir Charles VII malgré lui,

bravant courageusement ses ordres, il fait jeter l'infidèle sire de Giac dans la Loire, enfermé dans un sac, avec cette suscription : « *Laissez passer la justice du connétable.* » Il commande l'exécution du dilapidateur Le Camus de Beaulieu, sous les fenêtres du château de Poitiers, et rend le monarque témoin de cette horrible scène.

D'abord divisés, Jeanne d'Arc et Richemont s'entendent; la France est délivrée de ses plus mortels ennemis, le roi se fait solennellement sacrer à Reims, le 17 juillet 1429.

Pour prix d'aussi éminents services, Richemont est exilé par La Trémouille, qu'il avait fait nommer ministre, et Jeanne est brûlée vive sur une place de Rouen, en 1431, par ces mêmes Anglais qu'elle avait vaincus et si profondément humiliés.

Richemont, pour la troisième fois, franchit d'un bond l'espace qui le sépare du roi, fait arrêter, malgré sa défense, La Trémouille, qu'il retient prisonnier à Montrésor, en 1433. Charles VII s'emporte, se calme, oublie ce ministre comme tous les autres.

Le connétable, désormais libre d'agir, à la tête de ses fidèles Bretons, chasse définitivement les Insulaires de ce Paris dont ils avaient fait si étrangement leur capitale pendant seize ans, et ramène son roi, en 1436, dans le palais que l'étranger n'eût jamais flétri par une semblable occupation, si la France n'avait eu que des rois pareils à Clovis; des généraux tels que Bertrand Duguesclin, Ollivier de Clisson, Arthur de Richemont; des soldats pareils aux fiers et courageux enfants de l'Armorique.

Un malheureux illuminé, Thomas Connecte, carme de Rennes, vint faire diversion à ces grands événements par ses prédications extravagantes et les excentricités de son zèle mal entendu. Après avoir flagellé tous les abus qu'il crut voir en traversant la Bretagne;

la Picardie, l'Artois, le Ponthieu, le Cambrésis, etc., il se rend à Rome, procédant avec la même intolérance et la même liberté. La chose est ici prise un peu plus sérieusement : le prédicateur ambulant, condamné comme hérétique, périt sur le bûcher.

« Le pape Eugène IV, ajoute M. P. Chevalier, se reprocha dit-on toute sa vie le supplice d'un homme qui avait certes moins de tort dans le fond que dans la forme. »

La congrégation des Carmes, à laquelle appartenait ce malheureux, fut introduite en Bretagne par Jean II, comte de Richemont, parent du connétable, qui ramena du mont Carmel, en Syrie, deux de ces Pères en 1270, leur fit bâtir à Ploërmel une église et la première maison qu'ils eurent en France.

En 1440, un procès effrayant par ses détails vint épouvanter la Bretagne :

Gilles de Laval, baron de Retz, maréchal de France et lieutenant-général de Bretagne, allié aux familles royale et ducale, savant, lettré, possédant une immense fortune, débute par des services militaires honorables, lorsque tombant tout à coup dans les magiques et diaboliques excentricités de cette époque, il s'abandonne sans réserve à tous les excès de la débauche et de la prodigalité ; voyageant comme un roi, toujours en même temps entouré d'un clergé nombreux, d'une garde considérable, de plusieurs troupes de saltimbanques et de comédiens, il fait jouer des mystères à Vannes, à Nantes, etc.

Après avoir dépensé tout son patrimoine, il s'abandonne aux aberrations de l'alchimie dans la recherche de la pierre philosophale.

Son château de Tiffauge, seul bien qui lui restait, devient une espèce d'antre hideux et sauvage, où se commettent, sous la direction d'un aventurier nommé Prélati, son confident et son complice, toutes les abominations et tous les crimes.

Une vieille femme, espèce de bohémienne, appelée Meffraye, était sa pourvoyeuse ; elle rôdait au milieu des campagnes, couverte d'un voile noir, entraînait dans cette fatale prison les jeunes pâtres et les bergères, qui ne reparaissaient jamais.

« Gilles, dit M. P. Chevalier, égorgea de sa propre main des victimes humaines, au bruit de la foudre, à la lueur des éclairs ; il fit des processions sacriléges et des cérémonies infâmes ; il se livra surtout aux raffinements meurtriers d'une lubricité sans nom ; des familles de Nantes et d'un grand nombre d'autres lieux, pleuraient leurs enfants et les croyaient enlevés par les nains ou les fées....; des traces de sang conduisirent à la caverne immonde... des cris et des gémissements furent entendus la nuit. »

Nous abrégeons ce tissu d'horreurs ; le monstre est dénoncé ; Jean V autorise les poursuites : on trouve dans l'antre les cadavres ou les squelettes de cent quarante enfants : « Un essaim de pauvres jeunes filles, ajoute le même auteur, réservées à la honte et à la mort, s'en échappe comme un chœur d'anges arrachés à l'enfer !... »

Gilles, cité devant le tribunal qui devait le juger, fit trembler tous les assistants par la confession d'une partie de ses crimes : « Il jouissait de la mort plus encore que de la douleur de ses victimes ; les cris déchirants, le râle de l'agonie étaient ses délices ; les contorsions des mourants le faisaient pâmer de rire ; aux dernières convulsions, il se jetait comme un vampire sur le cadavre. » Il feignit d'éprouver du repentir et termina par des conseils aux parents sur la manière d'élever leur jeune famille dès les premières années, attribuant tous ses crimes à l'éducation d'enfant gâté qu'il avait reçue.

Il fut brûlé vif à Nantes, sur la prée de la Madeleine, le 25 octobre 1440.

Jean V mourut en 1442, au manoir de la Touche, dans le voisinage de Nantes.

Son fils aîné lui succéda sous le nom de François Ier. Ce règne fut remarquable par l'expulsion définitive des Anglais en 1450, où le connétable de Richemont, à la mémorable bataille de Formigny, leur laissa sur le champ de carnage autant de morts que son armée comptait de soldats; par le meurtre qui souillera pour toujours la mémoire de François Ier.

Son jeune frère Gilles l'ayant mécontenté par ses prétentions et ses intelligences avec Henri VI, roi d'Angleterre, mais surtout par l'enlèvement de Françoise de Dinan, riche héritière que voulait épouser Arthur de Montauban, en même temps amant de la duchesse et mignon du nouveau duc, il résolut de le sacrifier en l'abandonnant à la vengeance de son rival.

Montauban et ses dignes affidés, l'ayant à leur disposition dans un cachot, essayèrent successivement, pour le faire périr, les tortures, le poison et la famine; sa forte constitution le sauva des deux premiers moyens; le dévouement d'une pauvre femme, qui partageait son pain avec le prisonnier, l'empêcha de succomber au troisième : cette pieuse consolatrice lui procura même un moine qui reçut sa confession à travers les grilles de son réduit.

Fatigué de ces retards, François Ier presse l'exécution : alors Montauban et ses complices étouffent entre ses matelas le malheureux Gilles, déjà profondément affaibli par tant d'épreuves; cette criminelle exécution eut lieu le 25 avril 1450.

Quelque temps après, lorsque François Ier traversait les grèves du mont Saint-Michel, tout à coup un cordelier se dresse devant

lui, comme un spectre, et lui crie d'une voix formidable !
« *François duc de Bretagne, j'ai ouï en confession Monseigneur Gilles, votre frère, peu de jours avant son trépas, dont vous êtes l'auteur, comme de ses tourments : au nom de votre frère, lâchement assassiné, François duc de Bretagne, je vous assigne d'aujourd'hui en quarante jours à comparaître au tribunal de Dieu !...* » Le fantôme baisse à l'instant son capuchon et disparaît.

Frappé d'une telle révélation, le duc tomba dans une profonde mélancolie, dont il mourut en 1451.

Son frère, d'après les dispositions arrêtées, reçut la couronne ducale sous le nom de Pierre II. Il poursuivit les assassins de Gilles, dont plusieurs furent décapités. Dévot, jaloux et brutal, il fit beaucoup souffrir la belle, chaste et si révérée Françoise d'Amboise, sa femme ; il s'oublia jusqu'à la frapper devant toute sa cour, et lui faire souffrir mille tortures dans son intérieur.

Il mourut sans enfants légitimes, en 1457. La Bretagne jouit d'un assez grand calme pendant son règne et fut soulagée des impôts extraordinaires qui l'accablaient.

Dès son enfance, la vertueuse Françoise d'Amboise avait fait pressentir la douceur, la piété sincère qui devait la mettre au rang des saintes vénérées dans ce pays. Dégoûtée des vaines grandeurs du monde, elle mourut prieure des Carmélites, au couvent des Coëts, à Nantes, en 1477.

De Richemont remplaça Pierre II, unissant ainsi l'épée ducale à celle de connétable, sous le nom d'Arthur III.

Gros et court, il était vigoureux, infatigable ; sa physionomie présentait quelque chose de rude, sans prévenance et sans distinction. Loyal, dévoué jusqu'à l'excès, il devint plus d'une fois cruel dans ses châtiments ; son nom, paré d'une belle gloire militaire, ne peut plus, sous ce rapport, être séparé de celui de Jeanne d'Arc. Il mourut en 1458 d'une maladie de langueur. Les courtisans de Charles VII ne furent pas entièrement lavés d'un soupçon d'empoisonnement.

François, en même temps petit-fils de Jean IV, mari de la fille aînée de François Ier, et neveu d'Arthur III, lui succéda sous le nom de François II.

Il favorisa l'industrie, fit venir en 1463 un imprimeur à Nantes, sans pouvoir encore se former la moindre notion positive sur les immenses résultats de cette merveilleuse invention. En même temps, il donna plus d'extension aux priviléges de cette féodalité, que son plus grand ennemi n'allait pas tarder à briser, en la frappant à la fois d'une sanglante et profonde humiliation.

Louis XI était depuis seize ans sur le trône de France. Cet homme puissant, invincible par l'intelligence, l'esprit et le génie, faible, débile et misérable par le cœur, la conscience et la foi jurée ; ce roi sans importance réelle par les armes, redoutable et dangereux par la politique ; ce ressort énergique et souple tout à la fois, qui se courbait à l'occasion jusque dans la poussière ou dans la fange, mais qui se redressait toujours en portant le châtiment et la mort à ceux qui l'avaient abaissé ; tel est cet ennemi contre les prétentions duquel François II et toute la noblesse bretonne allaient avoir à combattre, sans toutefois subir les fatales conséquences d'une si redoutable défaite.

Déjà le despote ombrageux de la France avait ébranlé profondément les bases de la féodalité dans la Bourgogne, la Normandie, le Berri, etc., nonobstant la coalition des grands vassaux de la couronne, effectuée en 1465 sous le nom *de ligue du bien public*.

Il eût obtenu le même résultat en Bretagne, si le duc n'avait pas trouvé pour appui le caractère indomptable du peuple qu'il gouvernait.

Louis XI, comprenant bientôt qu'il jouait une partie dangereuse, et qu'il n'arriverait pas, contre tant d'ennemis réunis, par la force des armes, se renferma dans sa politique habile, astucieuse et sans conscience; divisa les principaux chefs de la coalition; flatta, caressa même les plus redoutables, pour mieux les étouffer; et porta la duplicité jusqu'à donner la Normandie au duc de Berri, *avec droit de recevoir l'hommage de la Bretagne*, qu'il réduisait ainsi à la condition inférieure d'arrière-fief, pour la punir de sa résistance et lui créer un nouvel ennemi.

Il ne négligeait ni les promesses, ni les séductions, ni l'or, pour découvrir les secrets de ses adversaires; ces moyens de corruption avaient mis entre ses mains vingt-deux lettres de François II à Édouard IV, roi d'Angleterre, dévoilant un complot contre la France; il se disposait à profiter cruellement de cette découverte, à mettre le feu à toutes les mines qu'il avait sourdement préparées, et qui devaient amener un embrasement général et funeste aux princes confédérés, lorsque la mort le saisit à son château du Plessis-lès-Tours, le 31 août 1483.

François II avait alors pour ministre des finances, on pourrait même dire pour second, chargé des affaires du pays, disposant de tout à son gré, un certain Pierre Landais, originaire de Vitré, d'abord garçon tailleur, et qui s'était introduit dans l'intimité du prince par la souplesse de son caractère et les ressources infinies de son esprit. Si la probité n'avait fait défaut à cet effronté parvenu, l'histoire eût peut-être inscrit son nom à côté de celui des grands hommes : on a prétendu qu'il existait en lui quelque chose de Louis XI et de Richelieu.

D'un caractère audacieux, entreprenant, il ne craignit pas de soulever contre lui toute la noblesse bretonne, en menaçant très-sérieusement ses priviléges; tenant par ses intrigues l'Angleterre et la France en haleine par les promesses qu'il faisait à l'une et à l'autre de lui procurer le duché, ces deux grandes puissances furent à la veille d'un bouleversement général par l'influence considérable de cet exorbitant personnage.

Ses iniquités devaient avoir un terme : il est arrêté dans la chambre même de François, dont il était alors l'ami, l'intime favori. Jugé presque malgré le duc, il fut pendu à Nantes, au gibet de Biéce, le 19 juillet 1485. Son maître, espérant le sauver, s'était réservé le droit de faire grâce. Mais on ne lui fit connaître la sentence qu'après l'exécution. Il se fâcha d'abord, puis oublia bientôt son ancien confident.

Charles VIII, voulant s'emparer de la Bretagne, vient assiéger Nantes; les paysans quittent leurs chaumières, se lèvent en masse; armés de leur pen-bas, ils se ruent sur la ville et débusquent les troupes du roi, le 6 août 1487.

L'année suivante, Mme de Beaujeu, digne fille de Louis XI, et qui poussait son pupille à la conquête de la Bretagne, envoya plus tard des troupes nouvelles commandées par La Trémouille. Alors eut lieu, le 25 juillet 1488, cette fameuse bataille de Saint-Aubin-du-Cormier, où Charles VIII perdit beaucoup de monde, où François II aliéna presque définitivement son duché.

Il se déclara le sujet du roi de France, en lui demandant cette paix fatale aux intérêts de l'indépendance bretonne, et qui fut signée au Verger, en Anjou, le 20 août 1488.

Trois semaines après, le duc mourut de regrets et de douleur, à Coiron, près de Nantes; il fut enterré aux Carmes de cette ville.

François II ne laissait pour lui succéder qu'une fille de onze ans ; mais cette fille était Anne de Bretagne, l'honneur de son sexe, la gloire de son pays, et qui devait épouser deux rois de France.

Lisant le latin, le grec, elle avait déjà composé un ouvrage curieux sur l'histoire de sa patrie. Aussi séduisante par la distinction de la physionomie que par l'élévation et le charme de l'esprit, elle avait dans le caractère la loyauté, la fermeté bretonnes ; mais un peu trop de persévérance dans ses ressentiments ; on la regardait comme la fille la plus accomplie d'Europe. On l'avait surnommée *la petite Brette.* Elle prit immédiatement en main et régla presque seule toutes les affaires de son duché.

Quatre prétendants s'étaient déjà disputé la main de la jeune héritière, même avant la mort de François II : le sire d'Albret, vieux seigneur ruiné ; le vicomte de Rohan ; le duc d'Orléans, marié à la sœur du roi de France ; enfin Maximilien d'Autriche, roi des Romains, auquel Anne avait été fiancée par procuration donnée au comte de Nassau.

Le roi Charles VIII, aussi disgracié de la nature qu'Anne était belle, à l'âge de vingt ans déjà marié à Marguerite d'Autriche, qui en avait onze, et qui était fille de Maximilien, roi des Romains, voulut épouser la duchesse de Bretagne, alors arrivée à sa quinzième année ; et pour que tout devînt extraordinaire dans cette histoire, ce fut son frère, le duc d'Orléans, épris d'Anne et peut-être payé de retour, qu'il choisit comme ambassadeur pour cette demande en mariage.

La jeune duchesse, mettant sa couronne au-dessus de celle de France, veut tenir la parole donnée en rejoignant son époux. Les Bretons la conjurent de sacrifier ses scrupules et ses antipathies aux intérêts locaux. « Le roi de France lui-même accourut près d'elle à Rennes, dit M. P. Chevalier, sans armée, sans cour et sans suite, lui tendant d'une main la première couronne du monde, et de l'autre l'épée qui allait donner le coup de grâce à la Bretagne.... La duchesse accepta la couronne en détournant la tête, et s'immola noblement au salut de son pays. »

Elle se rendit au château de Laugeais, en Touraine, où le mariage fut conclu. « Au moment d'inscrire son nom sur le contrat, ajoute M. P. Chevalier, près de celui de Charles VIII, et d'apposer les armes de Bretagne à côté des armes de France, Anne jeta sans doute du côté de la vieille Armorique un long regard qu'elle ramena tout voilé de larmes; puis elle traça d'une main désespérée la signature qui la faisait reine ! »

La Bretagne n'était plus en effet qu'une province de France; elle était même complètement aliénée par la perfide habileté du contrat. On avait abusé de l'inexpérience d'une enfant; mais cette enfant devenue femme prit un peu plus tard une bien forte revanche.

La jeune reine fut couronnée à Saint-Denis; toute l'assistance admira sa beauté, sa modestie, ses charmes et la noblesse de son maintien. On la conduisit à Paris, où l'accueillirent d'immenses acclamations.

La duchesse et ses Bretons, indomptables dans leurs opinions et dans leurs croyances, firent signer au roi, à la date du 7 juillet 1492, le maintien de leurs coutumes et franchises.

Devenue veuve à vingt et un ans, elle retourne en Bretagne, y fait valoir tous les droits d'une souveraine. Le duc d'Orléans, élevé à la royauté sous le nom de Louis XII, vient l'épouser à la chapelle du château de Nantes, le 7 janvier 1499. Il eut constamment pour elle toute l'affection et toute l'estime qu'elle méritait.

Avec l'adresse et la fermeté du plus habile diplomate, elle fit dans ce nouveau contrat de mariage disparaître tous les articles qui, dans le premier, étaient si défavorables à la Bretagne, pour en substituer d'autres entièrement avantageux à son cher duché.

« Le premier contrat, dit l'abbé Velly, était celui d'un souverain qui épouse sa vassale; le second, fut celui d'une reine qui consent à donner sa main à son amant. »

« Elle ne savait, dit Brantôme, ni céder à ses adversaires, ni pardonner à ses ennemis; c'est peut-être le seul défaut qu'on pût lui reprocher. On en vit une cruelle application dans la manière dont elle poursuivit jusque dans la disgrâce la plus complète Pierre de Rohan, sire de Gié, maréchal de France, qui l'avait contrariée dans ses projets; il fut chassé de la cour et véritablement exilé dans son château du Verger. »

Lors des fréquentes visites qu'elle faisait à la Bretagne, ses sujets la recevaient toujours avec les témoignages de la plus vive affection et du plus profond respect. Elle a laissé dans ce pays les plus beaux et les plus honorables souvenirs.

Anne mourut de la gravelle, au château de Blois, le 9 janvier 1514, à l'âge de trente-sept ans. On lui fit de magnifiques funérailles; toutes les populations accoururent sur le passage du cortége, une larme dans les yeux, un profond regret dans le cœur; à Notre-Dame, au départ de Saint-Denis, les pompes funèbres avaient déployé leur plus imposant appareil. L'évêque du Mans officia; le zélé Parvi, confesseur du roi, prononça la plus longue de toutes les oraisons funèbres passées, et peut-être futures : elle dura quatre heures.

D'après les dernières intentions de la reine, son cœur fut placé aux Carmes de Nantes, en grande cérémonie, entre les tombeaux de son père et de sa mère.

« Sa cour de Blois ou des Tournelles, dit M. P. Chevalier, était à la fois une école de vertus, une tribune politique et une académie : évêques, légats, savants, écrivains et poëtes y venaient se jouer avec cette puissance de l'imprimerie qui commençait à renouveler le monde. »

L'amour qu'elle avait pour les sciences, les arts et le progrès ; les faveurs, l'estime et les encouragements particuliers et publics par lesquels cette grande reine les propageait et les soutenait, préparèrent ou plutôt firent éclore cette renaissance des lettres qui devait immortaliser le règne de François Ier.

Tant que l'impérieuse et noble duchesse avait pu veiller sur sa Bretagne, l'indépendance du pays était restée debout, inflexible et fière comme son royal appui ; dès que cet appui fut brisé, cette indépendance, jusqu'alors si robuste, sembla s'affaisser et crouler sous son propre poids.

François Ier monte sur le trône de France le 1er janvier 1515 ; épouse Madame Claude, fille de la reine Anne. Elle avait la piété, les vertus de sa mère ; elle ne possédait ni son esprit ni ses grandes vues politiques : l'un de ses premiers actes fut d'abandonner la Bretagne au roi, qui la réunit à la couronne de France en 1532.

Ces fiers Bretons, qui pendant mille quatre-vingt-deux ans avaient résisté aux Romains, aux Saxons, aux Anglais, aux Franks eux-mêmes ; qui n'avaient pas goûté un siècle de repos dans cette longue série de guerres et de calamités ; que l'épée de César, la hache de Clovis, la massue d'Attila, l'irrésistible fourberie de Louis XI, les arquebuses de Charles VIII et de Louis XII, n'avaient pu vaincre ni courber, frémirent dans leurs châteaux et dans leurs chaumières ; firent une vigoureuse opposition, subirent l'union comme un joug, ne voulant pas, ainsi qu'on l'exigeait, la demander comme une grâce : les états, séduits, gagnés, corrompus, arrivèrent seuls à cette humiliation ; cette réunion fut enfin prononcée, le duché mis entre les mains du dauphin François, par lettres patentes du roi, le 21 septembre 1532.

Devenus Français par le nom, les descendants des Kimris demeurèrent Bretons par le cœur ; ils s'habituèrent insensiblement au gouvernement de leur nouveau duc, qui les traitait avec douceur, et finirent par ne pas trop s'apercevoir que leur indomptable et beau pays n'était plus qu'une province de France !...

L'histoire particulière de la Bretagne est finie ; les faits qui vont à l'avenir se dérouler dans ses annales, se manifesteront sur le grand théâtre dont elle fait actuellement partie ; mais cependant ils y prendront encore la teinte particulière qui distinguera toujours le caractère et les mœurs des habitants de ce pays.

Aux guerres des prétendants et des envahisseurs de fiefs, de duchés, de royaumes, succédèrent les guerres de religion, non moins désastreuses dans leurs conflits, plus envenimées, plus cruelles dans leurs profonds ressentiments et dans leurs implacables vengeances.

De 1558 à 1585, le calvinisme pénétra, fit des progrès dans la Bretagne. Sa marche et ses moyens se distinguent essentiellement de ceux du christianisme :

Le premier attaque le corps social du sommet à la base ; s'adresse à l'esprit pour subjuguer le cœur, se fait des partisans et des adeptes en promettant, surtout *pour le temps*, les biens, les faveurs et la puissance.

Le second s'avance pour conquérir le monde, en le pénétrant de la base au sommet ; il s'empare du cœur pour combattre l'esprit ;

il n'offre ici-bas, comme attrait à ses apôtres, que la pénitence, les tribulations où le martyre ; mais avec un prix infini : la paix et le bonheur *pour l'éternité !...*

Alors eut lieu ce terrible duel entre les ligueurs, soutiens de la réforme, et les royalistes, défenseurs de la foi ; mais quels soutiens et quels défenseurs !... Presque partout la passion, la haine, la vengeance, où l'on aurait dû trouver la raison, l'indulgence et la pitié !... Presque partout l'effusion du sang, le meurtre, l'assassinat, où devaient se rencontrer l'enseignement, le bon exemple et la persuasion !...

Jetons un voile impénétrable sur tant de scènes d'horreur !... Bornons-nous à rappeler que d'Andelot, frère de l'amiral de Coligny, fut un des premiers propagateurs du calvinisme en Bretagne ; « que la vicomtesse de Rohan, dit M. P. Chevalier, sœur du roi de Navarre, fit de son château de Blain le quartier général du nouveau culte ; » que cette religion offrit des progrès bien fâcheux dans diverses parties de l'Armorique ; divisa le clergé ; mit la confusion et l'anarchie presque partout ; mais que les Bretons n'offrirent qu'un petit nombre d'acteurs dans la tragédie sanglante qui s'apprêtait, et qu'enfin la Bretagne resta pure des massacres de la Saint-Barthélemy, annoncés le 24 août 1572 par le tocsin funèbre de Saint-Germain-l'Auxerrois !...

Henri IV en montant sur le trône devait bientôt mettre fin à ces débats sanglants, en abjurant cette réforme, qui dans sa nouvelle position devenait un contre-sens politique. Le parlement de Bretagne, à cette condition, lui prêta serment le 22 octobre 1589.

La ligue expirante fut bien cruellement représentée dans ce pays aux derniers jours de son agonie, par les brigandages et les atrocités de Guy Eder de La Fontenelle.

Ce monstre, avec sa bande composée d'assassins, ravagea les villes et les châteaux, en y commettant des abominations qu'il nous est impossible de retracer. Une affreuse expression sortie de sa bouche le peindra suffisamment. Fortifié dans son repaire de Granec, il avait, en faisant une sortie, massacré plus de mille paysans, dont il ne permit pas d'enlever ni d'enterrer les cadavres; un de ses dignes compagnons lui ayant demandé comment il pouvait respirer au milieu d'un aussi grand foyer de corruption, il répondit : « L'odeur des ennemis morts est toujours suave et douce. » Impliqué dans le complot de Biron, ce misérable fut livré, sur la place de Grève, au supplice de la roue.

En 1598, le Béarnais entrait à Nantes, et signait dans le vieux château cet édit célèbre qui fit connaître autant la noblesse de son caractère que la bonté de son cœur.

La Bretagne fournissait toujours à la France des gloires et des illustrations. Une famille de négociants de Saint-Malo s'honorait du corsaire René Duguay-Trouin ; Nantes était fière d'avoir vu naître Jacques Cassard. Ces deux célèbres marins, grands par le courage et par la dignité des sentiments, étaient liés par la plus franche amitié. Un jour, au milieu des courtisans de Versailles, Cassard, d'un caractère modeste et sous des habits très-simples, excitait les railleries de ces esprits sans jugement et sans portée ; Duguay-Trouin, alors au comble de la fortune et des faveurs, s'en aperçoit; prend dans ses bras son bon et vaillant camarade, et le montrant avec orgueil à cette assistance éventée : « Je vous présente, Messieurs, le premier homme de mer de notre temps et de notre pays; je donnerais toutes mes victoires pour une seule des siennes !... »

Nous arrivons à cette funeste époque de 1789, qui semblait

promettre une ère de régénération, de raison et de philosophie ; qui n'amena qu'un régime de corruption, de terreur et de sang !...

Cette coupable révolution, qui crut abattre la monarchie parce qu'elle avait sacrifié le plus noble des martyrs sur son épouvantable autel, ne parvint jamais à ruiner en Bretagne les principes sacrés de la vertu, de l'antique foi chrétienne.

Ce peuple si pieux, si moral dans sa mâle et touchante simplicité, si positif et si vrai dans la sincérité de sa croyance, eut le bon sens de comprendre que le premier coup de marteau frappé sur le temple des lois divines, sur le sanctuaire des lois humaines, était le prmier coup de hache porté sur l'arbre sacré de la famille, de la société, de leurs institutions conservatrices, avec toutes les sinistres conséquences d'une dissolution générale et d'un retour certain vers le plus affreux chaos !...

L'expérience a fait la preuve : heureusement elle n'a pas encore entièrement effectué la démonstration !...

Déjà, sous Louis XV, la France marchait au vice, à l'incrédulité, à l'abandon de la monarchie ; la Bretagne, à la vertu, au respect du souverain, à la foi religieuse : elles ne devaient pas se rencontrer.

« En attendant, dit M. P. Chevalier, le lien se relâchait de jour en jour. En vain la descente des Anglais à Saint-Cast, en 1758, vint-elle donner raison aux mesures du gouverneur ; les Bretons retrouvèrent leur courage contre l'étranger, et se rangèrent autour du duc d'Aiguillon pour remporter un de leurs plus beaux triomphes. Une poignée de paysans et de gentilshommes rappela, au Guildo, la gloire des Thermopyles, en arrêtant toute une armée d'Anglais !...

« En même temps, pour que la Bretagne donnât tous les

exemples d'indépendance, un des chefs du parti libéral, le procureur général du parlement, Caradeuc de La Chalotais, dénonçait comme anti-sociales les constitutions des Jésuites.... Attaquée à la fois par toutes les puissances de la terre, la colossale compagnie ébranla l'Europe en tombant, mais elle entraîna ses plus fiers ennemis dans sa chute : de ce nombre furent La Chalotais, son fils et trois conseillers du parlement, qu'on transporta de Saint-Mâlo à la Bastille.... C'est ainsi que Moreau et M. de Chateaubriand, seuls debout sur l'Europe abattue, tiendront tête à Napoléon!... »

L'incendie révolutionnaire sembla s'allumer dans le parlement de Rennes, où le comte de Thiars, à la tête de ses grenadiers, vint assiéger les magistrats sur leurs chaises curules. Sans se laisser intimider par ce formidable appareil, ces fidèles gardiens de l'indépendance et de la foi bretonnes répondirent par cet antique et noble cri, si cher à la vieille Armorique : *Malo mori quam fœdari!*... Plutôt la mort que l'infâmie!...

« Le premier signal de l'insurrection de l'Ouest fut donné, dit M. P. Chevalier, le 13 février 1791, dans la paroisse de Sarzeau, Morbihan, par le comte de Francheville du Pélinec.... avec ce cri national : *Mon âme à Dieu, mon corps au roi!* Son exemple fut suivi par le comte Désilz et par Georges Cadoudal.... Le 12 mars 1793, le tocsin résonne dans plus de six cents villages de la Bretagne et de l'Anjou.... Les paysans mettent à leur tête le voiturier Cathelineau, Stofflet le garde-chasse, Charette, d'Elbée, Lescure, La Rochejacquelein, Bonchamps, etc. »

Il est aisé de comprendre tous les prodiges de valeur, tous les actes d'héroïsme que devaient effectuer de tels soldats commandés par des chefs semblables, et dont le discours, à l'instant d'une bataille, se composait de ces trois mots, prononcés par

La Rochejacquelein : « *Si j'avance, suivez-moi ; si je recule, tuez-moi ; si je meurs, vengez-moi !...* »

Aussi Bonaparte, qui s'y connaissait, nommait-il ces combats de la Vendée : « *la guerre des géants.* »

L'heure fatale avait sonné pour ces nobles enfants de la Bretagne, pour ces immortels défenseurs du trône et de l'autel : « ils furent surpris au Mans, dit M. P. Chevalier, par le jeune Marceau, qui fit une boucherie de dix-huit mille hommes et de leurs familles. »

Le 22 décembre 1793, le reste, qui s'enfuit vers Laval, fut pris ou tué par le redoutable Westermann.

Après les dévouements, les grandes actions et la gloire si cruellement achetée, vont se trouver les échafauds, le supplice et l'extermination !...

Carrier, dont le nom souillerait les épithètes les plus flétrissantes par lesquelles on chercherait à le qualifier, arrive à Nantes avec cette mission de cannibale, qu'il remplit sous l'effroi d'un si épouvantable retentissement.

Son premier soin ne fut pas de constituer des tribunaux pour juger des coupables, mais de faire dresser avec ostentation, sur toutes les places, les instruments de la torture et de la mort : pour mutiler, pour égorger des innocents !...

Nous jetterons un voile épais sur toutes les brutales inventions de ce monstre pour augmenter et diversifier les tourments de ses victimes : il est des tableaux où la couleur fait défaut, et que la foule ne doit jamais avoir sous les yeux !...

Arrêtons-nous donc au premier plan de celui-ci : voyons cinq jeunes filles si belles, si pures, accompagnées de leur mère si noble et si résignée ; montant, comme six anges du Seigneur, soutenues les unes par les autres, sur la criminelle estrade, comme pour laver et purifier, par leur généreux sang, les degrés de cet échafaud redoutable, où devait immédiatement couler à grands flots celui des plus dignes et des plus illustres enfants de l'Armorique !...

Accablée de mille coups, roulée dans une mare de sang, la Bretagne se soulève encore au cri de guerre d'un courageux et fidèle partisan, Manceau d'origine, connu sous le nom de Cottereau dit Jean Chouan.

Il semblait impossible de frapper au cœur cette nationalité vivace et renaissant toujours de ses défaites : une prise d'armes nouvelle s'organise presque partout : *la chouannerie* succède *à la Vendée*, sans offrir un plus fructueux résultat, et se termine par la désastreuse affaire de Quiberon, du 27 juin 1795, et par les sanglants massacres du Champ des Martyrs, au mépris d'une capitulation promise par le général Hoche, mais que sans doute il ne fut pas en son pouvoir de faire exécuter.

Nous avons esquissé le douloureux tableau de ce cruel désastre, nous n'en rappellerons pas les actions héroïques et les inqualifiables horreurs.

Aux noms que nous avons cités s'unissent, dans cette œuvre de foi, dans ce dévouement du martyre, ceux de Scépeaux, Bourmont, Puisaye, Talhouet, Soulanges, d'Hervilly, Sombreuil, etc., nobles et malheureuses victimes !...

« Hoche, dit M. P. Chevalier, triompha de Charette, de Stofflet en les isolant et en enveloppant la haute Bretagne dans un réseau de postes qui amenèrent une pacification forcée. Charette, traqué comme un lion dans les bois, fut pris et fusillé à Nantes; lui-même, sans sourciller, commanda le feu. Stofflet avait fini pareillement à Angers. »

Enfin le vainqueur d'Austerlitz, en passant le niveau de sa

puissance redoutable sur l'antique Armorique, la courba pour la seconde fois sous le joug, mais n'en détruisit pas plus la nationalité que ne l'avait fait le vainqueur des Gaules en la frappant avec le sceptre du monde !...

En vain, sur cet indivisible sol, a-t-on voulu tracer des délimitations conventionnelles par la distinction des cinq départements : de la Loire-Inférieure, du Morbihan, du Finistère, des Côtes-du-Nord et d'Ille-et-Vilaine ; ce bloc de granit a conservé, sous bien des rapports, son unité primitive ; et le peuple, qui semble adhérer à la terre natale, sa foi, son caractère et ses mœurs !...

XXXII

ÉTAT ACTUEL DE LA BRETAGNE.

Ce pays offre, dans son littoral surtout, l'une des contrées de la France les plus curieuses, les plus instructives à visiter, en raison de l'espèce de virginité native du sol, des importants et nombreux monuments historiques et religieux que l'on y rencontre, des admirables aspects et des spectacles merveilleux qu'y présentent presque partout les rivages de l'Océan.

Ayant parcouru ce littoral tout entier; l'ayant esquissé d'abord tel que nous l'avons observé dans la succession de ses diverses parties, nous devons actuellement le représenter dans son ensemble, pour compléter notre étude et lui donner le caractère de vérité qui devient le mérite principal des tableaux de ce genre.

Pour effectuer cette exposition dans l'ordre nécessaire, nous examinerons successivement : 1° les moyens de communication et les avantages offerts aux voyageurs; 2° la nature et les dispositions du sol ; 3° l'état agricole, ses améliorations et les obstacles à ses progrès.

I. COMMUNICATIONS, AVANTAGES OFFERTS AUX VOYAGEURS.

Dans toute la circonférence de la Bretagne, les routes sont aujourd'hui magnifiques. Au lieu de ces chemins impraticables, franchissant à pic le sommet des monts les plus abruptes, on y suit actuellement des voies larges, bien encaissées, contournées avec art, de manière à rendre les pentes moins fortes, la marche plus rapide et moins dangereuse.

Les voitures publiques y sont nombreuses, commodes; on trouve même, presque partout, des voitures particulières assez confortables, à des prix modérés.

Les hôtelleries sont généralement très-bonnes; on y rencontre communément un accueil obligeant et même gracieux; du pain, de la viande passables, du poisson de mer parfait; une cuisine recherchée, du vin de Bordeaux presque toujours très-bon, mais ordinairement assez cher.

Le prix des tables d'hôte et des logements est très-modique dans tout le littoral sud; mais en approchant de Brest, et dans tout le littoral nord, ce prix est presque doublé. Partout, le vin se compte à part; mais dans le littoral sud on fournit, du moins, d'assez bon cidre, tandis que, dans le littoral nord, on vous met tout simplement en possession d'une carafe d'eau.

De telle sorte, en résumé, que l'on peut faire très-agréablement le tour de la Bretagne, avec une véritable économie dans la première moitié du trajet, et sans une dépense excessive dans la seconde.

II. NATURE ET DISPOSITIONS DU SOL.

Le littoral de cette province est un des plus beaux et des plus curieux que l'on puisse visiter.

Presque partout les rivages de l'Océan sont imposants et majestueux; les plages très-belles, et, pour le plus grand nombre, couvertes d'un sable fin et résistant.

La campagne, dans presque toute la partie méridionale, est triste, pauvre, malheureuse, couverte d'ajoncs et de bruyères, dépourvue d'autre végétation, d'arbres fruitiers et forestiers.

Le terrain, presque sans accidents depuis Nantes jusqu'à Lorient, devient très-inégal, très-montueux jusqu'à Brest, et de ce port à celui de Saint-Mâlo. Dans ce parcours, on voit plusieurs sites charmants; arrivé au littoral nord, on trouve plus de végétatation, plus de richesse dans les cultures.

Le granit est la plus belle pierre du pays. C'est lui que l'on emploie comme pierre de taille dans les constructions : les carrières les plus estimées sont aux environs de Saint-Mâlo, qui, si l'on en croit les renseignements pris sur les lieux, ont fourni les belles colonnes que nous avons signalées au Champ des Martyrs; à Brest, dans la chapelle de l'hôpital Clermont-Tonnerre, etc.

Nous avons particulièrement étudié les côtes de la Bretagne, au point de vue des avantages et des inconvénients comparatifs que peuvent offrir le littoral sud et le littoral nord aux baigneurs qui s'y rendent pour leur agrément ou pour leur santé. Voici très-sommairement le résultat pratique de nos observations :

Le littoral sud nous paraît bien préférable pour l'usage des bains, surtout chez les sujets d'une constitution délicate, et qui doivent éviter les influences trop fortes et surtout les brusques transitions de l'atmosphère. Les plages y sont en général plus belles, d'un plus facile accès ; l'eau plus chaude, les vents plus tièdes, moins saisissants et dès lors moins dangereux. Ajoutons à ces avantages celui d'une dépense moins considérable.

Malheureusement, sur toute la côte il n'existe pas un seul établissement complet où l'on puisse trouver ce confortable si nécessaire aux malades, et surtout ces modifications des bains, douches locales et générales, en jet, en arrosoir, aux différents degrés de température, etc., exigés pour les diverses maladies qui réclament ce genre de traitement dans lequel on rencontrerait, en l'administrant avec intelligence, des moyens si puissants et si variés.

Assurément les bains du Croisic et ceux de Pornic, les plus fréquentés de toute la contrée, ne sont pas en mesure de faire exception à cette règle générale.

Que l'on suppose actuellement un hôtel aussi bon que celui de M. Lebail, situé sur cette magnifique plage de l'Océan qui se déroule sur toute l'étendue de la falaise de Quiberon, avec ses pentes à peine sensibles et ses sables fermes et si fins, que les grains en sont presque invisibles à l'œil nu, complété par un établissement de bains convenablement disposé ; bien certainement on obtiendrait la perfection dans ce genre de fondation, si désirable et si profondément utile.

Pendant que nous étions à Plouharnel, plus d'une fois nous avons regretté qu'il fallût parcourir un trajet de deux ou trois kilomètres pour arriver à cette belle plage de *la grande mer*, et que la baie, ou *petite mer*, située près du bourg, n'offrît pas les mêmes avantages pour les baigneurs ; avec l'hôtel, l'intelligence et l'activité de M. Lebail, il eût été facile d'y former un établissement qui bientôt aurait porté ses fruits et joui d'une véritable célébrité.

Le littoral nord se trouve beaucoup moins favorablement disposé. Les plages y sont, dans bien des endroits, plus abruptes, couvertes d'un sable plus mouvant et chargé de galets plus nombreux ; l'eau paraît moins chaude, les vents plus froids, plus irritants ; les transitions atmosphériques plus fréquentes et plus brusques dans leurs manifestations ; nulle part on n'y rencontre, comme du reste sur le littoral sud, aucun établissement parfait ; celui de Saint-Mâlo n'offre assurément pas ce caractère, bien qu'il soit, mais pour les bains froids seulement, le plus en réputation dans ce pays ; enfin, il faut ajouter à ces désavantages le prix très-élevé des logements et des tables d'hôte.

Ainsi, sous ce rapport, comme sous beaucoup d'autres, le littoral de la Bretagne est susceptible d'assez grands perfectionnements qui pourraient lui devenir très-fructueux en augmentant le nombre et l'importance de ses relations.

III. ÉTAT AGRICOLE : AMÉLIORATIONS, OBSTACLES A SES PROGRÈS.

Dans presque toute la circonférence de la Bretagne, l'agriculture, comme science et même comme art, se trouve encore à peu près à l'état de première enfance ; quelques parties mieux cultivées, surtout dans le littoral nord, font comprendre et démontrent par les faits toutes les améliorations dont cette terre vierge est susceptible.

Le conseil général du Morbihan a bien apprécié la réalité de cet état agricole, et, dans sa philanthropie, bien senti la nécessité d'y porter les améliorations que nous réclamons, en mettant au concours pour 1854 la question suivante, avec un prix de huit mille francs :

« Quel est le meilleur système à suivre pour arriver le plus promptement possible à la mise en valeur des landes et des terres vaines et vagues de Bretagne, par le défrichement et par le reboisement ou l'ensemencement en bois. »

A quelque distance de Saint-Brieuc, nous avons remarqué sur la route, précisément au milieu de landes incultes, un domaine assez considérable où les défrichements, bien entendus et bien dirigés, ont déjà fait leurs preuves.

Ces travaux, nous a-t-on dit, furent commencés, il y a dix-huit ou vingt ans, par un capitaliste anglais, et sont encore aujourd'hui continués, avec la même sagesse et la même intelligence, par ses deux filles.

Chaque année, les défrichements s'effectuent sur une petite étendue de terrain, toujours aux dépens des bénéfices produits par les terres actuellement en culture ; de telle sorte que, dans une spéculation aussi sage, rien n'est abandonné aux chances du hasard ; tout est calculé de manière qu'il est impossible de s'arriérer, et surtout de rien perdre, puisque c'est la terre elle-même qui paie les dépenses de son amélioration.

Si tous nos grands faiseurs d'agriculture procédaient avec cette prudente réserve, au lieu de se livrer à des théories illusoires, à des applications gigantesques, où tout est mise de fonds, où rien n'est productif pour le présent, ils se ruineraient moins souvent et n'entraîneraient pas leurs adeptes dans une voie presque toujours désastreuse pour leur fortune et nuisible aux véritables progrès de l'art agricole.

Dans ce beau domaine de nouvelle création, que nous proposons, avec confiance, pour modèle à toute la contrée, se trouvent des prés, des terres de bonne valeur, des bois de chêne, des sapinières, etc.; nous ne doutons pas que l'on ne pût obtenir des résultats analogues dans presque toutes les landes de la Bretagne, en appropriant chacune d'elles au genre de culture qu'elle est en mesure de recevoir.

Il ne faudrait pas opérer en très-grand et simultanément; les dépenses ne seraient probablement jamais comblées, en calculant l'énorme émission du capital et des intérêts pour un sol improductif, au moins pendant quelques années; tandis qu'en suivant la sage méthode que nous venons de signaler, en employant chaque année les produits des défrichements déjà faits aux dépenses des défrichements à faire, on arriverait plus lentement sans doute, mais avec une entière sécurité. Avec la création des belles et nombreuses routes qui sillonnent maintenant la Bretagne dans tous les sens, avec le développement des communications et des débouchés pour tous les produits de la terre, on comprend les heureux changements qu'amènerait une culture aussi bien conduite dans cette partie de la France encore si pauvre et si malheureuse. Pourquoi ces changements si désirés ne s'opèrent-ils pas? Nous croyons en pouvoir donner les principales raisons.

Le premier et le plus grave de tous les obstacles qui s'opposent aux progrès de l'agriculture dans la Bretagne, est l'éloignement et l'insouciance des grands propriétaires; le peu de connaissances pratiques ou le défaut de probité des intendants.

Voltaire, qui s'était beaucoup occupé d'agrandir et d'améliorer les environs de son domaine de Ferney, nous donne l'expérience qu'il a faite à l'appui de cette assertion. Il dit en effet, *Dictionnaire philosophique*, tit. v, p. 122, art. *Fertilisation* : « Il y a dans toute la zone tempérée de bons, de médiocres et de mauvais terroirs. Le seul moyen, peut-être, de rendre les bons encore meilleurs, de fertiliser les médiocres et de tirer parti des mauvais, est que les seigneurs des terres les habitent. Les médiocres terrains, et surtout les mauvais, ne pourront jamais être amendés par des fermiers ; ils n'en ont ni la faculté ni la volonté ; ils afferment à vil prix, font très-peu de profit, et laissent la terre en plus mauvais état qu'ils ne l'ont prise. »

La seconde raison est le défaut d'intelligence et d'habileté des colons qui ne savent pas tirer tout le parti possible de leurs terres, et surtout faire un léger sacrifice dans le présent, pour s'assurer un grand avantage dans l'avenir.

Pour ces cultivateurs arriérés, le moment actuel est tout : ils sont même quelquefois, sous ce rapport, encore plus stupides que le sauvage abattant l'arbre pour en cueillir le fruit. En effet, nous en avons vu, dans plusieurs endroits, notamment aux environs de Plouharnel, porter le vandalisme agricole jusqu'à couper par le pied, dans leurs landes, des sapins d'une très-belle venue, à peine âgés de cinq à six ans, semés par le bienfait de la nature, en donnant pour motif de ces inqualifiables inepties, que ces arbres, par leur ombrage, nuisaient à l'accroissement des bruyères, dont ils pouvaient récolter chaque jour les produits.

Si l'on veut une dernière preuve du peu d'industrie de ces populations, voici, entre mille autres, un fait bien concluant, à notre avis. Dans un grand nombre d'endroits du littoral, tous les champs sont clos par des murs à pierre sèche ; l'ouverture d'exploitation est fermée de la même manière, au lieu d'y placer une barrière que l'on puisse ouvrir et fermer à volonté ; aussi, pendant le temps des herbes, le conducteur des bestiaux passe-t-il un temps considérable à démaçonner, à reconstruire ce mur chaque fois qu'il fait entrer ou sortir les animaux amenés à la pâture.

Les outils, les instruments aratoires, les charrettes pour les transports, sont établis d'une manière si défectueuse, que leur emploi présente constamment ce double résultat : perte de temps, travaux moins considérables et moins bien faits que dans les pays où ces divers objets sont mieux confectionnés.

Tant que ces déplorables idées auront cours, tant que ces manœuvres inconsidérées, pour ne pas dire coupables, pourront s'effectuer, tant que ces causes majeures persisteront, en vain établira-t-on dans toute la Bretagne des routes importantes, nombreuses, des communications faciles entre les diverses contrées ; ces améliorations, partout si fructueuses pour les progrès de l'agriculture, du commerce et de l'industrie, n'offriront ici que des influences légères, n'amèneront que d'insuffisants résultats.

XXXIII

CARACTÈRE ET MŒURS DES BRETONS.

Pour mieux préciser les dispositions particulières du peuple breton, nous l'étudierons aux divers points de vue : 1° de la constitution, du tempérament, de la physionomie, du caractère ; 2° des costumes ; 3° du langage ; 4° des usages et des mœurs.

I. CONSTITUTION, TEMPÉRAMENT, PHYSIONOMIE, CARACTÈRE.

Si l'on veut se former une idée positive des Bretons de la côte, il ne faut plus, comme autrefois, distinguer le pays en haute et basse Bretagne, mais en littoral sud et en littoral nord. Entre l'un et l'autre, en effet, il existe pour les populations des différences fondamentales qui ne permettent pas de les confondre.

DANS PRESQUE TOUT LE LITTORAL SUD, — les Bretons que nous

avons observés offrent en général une petite stature, des formes sèches, maigres, osseuses, l'aspect d'une nature un peu rabougrie ; les variantes et les combinaisons des tempéraments nerveux, lymphatiques, pituiteux ; une physionomie sérieuse, triste, portant en même temps l'empreinte assez rare de la misère et de la probité réunies. Sans être dur, l'air est sévère ; ne manque pas d'une certaine dignité réfléchie ; d'un cachet de fermeté pour ne pas dire d'entêtement et d'orgueil : cet ensemble est, du reste, harmonisé par un aspect honnête et vertueux.

Quelques écrivains ont placé la défiance au premier rang dans les traits du caractère breton.

Ce serait alors un de ces contre-sens que ne fait pas ordinairement la nature : la défiance ne s'allie jamais primitivement, dans l'âme, à la franchise, à la loyauté.

On s'est donc évidemment trompé dans cette appréciation morale ; on a pris pour un défaut ce qui n'est autre chose qu'une qualité : l'on a confondu mal à propos la défiance avec les effets de la prudence et de la circonspection.

La beauté, la grâce, la propreté surtout, ne sont pas toujours les qualités saillantes des femmes dans cette partie de la Bretagne ; cependant, sous ces divers rapports, nous avons rencontré des exceptions bien remarquables et qui n'en font que mieux ressortir les avantages de celles qui les présentent. Toutefois, ces défauts, lors même qu'ils existent, sont largement compensés par un extérieur de décence et de pudeur qui fait ici le caractère fondamental, d'autant plus estimable qu'il est naturel, sincère, et ne devient presque jamais, comme dans beaucoup d'autres pays, le masque imposé par la civilisation ou la pruderie coquette et calculée.

Ce que nous observons dans la constitution physique de l'homme, se retrouve également dans celle des animaux domestiques de cette contrée : les chevaux, les vaches, les moutons, etc., y sont en général petits et de chétive apparence ; toutefois, les premiers offrent beaucoup de vigueur et surtout de résistance au travail ; les secondes, que l'on voit suspendues comme des chèvres au versant des rochers, vivent là où les belles vaches suisses ne trouveraient pas leur subsistance, et donnent même de très-bon lait ; enfin les troisièmes, nourris des plantes marines de la falaise, ou de l'herbe aromatique des mamelons, fournissent une chair bien supérieure par sa finesse et par son exquise saveur, à celle des énormes moutons de nos plus gras pâturages.

DANS LE LITTORAL NORD — presque tout entier, les hommes et les animaux domestiques changent complétement. Cette remarquable transition s'observe surtout lorsque l'on tourne la pointe du Finistère pour suivre la route magnifique tracée sur tout le beau rivage qui s'étend de Brest à Saint-Mâlo. Ici les types s'élèvent et s'enrichissent à mesure que l'on avance dans ce parcours, et surtout en raison du perfectionnement de la culture, de l'augmentation de l'industrie, de l'accroissement de l'aisance et d'une existence plus confortable.

Les femmes sont plus grandes, plus belles, mieux parées ; on en voit quelques-unes à la taille imposante, à la chevelure noire, au teint basané, à l'œil vif, audacieux, à la physionomie sévère, qui rappellent à l'esprit les belliqueuses Gauloises dont plusieurs de nos peintres modernes ont fait revivre les types effacés dans la majeure partie de la France.

Chez les hommes, les mêmes perfectionnements se font sentir ; le tempérament sanguin s'y joint au tempérament lymphatique ;

l'œil est plus fin, la physionomie plus intelligente; elle offre même assez souvent quelque chose de rusé, de narquois; c'est en quelque sorte le passage du type breton au type normand; et l'on suit ici, d'une manière bien évidente, les effets des croisements anglosaxons.

Les animaux domestiques partagent ce développement physique sous l'influence commune des mêmes améliorations; mais gagnent-ils en qualité ce qu'ils acquièrent en volume? C'est une question importante et dont la solution positive ne peut appartenir qu'à des observations pratiques longtemps continuées.

II. COSTUMES.

Des diverses parties de l'Europe, de toutes les provinces de France, la Bretagne est une de celles où non-seulement les habitudes, les usages, les mœurs, le langage, mais encore la manière de se vêtir conservent le mieux leurs types et leurs caractères primitifs.

Rien n'est en même temps plus étrange et plus curieux, sous ce dernier rapport, que le tableau dont nous avons observé l'ensemble, étudié les détails, à la distribution des prix de Sainte-Anne, où se trouvaient réunis tous les costumes bretons. Ils sont tellement particuliers et caractéristiques, pour chaque localité, qu'il est impossible, même au premier aspect, de confondre l'habitant du Morbihan avec celui du Finistère; ce dernier avec celui des Côtes-du-Nord, etc.

Dans le Morbihan, les femmes ont des coiffes hautes et plates sur le sommet de la tête, avec des barbes énormes, flottantes ou relevées; disposition qui, jointe aux vêtements noirs ou bruns qu'elles portent souvent les jours de fête, leur donne de loin, lorsqu'on les rencontre dans la campagne, l'apparence de sœurs de charité de divers ordres : nous avons très-souvent commis cette méprise dans les environs de Plouharnel ; les jupes sont assez courtes ; le tablier est d'usage avec une bavette qui monte jusqu'au menton ; ce costume est simple, mais peu gracieux.

Les hommes portent des chapeaux ronds, des vestes courtes, des pantalons assez larges et très-montants, ce qui donne à l'ensemble une disposition peu séduisante.

Dans le Finistère, les coiffures des femmes offrent un fond plat et noir ; elles sont élevées et se terminent en arrière par deux énormes ailes ; leur vêtement se compose d'une camisole très-serrée, en piquet blanc, à manches étroites, dont le corsage noir et très-court, s'ouvrant sur la poitrine, est enrichi de boutons, de broderies en argent, en or, et laisse voir une chemisette blanche, plissée ; d'une robe de longueur ordinaire, mais tellement étroite, qu'elles s'y trouvent enveloppées comme dans un étui ; disposition qui vient, avec la taille très-courte, donner aux plus jolies filles une apparence allongée, tout d'une venue, sans formes et sans élégance, dont l'œil le plus indulgent est loin de rester satisfait. Les souliers de ces beautés ainsi dénaturées, sont si grossiers, si mal faits, si camards, que l'on ne voit pas l'apparence d'un joli pied de femme dans toute la contrée.

Les jeunes filles à marier portent, sur leur robe, autant de bords en velours noir superposés, qu'elles ont de métairies en perspective : ce sont les galons du mérite pécuniaire, à l'instar des galons de service. Lorsque le nombre de ces métairies est très-considérable, alors on termine, supérieurement, cette longue série de cercles concentriques par un galon d'or : c'est le suprême du genre ! de telle sorte que si l'enseigne est bien en rapport avec la chose signifiée, le galant qui fait recherche d'une fiancée connaît immédiatement la mesure de ses prétentions.

Pour les hommes, les chapeaux ont la forme ronde et basse; leurs bords circulaires sont tellement larges, qu'ils couvrent entièrement les épaules et présentent moins l'apparence et la disposition d'une coiffure, que celle d'un parapluie. En faisant disparaître, surtout par derrière, toute la longueur du col, ils donnent à la partie supérieure du sujet une forme très-disgracieuse. Le plus grand nombre portent des vestes courtes, remontant désagréablement sous les bras, avec des poches de luxe placées sous les aisselles, garnies d'un nombre infini de boutons métalliques, à la manière des postillons de nos contrées. Ces vestes, en molleton de laine, offrent pour ornement, à leur partie inférieure, la lisière même du drap.

Quelques-uns, des plus considérables, sont couverts d'espèces de longs paletots à basques flottantes, fendus en plusieurs lanières jusqu'aux épaules, et de manière à laisser voir les vêtements sous-jacents. Rien n'est plus disgracieux et n'a l'air plus misérable que ce vêtement du luxe breton; il a quelque chose du par-dessus de Robert Macaire, et figure très-bien l'aspect d'une longue redingote déchirée de bas en haut dans plusieurs points de sa circonférence.

Le pantalon se montre sous deux formes essentiellement différentes. L'un est large, court, très-haut monté; laisse voir une jambe souvent maigre, terminée par un gros pied, ou tout au moins par une chaussure large, épaisse et massive; l'autre, et nous l'avons observé sur les plus élégants, est très-collant, soit en toile, soit en laine blanche; orné sur toute la partie externe de la jambe d'une garniture noire, soit en drap, soit en velours, avec des broderies souvent très-recherchées plutôt que de bon goût, le tout couvert de boutons nombreux.

Dans les départements des Côtes-du-Nord, d'Ille-et-Vilaine, surtout aux environs de Saint-Mâlo, la coiffure des femmes devient beaucoup plus exiguë dans son développement, beaucoup moins riche dans sa composition. Chez un grand nombre, elle prend à peu près la forme du casque de nos pompiers; chez d'autres, c'est une sorte de bonnette à fond rond, écrasé, présentant deux ailerons de quatre à cinq plis seulement, tournant à peine en arrière, et figurant assez bien, sur chaque oreille, l'aspect d'un étroit éventail.

Chez les hommes, on trouve plus souvent le chapeau rond à forme haute; et, pour l'un et l'autre sexe, des vêtements qui, presque partout, ont déjà beaucoup perdu de leur première originalité. Les mêmes observations s'appliquent à presque tout le département de la Loire-Inférieure.

Nous avons cru d'autant plus intéressant, d'autant plus utile, même, d'insister sur les détails des costumes bretons, que n'offrant pas, comme plusieurs autres costumes primitifs, la grâce, l'élégance, la coquetterie, le confortable ou la commodité qui font conserver ces derniers, ils disparaîtront nécessairement dans un temps plus ou moins rapproché, par le fait même des progrès du goût, de l'intelligence et de la civilisation.

III. LANGAGE.

Il est surtout remarquable et nettement caractérisé dans toute la partie de cette province désignée par le terme de basse Bretagne.

« Prenez, dit M. P. Chevalier, la carte de nos cinq départements, et tirez une ligne de l'embouchure de la Vilaine à Châtelaudren, entre Saint-Brieuc et Guingamp, cette ligne est à peu près la muraille chinoise de l'idiome breton ; muraille continuée au sud, à l'ouest et au nord, par les flots et les rochers de l'Océan. Les brèches faites à ce rempart par le commerce et la civilisation, n'ont guère enlevé au vieux langage que les villes, les ports et les endroits fréquentés de la côte. »

Aussi le dialecte est-il désigné sous le titre de langage *bas-breton*.

Ce n'est point, comme l'ont imprimé quelques écrivains mal renseignés, un simple *patois*, corruption d'une autre langue ; c'est une langue particulière et véritable, offrant ses règles, son dictionnaire, sa grammaire, sa syntaxe et même sa prosodie.

Plusieurs glossographes ont fait dériver le *bas-breton* de la langue celtique, regardée par eux comme la plus ancienne de l'Europe. Quelques-uns lui donnent une bien plus antique origine, et volontiers en feraient l'idiome primitif du genre humain.

« Nous ne dirons pas, ajoute M. P. Chevalier, comme ce brave Corret de La Tour d'Auvergne, que la langue bretonne remonte au paradis terrestre ; qu'Ève ayant présenté la pomme à son mari, celui-ci lui en demanda un morceau : *A'tam*, d'où lui vint le nom d'Adam ; et que sa compagne lui offrit de l'eau en disant : *Ev*, bois, ce qui lui valut le nom d'Ève. »

Sans vouloir nous constituer juge entre les opinions diverses des savants qui se sont occupés de ce grave sujet, nous ferons seulement observer, d'après l'avis de ceux qui connaissent bien le dialecte *bas-breton*, qu'il n'est point assez riche, assez harmonieux, pour qu'on puisse le regarder comme l'idiome générateur du latin, du grec, de l'hébreu, etc.

Toutefois, la langue bretonne est loin de présenter une grande unité, même dans les différentes parties de cette province, où nous la trouvons à peu près exclusivement parlée. « Ses principaux dialectes, ajoute encore M. P. Chevalier, sont ceux de Vannes, de Léon, de Tréguier et de la Cornouaille ; le léonard et le vannetais, surtout, diffèrent considérablement. »

Non-seulement ces dialectes varient d'abord suivant les différents évêchés, mais, nécessairement altérés par les habitants, ils sont quelquefois si dissemblables d'un village au village voisin, que ceux-ci paraissent alors ne se comprendre qu'avec une remarquable difficulté : ainsi le seul mot oui, dans les bourgs d'Erdéven, de Plouharnel et de Carnac, à peine distants de quatre à six kilomètres, se traduit par les trois variantes *iè*, *ia*, *io* ; et dans nos excursions nous avons vu Mlle Lebail, qui parlait très-bien l'idiome de Plouharnel, arriver à se faire entendre des paysans de Courcouno, de Ploëmel, de Plunerek, de Brech, etc., seulement en modifiant son dialecte suivant celui des habitants de ces localités assez rapprochées.

« Nous ne parlons pas, dit M. P. Chevalier, des mille nuances d'expression et d'accent qui distinguent les paroisses entre elles. Sous le rapport de la langue, comme sous les autres rapports, M. de Courcy le fait observer avec raison, la basse Bretagne est éminemment le pays de la variété : à chaque pas, elle diffère d'elle-même. »

Les bardes, jadis très-célèbres chez les Armoricains par les enseignements et les leçons de morale qu'ils répandaient avec assez de liberté dans leurs chants, sont remplacés par les *barz*, chanteurs admis dans les noces, les festins, les fêtes publiques, et dont les *mélopées* ne sont pas, même aujourd'hui, sans une influence assez positive sur les populations de ce pays.

IV. USAGES ET MŒURS.

Les peuples armoricains furent toujours naturellement routiniers. Leurs usages et leurs coutumes prirent naissance plutôt dans les enseignements de l'empirisme que dans ceux d'une expérience raisonnée ; aussi leurs habitudes sont-elles encore marquées au coin des plus invincibles préjugés.

Il en résulte des inconvénients assez graves, assez nombreux pour l'arrangement de leurs affaires, le bien-être de leur existence, et surtout leurs progrès dans les améliorations commerciales, agricoles manufacturières, etc. : l'obstacle principal se trouvant ici dans la force d'inertie, de toutes les résistances, la plus difficile à surmonter.

Au milieu d'un grand nombre d'usages, en même temps plus ou moins utiles et plus ou moins bizarres, nous avons remarqué celui que présentent les femmes, dans presque toute la Bretagne, de porter d'énormes fardeaux sur la tête avec une force, une adresse, une précision admirables, et de marcher, ainsi chargées, avec une aisance, une rapidité qui tiennent du merveilleux.

Voulant savoir si la loi physiologique d'après laquelle on voit les organes moteurs se développer en raison des efforts qu'ils ont habituellement à supporter, présentait ici son application, nous avons examiné les muscles du col sur plusieurs femmes de la campagne : leur saillie, leur volume et leur fermeté nous ont en effet semblé beaucoup plus considérables que chez les femmes des autres localités où cet usage n'existe pas.

Le Breton aime la lutte et la controverse : il les provoque souvent et ne les refuse presque jamais.

Dans la lutte, il est opiniâtre, vaniteux, emporté : de telle sorte qu'une simple joûte commencée en riant, se termine assez souvent par un combat sanglant et meurtrier.

Dans la controverse, il est entêté, pointilleux, persévérant, indomptable : on peut le *vaincre*, mais le *convaincre* est le plus ordinairement très-difficile.

« Le caractère général des Bretons, dit M. P. Chevalier, se compose de cinq vertus et de trois vices. On voit que le bien l'emporte presque de moitié. Les vertus, sont : l'amour du pays, la résignation devant Dieu, la loyauté devant les hommes, la persévérance et l'hospitalité.... Les vices des Bretons, sont : chez beaucoup, l'avarice ; chez presque tous, le mépris de la femme ; chez tous, l'ivrognerie. »

Ce dernier jugement est peut-être un peu sévère : nous venons d'étudier sous ce rapport les hommes des diverses localités que nous avons parcourues, sans arriver à cette fâcheuse conclusion.

On conçoit, du reste, que l'ivresse doit être en même temps facile et dangereuse chez un grand nombre d'artisans surtout, qui boivent le plus ordinairement du gros vin de Saintonge ou de mauvaise eau-de-vie : cette fâcheuse habitude cause bien souvent chez les ouvriers des ports, de celui de Brest particulièrement, tous les accidents d'une caducité prématurée.

L'amour du pays est porté si loin chez les Bretons, que les jeunes gens, assez indifférents du reste, en perdant de vue le clocher de leur village, semblent y laisser en même temps leur fermeté de caractère et leur grande résolution d'esprit : aucun soldat ne devient plus facilement et plus profondément nostalgique.

Pendant la désastreuse campagne de 1814, nous en avons vu succomber un très-grand nombre à l'hôpital de la Salpêtrière, sous l'influence des maladies les moins graves : de telle sorte que nous avions été forcé de renoncer à pratiquer chez eux les plus petites opérations de la chirurgie. Ces malheureux conscrits, le visage profondément triste, l'œil immobile et sombre, la poitrine gonflée de soupirs qui résumaient toutes leurs plaintes en s'échappant douloureusement, s'éteignaient après douze ou quinze jours, comme par le progrès d'une agonie lente et pénible!... Un seul remède aurait pu guérir cette affreuse maladie.... Ce remède restait sans application, et la mort faisait des victimes!...

Tenace, ferme, résistant comme sa pierre de granit, le Breton ne suit pas facilement la direction qu'on veut lui donner, et ne prend jamais entièrement les formes par lesquelles on cherche à modifier les siennes; c'est à peine si la civilisation, dont les traits se trouvent profondément empreints dans les autres pays de France, a légèrement effleuré les surfaces de l'Armorique. Ce n'est assurément pas un reproche que nous adressons à cette fidèle contrée, c'est un fait que nous voulons constater, et ce fait ne tardera peut-être pas à présenter la valeur incontestable d'un éloge.

Nous espérons donc mieux encore des résistances de cette province aux progrès d'une civilisation excessive et désorganisatrice, que son estimable historien, M. P. Chevalier, lorsqu'il dit: « La Bretagne ne subira définitivement la civilisation française que le jour où les chemins de fer couperont ses crêtes de granit. »

Bientôt, peut-être, le wagon rapide sillonnera comme l'éclair cette contrée vierge de tant d'innovations dont on pourrait contester l'utilité sous le point de vue de la moralisation, du véritable bonheur des hommes; le Breton, alors, appuyé sur son *pen-bas*, regardera passer avec plus d'étonnement que d'admiration, exprimera sa pensée par un mouvement de tête qui ne sera rien moins qu'un assentiment, et ne conservera dans sa mémoire que la vaine réminiscence d'une illusion ou d'un prestige!...

Nous aimons cette loyale et généreuse invocation d'un noble enfant de l'Armorique à la patrie adoptive, elle respire l'élévation de l'esprit et la bonté du cœur :

« Que la France, dit M. Pitre-Chevalier, respecte notre religion, qui est notre force; notre loyauté, qui est notre gloire; notre patriotisme, qui est notre vie; nos monuments, symboles de toutes ces choses; nos usages naïfs, qui se raffineront trop tôt; nos costumes, cuirasse tombant pièce à pièce; qu'elle nous épargne la philanthropie et nous laisse la charité; enfin, qu'elle nous donne la science sans nous ôter la foi; qu'elle nous civilise sans nous corrompre.... si ce n'est pas demander l'impossible!... »

Les mœurs des Bretons, particulièrement sur toute la côte méridionale, ont en effet conservé beaucoup de cette simplicité native et patriarcale des anciens temps. C'est là surtout que l'on retrouve encore, avec ses pieux et nobles caractères, l'attachement cordial, sincère, profond au sol, à la religion, à la famille, aux antiques institutions : seule et véritable base de l'ordre social, dont l'ébranlement et la ruine amèneront toujours la décadence et la chute des empires en apparence les plus florissants et les plus solidement assis !...

On dira peut-être que cette foi si vive, que ces honorables croyances descendent quelquefois, dans ce pays, jusqu'aux faiblesses de la superstition, et s'exalteraient encore, si l'on cherchait à leur faire violence, jusqu'aux emportements du fanatisme?...

Mais quels sont donc, parmi nous, les hommes qui n'ont pas les défauts de leurs qualités?...

Nous le dirons dès lors avec une profonde conviction, à la gloire de cette bonne et fidèle Bretagne : si la foi, la probité, la conscience, l'honneur, seuls garants de la sociabilité, désertaient le sol de la France, retournant aussitôt sur nos pas, c'est dans l'excellente contrée dont nous venons de parcourir les rivages, que nous irions encore chercher toutes ces éminentes vertus!...

TABLE DES MATIÈRES

I. DISPOSITIONS.................................... 1

II. DÉPART DU MANS, SABLÉ, ANGERS, NANTES.... 4
    Sablé.. 6
    Angers... 6
    Nantes... 8

III. LA ROCHE-BERNARD, VANNES, AURAY.......... 10
    La Roche-Bernard................................ 10
    Vannes... 15
    Auray.. 17

IV. PLOUHARNEL..................................... 18

V. CARNAC, LE PETIT MONT SAINT-MICHEL......... 21
    Carnac... 21
    Le petit mont Saint-Michel...................... 24

VI. GROTTES ET DOLMENS........................... 26
    Grottes de Plouharnel........................... 26
    Dolmen de Courcouno............................. 27
        Les dolmens................................. 29
        Les pelvans................................. 30

TABLE DES MATIÈRES.

VII. LA BAIE, LA FALAISE DE QUIBERON............ 33

    La baie de Quiberon.............................. 33
    La falaise de Quiberon........................... 34

        Tableau de l'Océan........................... 35

VIII. LE FORT PENTHIÈVRE, LA MER SAUVAGE....... 39

    Le fort Penthièvre............................... 39
    La mer Sauvage................................. 41

IX. VILLE D'AURAY, SAINTE-ANNE D'AURAY......... 47

    Ville d'Auray.................................... 47
    Sainte-Anne d'Auray............................. 49

X. LE CHAMP DES MARTYRS......................... 55

XI. LA CHARTREUSE................................ 60

XII. LORIENT...................................... 64

XIII. ACCIDENT PRÈS DE ROSPORDEN................. 68

XIV. QUIMPER..................................... 74

XV. BREST.. 79

    La ville.. 79
    La rade... 81
    Le port marchand................................ 82
    La Cayenne...................................... 82
    L'hôpital de la Marine.......................... 83

XVI. LE PORT MILITAIRE............................ 88

    La corderie..................................... 89
    Les fonderies................................... 90
    Le cabinet des boussoles........................ 91
    La salle des modèles............................ 91
    L'atelier de sculpture en bois.................. 91
    La mâture des navires........................... 91
    Visite à bord des vaisseaux..................... 93
    L'arsenal....................................... 94

TABLE DES MATIÈRES.

XVII. SYSTÈME PÉNITENTIAIRE : GÉNÉRALITÉS...... 97

XVIII. LE BAGNE TEL QU'IL EST AUJOURD'HUI........ 104

    Histoire du bagne............................... 106
    Transport au bagne.............................. 113
    Régime intérieur du bagne....................... 115

        Arrivée au bagne............................ 115
        Vêtements du forçat......................... 115
        Ferrement du forçat......................... 116
        Physionomie du forçat....................... 117
        Journée du forçat........................... 118
        La grande fatigue........................... 118
        La petite fatigue............................ 119

    Habitudes et mœurs des condamnés................ 122

        Idiome du forçat............................ 122
        Emplois du forçat........................... 123
        Correspondance du forçat.................... 123
        Bazar du bagne.............................. 123
        Moyens de récompense au bagne............... 124
        Richesse du forçat.......................... 125
        Surveillance au bagne....................... 125
        Révoltes des forçats........................ 126
        Évasions des forçats........................ 126
        Transfert du vieux forçat................... 129

    Religion du forçat.............................. 130

        Mort du forçat.............................. 144

    Punitions des condamnés......................... 145

        Jugement du forçat.......................... 146
        Mortalité au bagne.......................... 146
        Libération du forçat........................ 147

    Récidives, retour au bagne, leurs causes........ 148

XIX. BAGNE DE BREST............................... 152

XX. TYPES GÉNÉRAUX DES FORÇATS................... 161

TABLE DES MATIÈRES.

Premier type.	161
Cognard dit Pontis de Sainte-Hélène.	162
Deuxième type.	164
Collet dit Galat.	165
Petit.	168
Troisième type.	169
Jean Gaspard.	170
Deham, etc.	171
Quatrième type.	172
Baudelot.	173
Garatti.	173
XXI. BAZAR DU BAGNE DE BREST.	175
XXII. VIE D'UN FORÇAT ÉCRITE PAR LUI-MÊME.	180
XXIII. APPRÉCIATION DU BAGNE TEL QU'IL EST.	198
1° Offre-t-il un châtiment convenable ?	201
2° Peut-il moraliser le condamné ?	203
3° Offre-t-il des garanties pour le libéré ?	207
4° Grève-t-il le budget de l'État ?	208
XXIV. RÉFORME PÉNITENTIAIRE.	215
I. Action pénale.	222
II. Garantie publique.	228
III. Influence moralisatrice.	232
1° Distinction par catégories.	240
2° Uniformité du régime intérieur.	246
3° Isolement simple pendant la nuit.	249
4° Organisation du travail.	250
5° Enseignement industriel.	260
6° Enseignement moral.	264
7° Enseignement religieux.	264
8° Action pénale.	274
9° Répression.	275
10° Récompenses.	277

TABLE DES MATIÈRES.

IV. **Protection du libéré** 278

    Point de flétrissure 284
    Réhabilitation 292

XXV. LE BAGNE TEL QU'IL DOIT ÊTRE 307

I. **Principes constituants** 313

    La vie commune 315
    Les travaux forcés 316
    Les fers 317
    Six bagnes : 4 maritimes; 1 agricole; 1 industriel 318

II. **Régime intérieur** 321

    1° Division par catégories 321
    2° Discipline 322
    3° Ferrement 323
    4° Costume 324
    5° Alimentation 325
    6° Habitation 327
    7° Temps du travail 328
    8° Temps du repos 330
    9° Soins de la santé 330

III. **Organisation du travail** 334
IV. **Action religieuse** 336
V. **Action philanthropique** 339
VI. **Récompenses** 341
VII. **Punitions** 343
VIII. **Libération** 345

XXVI. LA PRISON CELLULAIRE 349

    Ses modifications 354
    1° Offre-t-elle un châtiment convenable ? 365
    2° Offre-t-elle une bonne garantie publique ? 366
    3° Convient-elle pour la moralisation du coupable ? 367
    — pour la protection du libéré ? 368
    4° Ne grève-t-elle pas le budget de l'État ? 370

XXVII. LA DÉPORTATION 374

    Colonisation de la Guyane française 380

Législation relative à la déportation.................. 387
Chances de succès de la colonisation............... 392
1° Offre-t-elle un châtiment convenable?........... 397
2° Offre-t-elle une bonne garantie publique?....... 402
3° Convient-elle pour la moralisation du coupable?... 404
— pour la protection du libéré?....... 404
4° Ne grève-t-elle pas le budget de l'État?......... 410

ÉTAT ACTUEL DE LA COLONIE PÉNALE.................. 415

1° État sanitaire............................... 415
2° Résultats obtenus........................... 415
3° Régime actuel des transportés................ 415
4° Progrès de la moralisation................... 416
5° Moyens proposés pour prévenir les désordres..... 416

XXVIII. CONCLUSION GÉNÉRALE........................ 420

Eclectisme pénitentiaire....................... 421
Mécanisme de l'institution complète............. 422
Fixation du sort des condamnés................. 422
Indocile et retenu............................. 422
Docile et libéré............................... 423

XXIX. MORLAIX, SAINT-BRIEUC, DINAN, SAINT-MALO... 428

Landivisiau.................................... 428

MORLAIX... 429

Le Pontou, Belle-Ile-en-Terre................. 429
Guingamp...................................... 429
Châtelaudren.................................. 429

SAINT-BRIEUC...................................... 430
DINAN... 430
SAINT-MALO.. 431

XXX. RENNES, LAVAL, RETOUR AU MANS............... 438

Châteauneuf.................................... 438
Saint-Pierre-de-Plesguen....................... 438
Hédé... 438

RENNES.. 439

TABLE DES MATIÈRES.

Noyal.. 439
Châteaubourg... 440
Vitré.. 440
La Gravelle.. 440

Laval.. 441

Saint-Denis-d'Orques..................................... 444

CONSIDÉRATIONS GÉNÉRALES SUR LA BRETAGNE...... 443

XXXI. PRÉCIS HISTORIQUE DE LA BRETAGNE............ 445

Généralités.. 445
Druidisme... 452
Noblesse... 458
Invasion romaine... 460
Affranchissement. Introduction du christianisme....... 466
Invasions barbares...................................... 469

Abailard... 473
Combat des Trente................................. 481
Duguesclin.. 485
Anne de Bretagne.................................. 504
Réunion de la Bretagne à la France............... 504
Introduction du calvinisme........................ 505
Révolution française.............................. 509
Carrier à Nantes................................... 510

XXXII. ÉTAT ACTUEL DE LA BRETAGNE.................... 514

I. Communications, avantages offerts aux voyageurs... 514
II. Nature et disposition du sol 515
III. État agricole : améliorations, obstacles a ses progrès. 517

XXXIII. CARACTÈRE ET MOEURS DES BRETONS......... 522

I. Constitution, tempérament, physionomie, caractère.... 522
II. Costumes... 525
III. Langage... 528
IV. Usages et moeurs................................... 531

Voyage en Bretagne, illustré de vues prises sur les lieux : avec un résumé des fastes de cette province, une histoire générale des bagnes et l'iconographie des principaux types de forçats étudiés à la chiourme de Brest / par Alm. Lepelletier, de la Sarthe

http://gallica.bnf.fr/ark:/12148/bpt6k102792r

Cet ouvrage est une réimpression à l'identique (noir et blanc) d'un ouvrage patrimonial ancien et libre de droit de la Bibliothèque Nationale de France (bnf.fr), accessible en ligne dans sa bibliothèque numérique Gallica (gallica.bnf.fr).

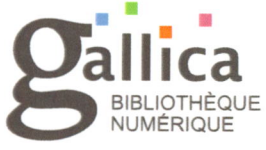

www.ingramcontent.com/pod-product-compliance
Lightning Source LLC
Chambersburg PA
CBHW072020240426

43667CB00044B/1549